O LIVRO DA SOCIOLOGIA

O LIVRO DA
SOCIOLOGIA

GLOBOLIVROS

WWW.DK.COM

GLOBOLIVROS

DK LONDRES

EDITOR SÊNIOR
Sam Atkinson

EDITOR DE ARTE SÊNIOR
Amy Child

EDITORES
Alexandra Beeden
Miezan van Zyl

EDITOR-CHEFE
Esther Ripley

EDITOR DE ARTE-CHEFE
Karen Self

PUBLISHER
Liz Wheeler

DIRETOR DE ARTE
Phil Ormerod

DIRETOR DE PUBLICAÇÃO ASSOCIADO
Liz Wheeler

DIRETOR DE PUBLICAÇÃO
Jonathan Metcalf

DESIGNER DA CAPA
Laura Brim

EDITOR DA CAPA
Claire Gell

GERENTE DE DESENVOLVIMENTO DE DESIGN DE CAPA
Sophia Tampakopoulos

CONTROLADOR DE PRÉ-PRODUÇÃO
Luca Frassinetti

PRODUTOR SÊNIOR
Gemma Sharpe

ILUSTRAÇÕES
James Graham

PROJETO ORIGINAL
STUDIO8 DESIGN
PRODUZIDO PARA A DK POR
COBALT ID

EDITORES DE ARTE
Darren Bland, Paul Reid

EDITORES
Diana Loxley, Marek Walisiewicz,
Christopher Westhorp

EDITORA GLOBO

EDITORA RESPONSÁVEL
Camila Werner

EDITORES ASSISTENTES
Sarah Czapski Simoni
Lucas de Sena Lima

TRADUÇÃO
Rafael Longo

PREPARAÇÃO DE TEXTO
Jane Pessoa

REVISÃO TÉCNICA
Sérgio Praça

REVISÃO DE TEXTO
Laila Guilherme, Erika Nakahata
e Luciana Garcia

EDITORAÇÃO ELETRÔNICA
Duligraf Produção Gráfica Ltda.

Editora Globo S.A.
Rua Marquês de Pombal, 25 – 20.230-240
Rio de Janeiro – RJ – Brasil

www.globolivros.com.br

Texto fixado conforme as regras do Acordo Ortográfico da Língua Portuguesa (Decreto Legislativo nº 54, de 1995)

Todos os direitos reservados. Nenhuma parte desta edição pode ser utilizada ou reproduzida — em qualquer meio ou forma, seja mecânico ou eletrônico, fotocópia, gravação etc. — nem apropriada ou estocada em sistema de banco de dados sem a expressa autorização da editora.

Título original: *The Sociology Book*

2ª edição, 2016 – 6ª reimpressão, 2022
Impressão: COAN

Copyright © 2015 by Dorling Kindersley Limited

Copyright da tradução © 2015
by Editora Globo

CIP-BRASIL. CATALOGAÇÃO NA PUBLICAÇÃO
SINDICATO NACIONAL DOS EDITORES DE LIVROS, RJ

L762

O livro da sociologia / [colaboradores Christopher Thorpe ... [et. al.] ; tradução Rafael Longo. - 2. ed. - São Paulo : GloboLivros, 2016.
352 p. : il.

Tradução de: The sociology book
ISBN 978-85-250-6329-8

1. Sociologia. I. Thorpe, Christopher.

16-36581

CDD: 305
CDU: 316.7

COLABORADORES

CHRISTOPHER THORPE, CONSULTOR EDITORIAL

Nosso coconsultor e colaborador Christopher Thorpe é sociólogo com interesse em teoria social, sociologia cultural e representações britânicas sobre a Itália. É doutor em sociologia pela Universidade de Aberdeen, Escócia, coeditor do periódico *Cultural Sociology*, autor de vários artigos acadêmicos e coautor de *An Invitation to Social Theory* (2012).

CHRIS YUILL, CONSULTOR EDITORIAL

Nosso coconsultor e colaborador Chris Yuill é sociólogo e professor na Robert Gordon University, Aberdeen, Escócia. Seus interesses incluem as dimensões sociais da saúde, tanto na comunidade quanto no local de trabalho, bem como estudos sobre um espaço urbano bem-sucedido. É ex-membro do comitê da Associação Sociológica Britânica e já escreveu vários livros, entre eles *Understanding the Sociology of Health: An Introduction* (2011).

MITCHELL HOBBS

Professor do departamento de mídia e comunicação da Universidade de Sydney, Austrália, Mitchell Hobbs é doutor em sociologia da mídia na Universidade de Newcastle, Austrália. É coautor de *Communication, New Media and Everyday Life* (2011), autor de vários estudos nacionais e internacionais sobre mídia global, fluxos culturais e comunicação política. Trabalhou na área de comunicação para a ex-primeira-ministra australiana Julia Gillard.

MEGAN TODD

Professora sênior em ciências sociais na University of Central Lancashire, Inglaterra, Megan Todd é doutora em sociologia pela Universidade de Newcastle, Inglaterra. Sua pesquisa engloba questões de gênero, sexualidade e violência. Contribuiu com capítulos sobre intimidade e violência para várias publicações. Atualmente escreve um manual sobre sexualidade.

SARAH TOMLEY

Escritora, editora e psicoterapeuta, Sarah Tomley contribuiu com vários livros sobre ciências sociais, incluindo *O livro da filosofia* (2011) e *O livro da psicologia* (2012) na série As Grandes Ideias de Todos os Tempos da Editora Globo.

MARCUS WEEKS

Escritor e músico, Marcus Weeks estudou filosofia e trabalhou como professor antes de se tornar escritor. Já contribuiu com vários livros sobre artes e ciências populares, incluindo muitos da série As Grandes Ideias de Todos os Tempos da Editora Globo.

SUMÁRIO

10 INTRODUÇÃO

FUNDAMENTOS DA SOCIOLOGIA

20 Uma derrota física jamais marcou o fim de uma nação Ibn Khaldun

21 A humanidade sempre vagou ou se fixou, concordou ou discutiu em bandos e grupos Adam Ferguson

22 A ciência pode ser usada para construir um mundo melhor Auguste Comte

26 A Declaração de Independência nada tem a ver com metade da raça humana Harriet Martineau

28 A queda da burguesia e a vitória do proletariado são igualmente inevitáveis Karl Marx

32 Gemeinschaft e Gesellschaft Ferdinand Tönnies

34 A sociedade, assim como o corpo humano, tem partes, necessidades e funcionamento inter-relacionados Émile Durkheim

38 A jaula de ferro da racionalidade Max Weber

46 Muitos dos problemas pessoais devem ser entendidos em termos de questões públicas Charles Wright Mills

50 Dê às atividades corriqueiras a mesma atenção dada aos eventos extraordinários Harold Garfinkel

52 Onde há poder, há resistência Michel Foucault

56 O gênero é um tipo de imitação para o qual não há um original Judith Butler

DESIGUALDADES SOCIAIS

66 Acuso amplamente a burguesia de assassinato social Friedrich Engels

68 O problema do século xx é o problema da linha de cor W. E. B. Du Bois

74 Os pobres são excluídos dos padrões de vida comuns, dos costumes e das atividades da vida Peter Townsend

75 There ain't no black in the Union Jack Paul Gilroy

76 O senso do lugar de alguém Pierre Bourdieu

80 O Oriente é o palco onde todo o Leste está confinado Edward Said

82 O gueto é onde moram os negros Elijah Anderson

84 As ferramentas da liberdade tornam-se a origem da indignidade Richard Sennett

88 O interesse dos homens no patriarcado está condensado na masculinidade hegemônica R. W. Connell

90 Mulheres brancas têm sido cúmplices no patriarcado capitalista da supremacia branca imperialista
bell hooks

96 O conceito de "patriarcado" é indispensável para uma análise da desigualdade de gêneros Sylvia Walby

A VIDA MODERNA

104 Os estranhos não são concebidos, de fato, como indivíduos, mas como estranhos de um tipo específico Georg Simmel

106 A liberdade de refazer nossas cidades e a nós mesmos Henri Lefebvre

108 Tem que haver olhos na rua
Jane Jacobs

110 Só a comunicação é capaz de comunicar
Niklas Luhmann

112 A sociedade deveria articular o que é bom
Amitai Etzioni

120 A McDonaldização afeta quase todos os aspectos da sociedade George Ritzer

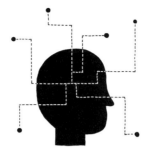

124 Os laços de nossas comunidades se afrouxaram
Robert D. Putnam

126 A Disneyzação substitui a calma mundana por experiências espetaculares
Alan Bryman

128 Morar num loft é como morar numa vitrine
Sharon Zukin

VIVENDO NUM MUNDO GLOBAL

136 Abandonai toda esperança de totalidade, vós que entrais no mundo de modernidade fluida
Zygmunt Bauman

144 O sistema mundial moderno
Immanuel Wallerstein

146 Problemas globais, perspectivas locais
Roland Robertson

148 A mudança climática é uma questão de baixa prioridade
Anthony Giddens

150 Não há justiça social sem justiça cognitiva global
Boaventura de Sousa Santos

152 A liberação da capacidade produtiva pelo poder da mente Manuel Castells

156 Vivemos num mundo que está além do controle
Ulrich Beck

162 Às vezes parece que o mundo não para
John Urry

163 As nações podem ser imaginadas e construídas com um traço histórico relativamente pequeno
David McCrone

164 Cidades globais são lugares estratégicos para novos tipos de operação
Saskia Sassen

166 Sociedades diferentes se apropriam do material da modernidade de maneira diferente Arjun Appadurai

170 Processos de mudança alteraram as relações entre pessoas e comunidades
David Held

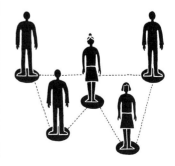

CULTURA E IDENTIDADE

176 O "eu" e o "mim"
G. H. Mead

178 O desafio da modernidade é viver sem ilusões sem se tornar desiludido
Antonio Gramsci

180 O processo civilizador está constantemente se movendo "adiante"
Norbert Elias

182 A cultura de massa reforça a repressão política
Herbert Marcuse

188 O perigo do futuro é que os homens podem se transformar em robôs
Erich Fromm

189 A cultura é comum
Raymond Williams

190 O estigma se refere a um atributo que é profundamente desmerecedor
Erving Goffman

196 Vivemos num mundo onde há cada vez mais informação e menos sentido
Jean Baudrillard

200 Identidades modernas estão sendo descentradas
Stuart Hall

202 Todas as comunidades são imaginadas
Benedict Anderson

204 Por todo o mundo, a cultura tem persistentemente se colocado no centro das atenções Jeffrey Alexander

TRABALHO E CONSUMISMO

214 O consumo conspícuo de bens valiosos é um instrumento para a respeitabilidade do cavalheiro ocioso
Thorstein Veblen

220 O puritano queria ser um profissional — nós devemos sê-lo Max Weber

224 A tecnologia, assim como a arte, é um exercício de elevação da imaginação humana Daniel Bell

226 Quanto mais sofisticadas as máquinas, menos qualificação tem o trabalhador
Harry Braverman

232 A automação aumenta o controle do trabalhador sobre o seu processo de trabalho Robert Blauner

234 A ética romântica promove o espírito do consumismo
Colin Campbell

236 Ao processar pessoas, o produto é um estado mental
Arlie Russell Hochschild

244 O consentimento espontâneo combina com a coerção
Michael Burawoy

246 As coisas nos fazem tanto quanto nós as fazemos
Daniel Miller

248 A feminização teve apenas um impacto modesto na redução das desigualdades de gênero
Teri Lynn Caraway

O PAPEL DAS INSTITUIÇÕES

254 A religião é o suspiro da criatura oprimida
Karl Marx

260 A lei de ferro da oligarquia
Robert Michels

261 As pessoas saudáveis não precisam da burocracia para se reproduzir, dar à luz e morrer
Ivan Illich

262 Algumas pessoas cometem crimes porque estão respondendo a uma situação social
Robert K. Merton

264 As instituições totais tiram das pessoas o seu sistema de apoio e seu senso de identidade
Erving Goffman

270 O governo é a disposição certa das coisas
Michel Foucault

278 A religião não é mais plausível e perdeu seu significado social
Bryan Wilson

280 Nossa identidade e comportamento são determinados pela forma como somos descritos e classificados
Howard S. Becker

286 Crises econômicas se transformam imediatamente em crises sociais
Jürgen Habermas

288 A escola é algo que foi feito para os pobres
Samuel Bowles e Herbert Gintis

290 As sociedades estão sujeitas, de vez em quando, a períodos de pânico moral
Stanley Cohen

291 O tempo das tribos
Michel Maffesoli

292 Como as crianças da classe trabalhadora conseguem empregos de classe trabalhadora
Paul Willis

FAMÍLIAS E INTIMIDADES

298 As diferenças entre os sexos são criações culturais
Margaret Mead

300 As famílias são fábricas que produzem personalidades humanas
Talcott Parsons

302 O homem ocidental se tornou um animal que confessa
Michel Foucault

304 A heterossexualidade deve ser reconhecida e estudada como uma instituição
Adrienne Rich

310 Os arranjos familiares ocidentais são diversos, fluidos e não resolvidos
Judith Stacey

312 O contrato matrimonial é um contrato de trabalho
Christine Delphy

318 O trabalho doméstico é o oposto direto da autorrealização
Ann Oakley

320 Quando o amor finalmente vence, ele tem que enfrentar toda sorte de derrotas
Ulrich Beck e Elisabeth Beck-Gernsheim

324 A sexualidade tem tanto a ver com crenças e ideologias quanto com o corpo físico
Jeffrey Weeks

326 A teoria queer questiona a própria base da identidade
Steven Seidman

332 DIRETÓRIO

340 GLOSSÁRIO

344 ÍNDICE

351 AGRADECIMENTOS

INTRODU

ÇÃO

INTRODUÇÃO

Os seres humanos são criaturas sociais. Em toda a nossa evolução, desde que éramos caçadores-coletores, tendemos a viver e a trabalhar em grupos sociais, os quais se tornaram cada vez maiores e mais complexos. Esses grupos têm variado de unidades familiares simples, passando por clãs e tribos, vilas e povoados, até as cidades e estados-nações. Nossa inclinação natural a viver e trabalhar juntos nos levou a formar sociedades civis, que têm sido moldadas pelo crescimento de nosso conhecimento e pela sofisticação de nossa tecnologia. Por outro lado, a natureza da sociedade em que vivemos influencia nosso comportamento social, afetando praticamente cada aspecto de nossa vida. A sociologia é o estudo de como os indivíduos se comportam em grupos e como seu comportamento é moldado por esses grupos. Ou seja, como os grupos são formados; quais as dinâmicas que os sustentam; e como essas dinâmicas mantêm e alteram o grupo ou como produzem mudanças sociais. Hoje, o escopo da sociologia vai desde o estudo teórico de processos, estruturas e sistemas sociais até a aplicação dessas teorias como parte da política social. E, já que a sociedade é uma coletânea de pessoas individuais, existe uma conexão inevitável entre as estruturas da sociedade como um todo e o comportamento de seus membros individuais. Os sociólogos, portanto, tendem a focar as instituições e a organização da sociedade, seus vários agrupamentos sociais e suas estratificações, bem como a interação e as experiências dos indivíduos.

Talvez para nossa surpresa, a sociologia é uma disciplina relativamente moderna. Apesar de filósofos da China e da Grécia antigas reconhecerem a existência da sociedade civil e os benefícios da ordem social, suas preocupações eram mais políticas que sociológicas — como a sociedade deveria ser organizada e governada em vez de um estudo da própria sociedade. Mas, assim como a filosofia política surgiu dessas civilizações, a sociologia nasceu do resultado das profundas mudanças na sociedade ocidental durante o Iluminismo.

Essas mudanças tiveram vários aspectos. Mais notavelmente os avanços tecnológicos, que aperfeiçoaram as máquinas, levando à Revolução Industrial, mudando radicalmente os métodos de produção e criando cidades industriais prósperas. As certezas tradicionais baseadas nas crenças religiosas foram questionadas pela filosofia do Iluminismo. Não foi só a autoridade da Igreja que foi minada pela chamada Era da Razão: a velha ordem das monarquias e das aristocracias estava sob ameaça, com demandas por um governo mais representativo, desencadeando as revoluções na América e na França.

Sociedade e modernidade

Uma nova e moderna sociedade foi criada a partir do Iluminismo. A sociologia começou a surgir ao final do século XVIII como uma resposta a essa transformação, enquanto filósofos e pensadores tentavam entender a natureza da modernidade e seus efeitos sobre a sociedade. Inevitavelmente, alguns apenas lamentaram a erosão das formas tradicionais de coesão social, como os laços familiares e o espírito comunitário presentes em pequenas sociedades rurais e os valores e

A sociologia nasceu do ardor moderno para melhorar a sociedade.
Albion W. Small
Intelectual americano (1854-1926)

INTRODUÇÃO

crenças compartilhados por uma religião comum. Porém, outros reconheceram que havia novas forças sociais em jogo, produzindo mudanças sociais com potencial tanto para ordem quanto para desordem social.

Aliados ao espírito do Iluminismo, esses primeiros pensadores sociais buscavam fazer de seus estudos da sociedade algo objetivo, criando uma disciplina científica distinta da filosofia, da história e da política. As ciências naturais (física, química, astronomia e biologia) já estavam bem estabelecidas, e o tempo era propício para o estudo dos humanos e de seus comportamentos.

Por causa da natureza da Revolução Industrial e do capitalismo que ela estimulou, a primeira das novas "ciências sociais" a surgir foi a economia, tendo como pioneiro o livro de Adam Smith *Uma investigação sobre a natureza e as causas da riqueza das nações*, mais conhecido como *A riqueza das nações*, em 1776. Mas os alicerces da sociologia também foram firmados por filósofos e teóricos como Adam Ferguson e Henri de Saint-Simon e, no começo do século seguinte, por Auguste Comte, cuja abordagem científica estabeleceu a sociologia como uma disciplina à parte.

Seguindo os passos de Comte, vieram três sociólogos inovadores, cujas abordagens distintas à análise e à interpretação do comportamento social definiram a pauta da sociologia no século xx e além: Karl Marx, Émile Durkheim e Max Weber. Cada um deles identificou um aspecto diferente da modernidade como o principal fator na criação da ordem, da desordem e da mudança social. Marx, filósofo e economista materialista, focou o crescimento do capitalismo e a subsequente luta de classes; Durkheim, a divisão do trabalho advinda da industrialização; e Weber, a secularização e a racionalização da sociedade moderna. Todos os três tiveram seguidores fervorosos, influenciando as principais escolas da sociologia do pensamento até os nossos dias.

Uma ciência social

A sociologia foi produto da Era da Razão, quando a ciência e o pensamento racional começaram a reinar de modo supremo. Os primeiros sociólogos estavam, portanto, ansiosos para que sua disciplina fosse levada a sério, e seus métodos tinham que ser vistos como rigorosamente científicos — um duro trabalho, dada a natureza de seu tema: o comportamento social humano. Comte estabeleceu as bases da nova "ciência" da sociologia a partir da evidência empírica, de forma similar às ciências naturais. Marx também insistiu na abordagem científica do assunto, e Durkheim talvez tenha sido o primeiro a fazer com que a sociologia fosse aceita como uma ciência social no mundo acadêmico.

Para ser considerado ciência, qualquer método científico tinha que ser quantitativo, ou seja, analisar dados mensuráveis e, a partir deles, testar hipóteses e obter resultados. Marx e Durkheim podiam apontar para fatos, números e estatísticas para sustentar suas teorias, mas outros defendiam que a ciência social deveria ser mais qualitativa. Weber, em especial, propunha uma abordagem interpretativa, examinando o que é viver numa sociedade moderna »

A natureza humana é… incrivelmente maleável… respondendo de forma precisa e diversa para contrapor tradições culturais.
Margaret Mead

e as interações e relações necessárias para coesão social.

Apesar de esse ponto de vista ter sido inicialmente desprezado por muitos como não científico, na segunda metade do século XX a sociologia tornou-se cada vez mais interpretativa, tendo uma metodologia que incluía uma combinação de técnicas de pesquisa tanto quantitativas quanto qualitativas.

Reforma social

Para muitos sociólogos, a sociologia é mais que simplesmente o estudo objetivo da sociedade e a busca por analisar e descrever as estruturas e os sistemas sociais. As teorias sociológicas, assim como as das ciências naturais, têm aplicações práticas e podem ser usadas para melhorar a sociedade na qual vivemos. No século XIX, Comte e Marx viam a sociologia como uma forma de entender o funcionamento da sociedade a fim de gerar uma mudança social. Marx tem uma citação famosa: "Os filósofos apenas interpretaram o mundo de diferentes maneiras. Porém, o que importa é transformá-lo", e seus diversos seguidores (tanto sociólogos quanto ativistas políticos) levaram isso muito a sério.

Durkheim, que em termos políticos estava longe de ser tão radical quanto Marx, se esforçou muito para que a sociologia fosse aceita como uma disciplina acadêmica. Para ganhar a aprovação dos especialistas, ele tinha que demonstrar tanto as credenciais científicas do tema quanto sua objetividade, especialmente à luz da insatisfação política que existiu na Europa por mais de um século após a Revolução Francesa. Tal abordagem, próxima de uma "torre de marfim", divorciou-se do mundo real e dominou a sociologia na primeira metade do século XX, mas, conforme aos poucos os sociólogos foram adotando uma atitude mais interpretativa, passaram também a

A função da sociologia, como a de todas as ciências, é revelar o que está escondido.
Pierre Bourdieu

defender a sociologia como uma ferramenta para a mudança social.

Isso podia ser claramente visto entre os sociólogos com uma perspectiva marxista, além de outros que defendiam uma pauta política de esquerda. Depois da Segunda Guerra Mundial, sociólogos como Charles Wright Mills e Michel Foucault examinaram a natureza do poder na sociedade e seus efeitos nos indivíduos: a maneira como a sociedade molda nossa vida em vez de como moldamos a sociedade, além de como devemos resistir a essas forças. Mesmo na sociologia predominante havia uma mudança de humor, e o escopo do tema foi ampliado do simples estudo acadêmico da sociedade como ela é, passando a incluir aplicações práticas que formariam políticas públicas e guiariam a mudança social. Em 1972, Howard Becker, um respeitado pensador da teoria sociológica, escreveu: "A boa sociologia… produz descrições significativas de organizações e eventos, explicações válidas sobre como elas surgiram e perduraram e propostas realistas para sua melhoria ou eliminação".

Instituições e indivíduos

Como reflexo da crescente ênfase na relevância da sociologia, o assunto

INTRODUÇÃO

ganhou aceitação maior, até mesmo um interesse popular, na segunda metade do século XX, conforme mais pensadores voltaram sua atenção para questões sociais, de modo que o escopo da sociologia foi ampliado. Evoluindo a partir do estudo tradicional das estruturas e dos sistemas da sociedade moderna e das forças da coesão social, além das causas da desordem social, ele passou a examinar as conexões entre essas áreas e as interações de indivíduos e de grupos sociais.

Há cerca de um século, os sociólogos se dividiram entre os que se aproximavam do assunto em um nível macro (olhando a sociedade como um todo e as instituições que a constituíam) e aqueles com uma abordagem em um nível micro focando a experiência de vida do indivíduo em sociedade. Embora essa distinção continue de certa forma a existir, os sociólogos reconhecem, agora, que as duas estão intimamente conectadas, e muitos concentram seus trabalhos em grupos que se encontram entre essas duas abordagens: classes sociais; grupos étnicos, religiosos ou culturais; famílias; ou grupos que são definidos por gênero ou orientação sexual.

A sociologia também respondeu ao ritmo acelerado da mudança.

Desde a Segunda Guerra Mundial, muitas convenções sociais foram postas em xeque, e novas normas sociais assumiram seu lugar. No mundo ocidental, os direitos civis e os movimentos das mulheres se esforçaram para lidar com as desigualdades sociais e de gênero, e as teorias sociológicas também ajudaram na mudança de atitude em relação à sexualidade e à vida familiar. Nesse ponto, Zygmunt Bauman aconselha: "A tarefa da sociologia é vir em auxílio ao indivíduo. Devemos estar a serviço da liberdade".

A era global

Pode-se argumentar que as inovações tecnológicas trouxeram mudanças sociais comparáveis — se não mais amplas — às produzidas pela Revolução Industrial. O aumento da automação e da informatização, o crescimento do setor de serviços e da sociedade de consumo contribuíram, todos, para moldar a sociedade na qual vivemos hoje. Enquanto alguns sociólogos veem isso como uma continuação do processo da modernidade, outros acreditam que estamos entrando, agora, numa era pós-moderna e pós-industrial.

Avanços na comunicação e na mobilidade também fizeram do mundo um lugar menor. Recentemente, os sociólogos voltaram sua atenção para a importância da identidade cultural e nacional e os efeitos da globalização, especialmente em comunidades locais. Com as novas formas de comunicação — em especial a internet e as viagens internacionais cada vez mais rápidas —, surgiram redes sociais inteiramente novas. Elas não dependem do contato face a face, mas conseguem reunir pessoas e grupos de modo que, há cinquenta anos, era inimaginável. A tecnologia moderna também ofereceu à sociologia meios sofisticados de pesquisa e análise da evolução dessas novas estruturas sociais. ∎

O verdadeiro trabalho político numa sociedade como a nossa é criticar o funcionamento de instituições que parecem neutras e independentes: criticá-las de modo que... possam ser combatidas.
Michel Foucault

FUNDAM
DA SOCI

ENTOS OLOGIA

INTRODUÇÃO

Em seu livro *Muqaddimah*, Ibn Khaldun descreve a *asabiyyah*, o conceito árabe de **"solidariedade"** ou coesão social.

Henri de Saint-Simon propõe uma **ciência da sociedade** em seu *Mémoires sur la science de l'homme*.

No livro *Theory and Practice of Society in America*, Harriet Martineau descreve as **desigualdades sociais** no tratamento opressivo de escravos, mulheres e classe trabalhadora.

Karl Marx produz o primeiro volume de sua **abrangente análise do capitalismo**, *O capital*.

Ferdinand Tönnies diferencia **comunidade tradicional e sociedade moderna** em sua obra *Gemeinschaft und Gesellschaft*.

c. 1377   **1813**   **1837**   **1867**   **1887**

1767   **1830-42**   **1848**   **1874-85**

O trabalho de Adam Ferguson *Essay on the History of Civil Society* explica a importância do **espírito cívico** como contrapartida à influência destrutiva do capitalismo na sociedade.

Auguste Comte, em seu *Curso de filosofia positiva*, detalha a evolução da **sociologia como uma ciência**.

Em *O manifesto comunista*, Karl Marx e Friedrich Engels preveem a **mudança social** como resultado de uma revolução proletária.

Herbert Spencer, nos vários volumes de sua obra *Sistema de filosofia sintética*, defende que as sociedades evoluem como os organismos vivos, e que **só as mais fortes sobrevivem**.

A sociologia só estabeleceu suas credenciais como disciplina no século XX, mas suas diversas correntes de pensamento, abordagens e campos de estudo evoluíram durante séculos com o trabalho de historiadores e filósofos.

Apesar de o primeiro estudo sociológico reconhecido ter sido feito por Ibn Khaldun no século XIV, os pioneiros da sociologia como os conhecemos hoje somente começaram a surgir no século XVIII, quando a sociedade passou por uma mudança radical na Europa ocidental: as ideias iluministas substituíam as crenças tradicionais, e a Revolução Industrial estava transformando a maneira como as pessoas viviam e trabalhavam. Esses pioneiros viram as mudanças sociais como sendo guiadas por forças que passaram a ser conhecidas como "modernidade", o que incluía os efeitos da industrialização e o crescimento do capitalismo, além dos menos tangíveis (mas não menos importantes) efeitos da secularização e da racionalidade.

Uma ciência social

A sociedade moderna foi produto da Era da Razão: a aplicação do pensamento racional e das descobertas científicas. Nesse sentido, os pioneiros da sociologia, como o filósofo francês Henri de Saint-Simon e seu pupilo Auguste Comte, buscaram oferecer evidências verificáveis para sustentar suas teorias. Comte acreditava não apenas que as forças da ordem social podiam ser explicadas através de regras similares às da física e da química, mas que a sociologia aplicada poderia produzir a reforma social do mesmo modo que as ciências aplicadas levaram aos avanços tecnológicos.

Assim como Comte, Karl Marx acreditava que o propósito de estudar a sociedade não era apenas descrevê-la ou explicá-la, mas melhorá-la. Ele também queria ser científico, mas escolheu como seu modelo a nova ciência da economia, identificando o capitalismo como o principal fator da modernidade que guiava a mudança social.

Quase um século antes de Marx, o filósofo escocês Adam Ferguson advertiu sobre a ameaça à coesão tradicional causada pelo interesse próprio do capitalismo, e tanto Harriet Martineau quanto o parceiro de Marx, Friedrich Engels, descreveram as injustiças sociais da sociedade capitalista industrializada em meados do século XIX. Outro pioneiro da sociologia, Ferdinand Tönnies, ecoou as ideias de Ferguson com sua descrição de duas modalidades bem diferentes de coesão social nas sociedades tradicionais e modernas — um conceito interpretado

FUNDAMENTOS DA SOCIOLOGIA

1895
Émile Durkheim funda **o primeiro departamento europeu de sociologia**, na Universidade de Bordeaux, e publica *As regras do método sociológico*.

1946
Charles Wright Mills e Hans Heinrich Gerth **apresentam as ideias de Weber** ao público de língua inglesa em *From Max Weber: Essays in Sociology*.

1967
Harold Garfinkel, em *Studies in Ethnomethodology*, apresenta **uma nova metodologia para a sociologia**, observando as ações cotidianas que promovem a ordem social.

1990
Judith Butler questiona as ideias tradicionais de **gênero e sexualidade** em *Problemas de gênero: feminismo e subversão da identidade*.

1893
Em *Da divisão do trabalho social*, Émile Durkheim descreve a **solidariedade orgânica** de indivíduos interdependentes.

1904-05
Max Weber, em *A ética protestante e o espírito do capitalismo*, oferece uma nova explicação de **como as sociedades modernas evoluíram**.

1959
Em *A imaginação sociológica*, Charles Wright Mills defende que os sociólogos deveriam sugerir **formas de melhorar a sociedade**.

1975
Michel Foucault começa seu estudo **da natureza do poder** na sociedade em *Vigiar e punir*.

---

de diversos modos por muitos sociólogos que vieram depois dele.

No final do século XIX, a sociologia se afirmou como um campo de estudo distinto da história, da filosofia, da política e da economia, principalmente graças a Émile Durkheim. Adotando a ideia de Comte de aplicar a metodologia científica ao estudo da sociedade, ele incorporou a biologia como seu modelo. Tal qual Herbert Spencer antes dele, Durkheim via a sociedade como um "organismo" com diferentes "órgãos", cada um com uma função específica.

Uma abordagem interpretativa

Embora o rigor objetivo de Durkheim tenha ganhado a aceitação acadêmica, nem todos os sociólogos concordavam que seria possível examinar as questões sociais com métodos científicos, nem que haveria "leis" da sociedade a serem descobertas. Max Weber defendia uma abordagem mais subjetiva — "interpretativa". Enquanto Marx considerava o capitalismo e Durkheim a industrialização como as principais forças da modernidade, o foco de Weber era o efeito da racionalização e da secularização nos indivíduos.

Uma disciplina estritamente científica foi dando lugar a uma sociologia que era o estudo de ideias qualitativas: noções incomensuráveis como cultura, identidade e poder. Em meados do século XX, os sociólogos mudaram de uma visão macro da sociedade para uma visão micro da experiência individual. Charles Wright Mills incentivou os sociólogos a fazer a conexão entre as instituições da sociedade (sobretudo o que ele chamava de "elite de poder") e a forma como afetavam a vida das pessoas comuns.

Depois da Segunda Guerra Mundial, outros assumiram uma premissa similar: Harold Garfinkel defendia uma mudança completa dos métodos sociológicos para examinar a ordem social através das ações cotidianas das pessoas comuns. Por outro lado, Michel Foucault analisou a maneira como as relações de poder forçavam os indivíduos a se ajustar às normas sociais, especialmente às normas sexuais — ideia levada adiante por Judith Butler em seu estudo sobre gênero e sexualidade.

No final do século, encontrou-se um equilíbrio entre o estudo objetivo da sociedade como um todo e o estudo interpretativo da experiência individual. A pauta havia sido estabelecida por um punhado de sociólogos inovadores, e seus vários métodos agora são aplicados ao estudo da sociedade num mundo cada vez mais globalizado e moderno. ■

UMA DERROTA FÍSICA JAMAIS MARCOU O FIM DE UMA NAÇÃO

IBN KHALDUN (1332-1406)

EM CONTEXTO

FOCO
Solidariedade

DATAS IMPORTANTES
c. 622 O primeiro estado islâmico é estabelecido em Medina.

c. 1377 Ibn Khaldun termina a *Muqaddimah* (ou *Prolegômeno*), a introdução à sua história do mundo.

1835 O volume 1 da *Democracia na América* de Alexis de Tocqueville descreve como a associação de indivíduos para propósitos comuns beneficia a sociedade política e civil.

1887 Ferdinand Tönnies escreve *Gemeinschaft und Gesellschaft* (Comunidade e sociedade).

1995 Robert D. Putnam explica o conceito de capital social em seu artigo "Bowling Alone", transformado em livro em 2000.

1996 O livro *Du Nomadisme*, de Michel Maffesoli, dá continuidade a seu estudo sobre neotribalismo.

A dinâmica de grupo sobre como algumas sociedades floresceram e conquistaram outras fascinava Ibn Khaldun, filósofo e historiador árabe. Ele ficou mais conhecido por sua história do mundo em vários volumes, a *Kitab al-'Ibar*, especialmente por sua primeira parte, chamada *Muqaddimah*. A *Kitab* é vista como uma precursora da sociologia por causa de sua análise das sociedades berbere e árabe.

No cerne da explicação de Ibn Khaldun sobre o sucesso de uma sociedade está o conceito árabe de *asabiyyah*, ou solidariedade social. A princípio, *asabiyyah* se referia aos laços familiares encontrados em clãs e tribos nômades, porém, conforme cresciam as civilizações, ela passou a significar um senso de pertencimento, comumente traduzido, hoje em dia, por "solidariedade". De acordo com Ibn Khaldun, *asabiyyah* existe tanto em pequenas sociedades, como os clãs, quanto em grandes, como os impérios, mas o sentido de propósito e destino compartilhados diminui à medida que a sociedade cresce e envelhece, enfraquecendo a civilização. No final, tal civilização será substituída por uma menor ou mais jovem, com um senso de solidariedade maior: uma nação pode — sem jamais ser vencida — experimentar uma derrota física; contudo, quando ela "se torna vítima de uma derrota psicológica... aí sim está o fim de uma nação".

Esse conceito da importância da solidariedade e da coesão social na sociedade antecipou muitas ideias de comunidade e espírito cívico na sociologia moderna, incluindo o argumento de Robert D. Putnam de que as relações comunitárias da sociedade contemporânea estão em colapso. ∎

As tribos beduínas do deserto foram citadas por Ibn Khaldun em sua teoria sobre a dinâmica de grupos, na qual fatores sociais e psicológicos contribuem para a ascensão e queda das civilizações.

Veja também: Ferdinand Tönnies 32-33 ▪ Robert D. Putnam 124-125 ▪ Arjun Appadurai 166-169 ▪ David Held 170-171 ▪ Michel Maffesoli 291

FUNDAMENTOS DA SOCIOLOGIA 21

A HUMANIDADE SEMPRE VAGOU OU SE FIXOU, CONCORDOU OU DISCUTIU EM BANDOS E GRUPOS
ADAM FERGUSON (1723-1816)

EM CONTEXTO

FOCO
Espírito cívico

DATAS IMPORTANTES
1748 Montesquieu publica *O espírito das leis*, defendendo que as instituições políticas deveriam derivar das normas sociais de uma sociedade.

1767 Adam Ferguson apresenta seus pontos de vista no livro *Essay on the History of Civil Society*.

1776 Com *A riqueza das nações*, Adam Smith dá início à economia moderna.

1807 Karl Marx analisa o capitalismo no primeiro volume de *O capital*.

1893 Émile Durkheim examina a importância das crenças e dos valores para manter a sociedade coesa em *Da divisão do trabalho social*.

1993 Amitai Etzioni funda a Rede Comunitária, para fortalecer os fundamentos morais e sociais da sociedade.

O progresso é tanto inevitável quanto desejável, mas devemos ter em mente os custos sociais que podem estar em jogo à medida que o progresso avança. Essa foi a advertência do filósofo e historiador Adam Ferguson, um dos integrantes da "Select Society" de Edimburgo, um grupo de intelectuais do Iluminismo escocês que incluía o filósofo David Hume e o economista Adam Smith.

Ferguson acreditava, assim como Smith, que o crescimento comercial é guiado pelo interesse próprio, porém, diferentemente de Smith, analisava os efeitos de tal desenvolvimento e achava que ele se dava à custa dos valores tradicionais de cooperação e solicitude. No passado, as sociedades se baseavam em famílias ou comunidades, e o espírito comunitário era impulsionado por ideias de honra e lealdade. Mas o interesse próprio exigido pelo capitalismo enfraquece esses valores, levando, enfim, ao colapso social. Para evitar que o capitalismo comercial lançasse as sementes da sua própria destruição, Ferguson defendia a promoção de um sentimento de espírito cívico,

O homem nasce na sociedade civil e nela permanece.
Montesquieu
Filósofo francês (1689-1755)

encorajando as pessoas a agir no interesse da sociedade, em vez de no delas próprias.

A crítica de Ferguson ao capitalismo e ao comércio fez que suas teorias fossem rejeitadas por pensadores dominantes, como Hume e Smith, contudo elas acabaram por influenciar as ideias políticas de Hegel e Marx. E já que ele enxergava o assunto a partir de um ângulo social, em vez de político ou econômico, sua obra ajudou a estabelecer os fundamentos da sociologia moderna. ■

Veja também: Ferdinand Tönnies 32-33 ▪ Karl Marx 28-31 ▪ Émile Durkheim 34-37 ▪ Amitai Etzioni 112-119 ▪ Norbert Elias 180-181 ▪ Max Weber 220-223

A CIÊNCIA PODE SER USADA PARA CONSTRUIR UM MUNDO MELHOR
AUGUSTE COMTE (1798-1857)

EM CONTEXTO

FOCO
Positivismo e o estudo da sociedade

DATAS IMPORTANTES
1813 O teórico francês Henri de Saint-Simon sugere a ideia de uma ciência da sociedade.

Década de 1840 Karl Marx argumenta que as questões econômicas estão na raiz da mudança histórica.

1853 A tradução resumida de *The Positive Philosophy of Auguste Comte* para o inglês feita por Harriet Martineau apresenta as ideias de Comte a um público maior.

1865 O filósofo britânico John Stuart Mill se refere às ideias sociológicas originais de Comte como o "Comte bom" e a suas ideias políticas posteriores como o "Comte ruim".

1895 Em *As regras do método sociológico*, Émile Durkheim tenta estabelecer uma sociologia sistemática.

No final do século XVIII, a crescente industrialização trouxe mudanças radicais à sociedade tradicional europeia. Ao mesmo tempo, a França lutava para estabelecer uma nova ordem social após a Revolução Francesa. Alguns pensadores, como Adam Smith, buscaram explicar as rápidas mudanças da sociedade em termos econômicos. Outros, como Jean-Jacques Rousseau, o fizeram em termos político-filosóficos. Adam Ferguson descreveu os efeitos sociais da modernização, mas ninguém, até então, havia oferecido uma explicação para o progresso social que englobasse as teorias políticas e econômicas. Tendo como pano de fundo a incerteza

FUNDAMENTOS DA SOCIOLOGIA 23

Veja também: Harriet Martineau 26-27 ▪ Karl Marx 28-31; 254-259 ▪ Ferdinand Tönnies 32-33 ▪ Émile Durkheim 34-37 ▪ Max Weber 38-45; 220-223

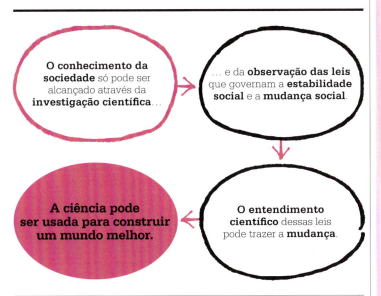

Auguste Comte

Auguste Comte nasceu em Montpellier, na França. Seus pais eram católicos e monarquistas, mas Auguste rejeitou a religião e adotou o republicanismo. Em 1817, tornou-se assistente de Henri de Saint-Simon, que influenciou fortemente suas ideias sobre o estudo científico da sociedade. Depois de algumas desavenças, Comte se afastou de Saint-Simon em 1824, começando seu *Curso de filosofia positiva*, apoiado por John Stuart Mill e outros.

Comte sofria, nessa época, de transtornos mentais, e seu casamento com Caroline Massin acabou em divórcio. Em seguida, apaixonou-se perdidamente por Clotilde de Vaux (que havia se separado do marido), mas sua relação não se consumou, já que ela morreu em 1846. Comte dedicou-se, então, a escrever e estabelecer uma "Religião da Humanidade" positivista. Morreu em Paris em 1857.

Principais obras

1830-1842 *Curso de filosofia positiva* (seis volumes)
1848 *Discours sur l'esprit positif*
1851-1854 *Système de politique positive* (quatro volumes)

---

social na França, o filósofo socialista Henri de Saint-Simon tentou analisar as causas das mudanças sociais e as formas de alcançar a ordem social. Ele sugeriu que existe um padrão de progresso social e que a sociedade passa por uma série de estágios. Contudo, foi seu pupilo, Auguste Comte, quem desenvolveu essa ideia a partir de uma abordagem abrangente do estudo da sociedade baseado em princípios científicos, que de início chamou de "física social" e posteriormente descreveu como "sociologia".

Entendendo e transformando

Comte era filho do Iluminismo, e sua maneira de pensar estava arraigada nos ideais da Era da Razão, com foco racional e objetivo. O surgimento do método científico durante o Iluminismo influenciou a abordagem de Comte em relação à filosofia. Ele fez uma análise detalhada das ciências naturais e de sua metodologia e, depois, propôs que todos os ramos do conhecimento deveriam adotar os princípios científicos e basear a teoria na observação. O argumento central da filosofia "positivista" de Comte é que o conhecimento válido sobre qualquer coisa só pode derivar do questionamento positivo, científico. Ele viu o poder transformador da ciência: as descobertas científicas garantiram os avanços tecnológicos que produziram a Revolução Industrial e criaram o mundo moderno onde hoje vivemos.

Havia chegado a hora, dizia ele, de uma ciência social nos dar não apenas o entendimento dos mecanismos da ordem social e da mudança social, mas também os meios de transformar a sociedade, do mesmo modo que as ciências físicas ajudaram a modificar nosso ambiente físico. Ele considerava o estudo da sociedade humana, ou sociologia, o mais desafiador e complexo, logo, era a "rainha das ciências". »

O argumento de Comte de que o estudo científico da sociedade era a culminação do progresso em nossa busca pelo conhecimento era influenciado por uma ideia proposta por Henri de Saint-Simon e foi exposto como a "lei dos três estados". Ela diz que nosso entendimento dos fenômenos passa por três fases: o estado teológico, no qual um deus ou deuses são citados como a causa das coisas; o estado metafísico, no qual a explicação se dá através de entidades abstratas; e o estado positivo, no qual o conhecimento é verificado por métodos científicos.

A grande teoria de Comte sobre a evolução social tornou-se também uma análise do progresso social — uma alternativa aos relatos meramente descritivos dos estágios societários, como as fases de caça e coleta, o nomadismo, a agricultura e a industrialização-comércio. A sociedade na França, sugere Comte, estava arraigada no estado teológico até o Iluminismo, e a ordem social estava baseada em regras essencialmente religiosas. Após a revolução, em 1789, a sociedade francesa entrou no estado metafísico, sendo ordenada de acordo com princípios e ideais seculares, especialmente os direitos à liberdade e à igualdade. Comte acreditava que, ao reconhecer as limitações da sociedade pós-revolucionária, seria possível a ela entrar no estado positivo, no qual a ordem social poderia ser determinada cientificamente.

Comte identificou três estados do progresso da humanidade em seu entendimento do mundo. O estado teológico chegou ao fim com o Iluminismo no final do século XVIII. O foco mudou, então, do divino para o humano no estado metafísico do pensamento racional, a partir do qual evoluiu o estado final, no qual a ciência provê as explicações.

Uma ciência da sociedade

Comte propôs um arcabouço para a nova ciência da sociologia baseado nas ciências "duras" já existentes. Ele elaborou a hierarquia das ciências, organizadas logicamente de modo que cada ciência contribuísse com as seguintes, mas não com as que a antecederam. Começando com a matemática, a hierarquia seguia para a astronomia, a física e a química, até a biologia. O ápice dessa ordem ascendente do "positivismo" era a sociologia. Por essa razão, Comte sentiu que era necessário ter uma compreensão completa das outras ciências e de seus métodos antes de tentar aplicá-las ao estudo da sociedade.

O mais importante era o princípio da verificação através da observação: as teorias sustentadas pela evidência dos fatos. Mas Comte também reconheceu que é necessário ter uma hipótese para orientar a direção da pesquisa científica e para determinar o escopo da observação. Ele dividiu a sociologia em dois amplos campos de estudo: a "estática social", as forças que determinam a ordem social e mantêm as sociedades coesas; e a "dinâmica social", as forças que determinam a mudança social. Um entendimento científico dessas forças oferece as ferramentas para levar a sociedade até o seu estágio evolutivo definitivo e positivo.

Apesar de Comte não ter sido o primeiro a tentar uma análise da sociedade humana, foi o pioneiro em determinar que ela é passível de ser estudada cientificamente. Além disso, sua filosofia positivista oferecia uma explicação tanto da sociedade industrial secular quanto dos meios para alcançar as reformas sociais. Ele acreditava que, assim como as ciências haviam resolvido problemas do mundo real, a sociologia — sendo a ciência definitiva e unificadora de todas as outras ciências — podia ser

A sociologia não é, portanto, o anexo de qualquer outra ciência, sendo em si mesma uma ciência distinta e autônoma.
Émile Durkheim

Ciência donde previsão, previsão donde ação.
Auguste Comte

aplicada aos problemas sociais para criar uma sociedade melhor.

Da teoria à prática

Comte desenvolveu suas ideias durante o caos que se seguiu à Revolução Francesa, e as apresentou em sua coletânea de seis volumes, *Curso de filosofia positiva*, cujo primeiro volume foi lançado no mesmo ano em que a França experimentou uma segunda revolução, em julho de 1830.

Depois da derrubada e da restauração da monarquia, a opinião na França se dividiu entre aqueles que queriam a ordem e aqueles que exigiam o progresso. Comte acreditava que o positivismo oferecia uma terceira via, um curso de ação racional mais que ideológico, baseado num estudo objetivo da sociedade.

Suas teorias lhe asseguraram tanto críticos como admiradores entre seus contemporâneos na França. Alguns de seus maiores apoiadores estavam na Grã-Bretanha, incluindo o intelectual liberal John Stuart Mill, que garantiu o apoio financeiro que lhe permitiu seguir com seu projeto, além de Harriet Martineau, que traduziu uma versão resumida de sua obra para o inglês.

Infelizmente a reputação que Comte havia construído foi ofuscada por sua obra posterior, na qual ele descrevia como o positivismo poderia ser aplicado a um sistema político. Uma vida pessoal infeliz (separação, depressão e um caso romântico trágico) é quase sempre citada como a causa da mudança em seu pensamento: de uma abordagem científica objetiva que examinava a sociedade para uma exposição quase religiosa de como ela deveria ser.

A revolução de 1830 na França coincidiu com a publicação do livro de Comte sobre o positivismo e parecia inaugurar uma era de progresso social que ele tanto ansiava.

A guinada na obra de Comte, da teoria para como ela poderia ser posta em prática, fez que ele perdesse vários seguidores. Mill e outros pensadores britânicos viam sua receita da aplicação do positivismo como quase ditatorial, e o sistema de governo que propunha como uma violação à liberdade.

Nessa época, surgiu uma abordagem alternativa ao estudo científico da sociedade. Tendo o mesmo pano de fundo das convulsões sociais, Karl Marx ofereceu uma análise do progresso social baseada na ciência da economia e um modelo para mudança com base na ação política, e não no racionalismo. Não é difícil ver por que, em uma Europa dividida por revoluções, a sociologia positivista de Comte acabou sendo eclipsada pelas demandas conflitivas entre o socialismo e o capitalismo. No entanto, foram Comte e, em menor escala, seu mentor, Saint-Simon, que primeiro propuseram a ideia da sociologia como uma disciplina baseada em princípios científicos em vez de pura teorização. Em especial, ele estabeleceu uma metodologia de

Os filósofos apenas interpretaram o mundo… o que importa é transformá-lo.
Karl Marx

observação e uma teoria para as ciências sociais fundamentadas diretamente das ciências físicas. Embora os sociólogos posteriores, sobretudo Émile Durkheim, discordassem dos detalhes de seu positivismo e de sua aplicação, Comte lhes ofereceu sólidos fundamentos sobre os quais pudessem trabalhar. Apesar de hoje o sonho de Comte da sociologia como a "rainha das ciências" parecer inocente, a objetividade que ele defendia continua sendo um princípio orientador. ■

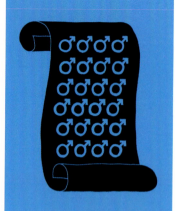

A DECLARAÇÃO DE INDEPENDÊNCIA NADA TEM A VER COM METADE DA RAÇA HUMANA
HARRIET MARTINEAU (1802-1876)

EM CONTEXTO

FOCO
Feminismo e injustiça social

DATAS IMPORTANTES
1791 A dramaturga e ativista política francesa Olympe de Gouges publica a *Declaração dos direitos da mulher e da cidadã* em resposta à Declaração dos Direitos do Homem e do Cidadão de 1789.

1807-1834 A escravidão é abolida no Império Britânico.

1869 Harriet Taylor e John Stuart Mill são coautores do ensaio "A sujeição das mulheres".

1949 *O segundo sexo*, de Simone de Beauvoir, serve de base para a "segunda onda" feminista dos anos 1960-1980.

1981 A Convenção das Nações Unidas sobre a Eliminação de Todas as Formas de Discriminação contra as Mulheres (CEDAW) é ratificada por 188 países.

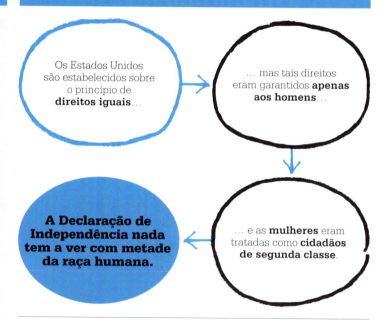

Em 1776, a Declaração da Independência americana proclamava que: "Consideramos estas verdades como evidentes por si mesmas, que todos os homens foram criados iguais, foram dotados pelo Criador de certos direitos inalienáveis, que entre eles estão a vida, a liberdade e a busca da felicidade". Mais de cinquenta anos depois, entre 1834 e 1836, Harriet Martineau viajou pelos EUA e registrou uma imagem muito diferente da sociedade americana. O que ela viu foi uma enorme discrepância entre os ideais de igualdade e democracia e a realidade da vida nos EUA.

Antes de sua visita, Martineau fez fama como jornalista que escrevia sobre economia política e problemas sociais; assim, em suas visitas, ela

FUNDAMENTOS DA SOCIOLOGIA

Veja também: Judith Butler 56-61 ▪ R. W. Connell 88-89 ▪ Sylvia Walby 96-99 ▪ Teri Lynn Caraway 248-249 ▪ Christine Delphy 312-317 ▪ Ann Oakley 318-319

transformou em livro suas impressões da sociedade americana. Mas seu livro *Theory and Practice of Society in America* foi muito além da simples descrição, já que analisava as formas de injustiça social com as quais se defrontou por lá.

Emancipadora social

Para Martineau, o grau pelo qual se pode pensar uma sociedade como sendo civilizada é medido pelas condições nas quais vive o seu povo. Ideais teóricos não são uma medida sobre quão civilizada é uma sociedade se eles não se aplicam a todos. Os supostos ideais da sociedade americana, em especial a estimada noção de liberdade, foram deslegitimados pela prática incessante da escravidão, que Martineau identificava como o principal exemplo de uma parte da sociedade dominando outra.

Por toda a sua vida, Martineau lutou pelo fim da escravidão nos EUA, mas também aplicou seus princípios sobre como se constitui uma sociedade civilizada para identificar e se opor a outras formas de exploração e opressão social, como o tratamento injusto da classe trabalhadora na Grã-Bretanha industrial e a submissão das mulheres no mundo ocidental.

Martineau enfatizou a hipocrisia de uma sociedade que se orgulhava da liberdade, mas que seguia oprimindo as mulheres. Tal tratamento era uma afronta, em especial, porque, conforme ela o descrevia, as mulheres eram metade da raça humana. "Se o objetivo é buscar um teste de civilização, ninguém pode estar tão seguro a respeito da condição de metade da sociedade sobre a qual a outra metade exerce poder." Diferentemente de muitos de seus contemporâneos, no entanto, Martineau não lutou apenas pelos direitos das mulheres à educação e ao voto, mas descreveu as formas pelas quais a sociedade restringia a liberdade das mulheres tanto na vida doméstica quanto na pública.

Martineau ficou famosa ainda em vida, porém sua contribuição ao desenvolvimento da sociologia só foi reconhecida recentemente. Hoje, no entanto, ela é célebre não apenas como a primeira mulher a fazer um estudo metódico da sociedade, mas também como a primeira a formular uma perspectiva sociológica feminista. ∎

O Congresso Continental adotou seu mais elevado plano moral de governo no dia 4 de julho de 1776. Mas Martineau questionou se era possível haver virtudes sociais numa sociedade caracterizada pela injustiça.

Harriet Martineau

Harriet Martineau nasceu em Norwich, Inglaterra, filha de pais progressistas que lhe garantiram uma boa educação. Demonstrou um interesse precoce pela política e pela economia e, depois da morte de seu pai, em 1825, passou a ganhar a vida como jornalista. Seu sucesso como escritora permitiu que se mudasse para Londres e viajasse pelos EUA entre 1834-1836. Ao voltar para a Inglaterra, publicou uma crítica sociológica em três volumes sobre os EUA. Suas experiências por lá confirmaram seu compromisso com a luta contra a escravidão e a emancipação das mulheres.

Apesar de surda desde a adolescência, Martineau seguiu trabalhando e atuando até os anos 1860. Nessa época, já havia se mudado para o Lake District, onde morreu em 1876.

Principais obras

1832-1834 *Illustrations of Political Economy*
1837 *Theory and Practice of Society in America*
1837-1838 *How to Observe Morals and Manners*

A QUEDA DA BURGUESIA E A VITÓRIA DO PROLETARIADO SÃO IGUALMENTE INEVITÁVEIS
KARL MARX (1818-1883)

EM CONTEXTO

FOCO
Conflito de classes

DATAS IMPORTANTES
1755 O filósofo suíço Jean-Jacques Rousseau identifica a propriedade privada como fonte de toda desigualdade.

1807 Georg Hegel interpreta o progresso histórico em sua *Fenomenologia do espírito*.

1819 O teórico socialista francês Henri de Saint-Simon lança a revista *L'Organisateur* para promover suas ideias socialistas.

1845 Em seu livro *A situação da classe trabalhadora na Inglaterra*, Friedrich Engels descreve a divisão da sociedade capitalista em duas classes sociais.

1923 O Instituto de Pesquisa Social é fundado e atrai acadêmicos marxistas para a Universidade de Frankfurt.

Em meados do século XIX, a Europa se caracterizava pela instabilidade política que começou com a Revolução Francesa. O espírito de insurreição se espalhou por todo o continente, e houve tentativas de derrubar e substituir a velha ordem das monarquias e da aristocracia por repúblicas democráticas. Ao mesmo tempo, boa parte da Europa ainda estava lidando com as mudanças na sociedade causadas pela industrialização. Alguns filósofos haviam explicado os problemas do moderno mundo industrial em termos políticos e ofereciam soluções políticas, e outros, como Adam Smith, se voltaram para a economia tanto como causa quanto como solução dos

FUNDAMENTOS DA SOCIOLOGIA · 29

Veja também: Auguste Comte 22-25 ▪ Max Weber 38-45 ▪ Michel Foucault 52-55 ▪ Friedrich Engels 66-67 ▪ Richard Sennett 84-87 ▪ Herbert Marcuse 182-187 ▪ Robert Blauner 232-233 ▪ Christine Delphy 312-317

problemas, mas havia pouca pesquisa sobre a estrutura social da sociedade.

Entre 1830 e 1842, o filósofo francês Auguste Comte sugeriu ser possível, ou até mesmo necessário, fazer um estudo científico da sociedade. Karl Marx concordou que já havia passado a hora de uma abordagem objetiva e metódica e esteve entre os primeiros a tentar fazê-lo. Marx não se propôs, no entanto, a fazer um estudo estritamente sociológico, mas, em vez disso, quis explicar a sociedade moderna em termos históricos e econômicos, usando a observação e a análise para identificar as causas da desigualdade social. E, onde Comte via a ciência como o meio para atingir a mudança social, Marx apontava para a inevitabilidade da ação política.

Progresso histórico

Na época de Marx, a explicação convencional sobre o desenvolvimento da sociedade era a da evolução em estágios, desde os caçadores- -coletores, passando pela fase das comunidades nômades, pastorais e agrícolas, até a moderna sociedade comercial. Como filósofo, Marx estava ciente dessa ideia de progresso social e das origens econômicas da sociedade industrial, mas desenvolveu sua própria interpretação desse processo.

Foi principalmente influenciado pelo filósofo alemão Georg Hegel, que propôs uma visão dialética da história: a mudança vem da síntese de forças opostas, nas quais a tensão contraditória das ideias é resolvida. Marx, no entanto, via a história como a progressão de circunstâncias materiais em vez de ideias e adotou o arcabouço dialético de Hegel ao mesmo tempo que desprezou boa

A sociedade moderna tem duas grandes classes: a **burguesia**, dona das indústrias, e o **proletariado** (classe trabalhadora).

O controle dos **meios de produção** enriquece a burguesia, tornando-a capaz de **dominar** a propriedade privada.

O proletariado, como maioria, possui pouco e **vende seu trabalho** para a burguesia, permanecendo pobre por causa da **exploração**.

O **interesse próprio** atenua a solidariedade na burguesia, enquanto uma **concorrência sem fim** alimenta crises econômicas frequentes.

Esse status desumano leva à alienação e a uma **consciência de grupo**, que busca o seu próprio **bem coletivo** como classe.

A queda da burguesia e a vitória do proletariado são igualmente inevitáveis.

parte de sua filosofia. Ele também foi influenciado por pensadores socialistas franceses como Jean- -Jacques Rousseau, para quem a desigualdade na sociedade civil era fruto do surgimento da noção de propriedade privada.

Marx ofereceu uma nova abordagem ao estudo dos processos históricos. São as condições materiais nas quais as pessoas vivem que determinam a organização da sociedade, disse, e mudanças nos meios de produção (as ferramentas e máquinas usadas para criar riqueza)

causam a mudança socioeconômica. O "materialismo histórico", como ficou conhecida essa abordagem, oferece uma explicação para a transição entre a sociedade feudal e a moderna sociedade capitalista, fruto de novos métodos de produção econômica. No feudalismo, os nobres controlavam os meios de produção agrícola, sendo proprietários da terra onde os servos trabalhavam. Com a era das máquinas, uma nova classe, a burguesia, surge como a proprietária de um novo meio de produção. »

KARL MARX

Cinco épocas históricas foram identificadas por Marx. Cada uma corresponde a uma época em que as pessoas eram claramente definidas por seu trabalho. De acordo com Marx, a força determinante da história é o modo de produção dominante capaz de moldar as classes na sociedade. As épocas progridem desde o começo da história humana, quando as pessoas realizavam coisas em comum, até o capitalismo do tempo de Marx, com suas duas grandes classes sociais. No futuro está a sociedade sem classes do comunismo.

- Controle dos meios de produção
- Maior parte da população
- Propriedade e controle coletivo

SOCIEDADE SEM CLASSES (Comunismo primitivo) — COMEÇO DA HISTÓRIA HUMANA

ELITE SOCIAL / **ESCRAVOS** — O MUNDO ANTIGO

ELITE ARISTOCRÁTICA / **CAMPONESES** (Agricultores e trabalhadores agrícolas com poucos direitos) — FEUDALISMO

BURGUESIA (Classe dominante na sociedade capitalista) / **PROLETARIADO** (Trabalhadores que não possuem os meios de produção) — CAPITALISMO

SOCIEDADE SEM CLASSES (Comunismo — uma ditadura do proletariado; o conflito de classes está resolvido, e os meios de produção são de propriedade comum) — FIM DA HISTÓRIA

À medida que a tecnologia se torna cada vez mais preponderante, a burguesia desafia os nobres e causa a mudança da estrutura econômica da sociedade. Os elementos opostos da sociedade feudal continham as sementes da sociedade capitalista que a substituiu. Marx insistia que, conforme ele e Friedrich Engels escreveram n'*O manifesto comunista*, "a história de todas as sociedades que existiram até nossos dias tem sido a história das lutas de classes". Enquanto o feudalismo fora caracterizado por duas classes, de nobres ou aristocratas e camponeses ou servos, a moderna sociedade industrial criara uma classe burguesa de capitalistas, os donos dos meios de produção, e uma classe proletária, que trabalhava nas novas indústrias.

Conflito de classes

A tensão e o conflito entre as classes na sociedade eram inevitáveis, de acordo com Marx. Portanto, assim como o feudalismo havia sido substituído, o mesmo se daria com a sociedade capitalista e a burguesia dominante. Ele acreditava que o proletariado controlaria um dia a sociedade, depois de derrubar o sistema que o havia criado.

É o método da produção das necessidades materiais, defendia Marx, que determina a estrutura social da sociedade capitalista: as classes do capital e do trabalho. Os capitalistas obtêm sua riqueza a partir da mais-valia dos bens produzidos nas fábricas que eles possuem, através do trabalho dos operários. Já o proletariado não é dono de quase nada e, para sobreviver, tem que vender seu trabalho para a burguesia.

A relação entre as classes é exploradora, enriquecendo os donos do capital e mantendo a classe trabalhadora pobre. Além disso, a natureza desqualificada do trabalho nas fábricas contribui para o sentimento de desumanização e alienação do processo produtivo, agravado pela ameaça de desemprego quando a produção é maior que a demanda.

Com o passar do tempo, no entanto, a opressão leva a consciência de classe ao proletariado — uma percepção de que, unida, a classe trabalhadora pode organizar um movimento para o seu bem coletivo. O interesse próprio inerente ao capitalismo tende a prevenir tal desenvolvimento entre a burguesia, e a constante concorrência leva a crises econômicas cada vez mais frequentes. A crescente solidariedade

A previsão de Karl Marx de uma revolução comunista tornou-se realidade em 1917. Ela não aconteceu, no entanto, numa nação industrial avançada, como ele havia antecipado, mas na Rússia czarista.

da classe trabalhadora e o enfraquecimento da burguesia permitirão, com o tempo, que o proletariado assuma o controle dos meios de produção e gere a sociedade sem classes.

Uma contribuição-chave

A análise de Marx sobre como o capitalismo criou classes socioeconômicas no mundo industrial era baseada em algo mais que pura teorização e, como tal, foi um dos primeiros estudos "científicos" da sociedade a oferecer uma explicação completa da sociedade moderna em termos econômicos, políticos e sociais. No processo, ele apresentou vários conceitos que se tornaram centrais ao pensamento sociológico posterior, especialmente na área das classes sociais, como o conflito e a consciência de classe e as noções de exploração e alienação.

Suas ideias inspiraram vários revolucionários, e, num certo momento do século XX, um terço da população mundial vivia sob governos seguidores dos princípios marxistas. Mas nem todos concordaram com a divisão marxista da sociedade em classes definidas por seus status econômicos nem com a ideia de que a mudança social é o inevitável resultado do conflito de classes. Na geração que sucedeu a de Marx, tanto Émile Durkheim quanto Max Weber, frequentemente considerados junto com Marx os "fundadores" da sociologia moderna, ofereceu uma visão alternativa à dele.

Durkheim reconheceu que a indústria moldou a sociedade moderna, porém defendeu que era a própria industrialização, em vez do capitalismo, que estava na raiz de todos os problemas sociais.

Weber, por outro lado, aceitou o argumento de Marx de que existem razões econômicas por trás do conflito de classes, mas achava que a divisão de Marx da sociedade entre burguesia e proletariado, puramente baseada na economia, era simples demais. Ele acreditava que havia causas culturais e religiosas, assim como econômicas, para o crescimento do capitalismo, e que elas se refletiam nas classes com base no prestígio e no poder, além do status econômico.

Apesar de a influência de Marx na sociologia no mundo ocidental ter diminuído durante a primeira metade do século XX, os membros da chamada "Escola de Frankfurt", constituída por sociólogos e filósofos (incluindo Jürgen Habermas, Erich Fromm e Herbert Marcuse), seguiram fiéis aos seus princípios. Depois da Segunda Guerra Mundial, com o advento da Guerra Fria, as opiniões se dividiram ainda mais. Nos EUA, em particular, a teoria marxista de qualquer tipo foi largamente desacreditada, enquanto na Europa, em especial na França, vários filósofos e sociólogos desenvolveram as ideias sociais de Marx.

Hoje, com as novas tecnologias transformando o mundo mais uma vez e as pessoas cada vez mais se conscientizando de uma crescente desigualdade econômica, algumas ideias marxistas básicas começaram a ser revisitadas por pensadores sociais, econômicos e políticos. ∎

[Marx é] o verdadeiro pai da sociologia moderna, na medida em que qualquer um pode reivindicar o título.
Isaiah Berlin
Filósofo russo-britânico (1909-1997)

Karl Marx

Considerado um dos "pais fundadores" das ciências sociais, Karl Marx também era um influente economista, filósofo político e historiador. Nasceu em Trier, na Alemanha, e, por causa da insistência de seu pai advogado, estudou direito — em vez de filosofia e literatura, pelas quais tinha mais inclinação — na Universidade de Bonn e, mais tarde, em Berlim. Lá desenvolveu seu interesse por Hegel e se inscreveu para o doutorado na Universidade de Jena em 1841.

Depois de se tornar jornalista em Colônia, Marx se mudou para Paris, onde desenvolveu sua teoria econômica, social e política em colaboração com Friedrich Engels. Em 1845, os dois escreveram *O manifesto comunista*. Após o fracasso das revoluções na Europa em 1848, Marx se mudou para Londres. Com a morte de sua mulher, em 1881, sua saúde piorou, e ele veio a morrer dois anos mais tarde, aos 64 anos.

Principais obras

1848 *O manifesto comunista*
1859 *Uma contribuição à crítica da economia política*
1867 *O capital*, volume 1

GEMEINSCHAFT E GESELLSCHAFT
FERDINAND TÖNNIES (1855-1936)

EM CONTEXTO

FOCO
Comunidade e sociedade

DATAS IMPORTANTES
1651 O filósofo inglês Thomas Hobbes descreve a relação entre a natureza humana e a estrutura da sociedade em *Leviatã*.

1848 Em *O manifesto comunista*, Karl Marx e Friedrich Engels mostram os efeitos do capitalismo na sociedade.

1893 O sociólogo Émile Durkheim propõe a ideia de ordem social mantida pela solidariedade orgânica e mecânica em *Da divisão do trabalho social*.

1904-1905 Max Weber publica *A ética protestante e o espírito do capitalismo*.

2000 Zygmunt Bauman apresenta a ideia de "modernidade líquida" numa sociedade cada vez mais globalizada.

Existem **dois tipos de motivação** para nossa ação social:

- uma **vontade natural** de agir de forma cooperativa...
- uma **vontade racional** de agir para um fim específico...

... que caracteriza as interações da **comunidade** tradicional (*Gemeinschaft*).

... que caracteriza as interações de uma **sociedade** moderna (*Gesellschaft*).

No final do século XIX, vários pensadores voltaram sua atenção para as implicações sociais da modernidade, em especial o crescimento da sociedade capitalista industrial. Dentre eles estavam Émile Durkheim, Max Weber e Ferdinand Tönnies, amplamente reconhecidos como os fundadores da sociologia. A maior contribuição de Tönnies para a disciplina foi sua análise dos tipos de agrupamento social em contraste, em seu livro *Gemeinschaft und Gesellschaft*, publicado em 1887.

Nessa que foi sua principal obra, Tönnies aponta para aquilo que vê

FUNDAMENTOS DA SOCIOLOGIA

Veja também: Adam Ferguson 21 ▪ Émile Durkheim 34-37 ▪ Max Weber 38-45 ▪ Amitai Etzioni 112-119 ▪ Zygmunt Bauman 136-143 ▪ Karl Marx 254-259 ▪ Bryan Wilson 278-279 ▪ Michel Maffesoli 291

como a distinção entre as comunidades rurais e a moderna sociedade industrializada. As primeiras, argumenta, são caracterizadas pela *Gemeinschaft*, a comunidade, baseada nos laços familiares e nos grupos sociais, como a Igreja. Comunidades pequenas tendem a ter metas e crenças comuns, e a interação dentro delas se dá com base na confiança e na cooperação.

Triunfo da "vontade"

Nas sociedades de maior escala, como as cidades modernas, a divisão de trabalho e a mobilidade da força de trabalho erodiram os laços tradicionais. No lugar da *Gemeinschaft*, passou a existir a *Gesellschaft*, a associação ou sociedade. Os relacionamentos em tais sociedades são mais impessoais e superficiais, baseados no interesse próprio em vez de na ajuda mútua.

Os dois extremos de *Gemeinschaft* e *Gesellschaft* existem, em maior ou menor escala, em todo agrupamento humano, mas Tönnies defendia que a lógica do capitalismo e da competição levou à predominância de meras

A comunidade, por sua própria essência, é de origem anterior a seus sujeitos ou membros.
Ferdinand Tönnies

associações na sociedade industrial em que as pessoas viviam.

Na raiz da teoria de Tönnies estava a ideia de "vontade" — aquilo que motiva as pessoas a agir. Ele distinguiu entre aquilo que chamava de *Wesenwille*, a "vontade natural", e *Kürwille*, a "vontade racional". *Wesenwille*, dizia, é a vontade instintiva de fazer algo para o seu próprio bem, ou algo que surge do hábito, costume ou da obrigação moral. Essa é a motivação por trás da ordem social da *Gemeinschaft*, a vontade de fazer coisas para a

comunidade, como parte dela. Por outro lado, a *Kürwille* nos motiva a agir de modo puramente racional, visando atingir uma meta específica, e é o tipo de vontade por trás das decisões feitas em grandes organizações, principalmente empresas. É a *Kürwille* que caracteriza a *Gesellschaft* da sociedade urbana capitalista.

A despeito de sua inclinação política à esquerda, Tönnies era visto como uma figura essencialmente conservadora, que lamentava a perda da *Gemeinschaft* na sociedade moderna, em vez de propor qualquer mudança social. Apesar de ter ganhado o respeito de outros sociólogos, suas ideias só vieram a ter certa influência muitos anos depois. A teoria de Tönnies, junto com sua obra sobre metodologia, abriu caminho para a sociologia do século XX. Weber desenvolveu as noções de Tönnies de vontade e motivação para a ação social, e a ideia de Durkheim sobre solidariedade mecânica e orgânica ecoou o contraste entre *Gemeinschaft* e *Gesellschaft*. ■

Ferdinand Tönnies

Ferdinand Tönnies nasceu nas ilhas Frísias do Norte, na Schleswig (hoje Nordfriesland, Shleswig-Holstein, Alemanha). Depois de estudar nas universidades de Estrasburgo, Jena, Bonn e Leipzig, terminou seu doutorado em Tübingen, em 1877.

No seu pós-doutorado, em Berlim e em Londres, os interesses de Tönnies se voltaram da filosofia para a política e as questões sociais. Tornou-se tutor na Universidade de Kiel em 1881, mas uma herança permitiu-lhe que focasse apenas sua obra. Também foi cofundador da Sociedade Sociológica Alemã. Devido às suas visões políticas

controversas, só se tornou professor da Universidade de Kiel em 1913. Suas simpatias sociais democráticas e a denúncia pública do nazismo fizeram que fosse destituído da universidade em 1931, três anos antes de sua morte, aos oitenta anos.

Principais obras

1887 *Gemeinschaft und Gesellschaft*
1926 *Fortschritt und soziale Entwicklung*
1931 *Einführung in die Soziologie*

A SOCIEDADE, ASSIM COMO O CORPO HUMANO, TEM PARTES, NECESSIDADES E FUNCIONAMENTO INTER-RELACIONADOS
ÉMILE DURKHEIM (1858-1917)

EM CONTEXTO

FOCO
Funcionalismo

DATAS IMPORTANTES
1830-1842 Auguste Comte defende uma abordagem científica ao estudo da sociedade na obra *Curso de filosofia positiva*.

1874-1877 Herbert Spencer diz que a sociedade é um "organismo social" em evolução no primeiro volume de *The Principles of Sociology*.

1937 Em *A estrutura da ação social*, Talcott Parsons revive a abordagem funcionalista em sua teoria da ação.

1949 Robert K. Merton desenvolve a ideia de anomia de Durkheim para examinar a disfunção social em *Social Theory and Social Structure*.

1976 Anthony Giddens oferece uma alternativa ao funcionalismo estrutural em *Novas regras do método sociológico*.

A sociologia só foi aceita como disciplina independente, uma ciência social distinta da filosofia, na segunda metade do século XIX. A atmosfera intelectual da época exigia que a sociologia, para ser reconhecida como um campo de estudo, estabelecesse suas credenciais científicas.

Dentre os que haviam estudado filosofia e foram atraídos para o novo ramo do conhecimento estava Émile Durkheim, que acreditava que a sociologia deveria ser menos uma grande teoria e mais um método que pudesse ser aplicado de diversas formas para entender o desenvolvimento da sociedade moderna. Hoje, considerado um dos principais fundadores da

FUNDAMENTOS DA SOCIOLOGIA 35

Veja também: Auguste Comte 22-25 ▪ Karl Marx 28-31 ▪ Max Weber 38-45 ▪ Jeffrey Alexander 204-209 ▪ Robert K. Merton 262-263 ▪ Herbert Spencer 334

> A humanidade evoluiu de pequenas **comunidades ou agrupamentos homogêneos** para a formação de **sociedades grandes e complexas**.

⬇

> Na sociedade tradicional, a religião e a cultura criaram uma **consciência coletiva** capaz de produzir solidariedade.

⬇

> Na sociedade moderna, a **divisão do trabalho** trouxe uma maior **especialização**, e o foco mudou para o **indivíduo** em vez do **coletivo**…

⬇

> … de modo que a **solidariedade** agora vem da **interdependência** de indivíduos com **funções especializadas**.

⬇

A sociedade, assim como o corpo humano, tem partes, necessidades e funcionamento inter-relacionados.

Émile Durkheim

Nascido em Épinal, no leste da França, Émile Durkheim rompeu com a tradição familiar e abandonou a escola rabínica para seguir uma carreira secular. Estudou na École Normale Supérieure em Paris, formando-se em filosofia em 1882, mas já mostrava interesse pela ciência social depois de ter lido Auguste Comte e Herbert Spencer.

Durkheim se mudou para a Alemanha para estudar sociologia. Em 1887 voltou para a França, onde lecionou os primeiros cursos de sociologia do país na Universidade de Bordeaux, tendo mais tarde fundado o primeiro periódico de ciências sociais na França. Foi indicado para a Sorbonne em 1902 e lá ficou pelo resto de sua vida, tornando-se professor titular em 1906. Sentiu-se cada vez mais marginalizado pela ascensão da política nacionalista de direita durante a Primeira Guerra Mundial e, depois da morte de seu filho André em 1916, sua saúde se deteriorou e ele veio a morrer de um derrame em 1917.

Principais obras

1893 *Da divisão do trabalho social*
1895 *As regras do método sociológico*
1897 *O suicídio*

---

sociologia, junto com Karl Marx e Max Weber, Durkheim não foi o primeiro intelectual a tentar estabelecer o assunto como ciência. O trabalho anterior de outros pensadores inevitavelmente influenciou suas ideias.

Criando um modelo científico

Auguste Comte lançou os alicerces com sua teoria de que o estudo da sociedade humana é o ápice de uma hierarquia das ciências naturais. E, já que a sociedade é um agrupamento de animais humanos, ganhou força a ideia de que, de todas as ciências naturais, a biologia era o modelo mais próximo para as ciências sociais.

Nem todos concordavam: Marx, por exemplo, baseava suas ideias sociológicas na nova ciência da economia em vez da biologia. Mas o surgimento da teoria de Charles Darwin sobre a origem das espécies provocou uma revisão radical de muitas ideias convencionais de então. Isso foi especialmente verdadeiro na Grã-Bretanha, onde a obra de Darwin oferecia um modelo de evolução orgânica que poderia ser aplicado a muitas outras disciplinas.

Dentre os que se inspiraram em Darwin estava Herbert Spencer, um filósofo e biólogo que comparava o desenvolvimento da sociedade moderna à evolução de um organismo, com diversas partes servindo para diferentes funções. Sua obra estabeleceu a proposta de um modelo "orgânico" para as ciências sociais. »

Durkheim defendia que as religiões, especialmente as estabelecidas há mais tempo, como o judaísmo, são instituições sociais fundamentais que dão às pessoas um forte senso de consciência coletiva.

Durkheim sustentava a ideia funcional de Spencer sobre partes separadas servindo a um propósito e a noção de que a sociedade era maior que a soma de seus elementos individuais. Além disso, o "positivismo" de Auguste Comte (sua crença de que só o questionamento científico produz o verdadeiro conhecimento) ajudou a moldar a metodologia científica que, para Durkheim, revelaria como funcionam as sociedades modernas.

Durkheim focava a sociedade como um todo e suas instituições, e não as motivações e ações dos indivíduos dentro da sociedade. Acima de tudo, estava interessado nas coisas que mantêm a sociedade coesa e garantem a ordem social. Ele defendia que a base para o estudo sociológico deveria ser aquilo que chamava de "fatos sociais" ou "realidade fora dos indivíduos", passíveis de serem verificados empiricamente.

Assim como os outros sociólogos pioneiros, Durkheim tentava entender e explicar os fatores que moldaram a sociedade moderna, as várias forças conhecidas como "modernidade". Mas, onde Marx as associava ao capitalismo, e Weber à racionalização, Durkheim ligava o desenvolvimento da sociedade moderna à industrialização e, em especial, à divisão social dela advinda.

Um organismo funcional

O que diferencia a sociedade moderna das tradicionais, de acordo com Durkheim, é uma mudança fundamental no modo da coesão social. O advento da industrialização fez com que evoluísse uma nova forma de solidariedade. Durkheim esboçou sua teoria dos diferentes tipos de solidariedade social na tese de doutorado *Da divisão do trabalho social*.

Nas sociedades primitivas, como os grupos de caçadores-coletores, os indivíduos faziam basicamente o mesmo trabalho, e, apesar de cada um poder ser autossuficiente, a sociedade era mantida unida por um sentimento de propósito, experiências, valores e crenças comuns. A semelhança entre os indivíduos em tal sociedade sustentava aquilo que Durkheim chamava de "consciência coletiva", a base de sua solidariedade.

No entanto, conforme as sociedades cresceram em tamanho e em complexidade, as pessoas começaram a desenvolver habilidades mais especializadas, substituindo sua independência pela interdependência. O agricultor, por exemplo, depende do ferreiro para fazer as ferraduras de seus cavalos, ao passo que o ferreiro depende do agricultor para ter seu alimento. A solidariedade mecânica da sociedade tradicional, como Durkheim a chamava, é substituída pela solidariedade orgânica baseada não na semelhança de seus membros individuais, mas em suas diferenças complementares.

A divisão do trabalho alcançou seu pico com a industrialização, quando a sociedade evoluiu e se tornou um "organismo" complexo no qual os elementos individuais desempenham funções especializadas, cada uma delas essencial para o bem-estar da coletividade. A ideia de que a sociedade é estruturada como um organismo biológico composto de diversas partes com funções especializadas tornou-se uma abordagem significativa para a

> É nosso dever buscar ser... um ser humano completo, suficiente em si mesmo; ou... ser apenas uma parte do todo, o órgão de um organismo?
> **Émile Durkheim**

sociologia, conhecida como funcionalismo. O "fato social" — algo que existe sem estar sujeito à vontade de qualquer indivíduo sobre ele —, identificado por Durkheim como o motor da evolução da solidariedade mecânica à orgânica, é o aumento da "densidade dinâmica", ou seja, o crescimento e a concentração da população. A concorrência por recursos torna-se mais intensa, mas com o aumento da densidade populacional vem a possibilidade de uma maior interação social dentro da própria população, dando início a uma divisão do trabalho na tentativa de lidar de forma mais eficiente com suas demandas.

Na sociedade moderna, a interdependência orgânica dos indivíduos é a base para a coesão social. Mas Durkheim percebeu que a divisão do trabalho que surgiu com a rápida industrialização também acarretou problemas sociais. Exatamente por ser construída sobre as diferenças complementares entre as pessoas, a solidariedade orgânica muda o foco da comunidade para o indivíduo, substituindo a consciência coletiva de uma sociedade — crenças e valores compartilhados que garantem a sua coesão. Sem tal arcabouço de normas de comportamento, as pessoas ficam desorientadas, e a sociedade torna-se instável. A solidariedade orgânica só funciona se houver a manutenção dos elementos da solidariedade mecânica, fazendo que os membros da sociedade tenham um senso de propósito comum.

A velocidade da industrialização, de acordo com Durkheim, forçou a divisão do trabalho tão rapidamente na sociedade moderna que a interação social não se desenvolveu o suficiente para se tornar um substituto da consciência coletiva declinante. Os indivíduos sentiam-se cada vez mais desconectados da sociedade, especialmente em relação à orientação moral que a solidariedade mecânica antes lhes dava. Durkheim usou a palavra "anomia" para descrever essa perda de padrões e valores coletivos e seu consequente enfraquecimento da moral individual. Num estudo de padrões de suicídio em diversas áreas, ele mostrou a importância da anomia no desespero que leva alguém a tirar a própria vida. Nas comunidades onde as crenças coletivas eram fortes, como entre os católicos, a taxa de suicídio era menor que em outros grupos, o que confirmava, para Durkheim, o valor da solidariedade na saúde de uma sociedade.

Uma disciplina acadêmica

Durkheim baseou suas ideias em uma pesquisa completa com evidências empíricas quantitativas e qualitativas (através de estudos de caso). Seu principal legado foi o estabelecimento da sociologia como disciplina acadêmica, na tradição da doutrina positivista de Comte — de que a ciência social está sujeita aos mesmos métodos investigativos que as ciências naturais.

No entanto, a abordagem positivista de Durkheim enfrentou certo ceticismo. Pensadores sociológicos a partir de Marx rejeitaram a ideia de que algo tão complexo e imprevisível como a sociedade humana fosse coerente com a pesquisa científica. Durkheim também afrontou o pensamento intelectual da época ao olhar para a sociedade como um todo, e não apenas para a experiência do indivíduo, que era a base da abordagem adotada por Max Weber. Seu conceito de "fatos sociais" com uma realidade própria, separada do indivíduo, foi abandonado, assim como sua abordagem objetiva também foi criticada por explicar a base da ordem social, mas sem nenhuma sugestão de como mudá-la.

Contudo, a análise de Durkheim sobre a sociedade como composta de diversas partes inter-relacionadas, cada uma com sua função específica, ajudou a estabelecer o funcionalismo como uma importante abordagem para a sociologia, tendo influenciado, entre outros, Talcott Parsons e Robert K. Merton.

As explicações de Durkheim sobre a solidariedade eram uma alternativa às teorias de Marx e Weber, porém o auge do funcionalismo durou até os anos 1960. Apesar de o positivismo de Durkheim ter, desde então, caído em desuso, conceitos apresentados por ele, como anomia e consciência coletiva (disfarçada em "cultura"), continuam a figurar na sociologia contemporânea. ∎

> A sociedade não é a simples soma de indivíduos, e sim o sistema formado por sua associação, que representa uma realidade específica com caracteres próprios.
> **Émile Durkheim**

Uma colmeia é criada pela divisão do trabalho de insetos esforçados. Ao mesmo tempo que produzem um todo funcional, as abelhas mantêm uma relação simbiótica com a flora a seu redor.

A JAULA DE FERRO

DA RACIONALIDADE

MAX WEBER (1864-1920)

MAX WEBER

EM CONTEXTO

FOCO
Modernidade racional

DATAS IMPORTANTES
1845 Karl Marx escreve as onze "Teses sobre Feuerbach" e apresenta a ideia de materialismo histórico — em que a economia, em vez das ideias, é que comanda a mudança social.

1903 O sociólogo alemão Georg Simmel examina os efeitos da vida urbana moderna sobre o indivíduo em "A metrópole e a vida mental".

1937 Em *A estrutura da ação social*, Talcott Parsons demonstra sua teoria da ação, uma tentativa de integrar as contrastantes abordagens (subjetiva-objetiva) de Weber e Durkheim.

1956 Em *A elite do poder*, Charles Wright Mills descreve o surgimento de uma classe dominante militar-industrial como resultado da racionalização.

A moderna sociedade industrial trouxe **avanços tecnológicos e econômicos**.

⬇

Mas isso se deu por um **aumento na racionalização e na estrutura burocrática**...

⬇

... que impôs **novos controles**, **restringiu as liberdades individuais** e **corroeu os laços comunitários e de parentesco**.

⬇

A eficiência burocrática suprimiu as interações tradicionais, nos prendendo numa "jaula de ferro da racionalidade".

Até a última metade do século XIX, o crescimento econômico dos estados alemães era baseado no comércio, e não na produção. No entanto, quando se deu a guinada para a indústria manufatureira de grande escala, do tipo que havia produzido a urbanização na Grã-Bretanha e na França, a mudança foi rápida e dramática. Merece destaque o que aconteceu na Prússia, onde a combinação de recursos naturais e a tradição de organização militar ajudaram a estabelecer uma sociedade industrial eficiente num curto período de tempo.

A falta de familiaridade da Alemanha com os efeitos da modernidade significava que o país ainda não havia desenvolvido a tradição do pensamento sociológico. Karl Marx era alemão de nascimento, porém baseou suas ideias sociológicas e econômicas em suas experiências em sociedades industrializadas de outros lugares. Mas, próximo ao final do século, um número de pensadores alemães voltou sua atenção ao estudo da moderna sociedade emergente alemã. Dentre eles estava Max Weber, que talvez tenha se tornado o mais influente "pai" da sociologia. Weber não se

importava em transformar a sociologia em uma disciplina, como queriam Auguste Comte e Émile Durkheim na França, os quais buscavam "leis científicas" universais para a sociedade (baseados na crença do chamado "positivismo", de que a ciência poderia construir um mundo melhor).

Embora Weber concordasse que qualquer estudo da sociedade devesse ser rigoroso, ele defendia que isso não poderia ser verdadeiramente objetivo, porque é o estudo não tanto do comportamento social quanto da ação social, ou seja, das formas como os indivíduos da sociedade interagem

FUNDAMENTOS DA SOCIOLOGIA   41

Veja também: Auguste Comte 22-25 ▪ Émile Durkheim 34-37 ▪ Charles Wright Mills 46-49 ▪ Georg Simmel 104-105 ▪ George Ritzer 120-123 ▪ Max Weber 220-223 ▪ Karl Marx 254-259 ▪ Jürgen Habermas 286-287 ▪ Talcott Parsons 300-301

---

entre si. Tal ação é necessariamente subjetiva e precisa ser interpretada ao se focarem os valores subjetivos que os indivíduos associam às suas ações.

Essa abordagem interpretativa, também chamada *verstehen* ("entendimento"), era quase a antítese do estudo objetivo da sociedade. Enquanto a abordagem de Durkheim examinava a estrutura da sociedade como um todo e a natureza "orgânica" de suas muitas partes interdependentes, a de Weber buscava estudar a experiência do indivíduo.

Weber foi fortemente influenciado pelas teorias marxistas, especialmente pela ideia de que a sociedade capitalista moderna despersonaliza e aliena. Ele discordava, no entanto, da abordagem materialista de Marx, com sua ênfase na economia e não na cultura e nas ideias, e da crença de Marx na inevitabilidade da revolução proletária. Em vez disso, Weber sintetizava as ideias tanto de Marx quanto de Durkheim para desenvolver sua própria

e distinta análise sociológica, examinando os efeitos daquilo que via como o mais difundido aspecto da modernidade: a racionalização.

Uma "jaula de ferro"

Na que talvez tenha sido a sua obra mais conhecida, *A ética protestante e o espírito do capitalismo* (1904-1905), Weber descreve a evolução do Ocidente a partir de uma sociedade governada por costumes tribais ou religiosos até uma crescente organização secular baseada na meta de ganho econômico.

A industrialização foi alcançada através de avanços na ciência e na engenharia, e o capitalismo que a acompanhou clamava por decisões puramente racionais baseadas na eficiência e na análise de custo-benefício (a avaliação de benefícios e custos dos projetos). Se por um lado a ascensão do capitalismo trouxe incontáveis benefícios materiais, por

O destino de nosso tempo é caracterizado… acima de tudo… pelo desencanto do mundo.
Max Weber

outro também causou inúmeros retrocessos sociais. A cultura tradicional e os valores espirituais foram suplantados pela racionalização, que trouxe consigo um sentimento que Weber chamava de "desencanto", à medida que o lado intangível, místico, da vida diária de »

O filme *Tempos modernos*, de 1936, mostra o ator Charles Chaplin como um trabalhador de uma linha de montagem sujeito aos efeitos desumanos da modernidade e da racionalização.

… o mundo poderia um dia estar cheio de nada, apenas daqueles funcionários insignificantes, homenzinhos presos a empreguinhos lutando por empregos maiores.
Max Weber

muitas pessoas foi substituído por um cálculo frio.

Weber reconhecia as mudanças positivas produzidas por um maior conhecimento e pela prosperidade que resultavam das decisões lógicas em vez das ditadas por autoridades religiosas fora de moda. Mas a racionalização também estava mudando a administração da sociedade através do crescente nível de burocracia em todos os tipos de organização. Tendo sido criado na Prússia, onde a já estabelecida eficiência militar havia se tornado o modelo para o novo Estado industrializado, tal desenvolvimento teria sido claramente visto por Weber.

A burocracia, achava Weber, era tanto inevitável quanto necessária na sociedade industrial moderna. Sua eficácia e eficiência, próximas das de uma máquina, são o que capacita a sociedade a prosperar economicamente, o que quer dizer que seu crescimento em escopo e poder era, aparentemente, irreversível. Mas, se por um lado o eclipse da religião significou que as pessoas estavam liberadas das normas sociais irracionais, a estrutura burocrática impôs uma nova forma de controle e ameaçou suprimir o próprio individualismo que havia levado as pessoas a rejeitar a autoridade dogmática religiosa. Muitos membros da sociedade moderna se sentem, agora, presos à armadilha das rígidas regras da burocracia, como se estivessem numa "jaula de ferro" da racionalização. Além disso, as burocracias tendem a produzir organizações hierárquicas impessoais, com procedimentos padronizados que se sobrepõem ao individualismo.

Desumanização

Weber estava preocupado com esses efeitos sobre os indivíduos "funcionários insignificantes, dentes da engrenagem de uma máquina". O capitalismo, que havia prometido a utopia tecnológica tendo o indivíduo no seu centro, criou, em vez disso, uma

O aparato burocrático plenamente desenvolvido se compara a outras organizações, exatamente da forma como faz a máquina com outros modos de produção não mecânicos.
Max Weber

sociedade dominada pelo trabalho e pelo dinheiro, supervisionada por uma burocracia inflexível. Uma sociedade rígida, baseada em regras, não apenas tende a restringir o indivíduo como também possui um efeito desumanizador, fazendo com que as pessoas se sintam como se estivessem à mercê de um sistema lógico, mas sem deus. O poder e a autoridade da burocracia racional também afetam as relações e as interações individuais — suas ações sociais. Tais ações não são mais baseadas em laços familiares ou comunitários, nem em valores ou crenças tradicionais. Diferentemente disso, elas são voltadas à eficiência e ao cumprimento de metas.

Já que a principal meta da racionalização é fazer com que as coisas sejam feitas de modo eficiente, os desejos do indivíduo se sujeitam às metas da organização, levando a uma perda da autonomia individual. Apesar de haver uma grande interdependência entre as pessoas conforme os trabalhos

A chancelaria alemã em Berlim é o quartel-general do governo alemão. Os funcionários públicos que trabalham lá são a burocracia cuja tarefa é a implementação da política governamental.

se tornam cada vez mais especializados, os indivíduos sentem que seu valor na sociedade é determinado pelos outros, e não por sua própria habilidade ou capacidade manual. O desejo do autodesenvolvimento é substituído por uma ambição obsessiva de conseguir um emprego melhor, mais dinheiro ou um status social mais elevado, e a criatividade tem menor valor que a produtividade.

Do ponto de vista de Weber, tal desencanto é o preço que a sociedade moderna paga pelos ganhos materiais alcançados pela racionalização burocrática. As mudanças sociais que ela causa são profundas, afetando não apenas nosso sistema de moralidade, como também nossa constituição psicológica e cultural. A erosão dos valores espirituais significa que nossas ações sociais se baseiam, de maneira adversa, nos cálculos de custo-benefício, tornando-se mais uma questão administrativa que uma orientação moral ou social.

Ações sociais e classes

Se por um lado Weber com frequência se desesperava com a falta de alma na sociedade moderna, por outro, ele não era totalmente pessimista. As

… o que podemos opor a esse mecanismo… para manter uma parte da humanidade livre… dessa suprema dominação da forma de vida burocrática.
Max Weber

A burocracia crescente é, segundo Weber, um produto da racionalização, dando à sociedade uma organização próxima à da máquina, capaz de promover eficiência. Mas o trabalho dentro de um aparato administrativo pode levar o indivíduo ao desencanto: com pouco espaço para iniciativa pessoal e criatividade, um burocrata pode achar que o que lhe cabe é uma papelada monótona e repetitiva.

burocracias podem ser difíceis de destruir, mas, por terem sido criadas pela sociedade, ele achava que elas também poderiam ser mudadas pela sociedade. Enquanto Marx previa que a exploração e a alienação do proletariado pelo capitalismo levariam inevitavelmente à revolução, Weber achava que o comunismo levaria a um controle burocrático ainda maior que o capitalismo. Em vez disso, ele defendia que, dentro de uma democracia liberal, a burocracia deveria ter um nível de autoridade compatível com aquele que os membros da sociedade estivessem preparados a permitir. Isso é determinado, dizia, pelas ações sociais dos indivíduos conforme eles tentam melhorar sua vida e suas "chances de vida" (ou oportunidades).

Assim como a sociedade havia progredido da autoridade "carismática" dos laços familiares e religiosos, passando pela autoridade patriarcal da sociedade feudal, até a autoridade moderna da racionalização e da burocracia, o comportamento individual também evoluiu das ações emocionais, tradicionais e apoiadas em valores para a "ação instrumental" — a ação baseada na avaliação dos custos e das consequências, a qual Weber considerava como o ápice da conduta racional. Além disso, ele identificou três elementos de estratificação social nos quais poderia haver tais ações sociais, afetando diferentes aspectos das "chances de vida" de uma pessoa. Assim como existem as classes sociais economicamente determinadas, também há um status de classe ligado a atributos menos tangíveis, como honra e prestígio, bem como classes partidárias baseadas em afiliações políticas. Juntos, eles ajudam o indivíduo a estabelecer uma posição distinta na sociedade. »

Uma aceitação gradual

A perspectiva inovadora de Weber estabeleceu as bases de uma das maiores abordagens da sociologia no século XX. Introduzindo a ideia de exame subjetivo, interpretativo, das ações sociais dos indivíduos, ele ofereceu uma alternativa ao positivismo de Durkheim, ao apontar que a metodologia das ciências naturais não é apropriada para o estudo das ciências sociais, e ao determinismo materialista de Marx, ao enfatizar a importância das ideias e da cultura sobre as considerações econômicas.

Apesar de as ideias de Weber terem influenciado bastante os seus contemporâneos na Alemanha, como Werner Sombart e Georg Simmel, elas não foram amplamente aceitas. Ele foi considerado, em seu tempo, um historiador e um economista, em vez de um sociólogo, e só bem mais tarde seu trabalho recebeu a atenção que merecia. Muito do que produziu só foi publicado após sua morte, e alguns só foram traduzidos bastante tempo depois. Os sociólogos no começo do século XX sentiam antipatia pela abordagem de Weber porque estavam ansiosos em estabelecer as credenciais da sociologia como ciência. Sua noção de *verstehen* subjetiva e seu exame da experiência individual, em vez da sociedade como um todo, eram vistos como desprovidos do rigor e da objetividade necessária. E alguns críticos, especialmente os mais dados às ideias do determinismo econômico marxista, discordavam do registro de Weber da evolução do capitalismo ocidental.

No entanto, as ideias de Weber foram cada vez mais aceitas, ao mesmo tempo que a influência do positivismo de Durkheim entrava em declínio. Weber foi, por exemplo, uma influência na teoria crítica da Escola de Frankfurt, centrada na Universidade Goethe, em Frankfurt, Alemanha. Esses pensadores diziam que a teoria marxista tradicional não poderia dar conta, plenamente, do caminho traçado pelas sociedades capitalistas ocidentais e, por isso, se apropriaram da abordagem sociológica positivista de Weber e de sua análise da racionalização. Fugindo da ascensão nazista, membros da Escola de Frankfurt levaram essas ideias aos EUA, onde as percepções de Weber foram entusiasticamente recebidas, e sua influência foi ainda mais forte depois da Segunda Guerra Mundial. Em especial, o sociólogo americano Talcott Parsons tentou reconciliar as ideias de Weber com a tradição positivista dominante estabelecida por Durkheim, incorporando-as às suas próprias teorias. Parsons também fez muito para popularizar Weber e suas ideias dentro da sociologia americana, mas foi Charles Wright Mills quem, juntamente com Hans Heinrich Gerth, chamou a atenção do mundo anglófono para os escritos mais importantes de Weber através de sua tradução e comentário de 1946. Wright Mills foi destacadamente influenciado pela teoria de Weber sobre a "jaula de ferro" da racionalidade e desenvolveu esse tema em sua própria análise das estruturas sociais, na qual mostrou que as ideias de Weber tinham implicações mais significativas do que se pensava anteriormente.

O racional vira global

Nos anos 1960, Weber havia se tornado dominante, e sua abordagem interpretativa chegou perto de substituir o positivismo que havia governado a sociologia desde Durkheim. Nas últimas décadas do século XX, a ênfase de Weber nas ações sociais dos indivíduos e sua relação com o poder exercido pela sociedade moderna racionalizada ofereceram um arcabouço para a sociologia contemporânea.

Mais recentemente, sociólogos como o teórico britânico Anthony Giddens têm focado o contraste entre a abordagem de Durkheim para a sociedade como um todo e a concentração de Weber no indivíduo como unidade de estudo. Giddens aponta que nenhuma das duas abordagens está completamente certa ou errada, preferindo exemplificar duas ou mais perspectivas — a macro e a micro. Outro aspecto da obra de Weber — em que a cultura e as ideias moldam nossas estruturas sociais mais do que as condições econômicas — tem sido

>
> Ninguém sabe quem viverá nessa jaula no futuro ou se... haverá um grande renascimento de velhas ideias e ideais...
> **Max Weber**
>

Franz Kafka, contemporâneo de Weber, criou histórias descrevendo uma burocracia cheia de distopia. Sua obra casa bem com os temas weberianos, como desumanização e anonimato.

FUNDAMENTOS DA SOCIOLOGIA 45

As condições dentro de usinas de fabricação de semicondutores, em que os trabalhadores usam máscaras e roupas especiais, são um exemplo visível de racionalização e de repressão das interações humanas.

adotado por uma escola de pensamento britânica que deu espaço para o campo dos estudos culturais.

Weber e Marx

De muitas maneiras a análise de Weber acabou se provando mais presciente que a de Marx. A despeito de sua rejeição da interpretação de Marx sobre a inevitabilidade da mudança histórica, Weber previu a prevalência e o triunfo global da economia capitalista sobre os modelos tradicionais como resultado da racionalização. Ele também anteviu que uma moderna sociedade tecnológica se basearia numa burocracia eficiente e que qualquer eventual problema não seria estrutural, mas uma questão de gestão e competência: uma burocracia muito rígida faria com que, paradoxalmente, a eficiência caísse em vez de aumentar.

Mais importante, Weber percebeu que o materialismo e a racionalização criaram uma "jaula de ferro" sem alma e que, se não fossem controlados, levariam à tirania. Onde Marx viu a emancipação dos trabalhadores e o estabelecimento de um Estado comunista utópico, Weber observou que na sociedade industrial moderna a vida de todos — tanto dos proprietários quanto dos trabalhadores — é moldada pelo permanente conflito entre a eficiência impessoal, organizacional, e as necessidades e desejos dos indivíduos. E, nas últimas décadas, isso se provou verdadeiro, já que o "cálculo racional" econômico levou à substituição de pequenos comércios por supermercados e shoppings, além da exportação de postos de trabalho manufatureiros e administrativos do Ocidente para países com baixos salários ao redor do mundo. As esperanças e os desejos dos indivíduos têm, em muitos casos, sido contidos pela jaula de ferro da racionalização. ■

Max Weber

Max Weber é um dos fundadores da sociologia, junto com Karl Marx e Émile Durkheim. Nascido em Erfurt numa família intelectual alemã de classe média, Weber terminou seu doutorado em 1888 e lecionou nas universidades de Berlim, Freiburg e Heidelberg. Seu conhecimento de economia, história, política, religião e filosofia serviu como solo do qual brotou e cresceu boa parte do pensamento sociológico.

Embora a trajetória profissional de Weber tenha seguido impressionante, sua vida pessoal foi um tanto problemática. Em 1897 teve um colapso logo após a morte de seu pai. Apesar de sua morte inesperada em 1920, aos 56 anos, o registro de Weber do papel da religião na ascensão do capitalismo continua sendo um clássico sociológico.

Principais obras

1904-1905 *A ética protestante e o espírito do capitalismo*
1919-1920 *História geral da economia*
1921-1922 *Economia e sociedade: fundamentos da sociologia compreensiva*

MUITOS DOS PROBLEMAS PESSOAIS DEVEM SER ENTENDIDOS EM TERMOS DE QUESTÕES PÚBLICAS

CHARLES WRIGHT MILLS (1916-1962)

EM CONTEXTO

FOCO
Imaginação sociológica

DATAS IMPORTANTES
1848 Em *O manifesto comunista*, Karl Marx e Friedrich Engels descrevem o progresso em termos da luta de classes e a sociedade capitalista como um conflito entre a burguesia e o proletariado.

1899 Em *A teoria da classe ociosa*, Thorstein Veblen sugere que a classe empresarial busca o lucro à custa do progresso ou do bem-estar social.

1904-1905 Max Weber descreve a sociedade estratificada por classe, status e poder em *A ética protestante e o espírito do capitalismo*.

1975 Michel Foucault mira o poder e a resistência em *Vigiar e punir*.

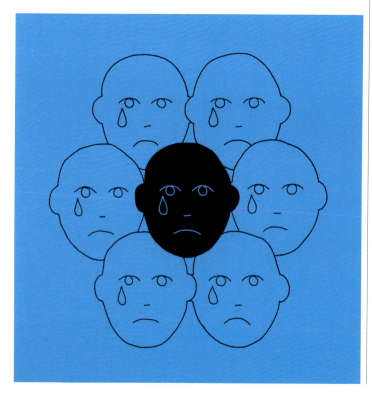

Durante a Guerra Fria, que se desenvolveu depois da Segunda Guerra Mundial, pouquíssimos sociólogos adotaram uma atitude abertamente socialista, em especial durante a caça às bruxas anticomunista que ficou conhecida como macartismo. Mas Charles Wright Mills nadou contra a maré. Seus livros mais influentes criticavam a elite do poder militar e comercial de seu tempo.

Wright Mills arriscou não somente ser malvisto pelas autoridades durante essa era da "Ameaça Vermelha" nos anos 1940 e 1950, como também rejeitou os sociólogos dominantes. Porém, ele não fazia apologia à ideologia marxista; em vez

FUNDAMENTOS DA SOCIOLOGIA 47

Veja também: Karl Marx 28-31 ▪ Max Weber 38-45 ▪ Michel Foucault 52-55 ▪ Friedrich Engels 66-67 ▪ Richard Sennett 84-87 ▪ Herbert Marcuse 182-187 ▪ Thorstein Veblen 214-219

Muitos dos problemas pessoais devem ser entendidos em termos de questões públicas.

Mas as pessoas comuns **não relacionam seus problemas** com os problemas da **sociedade** como um todo.

Uma **"imaginação sociológica"** consegue capturar tal relação e ajudar a **transformar a vida de indivíduos** ao atacar os problemas sociais.

Cientistas sociais têm um **dever moral** de usar seu conhecimento para revelar objetivamente as conexões individuais e sociais.

---

disso, apresentava uma crítica dos efeitos da modernidade, apontando o que via, entre colegas intelectuais, como a complacência para com a opressão da "sociedade de massa".

A postura independente de Wright Mills contradizia o sólido fundamento sobre o qual estava baseada. Ele havia sido um brilhante e inflexível estudante de sociologia, tendo admirado, em especial, a obra de Max Weber, cuja ideia de racionalização inspirou o tema central de seu próprio pensamento social.

A sociedade desumanizada

Para Weber, a sociedade moderna estava substituindo os costumes e os valores tradicionais por decisões racionais num processo desumanizador que afetava não apenas a cultura, mas também a estrutura da sociedade. Ele apontou que a organização social racional não é necessariamente baseada na razão ou no bem-estar de todos. Weber também deu a Wright Mills uma noção mais sofisticada de classe, diferente do modelo econômico simples proposto por Marx, introduzindo elementos de status e poder, além da riqueza.

Tendo um entendimento completo das teorias de Weber e acreditando que elas eram muito mais radicais do que se pensava até então, Wright Mills se prontificou a aplicá-las à sua própria análise dos efeitos da racionalização na sociedade ocidental de meados do século XX.

Ele focou sua atenção primeiro na classe trabalhadora dos EUA, criticando os trabalhadores organizados por colaborarem com os capitalistas, permitindo-lhes assim seguir oprimindo a força de trabalho. Mas esse não era um ataque marxista ao capitalismo. Ele achava que o marxismo havia falhado em entender as questões sociais e culturais associadas à dominância da indústria comercial.

Em seguida, examinou o produto mais óbvio da racionalização: as classes médias burocráticas. Insistia que, em meados do século XX, as classes médias americanas, alienadas do processo de produção, haviam se divorciado dos valores tradicionais, como o orgulho pelo trabalho manual, e se desumanizado por uma racionalização cada vez maior. Segundo sua visão, elas não passavam de "robôs alegres" — encontrando prazer nas coisas materiais mas apáticos intelectual, política e socialmente —, sem nenhum controle sobre suas circunstâncias.

O fracasso da classe trabalhadora e a inabilidade da classe média em »

Que cada homem seja seu próprio metodologista, que cada homem seja seu próprio teórico.
Charles Wright Mills

O colapso da indústria automobilística em Detroit, EUA, arruinou a cidade, mas muitos trabalhadores não relacionavam sua pobreza com as ações da elite do poder, que incluía os líderes sindicais.

assumir o controle permitiram à sociedade ser moldada por aquilo que Wright Mills chamava de "elite do poder". Esta não era necessariamente, conforme enfatizou, uma elite econômica, mas incluía os líderes militares, políticos e sindicais. Weber havia defendido que a racionalização fazia com que a elite empresarial tomasse as decisões, e, meio século depois, Wright Mills dizia que havia sido criada uma nova classe dominante militar-industrial. Ele acreditava que esse era um ponto de inflexão que marcara a transição da era moderna para aquilo que ele definia como a "Quarta Época". A racionalização, que deveria produzir liberdade e progresso social, estava tendo, cada vez mais, o efeito oposto.

Esse não era um problema só para as democracias liberais, que consideravam a possibilidade de perder o controle das mudanças sociais, mas também para os Estados comunistas nos quais o marxismo tampouco havia se mostrado capaz de oferecer os meios para a tomada do poder. Na raiz dos problemas, de acordo com Mills, está o fato de as pessoas comuns na "sociedade de massa" não terem consciência da forma como sua vida é afetada pela concentração de poder político e social. Vivem sua vida sem perceber como as coisas que lhes acontecem estão conectadas a um contexto social mais amplo. Cada problema individual, como ficar desempregado, endividado ou sem teto, é entendido como algo pessoal e não em termos das forças da mudança histórica. Conforme Wright Mills argumenta, "elas não possuem a qualidade mental essencial para aprender a interação de homem e sociedade, de biografia e história, do eu e do mundo" — a qualidade que ele chama de "imaginação sociológica".

A falta de imaginação sociológica, então, é a culpada pela ascensão da elite do poder. Em *A imaginação sociológica*, publicado em 1959, Wright Mills muda o seu foco da sociedade para a sociologia e as próprias ciências sociais. Por ser difícil às pessoas comuns pensar em seus problemas pessoais em termos de questões públicas maiores, cabe aos sociólogos iluminá-las, inspirá-las e instruí-las — garantindo a base do conhecimento e da informação.

O que deveria ser?
Wright Mills era muito crítico da sociologia acadêmica de seu tempo. Na sua opinião, ela estava longe da experiência cotidiana, mais preocupada em oferecer uma "grande teoria" que em se envolver com a mudança social. Wright Mills tinha a visão pragmática de que o conhecimento precisa ser útil, e achava que era um dever moral dos sociólogos assumir a liderança. Já era hora, dizia, de os intelectuais deixarem suas torres de marfim e garantirem às pessoas os meios para tornar a sociedade melhor, para transformar sua vida individual, encorajando o engajamento público nas questões políticas e sociais.

Seu ataque às ciências sociais constituídas questionava a própria noção sobre o que tratava a sociologia. Naquela época, os cientistas sociais se esforçavam para ser observadores neutros, descrevendo objetivamente e

Nem a vida de um indivíduo nem a história de uma sociedade podem ser compreendidas sem o entendimento de ambos.
Charles Wright Mills

FUNDAMENTOS DA SOCIOLOGIA

analisando sistemas sociais, políticos e econômicos. Mas Wright Mills os convocava para lidar com a forma como a racionalização e a mudança de controle social para uma elite afetava as pessoas também num nível individual. A adoção da imaginação sociológica implicava uma mudança do estudo objetivo do "que é" para uma resposta mais subjetiva à questão do "que deveria ser". Ele defendia que o poder deveria efetivamente ser transferido para uma elite intelectual.

Um espírito pioneiro

Como era de esperar, a crítica de Wright Mills à sociologia causou hostilidade, isolando-o das visões dominantes. Sua interpretação da constante mudança na natureza da luta de classes também foi amplamente rejeitada. O *statu quo* conservador também o evitou, negando suas alegações a respeito de uma concentração do poder na elite militar, empresarial e política, as quais eram vistas como um ataque direto à política da Guerra Fria no Ocidente.

No entanto, os livros e artigos de Wright Mills foram lidos por muitos, tornando-se influentes fora do contexto das ciências sociais. Os filósofos e os ativistas políticos que surgiram a partir do macartismo se sentiam atraídos, em especial, pela sua descrição de uma elite do poder. Muitas de suas ideias foram adotadas pelos movimentos sociais da Nova Esquerda americana (um termo que Wright Mills popularizou em sua "Carta à Nova Esquerda", em 1960), o que abriu o caminho para sociólogos, como o intelectual alemão Herbert Marcuse, adotarem a abordagem da Nova Esquerda nos anos 1960. As ideias de Wright Mills estavam, em muitos aspectos, além de seu tempo, e sua morte prematura em 1962 fez com que ele não vivesse para ver muitas delas ser aceitas de forma ampla. Sua obra foi o prenúncio do surgimento de novos pensadores socialistas, especialmente na França, com a contracultura dos anos 1960. A ênfase de Michel Foucault na noção do poder tem uma forte semelhança com as ideias inicialmente aventadas por Wright Mills.

Hoje, a chamada Guerra ao Terror, depois dos ataques terroristas em 11 de setembro de 2001 nos EUA e da desastrosa crise financeira do começo do século XXI, levou a uma crescente percepção de que muito do que experimentamos em nossa vida cotidiana é moldado por questões sociais e históricas mais amplas. O professor e analista americano de política urbana Peter Dreier alegou em 2012 que Wright Mills teria adorado o movimento Occupy Wall Street contra a desigualdade social e econômica. Esse exemplo de pessoas comuns se opondo à elite do poder, que, segundo eles, controla a sociedade e afeta suas vidas, é a imaginação sociológica sendo mostrada numa campanha de mudança social. ■

O desemprego pode levar as pessoas a culpar a si mesmas pela sua situação. Mas, segundo Wright Mills, uma imaginação sociológica levaria tais pessoas a ver as causas e os efeitos mais amplos.

Charles Wright Mills

Ardorosamente independente e crítico da autoridade, Charles Wright Mills atribuía suas atitudes pouco convencionais a uma infância isolada e, às vezes, solitária, já que sua família se mudava com frequência. Nasceu em Waco, Texas, EUA, e começou seus estudos na Texas A&M University, mas considerava sufocante a atmosfera por lá e largou o curso após um ano. Transferiu-se para a Universidade do Texas em Austin e se formou em sociologia, com mestrado em filosofia. Um estudante obviamente talentoso, se bem que problemático, foi estudar na Universidade de Wisconsin, onde brigou com seus professores e se recusou a fazer as revisões exigidas na sua tese de doutorado. Acabou por receber o título de doutor em 1942. Nessa época, já havia assumido um posto na Universidade de Maryland e, com um de seus orientadores no doutorado, Hans Gerth, escreveu *Ensaios de sociologia*.

Em 1945, Wright Mills se mudou, com uma bolsa da Fundação Guggenheim, para a Universidade Columbia, onde passou o resto de sua carreira. Apesar de sua crítica ferrenha ao meio das ciências sociais por afastá-lo dos principais sociólogos, acabou tendo muita aceitação popular. Sua carreira terminou abruptamente quando morreu de problemas cardíacos em 1962, com apenas 45 anos de idade.

Principais obras

1948 *The New Men of Power: America's Labor Leaders*
1956 *A elite do poder*
1959 *A imaginação sociológica*

DÊ ÀS ATIVIDADES CORRIQUEIRAS A MESMA ATENÇÃO DADA AOS EVENTOS EXTRAORDINÁRIOS
HAROLD GARFINKEL (1917-2011)

EM CONTEXTO

FOCO
Etnometodologia

DATAS IMPORTANTES
1895 Émile Durkheim defende uma metodologia estritamente científica para as ciências sociais em *As regras do método sociológico*.

1921-1922 O individualismo metodológico de Max Weber é explicado em *Economia e sociedade*, uma publicação póstuma.

1937 Talcott Parsons tenta formar uma teoria social única e unificada em seu livro *A estrutura da ação social*.

1967 Harold Garfinkel publica *Studies in Ethnomethodology*.

1976 Anthony Giddens incorpora ideias da etnometodologia de Garfinkel à sociologia dominante em seu livro *Novas regras do método sociológico*.

A estrutura da sociedade não é definida **"de cima para baixo"** por um grupo limitado de regras gerais.

Em vez disso, as regras são construídas **"de baixo para cima"**, a partir de trocas e interações.

Essas regras podem ser vistas em nosso **comportamento espontâneo** no cotidiano, em vez de em estruturas e instituições sociais.

Dê às atividades corriqueiras a mesma atenção dada aos eventos extraordinários.

Nos anos 1930, o sociólogo americano Talcott Parsons embarcou no projeto de juntar os vários ramos da sociologia em uma única teoria. Seu livro de 1937, *A estrutura da ação social*, combinou ideias de Max Weber, Émile Durkheim e outros, e tentava apresentar uma metodologia universal para a sociologia. Nos anos seguintes à Segunda Guerra Mundial, as ideias de Parsons lhe valeram um grande número de seguidores.

Entre os seus admiradores estava Harold Garfinkel, que estudava com Parsons em Harvard. Enquanto muitos dos seus seguidores se sentiam atraídos por uma "grande teoria" da sociologia, Garfinkel assumiu a ideia de Parsons de examinar as raízes da ordem social em vez da mudança social, e em especial seus métodos de pesquisa do assunto.

O funcionamento da sociedade

Parsons havia sugerido a abordagem "de baixo para cima" em vez da "de cima para baixo", para analisar os fundamentos da ordem social. Isso queria dizer que, para entender como alcançar a ordem social numa sociedade, deveríamos olhar as pequenas trocas e interações interpessoais, e não as instituições e estruturas sociais. Tal enfoque colocou a metodologia tradicional da sociologia de cabeça para

FUNDAMENTOS DA SOCIOLOGIA

Veja também: Émile Durkheim 34-37 ▪ Max Weber 38-45 ▪ Anthony Giddens 148-149 ▪ Erving Goffman 190-195; 264-269 ▪ Talcott Parsons 300-301

baixo: até então, pensava-se que o comportamento das pessoas podia ser previsto ao se descobrirem as "regras" por trás da sociedade.

Garfinkel levou a ideia ainda mais além, desenvolvendo o que acabou sendo uma alternativa à abordagem sociológica tradicional, chamando-a de "etnometodologia". As regras subjacentes à ordem social eram feitas a partir da forma como as pessoas se comportavam em reação a diferentes situações, e é através da observação das interações cotidianas que podemos ter uma ideia dos mecanismos da ordem social.

Novas perspectivas

Uma categoria de métodos experimentais defendida por Garfinkel ficou conhecida como experimentos de violação de expectativas sociais (*breaching experiments*). Eles foram desenvolvidos para revelar normas sociais — as maneiras esperadas, mas nem sempre percebidas, pelas quais as pessoas constroem um senso compartilhado de realidade. A violação de tais normas — por exemplo, ao pedir aos alunos que chamassem seus pais de "sr. X" ou "sra. X", ou que se

> Em termos de procedimento, é minha preferência começar com cenas familiares e perguntar o que pode ser feito para bagunçá-las.
> **Harold Garfinkel**

comportassem como se fossem inquilinos — quase sempre causava certo incômodo ou raiva, já que os fundamentos da ordem social haviam sido questionados.

A etnometodologia não apenas oferecia um método alternativo de pesquisa social como também indicava uma falha na metodologia convencional. De acordo com Garfinkel, pesquisadores sociais apoiavam suas teorias nas evidências de exemplos específicos, mas, ao mesmo tempo, usavam as teorias para

explicar os exemplos — um argumento circular. Em vez disso, eles deveriam examinar as interações sociais particulares de modo independente, não se propondo a achar um padrão ou uma teoria abrangente. Ele se referia a um tribunal do júri, com seus interrogatórios, como "cenas familiares" que simplesmente sabemos como organizar de forma inteligível e reconhecível. Qualquer arranjo social, defendia, "pode ser visto como auto-organizado no que diz respeito ao caráter inteligível de suas próprias aparências, quer como representações da ordem social, quer como representações dela".

A abordagem de Garfinkel foi compilada em *Studies in Ethnomethodology*, de 1967. Numa época em que ideias "alternativas" eram populares, Garfinkel atraiu vários seguidores, apesar de seu estilo de escrita impenetrável. Suas ideias foram inicialmente rejeitadas pelos sociólogos convencionais, porém, no final do século XX, tornaram-se cada vez mais aceitas, talvez não como uma alternativa à metodologia sociológica, mas como uma perspectiva adicional ao campo da ordem social. ■

Harold Garfinkel

Nascido em Newark, Nova Jersey, EUA, Harold Garfinkel estudou administração e contabilidade na Universidade de Newark e fez seu mestrado na Universidade da Carolina do Norte. Ao mesmo tempo, começou sua carreira como escritor, e um dos seus contos, "Color Trouble", foi incluído na antologia *The Best Short Stories, 1941*.

Depois de servir no Exército sem ir a combate, durante a Segunda Guerra Mundial, estudou com Talcott Parsons em Harvard, onde obteve seu doutorado. Passou então a lecionar nas universidades de Princeton e Ohio, antes de se fixar na Universidade da Califórnia, em 1954. Garfinkel se aposentou em 1987, mas continuou lecionando como professor emérito até sua morte, em 2011.

Principais obras

1967 *Studies in Ethnomethodology*
2002 *Ethnomethodology's Program*
2008 *Towards a Sociological Theory of Information*

Uma fila é uma forma de organização negociada pelos seus próprios membros, baseada em regras não verbalizadas de interação social num espaço público.

ONDE HÁ PODER, HÁ RESISTÊNCIA

MICHEL FOUCAULT (1926-1984)

EM CONTEXTO

FOCO
Poder/resistência

DATAS IMPORTANTES
1848 Karl Marx e Friedrich Engels descrevem a opressão do proletariado pela burguesia no livro *O manifesto comunista*.

1883 Friedrich Nietzsche apresenta o conceito de "vontade de poder" em *Assim falava Zaratustra*.

1997 Em seu livro *Excitable Speech: A Politics of the Performative*, Judith Butler desenvolve a ideia de Foucault sobre poder/conhecimento em relação a censura e discursos de ódio.

2000 Em *Império*, o sociólogo marxista italiano Antonio Negri e o pesquisador americano Michael Hard descrevem a evolução de um poder imperialista "total", contra o qual a única resistência é a negação.

O poder de manter a ordem social ou causar uma mudança social tem sido visto, por convenção, em termos políticos ou econômicos. Até os anos 1960 as teorias de poder geralmente se encaixavam em dois tipos: ideias do poder do governo ou do Estado sobre os cidadãos; ou a ideia marxista de luta pelo poder entre a burguesia e o proletariado. Porém, essas teorias tendiam a se concentrar no poder no nível macro, ignorando o exercício do poder nos níveis mais baixos das relações sociais ou vendo-o como uma consequência do exercício primário do poder (ou só de importância secundária).

Michel Foucault, no entanto, pensava que nas sociedades ocidentais

FUNDAMENTOS DA SOCIOLOGIA

Veja também: Karl Marx 28-31 ▪ Max Weber 38-45 ▪ Charles Wright Mills 46-49 ▪ Herbert Marcuse 182-187 ▪ Erich Fromm 188 ▪ Jürgen Habermas 286-287

Michel Foucault

Um polímata brilhante, influente nos campos da filosofia, psicologia, política e crítica literária, bem como na sociologia, Michel Foucault era com frequência associado aos movimentos estruturalista e pós-estruturalista na França, mas ele não gostava de ser rotulado assim. Nasceu em Poitiers, França, e estudou filosofia e psicologia na École Normale Supérieure, em Paris. Lecionou na Suécia, Polônia e Alemanha nos anos 1950, tendo terminado seu doutorado em 1959. Foi palestrante na Tunísia de 1966 a 1968 e, quando voltou a Paris, foi escolhido chefe do departamento de filosofia na Universidade de Vincennes. Dois anos mais tarde, foi eleito para o Collège de France como professor de "história dos sistemas de pensamento". Morreu em 1984, uma das primeiras vítimas mais conhecidas de doenças relacionadas à aids na França.

Principais obras

1969 *A arqueologia do saber*
1975 *Vigiar e punir: nascimento da prisão*
1976-1984 *A história da sexualidade* (três volumes)

liberais de hoje tais abordagens são muito simplificadas. O poder, dizia, não é apenas exercido pelo Estado ou pelos capitalistas, mas pode ser visto em qualquer nível da sociedade, desde os indivíduos até os grupos e as organizações, chegando à sociedade como um todo. Em suas palavras, "o poder está em todo lugar e vem de todo lugar". Ele também discordava da visão tradicional do poder como algo que pode ser possuído ou exercido, como uma arma. Isso, diz ele, não é poder, mas uma capacidade de exercer poder — não se torna poder até que se tome alguma ação. Assim, o poder não é algo que alguém tenha, mas algo que é feito aos outros, uma ação que afeta a ação de outros.

Relações de poder

Em vez de pensar no poder como uma "coisa", Foucault o vê como uma "relação" e explica a natureza do poder através do exame das relações de poder presentes em todos os níveis da sociedade moderna. Por exemplo, uma relação de poder existe entre um homem e o Estado no qual ele vive, mas, ao mesmo tempo, existem diferentes formas de relação de poder entre ele e seu empregador, seus filhos, as organizações às quais pertence etc.

Foucault reconhece que o poder tem sido, e continua a ser, a maior força a moldar a ordem social, mas descreve como a natureza das relações de poder mudou desde a época medieval até hoje. O que ele considera como o » exercício "soberano" do poder, como torturas públicas e execuções, era o método usado por figuras de autoridade na sociedade feudal para coagir seus súditos à obediência. Com o surgimento do Iluminismo na Europa, no entanto, a violência e a força foram vistas como desumanas e, mais importante, como um meio não efetivo de exercer o poder.

Vigília e controle

No lugar das duras punições físicas surgiu um meio mais convincente de controlar o comportamento: a disciplina. O estabelecimento de instituições como prisões, hospícios, hospitais e escolas caracterizou a mudança da noção de meramente punir para um exercício disciplinar de poder: mais especificamente, agir para prevenir as pessoas de se comportarem de certa forma. Tais instituições não apenas eliminavam a possibilidade de transgressão, como também ofereciam as condições pelas quais a conduta das pessoas pudesse ser corrigida e regulada e, acima de tudo, monitorada e controlada.

Esse elemento de vigília é especialmente importante na evolução do modo como o poder é exercido na sociedade moderna.

Foucault foi particularmente afetado pela Panopticon, o eficiente modelo de prisão inspirado no filósofo britânico Jeremy Bentham, com uma torre de observação que permitia uma vigilância constante dos presos. As celas, apontava Foucault, tinham uma iluminação de fundo que impedia os presos de se esconder em algum canto escuro. Os prisioneiros nunca sabiam com certeza se estavam sendo vigiados, de modo que passaram a disciplinar seu comportamento como se estivessem sempre sob vigília. O poder não é mais exercido ao coagir as pessoas a se conformar, mas ao estabelecer mecanismos que garantam sua conformidade.

Regulando a conduta

Os mecanismos pelos quais o poder é exercido, a "tecnologia do poder", tornaram-se desde então parte integral da sociedade. No mundo ocidental moderno, as normas sociais são impostas não tanto pela força, mas através de um exercício de um poder "pastoral" que guia o comportamento das pessoas. Em vez de uma autoridade forçando as pessoas a agir de forma particular, ou impedindo-as de se comportar de maneira diferente, as pessoas

A história da sexualidade de Foucault… nos adverte a não imaginar uma completa libertação do poder. Jamais pode haver uma libertação total do poder.
Judith Butler

participam de um complexo sistema de relações de poder que opera em muitos níveis, regulando a conduta dos membros da sociedade.

Esse tipo difundido de poder é determinado pelo controle que a sociedade tem das atitudes das pessoas, suas crenças e suas práticas: os sistemas de ideias aos quais Foucault se refere como "discurso". O sistema de crenças de qualquer sociedade evolui conforme as pessoas aceitam certos valores, até o ponto em que essas visões são encravadas naquela sociedade, definindo o que é bom e o que é mau, o que é

A Panopticon, desenvolvida por Bentham, é o supremo olho do poder para Foucault. Os espaços circulares permitem uma visibilidade permanente, que leva os prisioneiros a se conformar com sua própria disciplina e controle. Foucault defende que não apenas as prisões, mas todas as estruturas hierárquicas (como hospitais, fábricas e escolas) evoluíram para se parecerem com esse modelo.

Os prisioneiros não sabem ao certo quando estão sendo vigiados.

Um observador numa torre central monitora de perto os movimentos e os comportamentos dos presos.

Celas com iluminação de fundo eliminam as sombras onde os prisioneiros podem se esconder dos olhos do observador.

FUNDAMENTOS DA SOCIOLOGIA

Um pastor guiando suas ovelhas é a analogia que Foucault usa para descrever o poder "pastoral", em que as pessoas são guiadas a agir de certa forma.

Regimes discursivos

O discurso é sempre reforçado, já que é tanto um instrumento quanto o efeito do poder: ele controla os pensamentos e a conduta, que, por sua vez, moldam o sistema de crenças. E, já que define o que é certo ou errado, é um "regime de verdade", criando um corpo daquilo que é considerado como conhecimento comum inegável.

Foucault desafiou a ideia de que "o conhecimento é poder", dizendo que os dois se relacionam de modo mais sutil. Ele cunhou o termo "poder-conhecimento" para essa relação, notando que o conhecimento cria poder, mas também é criado pelo poder. Hoje, o poder é exercido ao controlar quais formas de conhecimento são aceitáveis, apresentando-as como verdade e excluindo outras formas de conhecimento. Ao mesmo tempo, o conhecimento aceito, o discurso, é de fato produzido no processo do exercício do poder.

Diferentemente da maneira como o poder foi usado ao longo do tempo para compelir e coagir as pessoas a se comportar de certo modo, esse tipo de poder-conhecimento não tem nenhuma espécie de agente ou estrutura que possam ser reconhecidos de imediato. E, por causa de sua natureza onipresente, considerado normal ou um desvio. Os indivíduos dentro daquela sociedade regulam seu comportamento de acordo com tais normas, em grande parte sem saber que é o discurso que guia sua conduta, já que faz com que ações e ideias opostas sejam impensáveis.

parece que não há nada específico contra o que se pode resistir. De fato, Foucault argumenta que a resistência política, na forma de revolução, talvez não leve à mudança social, já que ela desafia apenas o poder do Estado, mas não o modo onipresente e cotidiano pelo qual o poder hoje é exercido.

No entanto, Foucault defende que existe uma possibilidade de resistência: ela pode ser contra o próprio discurso, que pode ser desafiado por outros discursos opostos. O poder que se baseia na cumplicidade implica pelo menos algum grau de liberdade aos que se sujeitam a ele. Para que o discurso seja um instrumento de poder, os que se sujeitam a ele devem estar envolvidos numa relação de poder, e

O discurso transmite e produz poder; ele o reforça, mas também o debilita e o expõe.
Michel Foucault

Foucault defende que, se houver uma relação de poder, também há a possibilidade de resistência — sem resistência, não é necessário o exercício do poder.

O uso do poder

Os conceitos de Foucault de poder-conhecimento e discurso são sutis e, na época, foram rejeitados por vários estudiosos como especulativos e vagos. Mas suas palestras e escritos se tornaram bastante populares, a despeito dos conceitos difíceis e de seu estilo de prosa algumas vezes complicado. As ideias de poder descritas em *Vigiar e punir* e em *A história da sexualidade* foram, aos poucos, sendo aceitas por alguns na sociologia dominante (além de historiadores e filósofos), acabando por influenciar a análise de como o discurso é usado na sociedade como instrumento de poder em diversas arenas.

O desenvolvimento do feminismo moderno, a teoria queer e os estudos culturais devem muito às explicações de Foucault de como as normas de comportamento são impostas. Hoje, a opinião ainda se divide entre os que acham que suas teorias são conclusões um tanto vagas de uma pesquisa e de uma erudição limitada, e os que o consideram um dos pensadores mais abrangentes e originais nas ciências sociais do século xx. ∎

O GÊNERO É UM TIPO DE IMITAÇÃO PARA O QUAL NÃO HÁ UM ORIGINAL

JUDITH BUTLER (1956-)

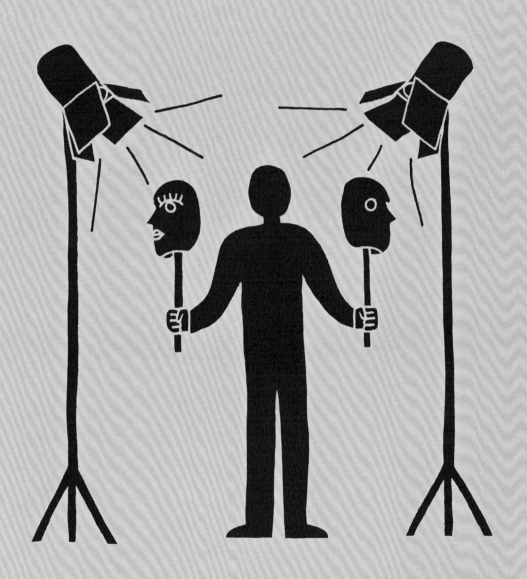

JUDITH BUTLER

EM CONTEXTO

FOCO
Performatividade de gênero

DATAS IMPORTANTES
1905 O psicanalista austríaco Sigmund Freud descreve a formação da sexualidade infantil em seus *Três ensaios sobre a teoria da sexualidade*.

1951 O psicanalista francês Jacques Lacan começa seus seminários semanais em Paris, desenvolvendo ainda mais as ideias de Freud sobre "pulsões sexuais" e sexualidade.

Meados de 1970 Michel Foucault fala sobre regimes regulatórios em *Vigiar e punir*, e sobre sexo, poder e a construção social da sexualidade em *A história da sexualidade*.

1996 Steven Seidman examina as implicações sociológicas do surgimento da teoria queer em seu livro *Queer Theory/Sociology*.

As pessoas se comportam **da forma que se espera** delas pela sua cultura.

As expectativas de gênero tradicionais são baseadas no modo como a maioria das pessoas se comporta em sua cultura.

O gênero é um tipo de imitação para o qual não há um original.

O gênero **é o que você faz**, em vez de uma noção universal **do que você é**.

Somente após a Segunda Guerra Mundial é que o gênero e a sexualidade foram reconhecidos como questões para o estudo sociológico. A chamada "segunda onda" do feminismo dos anos 1960-1980 cresceu a partir da percepção da feminista francesa Simone de Beauvoir, em *O segundo sexo* (1949), de que "não se nasce mulher: torna-se". Sua ideia de que existe uma diferença entre sexo (o que determina se alguém é biologicamente feminino ou masculino) e gênero (as forças sociais que agem sobre alguém para que seja feminino ou masculino) abriu caminho para uma reavaliação do papel do gênero na sociedade. Também deu o pontapé inicial no movimento de liberação das mulheres das décadas seguintes.

As atitudes em relação ao sexo na sociedade ocidental também estavam sendo remodeladas pela obra de antropólogas como Margaret Mead. Seus estudos sobre tribos no Pacífico Sul e no Sudeste Asiático mostraram que muitas diferenças comportamentais entre machos e fêmeas eram determinadas culturalmente, não biologicamente. Tais descobertas chocaram ao serem publicadas nos anos 1930, mas foram mais abertamente consideradas pela geração do pós-guerra, que lidava com assuntos que antes eram tabus — tais como a promiscuidade e o sexo fora do casamento — como fenômenos sociais em vez de desvios de comportamento.

Desafiando as convenções
Na linha de frente do exame das convenções sexuais na sociedade ocidental estava Michel Foucault, que tratou do assunto em seu livro publicado em três volumes, de 1976 a 1984, *A história da sexualidade*. Permeando todo esse texto estava sua teoria central da forma como se exerce o poder na sociedade pela imposição de normas

FUNDAMENTOS DA SOCIOLOGIA 59

Veja também: Michel Foucault 52-55; 302-303 ▪ G. H. Mead 176-177 Adrienne Rich 304-309 ▪ Jeffrey Weeks 324-325 ▪ Steven Seidman 326-331

> O gênero é uma personificação... ter um gênero envolve personificar um ideal que ninguém na verdade segue.
> **Judith Butler**

sociais e, em particular, de que não apenas o nosso gênero, mas também a nossa sexualidade é moldada pela cultura na qual vivemos. Assim como Beauvoir trouxe à tona a questão do gênero na esfera social, Foucault ampliou o debate significativamente ao incluir a orientação sexual e, de fato, todo o comportamento sexual.

A geração posterior a Foucault cresceu numa era marcada pelo relaxamento nas normas sexuais: o "amor livre" dos anos 1960, a aceitação (ou pelo menos a descriminalização) da homossexualidade em vários países e a liberdade sexual trazida pelo movimento da liberação das mulheres.

Identidades de gênero

A erudita americana Judith Butler, que pertencia à geração pós-guerra, levou essas ideias ainda mais adiante. Embora aceitasse o principal argumento de Beauvoir de que o gênero é uma construção social, Butler achava que o feminismo tradicional ignorava as implicações mais amplas dessa noção, simplesmente reforçando os estereótipos de masculino e feminino. O gênero não é tão simples, discorda ela, quanto a masculinidade e a feminilidade, nem a sexualidade é tão simples quanto ser gay ou heterossexual. O gênero e a sexualidade não são nem tão polarizados nem tão fixos, como viemos a acreditar, mas podem ser fluidos, cobrindo um amplo espectro de identidades de gênero. Butler defende que tanto o sexo quanto o gênero são determinados »

Paradas de orgulho gay, de início realizadas nos EUA, em 1971, em protesto contra a perseguição dos homossexuais, desafiaram a noção de que a sexualidade estava confinada à masculinidade e à feminilidade.

Judith Butler

Uma das figuras mais influentes nas questões feministas e LGBT a partir dos anos 1990, Judith Butler também é uma proeminente ativista nos movimentos antiguerra, anticapitalismo e antirracismo. Seus pais eram de ascendência judaica, vindos da Rússia e da Hungria. Estudou na Universidade de Yale, EUA, onde terminou seu doutorado em filosofia em 1984. Em 1993, depois de lecionar em várias universidades, assumiu um posto na Universidade da Califórnia em Berkeley, na cátedra Maxine Elliot de Retórica e Literatura Comparada em 1998. Entre outros cargos que assumiu está a presidência do conselho da International Gay and Lesbian Human Rights. Recebeu o prêmio Theodore W. Adorno em 2012. Butler mora na Califórnia com sua parceira, a teórica política Wendy Brown.

Principais obras

1990 *Problemas de gênero: feminismo e subversão da identidade*
1993 *Bodies That Matter: On the Discursive Limits of "Sex"*
2004 *Undoing Gender*

... surge o riso quando percebemos que o original também é derivado.
Judith Butler

socialmente, não biologicamente. No cerne do seu argumento está a ideia de que o "gênero não é algo que alguém é, mas algo que alguém faz... um 'fazer' mais que um 'ser'".

Por convenção, nosso sexo anatômico (feminino ou masculino) é considerado a fonte de nosso gênero (feminilidade ou masculinidade), de acordo com as normas culturais associadas a ele. Mas Butler questionou a ideia de uma identidade de gênero estável e coerente. De acordo com ela, é o que fazemos, nossos "atos de gênero", que determina nosso gênero e até mesmo a maneira como percebemos nosso sexo biológico. Quando nos comportamos de um jeito que é "apropriado" ao nosso sexo, estamos imitando as normas de identidade de gênero, que são baseadas nas formas como cada sexo se comporta. Estamos desempenhando um papel que não existe de fato. Em essência, não existe um molde original para "feminino" e "masculino" — o próprio original é derivado de algo. Assim, se alguém nasce feminino, se comporta segundo aquilo que é considerado como "feminino" (por exemplo, desejando um parceiro masculino) e acaba por aceitar o fato de que sexo com homens está associado àquele gênero. Butler diz que são esses "atos de gênero" — que incluem aspectos como roupas, maneirismos e todos os tipos de atividades cotidianas, bem como a atividade sexual e a escolha do parceiro sexual — que determinam o sexo que percebemos ter. Até mesmo a língua que usamos reforça as normas sociais, garantindo que nos comportemos de um certo modo.

Atos subversivos

Butler alega que, de forma crucial, é a constante repetição desse tipo de desempenho que molda nossa identidade de gênero, de maneira que "os próprios atores passam a acreditar e a se comportar segundo o modo da crença". Para escapar das restrições desse tipo de estereótipo sexual, Butler defende a subversão, deliberadamente se comportando de maneira que vai além dos atos de gênero convencionais. Usando aquilo que ela chama de "performatividade de gênero", tais como o *cross-dressing* ou as drags, as normas são desafiadas, e até mesmo a própria percepção de gênero ou do sexo de alguém pode ser mudada. Butler insiste que isso não deveria ser uma escolha trivial de estilo de vida — não podemos acordar de manhã e decidir de que gênero queremos ser naquele dia —, mas um genuíno ato de subversão, e, assim como o ato de gênero que se está subvertendo, de uma forma que seja realizada numa base regular através da repetição constante. Desse modo, as

Identidade de gênero, de acordo com Butler, não é uma parte da essência de uma pessoa, mas o produto de atos e comportamentos. É o desempenho repetido desses atos e comportamentos — combinados com os tabus impostos pela sociedade — que produz o que é visto como uma identidade essencialmente masculina ou feminina.

FUNDAMENTOS DA SOCIOLOGIA 61

Priscila, a rainha do deserto é um filme cult de 1994 sobre duas drag queens e um transexual. Alguns argumentam que ele apenas reproduz estereótipos, enquanto outros dizem que ele trouxe as questões LGBT à tona.

normas sexuais impostas pela sociedade são "perturbadas", mostrando-se artificiais e baseadas num *statu quo* inexistente, e os direitos de todos os tipos de identidades sexuais (hétero, gay, lésbica, transgênero e além) podem ser considerados igualmente válidos.

Controvérsia e mudança

A ampliação por Butler da questão da sexualidade e do gênero foi um marco daquilo que passou a ser conhecido como "teoria queer". Além de mover a discussão das ideias tradicionais de masculinidade e feminilidade para incluir um amplo espectro de sexualidade e identidade de gênero, suas ideias mostraram como nossas percepções de sexualidade são moldadas socialmente, em vez de serem uma parte essencial de nós. Mas ela também é uma ativista política, e por trás de suas teorias de gênero estão ideias foucaultianas de poder e de

A drag é subversiva na medida em que reflete sobre a estrutura imitativa… do próprio gênero e contesta a alegação heterossexual da naturalidade.
Judith Butler

como ele é exercido na sociedade. Não é só a nossa identidade sexual que é moldada pelo desempenho repetitivo de certos comportamentos, mas todo o nosso cenário político e social. Butler argumenta que podemos desafiar outros aspectos do *statu quo* ao nos comportarmos deliberadamente de forma nova, subversiva.

Butler enfrentou muitas críticas, até de pensadoras feministas, como a intelectual americana Martha Nussbaum. Alguns argumentam que ela insinua uma falta de livre-arbítrio a todos os tipos de identidade sexual ao imitar as normas sexuais da sociedade, quando, de fato, tais normas têm sido frequentemente quebradas por aqueles que se sentiram desconfortáveis com elas. E, como acontece com muitos pensadores pós-modernos, seus escritos atraíram a crítica de que sua forma intricada esconde algumas ideias basicamente simples. Butler, no entanto, tem mais seguidores que críticos, e o campo de gênero e sexualidade na sociologia foi muito influenciado por ela, ao expandir tal escopo. Quer seja em parte resultado de sua obra ou simplesmente algo que aconteceu ao mesmo tempo, tem havido uma crescente liberalização de atitudes para diferentes formas do sexualidade na sociedade ocidental, a ponto de casais de mesmo sexo e questões LGBT serem aceitos na cultura popular dominante quase sem nenhuma controvérsia em alguns lugares, mudando a natureza dos "atos de gênero" que compõem nossa identidade sexual individual. Mas, nos países onde as normas sexuais continuam restritivas e os regimes forçam de modo intransigente uma postura hétero, o impacto sobre aqueles que não se conformam com as normas sexuais demonstra de maneira clara o poder da subversão. ■

DESIGUA
SOCIAIS

DADES

64 INTRODUÇÃO

Harriet Martineau chama a atenção para **o tratamento injusto das mulheres**, da classe trabalhadora e dos negros nos EUA e na Grã-Bretanha.

Karl Marx e Friedrich Engels convocam uma **revolução socialista** em *O manifesto comunista*.

Max Weber defende que os grupos étnicos são distinguidos por **visões do mundo socialmente específicas** em vez de por diferenças biológicas.

A **Declaração Universal dos Direitos Humanos** é adotada pela Assembleia Geral das Nações Unidas.

Richard Sennett e Jonathan Cobb examinam os **efeitos negativos da consciência de classe** em *The Hidden Injuries of Class*.

ENTRE OS ANOS 1830 E 1840 — **1848** — **1906** — **1948** — **1972**

1845 — **1903** — **1920** — **1964**

Friedrich Engels descreve a **opressão e a exploração** dos trabalhadores em *A situação da classe trabalhadora na Inglaterra*, em 1844.

W. E. B. Du Bois descreve o **preconceito racial** socialmente construído em *As almas da gente negra*.

Max Weber esboça sua teoria do **Sistema de Três Classes** de estratificação social baseado na riqueza, no status social e no poder político.

A Lei dos Direitos Civis americana **bane a discriminação** baseada em raça, cor, religião, sexo ou origem nacional.

A modernidade que surgiu das ideias iluministas e das inovações tecnológicas da Revolução Industrial oferecia a promessa não apenas de maior prosperidade, mas também de uma sociedade mais justa. Na Europa, pelo menos, o poder absoluto dos monarcas, a aristocracia e a Igreja foram desafiados, e velhos dogmas foram desmerecidos pelo pensamento racional e científico. Ao mesmo tempo, avanços na tecnologia trouxeram a mecanização para várias atividades, dando início a novas indústrias, aumentando a riqueza e proporcionando esperança de melhoria de vida para os trabalhadores.

Consciência de classe

Com o estabelecimento da moderna sociedade industrial, no entanto, tornou-se claro que ela não era o sonho utópico que se esperava. No século XIX, muitos pensadores começaram a perceber que esse progresso foi alcançado a um preço e que algumas promessas ainda não haviam sido cumpridas. Em vez de ficar mais justa, a moderna sociedade industrial criou desigualdades adicionais.

Entre os primeiros a estudar a nova ordem social estava Friedrich Engels, que viu o surgimento da classe trabalhadora, explorada pelos proprietários das fábricas. Com Karl Marx, ele identificou a opressão dessa classe como resultado do capitalismo, o qual, por sua vez, alimentou a industrialização.

Marx e Engels consideravam os problemas sociais da sociedade industrial em termos materiais e econômicos, e viam a desigualdade como uma divisão entre a classe trabalhadora (o proletariado) e a classe capitalista (a burguesia). Os sociólogos posteriores também reconheciam que a desigualdade social é manifestada num sistema de classes, mas sugeriam que a estratificação era mais complexa. Max Weber, por exemplo, propôs algo nessa linha, além de enfatizar o papel da situação econômica, do status e da postura política. As percepções de classe e a questão da consciência de classe tornaram-se centrais para um contínuo estudo sociológico da desigualdade, incluindo o conceito de "habitus", como explicado por Pierre Bourdieu.

Opressão racial

Enquanto Engels e Marx concentravam-se na disparidade econômica entre as classes, outros perceberam que não era só a classe trabalhadora que sofria injustiça social. Harriet Martineau chamou a atenção

DESIGUALDADES SOCIAIS

Em *A Place on the Corner: A Study of Black Street Corner Men*, Elijah Anderson começa sua pesquisa sobre o **estigma de ser negro** e sua relação com **o gueto**.

Em *A distinção: crítica social do julgamento*, Pierre Bourdieu explica o conceito de **"habitus"**, um senso de pertencimento a um grupo social.

Paul Gilroy, em seu *There Ain't No Black in the Union Jack*, argumenta que ideias fixas de identidade nacional, etnia ou cultura podem **fortalecer o racismo** e devem ser abandonadas.

Em *Theorizing Patriarchy*, Sylvia Walby identifica um sistema de **estruturas sociais patriarcais** no qual as mulheres são exploradas.

1978   **1979**   **1987**   **1990**

1978   **1979**   **1984**   **1987**   **2009**

Em *Orientalismo*, Edward Said desafia a **visão estereotipada do Oriente** que ele ainda julga prevalecente no mundo ocidental.

Em *Poverty in the United Kingdom*, Peter Townsend defende que a **pobreza** deve ser definida em **termos relativos em vez de absolutos**.

Em *Feminist Theory: From Margin to Center*, bell hooks defende que as **formas de opressão** — das mulheres, raças e classes — **estão conectadas**.

Em *Gender and Power*, R. W. Connell diz que a **masculinidade é uma construção social** que reforça a sociedade patriarcal.

Richard Wilkinson e Kate Pickett defendem que a maioria das coisas não é afetada **pela riqueza, mas pela igualdade social**.

---

para a lacuna entre o ideal iluminista de direitos iguais e a realidade da sociedade moderna. Suas experiências nos EUA, onde se defrontou com a escravidão, mostraram que, mesmo numa sociedade fundada em ideais de liberdade, alguns grupos — mulheres, minorias étnicas e as classes trabalhadoras — foram excluídos da participação na constituição da sociedade. A conexão que ela fez com essas várias formas de opressão foi explorada, quase 150 anos mais tarde, por bell hooks.

Mesmo quando a escravidão foi finalmente abolida, a verdadeira emancipação ainda estava incompleta. A exclusão política dos negros — ao lhes ser negado o direito ao voto — persistiu nos EUA até o século XX. Os negros nos EUA e na Europa também enfrentaram preconceitos que duram até hoje, um tipo de ressaca da escravidão e do colonialismo europeu. Sociólogos como W. E. B. Du Bois examinaram a posição de grupos étnicos nas sociedades industriais predominantemente brancas na Europa, e no século XX a atenção se voltou para as conexões entre raça e desigualdade social. Elijah Anderson começou seus estudos sobre os negros e sua associação com o conceito de "gueto". Edward Said analisou as percepções negativas do Ocidente em relação ao "Oriente". E sociólogos britânicos como Paul Gilroy buscaram encontrar formas de erradicar o racismo nas sociedades multiculturais modernas.

Igualdade de gêneros

As mulheres, de maneira parecida, lutaram pelo sufrágio político, mas, mesmo depois de o terem alcançado, ainda enfrentavam injustiças nas sociedades que continuaram fundamentalmente patriarcais por todo o século XX, e até hoje. Custou mais de um século a partir da "primeira onda" feminista para se conseguir que as mulheres votassem, e a tarefa da segunda onda, começando logo depois da Segunda Guerra Mundial, era examinar e vencer a persistente injustiça social baseada no gênero.

Em vez de simplesmente tratar dos fatores econômicos e políticos por trás da contínua opressão das mulheres, Sylvia Walby sugeriu uma análise exaustiva dos sistemas sociais que mantêm a estrutura patriarcal da sociedade, enquanto R. W. Connell apontou a prevalência de percepções convencionais — formas socialmente construídas — de masculinidade que reforçaram o conceito de sociedade patriarcal. ∎

ACUSO AMPLAMENTE A BURGUESIA DE ASSASSINATO SOCIAL
FRIEDRICH ENGELS (1820-1895)

EM CONTEXTO

FOCO
Exploração de classes

DATAS IMPORTANTES
1760 A Revolução Industrial começa quando a "lançadeira volante" dos teares muda a manufatura têxtil na Inglaterra.

Anos 1830-1840 O sistema ferroviário britânico cresce rapidamente, permitindo uma facilidade maior no transporte de pessoas, produtos e capital.

1844 A lei de Graham diminui a idade mínima para trabalhar em fábricas no Reino Unido para oito anos.

1848 Marx e Engels publicam *O manifesto comunista*.

1892 James Keir Hardie é o primeiro socialista eleito ao Parlamento britânico.

1900 O Partido Trabalhista é fundado na Grã-Bretanha para representar os interesses de trabalhadores e sindicalistas.

Tendo vivido na Inglaterra de 1842 a 1844, o filósofo alemão Friedrich Engels viu, de primeira mão, os efeitos devastadores da industrialização sobre os trabalhadores e as crianças. A burguesia, ou a classe capitalista, dizia ele, causa, de propósito, uma "vida cheia de penas e miséria… mas não se preocupa". Ele alegava que a burguesia fechava os olhos para a sua parte na morte prematura de seus trabalhadores, quando cabia a ela mudar as coisas, de modo que a acusou de "assassinato social".

Nos anos 1840, a Inglaterra era vista como a oficina do mundo, por desfrutar de uma posição única no centro da Revolução Industrial. Engels observou que ela estava passando por uma transformação enorme mas silenciosa, alterando toda a sociedade civil inglesa.

Nos anos 1840, a **mortalidade nos bairros das classes trabalhadoras** em Manchester era 68% maior do que nos da "primeira classe".

A sociedade burguesa condenou os trabalhadores a **condições de vida insalubres, baixos salários** e **exaustão física** e **mental**.

Se a sociedade põe as pessoas numa posição tal que elas morrem **mais cedo e de causas não naturais**, isso é assassinato.

Acuso amplamente a burguesia de assassinato social.

DESIGUALDADES SOCIAIS 67

Veja também: Karl Marx 28-31 ▪ Peter Townsend 74 ▪ Richard Sennett 84-87 ▪ Max Weber 220-223 ▪ Harry Braverman 226-231 ▪ Robert Blauner 232-233

A industrialização derrubou os preços, e o trabalho manual, que era mais caro, passou a ter demanda menor. Os trabalhadores se mudaram para as cidades só para enfrentar péssimas condições e insegurança financeira. A economia capitalista industrial ia do crescimento à contração, e o emprego dos trabalhadores poderia desaparecer rapidamente. Enquanto isso, a burguesia ficou mais rica ao tratar os trabalhadores como mão de obra descartável.

O legado da industrialização

Em seu primeiro livro, *A situação da classe trabalhadora na Inglaterra*, Engels descreveu a assustadora vida dos trabalhadores, ou proletários, em Manchester, Londres e Edimburgo, onde encontrou situações similares entre si. Ele registrou ruas sujas, com poças de urina e fezes, cheias do fedor dos animais em putrefação nos curtumes. Epidemias de cólera eram comuns, junto com as de tuberculose e tifo. Os trabalhadores eram entulhados em barracos de um cômodo só ou em porões úmidos, construídos perto de valas para economizar o dinheiro do dono da casa. Viviam em condições que desafiavam quaisquer considerações quanto à limpeza e salubridade, segundo Engels — tudo isso em Manchester, "a segunda cidade da Inglaterra, a primeira cidade manufatureira do mundo".

Os proletários trabalhavam até a exaustão, usando roupas baratas que não os protegiam de acidentes ou do clima. Eles só podiam comprar a comida descartada pela burguesia, como carne podre, verduras murchas, o "açúcar" que era refugo das empresas produtoras de sabão e cacau misturado com terra.

Quando não havia trabalho e os salários caíam, não era possível nem ter um mínimo de comida, e muitos trabalhadores e suas famílias passavam fome. Isso causava doenças e impedia o trabalho quando surgiam novos postos. Não havia médicos, e era comum que famílias inteiras morressem de fome. O trabalhador, explicava Engels, só podia obter o que precisava — condições de vida salubres, estabilidade no emprego e um salário decente — da burguesia, "que decretava sua vida ou sua morte". Ele insistiu que essa classe extremamente exploradora, dona do capital, deveria, portanto, tomar atitudes imediatas para mudar as condições dos trabalhadores e parar com esse assassinato descuidado de toda uma classe social. ▪

Famílias da classe trabalhadora na Inglaterra durante os anos 1840 passaram por privações sociais, instabilidades financeiras e terríveis doenças devido aos efeitos do capitalismo industrial.

Friedrich Engels

O teórico político e filósofo Friedrich Engels nasceu na Alemanha em 1820. Seu pai foi um industrial alemão que não se conformava com a relutância de Engels em estudar ou trabalhar nos negócios da família. Ainda adolescente, escreveu artigos sob o pseudônimo de Friedrich Oswald, os quais lhe garantiram acesso a um grupo de intelectuais de esquerda.

Depois de trabalhar por pouco tempo numa fábrica da família em Manchester, Inglaterra, interessou-se pelo comunismo. Em 1844, viajou para Paris, onde conheceu Karl Marx e tornou-se seu colega e patrocinador. Escreveram *O manifesto comunista* e trabalharam juntos até a morte de Marx, em 1883, depois da qual Engels completou o segundo e o terceiro volume d'*O capital* e escreveu muitos outros livros e artigos próprios.

Principais obras

1845 *A situação da classe trabalhadora na Inglaterra*
1848 *O manifesto comunista*
1884 *A origem da família, da propriedade privada e do Estado*

O PROBLEMA DO SÉCULO XX É O PROBLEMA DA LINHA DE COR

W. E. B. DU BOIS (1868-1963)

W. E. B. DU BOIS

EM CONTEXTO

FOCO
Raça e etnia

DATAS IMPORTANTES
1857 O presidente da Suprema Corte americana, Roger B. Taney, decide contra a petição de liberdade do escravo Dred Scott, dizendo que os negros não poderiam ter cidadania nem proteção igual perante a lei, porque eles eram inferiores aos brancos.

1906 Max Weber diz que percepções compartilhadas e costumes, não traços biológicos, distinguem um grupo étnico de outro.

1954 O processo "Brown *vs.* Conselho Educacional" nos EUA decide que estabelecer escolas "separadas, mas iguais" para crianças negras e brancas é inconstitucional.

1964 A Lei dos Direitos Civis proíbe a segregação pública e a discriminação baseada em raça, cor, religião ou sexo.

A Guerra Civil americana **liberta os escravos** do Sul.

↓

O governo **introduz escolas, o direito à propriedade, um sistema bancário e compensações legais** para os escravos libertados…

↓

… mas isso só **aumenta a hostilidade** das pessoas brancas.

↓

Os negros estavam legalmente livres, mas o preconceito racial os fez **"escravos da sociedade"**.

↓

O preconceito não pode ser abolido por lei: o problema recorrente do século xx é o problema da linha de cor.

No final do século XIX, o reformador social americano, e escravo liberto, Frederick Douglas chamou a atenção para o contínuo preconceito contra os negros nos EUA. Ele alegava que, apesar de os negros não poderem mais ser propriedade de pessoas, eles haviam se transformado em escravos da sociedade. Das profundezas da escravidão, disse, "vieram esse preconceito e essa linha de cor", através da qual o domínio branco foi afirmado no local de trabalho, nas urnas, nos tribunais e no cotidiano. Em 1903, W. E. B. Du Bois investigou a ideia da linha de cor em *As almas da gente negra*. Nesse marco literário, sociológico e político, ele examina a mudança de posição dos afro-americanos, desde o final da Guerra Civil e das suas consequências, até o começo dos anos 1900, em termos de relações físicas, econômicas e políticas entre negros e brancos no Sul. Ele concluiu que "o problema do século xx é o problema da linha de cor" — a persistente divisão de oportunidades e perspectivas entre negros e brancos. Du Bois começou seu estudo apontando que nenhum branco está disposto a falar sobre raça explicitamente, preferindo praticar o preconceito de diversas formas. Mas o que eles realmente querem saber é: "Qual é a sensação de ser um problema?".

Du Bois descobriu que essa era uma pergunta sem resposta, já que ela só faz sentido segundo a perspectiva branca — os negros não se viam como "um problema". Em seguida, examinou como essa dualidade de perspectivas veio a acontecer e deu o exemplo do seu primeiro encontro com o racismo. Enquanto ainda estava no ensino fundamental, um novo aluno se

DESIGUALDADES SOCIAIS 71

Veja também: Harriet Martineau 26-27 ▪ Paul Gilroy 75 ▪ Edward Said 80-81 ▪ Elijah Anderson 82-83 ▪ bell hooks 90-95 ▪ Stuart Hall 200-201

recusou a aceitar um cartão de boas-vindas de Du Bois, levando-o a concluir: "Ficou claro para mim que eu era diferente dos outros".

Ele se sentia como os outros em seu coração, diz, mas percebeu que estava "isolado do mundo deles por um espesso véu". Corajoso, a princípio, ele conta que não sentia a necessidade de rasgar tal véu, até que cresceu e viu que todas as mais desafiadoras oportunidades no mundo eram para os brancos. Havia uma linha de cor, e ele estava do lado ao qual era negado poder, oportunidade, dignidade e respeito.

Crise de identidade

Du Bois sugere que a linha de cor também é interna. Os negros, segundo ele, se enxergam de duas formas simultaneamente: através do reflexo do mundo branco, que os vê

O paradoxo central do Sul — a separação social das raças.
W. E. B. Du Bois

com um desprezo jocoso e com piedade, e através de seu próprio senso de identidade, mais fluido e menos definido. Elas se combinam para constituir aquilo que Du Bois chamava de "dupla consciência": "… duas consciências, dois pensamentos, dois anseios irreconciliáveis. Dois ideais em guerra num único corpo negro".

A história dos negros que se descortina nos EUA é, alega Du Bois, a história desse conflito interno, resultado da batalha externa, mundial, entre os negros e os brancos. Ele sugere que um negro quer mesclar a dupla consciência num único estado e achar o verdadeiro espírito afro-americano, não "alvejar sua alma africana num dilúvio de americanismo branco".

A Agência dos Libertos

Como os negros se tornaram um "problema"? Para tentar explicar essa questão, Du Bois olha para a história da escravidão nos EUA e para o ponto de inflexão da Guerra Civil. De acordo com ele, a escravidão foi a verdadeira causa da guerra, que começou em 1861. Conforme o »

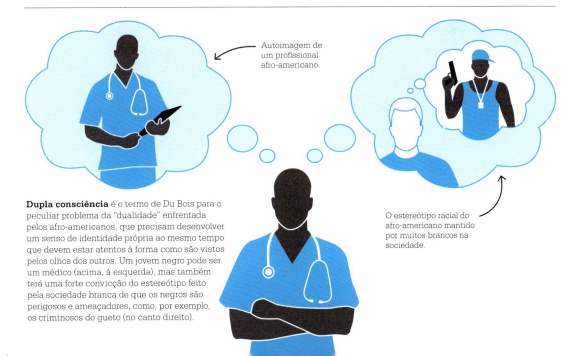

Autoimagem de um profissional afro-americano.

Dupla consciência é o termo de Du Bois para o peculiar problema da "dualidade" enfrentada pelos afro-americanos, que precisam desenvolver um senso de identidade própria ao mesmo tempo que devem estar atentos à forma como são vistos pelos olhos dos outros. Um jovem negro pode ser um médico (acima, à esquerda), mas também terá uma forte convicção do estereótipo feito pela sociedade branca de que os negros são perigosos e ameaçadores, como, por exemplo, os criminosos do gueto (no canto direito).

O estereótipo racial do afro-americano mantido por muitos brancos na sociedade.

Ulisses S. Grant e seus generais avançam a cavalo na Guerra Civil americana. Em 1868, o voto do novo eleitorado negro foi crucial na eleição de Grant como presidente republicano.

exército da União dos estados do Norte marchava para o Sul, os escravos fugiam para se juntar a ele. A princípio, os escravos eram devolvidos aos seus donos, mas a política mudou, e eles passaram a ser mantidos como força militar.

Em 1863, os escravos foram libertados, e o governo criou a Agência dos Refugiados, Libertos e das Terras Abandonadas (também conhecida por Agência dos Libertos) para garantir comida, roupas e propriedades abandonadas para a "enxurrada" de fugitivos destituídos, antigos escravos (homens, mulheres e crianças). Mas a Agência era dirigida pelo pessoal militar, mal equipado para lidar com a reorganização social. A Agência também enfrentava a enorme dificuldade da tarefa: a promessa de transferir as fazendas que eram cultivadas por escravos para os ex-escravos, o que acabou por "se dissolver" quando ficou claro que mais de 800 mil acres seriam afetados.

A escravidão acabou, mas sua sombra persiste... e envenena... a atmosfera moral de todas as partes da república.
Frederick Douglas
Reformador social americano
(c. 1818-1895)

Um dos grandes sucessos da Agência foi garantir ensino gratuito para as crianças do Sul. Du Bois apontou que isso era visto como um problema, porque o Sul acreditava que "um negro educado era um negro perigoso". A oposição à educação negra no Sul "se manifestou em cinzas, insultos e sangue".

Ao mesmo tempo, a Agência semeou divisões nas questões jurídicas. De acordo com Du Bois, ela usou os tribunais para "colocar em cima os que estavam embaixo" — ou seja, favorecia os litigantes negros. Enquanto isso, os tribunais civis quase sempre davam ganho de causa aos antigos donos de escravos. Du Bois descreve os brancos como sendo "subjugados, perseguidos, aprisionados e punidos sem cessar" pelos tribunais da Agência, enquanto os negros eram intimidados, agredidos, estuprados e assassinados pelos brancos raivosos e vingativos.

A Agência também abriu o Banco dos Libertos, em 1865, para lidar com os depósitos de antigos escravos e escravas. Tal iniciativa foi atrapalhada pela incompetência, que fez o banco quebrar, levando consigo o dinheiro dos libertos. Du Bois diz que essa foi a menor das perdas, porque "toda a fé na poupança também se foi, e muito da fé nos homens, e essa foi uma perda da qual uma nação que hoje desdenha da preguiça dos negros jamais se recuperou".

A Agência criou um sistema de trabalho livre (sem escravos) e de propriedade para os ex-escravos, garantiu o reconhecimento dos negros como pessoas livres nos tribunais e fundou escolas conjuntas. A maior falha da Agência foi não estabelecer uma boa vontade entre os antigos donos de escravos e os ex-escravos. Na verdade, ela criou inimizade. A linha de cor se manteve, mas, em vez de ser explícita, ela passou a atuar de forma mais sutil.

Acordo ou agitação?

Depois do período de pós-guerra conhecido como Reconstrução, alguns dos direitos recém-adquiridos pelos negros começaram a sucumbir. Uma decisão num julgamento americano (Plessy *vs.* Ferguson, 1896) permitiu a segregação em espaços públicos e estabeleceu um padrão para segregação racial no Sul que vigorou até o julgamento Brown *vs.* Conselho Educacional, em 1954. A ansiedade causada pela modernidade também alimentou o renascimento da Ku Klux

Klan e de sua supremacia branca, acompanhado de um crescimento na violência racista, incluindo linchamentos. Em 1895, o político afro-americano Booker T. Washington fez um discurso conhecido como "o Acordo de Atlanta". Ele sugeriu que os negros deveriam ser pacientes, adotar padrões da classe média branca e buscar avançar pela educação e pelo autodesenvolvimento para mostrar seu valor. Ao abrir mão de direitos políticos em troca de direitos econômicos e justiça jurídica, Washington defendia que a mudança social seria mais provável no longo prazo. Tal atitude de acomodação tornou-se a ideologia dominante da época.

Du Bois discordava frontalmente, e em *As almas da gente negra* disse que, se por um lado os negros não esperavam plenos direitos civis imediatamente, por outro eles tinham certeza de que a forma para um povo garantir seus direitos "não passava por jogá-los fora". Du Bois tinha esperança de eliminar o racismo e a segregação através da ciência social, mas acabou por acreditar que a agitação política era a única estratégia efetiva.

Esticando a linha de cor

Em 1949, Du Bois visitou o Gueto de Varsóvia na Polônia, onde dois terços da população foram mortos durante a ocupação nazista e 85% da cidade estava em ruínas. Ficou chocado com a experiência, que ele disse ter lhe dado "um entendimento completo do problema dos negros". Confrontado com tal devastação e destruição absolutas e sabendo que se tratava de uma consequência direta da segregação racista e da violência, Du Bois reavaliou sua análise da linha de cor e declarou que era um fenômeno que pode ocorrer a qualquer grupo cultural ou étnico. Em seu artigo de 1952 para a revista *Jewish Life*, "Os negros e o Gueto de Varsóvia", ele escreve: "O problema da raça… ultrapassa as linhas da cor, do físico, da crença e do status, sendo uma questão de… ódio e preconceito humano". Não é, portanto, a cor que importa, mas a "linha", que pode ser traçada para articular diferenças e ódio em qualquer grupo ou sociedade.

Ativista e intelectual

Du Bois tornou-se um dos membros fundadores da organização de direitos civis National Association for the Advancement of Colored People (NAACP). Suas ideias eram voltadas a descendentes africanos de todos os lugares, e durante os anos 1920 ajudou a fundar a Associação Pan-Africana em Paris, na França, e organizou uma série de congressos pan-africanos ao redor do mundo. No entanto, quando escreveu a respeito da alma negra, no começo dos anos 1900, ele disse que as condições necessárias para alcançar um espírito afro-americano verdadeiro e unificado ainda não haviam sido alcançadas.

Du Bois aplicou métodos sistemáticos de trabalho de campo a áreas de estudo até então negligenciadas. O uso de dados empíricos para catalogar os detalhes da vida dos negros o capacitou a descartar estereótipos enraizados. Por exemplo, ele produziu um grande conjunto de dados sobre os efeitos da vida urbana nos afro-americanos em *The Philadelphia Negro* (1899), que sugere que, em vez de os crimes serem causados por algo inato, são produto do meio. Sua pioneira pesquisa sociológica e suas ideias tiveram uma enorme influência sobre destacados líderes de direitos civis que vieram a seguir, incluindo Martin Luther King Jr. Du Bois é reconhecido como um dos mais importantes sociólogos do século xx. ∎

W. E. B. Du Bois

Wiliam Edward Burghardt Du Bois foi sociólogo, historiador, filósofo e líder político. Nasceu em Massachusetts, EUA, três anos após a Guerra Civil.

Depois de se formar no ensino médio, Du Bois estudou na Universidade Fisk, Nashville, e na Universidade de Berlim, onde conheceu Max Weber. Em 1895 foi o primeiro afro-americano a obter o doutorado em história na Universidade Harvard. De 1897 a 1910 foi professor de economia e história na Universidade de Atlanta, e de 1934 a 1944 foi chefe do departamento de sociologia. Em 1961, Du Bois mudou-se para Gana, África, para trabalhar na *Encyclopedia Africana*, mas morreu dois anos mais tarde. Escreveu inúmeros livros, artigos e ensaios e fundou e editou quatro periódicos.

Principais obras

1903 *As almas da gente negra*
1920 *Darkwater: Voices from Within the Veil*
1939 *Black Folk, Then and Now*

OS POBRES SÃO EXCLUÍDOS DOS PADRÕES DE VIDA COMUNS, DOS COSTUMES E DAS ATIVIDADES DA VIDA
PETER TOWNSEND (1928-2009)

EM CONTEXTO

FOCO
Pobreza relativa

DATAS IMPORTANTES
1776 O economista escocês Adam Smith diz que as necessidades da vida incluem "o que quer que a tradição do país torne indigno não ter para pessoas de bem, mesmo da classe mais inferior".

1901 O sociólogo britânico Seebohm Rowntree publica *Poverty: A Study of Town Life.*

1979 Peter Townsend publica *Poverty in the United Kingdom.*

1999 O governo do Reino Unido faz uma pesquisa sobre pobreza e exclusão social na Grã-Bretanha.

2013 O economista francês Thomas Piketty publica *O capital no século XXI*, documentando a enorme desigualdade de renda em vinte países.

A pobreza foi definida pelo ativista social Seebohm Rowntree, no começo do século XX, como um estado no qual "os ganhos totais são insuficientes para obter o mínimo necessário para a manutenção da mera eficiência física". Essa é a definição de pobreza no "nível de subsistência" que tem sido usada por governos para determinar o custo das necessidades básicas de uma pessoa, como comida, moradia, combustível e vestuário. Mas, em 1979, o sociólogo britânico Peter Townsend disse que a "pobreza" deveria ser definida não em termos absolutos, mas em termos de privação relativa. Ele indicou que cada sociedade tem um nível médio de condições de vida, dieta alimentar, moradia e tipo de atividades de que as pessoas podem participar. Quando um indivíduo ou família carecem de recursos para obtê-los, eles são excluídos socialmente da vida normal e têm privações materiais. Outros fatores, como poucas habilidades ou saúde ruim, também devem ser levados em conta.

Townsend — um líder ativista e cofundador do Child Poverty Action Group — disse que havia uma suposição de que a pobreza tinha caído sensivelmente nas sociedades afluentes. Contudo, ele chamou a atenção para a crescente desigualdade de renda entre os níveis mais altos e mais baixos da sociedade, e disse que, quando um país fica mais rico mas a distribuição de renda é claramente desigual, o número de pessoas na pobreza tende a aumentar. ■

Os bancos de alimentos no Reino Unido têm uma demanda crescente. Eles satisfazem necessidades básicas, mas às vezes incluem alimentos não essenciais que agora se considera normal que as pessoas tenham.

Veja também: Karl Marx 28-31 ▪ Friedrich Engels 66-67 ▪ Richard Sennett 84-87

DESIGUALDADES SOCIAIS

THERE AIN'T NO BLACK IN THE UNION JACK
PAUL GILROY (1956-)

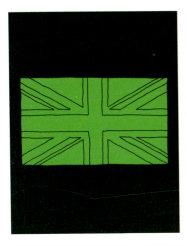

EM CONTEXTO

FOCO
Racismo

DATAS IMPORTANTES
Séculos XVIII-XIX Ideias de raça com base biológica são usadas para justificar a escravidão e o colonialismo.

Década de 1940 O Partido Nazista usa "raça" para justificar a desigualdade política e introduz ideias de "pureza racial".

1950 A Unesco declara que "raça" é um mito social.

Década de 1970 Michel Foucault defende que as ideias biológicas de raça, ligadas a certos traços, surgem com o colonialismo.

1981 A socióloga americana Anne Wortham publica *The Other Side of Racism*, identificando cinco movimentos negros que não permitem à sociedade ir "além do racismo".

1987 Paul Gilroy publica *There Ain't No Black in the Union Jack*.

Em seu livro *There Ain't No Black in the Union Jack*, o sociólogo britânico Paul Gilroy foca o racismo na Grã-Bretanha no século XX. Ele diz que nos anos 1970 a Grã-Bretanha se preocupava com seu "declínio nacional" quase que de forma obsessiva, e muitos comentaristas atribuíam isso à "diluição da base nacional homogênea e contínua" — e especificamente, diz Gilroy, à chegada dos negros à Grã-Bretanha.

Gilroy alega que noções fixas de nacionalidade, como a "britânica", podem não ser intencionalmente racistas, mas têm consequências racistas. Tentando definir o que é ser britânico, escritores do século XX sempre pareciam imaginar uma Grã-Bretanha branca — os negros eram vistos como forasteiros. A eles foi negado serem membros nacionais autênticos, tendo como base sua "raça", e com frequência se supunha que eram leais a alguma outra causa.

Apesar de se reconhecer que a ideia de raça tem sido uma força histórica e política, Gilroy diz que ela não passa de uma construção social, um conceito criado na sociedade.

Enquanto alguns sociólogos sugerem a discussão alternativa de "etnia" ou "cultura", Gilroy propõe que devemos abandonar todas essas ideias. Independentemente dos termos que usarmos, diz, estamos criando uma falsa ideia de categorias "naturais" ao colocar pessoas diferentes em grupos diferentes, levando a uma divisão entre "eles" e "nós".

Raciologia

De acordo com Gilroy, todos esses tipos de discussão nos deixam cada vez mais enredados naquilo que ele chama de "raciologia" — um discurso que supõe certos estereótipos, preconceitos, imagens e identidades. Os antirracistas se veem invertendo a posição dos pensadores racistas, mas não conseguem abandonar a ideia de racismo. A solução, sugere Gilroy, está em recusar as divisões raciais como força inescapável, natural, desenvolvendo em seu lugar "uma habilidade de imaginar sistemas políticos, econômicos e sociais nos quais 'raça' não faz sentido". ■

Veja também: Michel Foucault 52-55; 270-277 ▪ W. E. B. Du Bois 68-73 ▪ Elijah Anderson 82-83 ▪ bell hooks 90-95 ▪ Benedict Anderson 202-203

O SENSO DO LUGAR DE ALGUÉM

PIERRE BOURDIEU (1930-2002)

EM CONTEXTO

FOCO
Habitus

DATAS IMPORTANTES
1934 O artigo "Body Techniques", do sociólogo e antropólogo francês Marcel Mauss, serve de base para a reelaboração de Pierre Bourdieu do conceito de "habitus".

1958 Max Weber sugere que "um estilo de vida específico é esperado de alguém que queira pertencer a um círculo".

1966 O historiador inglês E. P. Thompson diz que classe é "uma relação que tem de estar sempre corporificada em pessoas reais e num contexto real".

2003 A teórica cultural americana Nancy Fraser diz que a sociedade capitalista tem dois sistemas de subordinação — a estrutura de classe e a ordem do status — interagindo entre si.

De Marx a Durkheim, de Weber a Parsons, os sociólogos sempre quiseram determinar como o sistema de classes sociais é reproduzido, acreditando que ele está estruturalmente ligado à economia, à propriedade e aos ativos financeiros.

No entanto, nos anos 1970, Pierre Bourdieu alegou, em *Distinção*, que a questão era mais complexa: a classe social não é definida apenas pela economia, diz ele, "mas pelo habitus de classe que normalmente está associado a essa posição". Tal conceito foi discutido pela primeira vez por Tomás de Aquino, teólogo italiano do século XIII, que defendia que as coisas que as pessoas querem

DESIGUALDADES SOCIAIS

Veja também: Karl Marx 28-31 ▪ Émile Durkheim 34-37 ▪ Friedrich Engels 66-67 ▪ Richard Sennett 84-87 ▪ Norbert Elias 180-181 ▪ Paul Willis 292-293

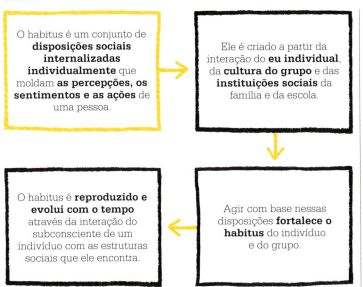

O habitus é um conjunto de **disposições sociais internalizadas individualmente** que moldam **as percepções, os sentimentos e as ações** de uma pessoa.

Ele é criado a partir da interação do **eu individual**, da **cultura do grupo** e das **instituições sociais** da família e da escola.

Agir com base nessas disposições **fortalece o habitus** do indivíduo e do grupo.

O habitus é **reproduzido e evolui com o tempo** através da interação do subconsciente de um indivíduo com as estruturas sociais que ele encontra.

ou gostam e a forma como agem se dão porque elas pensam de certa maneira sobre si mesmas: cada um de nós tem uma inclinação particular, ou habitus.

Bourdieu, no entanto, desenvolve essa ideia mais significativamente. Ele define habitus como a corporificação das disposições socialmente adquiridas que levam os indivíduos a viver sua vida de modo similar aos outros membros de seu grupo de classe social. Um indivíduo de uma classe "saberá" que algo é "pretensioso" ou "cafona", ao passo que uma pessoa de outra classe verá a mesma coisa como "bonita" ou "deslumbrante". Ele sugere que uma criança aprende essas coisas com a família e depois na escola e com os colegas, que demonstram à criança em crescimento como falar e agir etc. Dessa forma, diz ele, "a ordem social é progressivamente inscrita na mente das pessoas".

Disposição de classe

Enquanto estudava as divisões de classes na França nos anos 1960, Bourdieu percebeu que as pessoas da mesma classe exibiam valores culturais parecidos. As coisas que elas sabiam e às quais davam valor, o jeito como falavam, a escolha de roupas e a ornamentação de seu corpo, além de sua visão sobre a arte, o lazer e o entretenimento, eram todos parecidos entre si. As classes altas francesas, notou, desfrutavam de poesia, filosofia e política. Elas gostavam de ir a teatros clássicos ou de vanguarda, museus, concertos de música clássica, e de acampar e fazer trilhas.

Nas classes trabalhadoras, Bourdieu descobriu que as pessoas gostavam de ler romances e revistas, apostar, ir a shows musicais, butiques e ter carros de luxo. As escolhas eram relativamente limitadas e determinadas não pelo custo, mas pelo gosto. Ele percebeu que os membros de certa classe, ou "fração de classe" (um subgrupo da classe), compartilhavam gostos porque compartilhavam disposições, ou "habitus". Eles passaram, por algum motivo, a gostar ou não das mesmas coisas. E tal consciência do habitus compartilhado lhes dava um senso particular de espaço: eles se "encaixavam" nesta ou naquela classe.

A construção do habitus não se deve nem ao indivíduo nem ao ambiente ao seu redor — ele é criado através da interação das mentes subjetivas com as estruturas e »

O habitus é a sociedade escrita no corpo, no indivíduo biológico.
Pierre Bourdieu

A caça à raposa é uma atividade que parece natural a alguns como resultado de seu habitus ou disposição. A mesma tendência faz com que outros entretenimentos (como o caraoquê) pareçam estranhos.

Expressar um ponto de vista sobre algo, como uma obra de arte, oferece a outra pessoa informações que a capacitam a avaliar o capital cultural de quem o demonstra e julgar sua classe social.

instituições ao seu redor. Os indivíduos nascem num grupo específico de uma classe social. Cada um é definido por um estilo de vida especial, ao qual Bourdieu se refere como "habitus do grupo". Cada grupo de classe social tem um habitus de grupo que, ao mesmo tempo, define todos os outros habitus de grupo na sociedade e o diferencia deles.

O habitus do grupo também está inscrito nas disposições corporais e nos gestos do indivíduo. A classe social das pessoas pode ser discernida pela maneira como andam, falam, riem, choram etc. — a partir de tudo o que pensam e dizem. Na maioria dos casos, já que nascem e crescem dentro de um habitus de grupo, os indivíduos praticamente não têm consciência da forma pela qual o habitus tanto capacita quanto restringe o jeito que pensam, percebem, agem e interagem com o mundo ao seu redor.

O habitus — como a corporificação das disposições de um grupo maior ao qual o indivíduo pertence — oferece às pessoas uma clara noção do tipo de pessoa que são e o que tais pessoas como elas deveriam pensar e sentir, além da maneira como devem se comportar.

O habitus dá aos indivíduos um "senso de seu lugar" único, porque o seu eu internalizado coincide perfeitamente com a estrutura de seu mundo externo. Mas, se eles se perdessem em "lugares" (instituições ou estruturas) de uma classe diferente, se sentiriam como um "peixe fora d'água", deslocados onde estivessem.

Formas de capital

Bourdieu defende que o habitus de um indivíduo é feito de tipos e montantes diferentes de capital (econômico, cultural e social), que ele redefiniu como "um conjunto de recursos e poderes utilizáveis" que a pessoa tem.

O capital econômico se refere, em poucas palavras, aos recursos materiais e à propriedade. O capital cultural de uma pessoa é sua capacidade de jogar o "jogo cultural" — reconhecer referências em livros, filmes e no teatro; saber como agir numa dada situação (por exemplo, os modos e as conversas numa refeição); saber o que vestir e como fazê-lo; e até mesmo a quem "baixar a bola". Já que o habitus define uma pessoa em qualquer situação como sendo de certa classe, ou de parte dela, ele é vital para delinear a ordem social. Bourdieu diz que o habitus quase sempre é óbvio através de "juízos de classificação" feitos sobre algo, como uma pintura, que funcionam para classificar a fala de alguém. Se uma pessoa descreve a pintura como "legal" e outra como "cafona", aprendemos um pouco sobre a obra de arte, mas muito mais sobre a pessoa e seu habitus. As pessoas usam tais juízos de propósito para distinguir a si mesmas de seus semelhantes e para estabelecer sua classe.

Além do capital econômico e cultural, as pessoas talvez tenham um capital social — recursos humanos (amigos e colegas) obtidos através de redes sociais. Tais relacionamentos dão um senso de obrigação mútua e respeito, podendo oferecer acesso a poder e influência.

Essa ideia de capital social pode ser vista no sucesso de redes sociais como o Facebook ou o LinkedIn, capazes de oferecer recursos para que os indivíduos aumentem seu capital social. Bourdieu também via o capital acadêmico (conhecimento

A observação científica mostra que as necessidades culturais são o produto da educação.
Pierre Bourdieu

DESIGUALDADES SOCIAIS

intelectual), o capital linguístico (facilidade no comando da linguagem, determinando quem tem a autoridade de falar e ser ouvido) e o capital político (status no mundo político) desempenhando um papel na classe.

O jogo de classe

A luta de classes, tão aprofundada por Marx, pode se dar num nível individual, usando os termos de Bourdieu. Ele diz que um indivíduo se desenvolve dentro de relações (a família e a escola) antes de entrar em várias arenas sociais, ou "campos" (como instituições e grupos sociais), onde as pessoas expressam e constantemente reproduzem seu habitus. O fato de uma pessoa ter ou não sucesso nos campos em que entra depende do tipo de habitus que tenha e do capital que detém.

Cada campo tem um conjunto de regras que refletem o habitus do grupo a ponto de essas regras parecerem "senso comum" para ele. As pessoas são reconhecidas por seu "capital simbólico" e seu valor dentro do campo. Seu capital simbólico representa o conjunto de todas as outras formas de capital e se reflete como prestígio, uma reputação por competência ou uma posição social. Por toda a vida, as pessoas usam várias formas de capital. Elas também "montam estratégias" tentando saber como competir entre si por mais poder e capital. As formas particulares dessas estratégias são governadas pelo habitus, mas a maioria das pessoas ainda não está consciente de como suas escolhas e ações são determinadas por essas disposições adquiridas.

A possibilidade de mudança

Já que a ideia de Bourdieu de que o capital cultural se baseia tão fortemente nos habitus reproduzidos com constância e dos quais estamos tão imbuídos, ele se mostra um pouco pessimista quanto à possibilidade de mobilidade social.

Mas o habitus *está* aberto à mudança através de diversas forças dentro de um campo. A interação das instituições e dos indivíduos geralmente reforça as ideias já existentes, mas é possível para alguém de uma classe social mais baixa ganhar capital cultural, por exemplo, ao entrar numa escola "boa". Isso talvez aumente o seu capital econômico — e seus filhos, por sua vez, talvez estudem numa escola privada e desfrutem de um melhor capital econômico e social e de um habitus diferente. Assim, para Bourdieu, todas as formas de capital estão relacionadas: as pessoas convertem seu capital econômico em cultural e social a fim de melhorar suas chances na vida.

O habitus de Bourdieu tem tido um grande impacto no debate sociológico nas últimas décadas. Mais do que qualquer outra ideia, ele captura o quanto estruturas e processos sociais impessoais influenciam o que se considera como aparentes disposições pessoais únicas. Resumindo, o habitus reúne ideias de vários pensadores importantes em um único conceito compacto e versátil. ∎

> Os que falam de igualdade de oportunidades se esquecem que os jogos sociais… não são um 'jogo limpo'.
> **Pierre Bourdieu**

Pierre Bourdieu

Nascido em 1930 numa vila rural no sudoeste da França, Pierre Bourdieu foi filho único de um carteiro. Um professor identificou seu potencial e recomendou que fosse a Paris estudar. Depois de se formar em filosofia na reconhecida École Normale Supérieure, lecionou na Universidade de Algiers durante a Guerra da Libertação da Argélia (1956-1962).

Ainda na Argélia, estudou etnografia, o que acabou resultando em seu primeiro livro, *Sociologie de l'Algérie* (1958). Ao voltar à França, tornou-se diretor acadêmico da École des Hautes Études en Sciences Sociales, em Paris, começando uma carreira de sucesso nos estudos sociais. Ele acreditava que a pesquisa deveria se traduzir em ação, e envolveu-se em muitos protestos políticos contra a desigualdade e a dominação. Bourdieu morreu em 2002.

Principais obras

1979 *A distinção: crítica social do julgamento*
1980 *O senso prático*
1981 *A economia das trocas linguísticas: o que falar quer dizer*

O ORIENTE É O PALCO ONDE TODO O LESTE ESTÁ CONFINADO
EDWARD SAID (1935-2003)

EM CONTEXTO

FOCO
Orientalismo

DATAS IMPORTANTES
1375 Chaucer se refere ao Oriente como a terra a leste do Mediterrâneo.

Início do século XIX O acadêmico francês Silvestre de Sacy estabelece os termos do moderno orientalismo.

1836 O livro *Manners and Customs of the Modern Egyptians*, de Edward William Lane, se torna uma importante referência para escritores como o romancista francês Gustave Flaubert.

1961 Franz Fanon escreve a respeito das forças desumanizadoras do colonialismo em *The Wretched of the Earth*.

1981 Sadiq Jalal al-Azm acha que o orientalismo tende a categorizar o Ocidente da mesma forma como Said diz que este rotula aquele.

A ideia do "Oriente" evoluiu a partir dos poderes coloniais ocidentais, e é uma noção politicamente perigosa e com viés cultural ainda capaz de infectar as visões ocidentais do mundo oriental. Esse argumento poderoso foi defendido por Edward Said em seu influente texto *Orientalismo* (1978). O conceito de orientalismo, diz, opera em duas frentes: apresenta o Oriente como uma região homogênea e exótica, não civilizada e atrasada e, ao mesmo tempo, constrói e fixa a ideia ocidental do Oriente como um conjunto de representações simplistas e imutáveis.

Said explica que a ideia do orientalismo moderno surgiu quando

---

"Especialistas" europeus (historiadores, cientistas e linguistas) veem o **"Oriente"** a partir de suas próprias perspectivas.

↓

Suas ideias se reduzem ainda mais a **estereótipos e representações que constroem e fixam as visões do Ocidente** a respeito do **"Oriente"** e de seus povos...

↓

... e alimentam e **perpetuam os medos ocidentais** em relação ao Oriente, em especial os árabes, como **perigosos e como sendo "o outro".**

↓

O Oriente é o palco onde todo o Leste está confinado.

DESIGUALDADES SOCIAIS

Veja também: Michel Foucault 52-55 ▪ W. E. B. Du Bois 68-73 ▪ Paul Gilroy 75 ▪ Elijah Anderson 82-83 ▪ Stuart Hall 200-201 ▪ Benedict Anderson 202-203 ▪ Stanley Cohen 290

um exército francês liderado por Napoleão Bonaparte conquistou o Egito, em 1798. Tal conquista foi significativa porque Napoleão levou consigo não apenas soldados, mas também cientistas, filólogos e historiadores. Esses especialistas receberam a incumbência de registrar e categorizar o que viam. Ao descrever sua experiência do "Oriente" como um conhecimento objetivo, suas palavras ganharam autoridade e influência inquestionáveis na Europa.

Categorizando o Oriente

No entanto, sugere Said, eles olhavam para as pessoas ao seu redor através das lentes do conquistador imperialista. Viam a si mesmos como um poder superior, logo como um povo superior. Traçaram uma linha imaginária entre "nós" e "eles", Ocidente e Oriente, e começaram a definir ambos os lados como um oposto ao outro. Onde os povos do Oriente eram vistos como irracionais, não civilizados, preguiçosos e atrasados, os do Ocidente eram racionais, civilizados, trabalhadores e progressistas. Os relatos enviados para a Europa pelos especialistas de Napoleão implicaram a apresentação do Oriente aos europeus de uma forma muito hermética: o Oriente foi explicado pelo Ocidente, e no processo foi moldado para se encaixar ao Ocidente. Essa ideia de como os "orientais" se pareciam foi amplamente apropriada e disseminada por figuras literárias como Lord Byron, que romantizou o Oriente mas continuou a enfatizar sua diferença inalienável.

Perpetuando o medo

O problema continua, diz Said, porque a ideia do Oriente impediu as pessoas no Ocidente de vê-lo em toda a sua complexidade. O mesmo repertório de imagens ainda se mantém: o Oriente é visto como um lugar de misticismo exótico — é o berço da Esfinge, de Cleópatra, do Éden, de Troia, Sodoma, Gomorra, Sheb, da Babilônia e de Maomé.

O orientalismo é um arcabouço usado para entender o não familiar, diz Said, mas ao mesmo tempo nos fala que

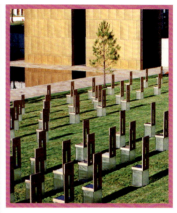

Um memorial às vítimas do bombardeio em Oklahoma, EUA, em 1995. Pela primeira vez, o ataque foi atribuído, pela mídia, aos "muçulmanos" e "árabes" (o outro), mas foi arquitetado por um americano branco.

os povos do Oriente são diferentes e assustadores. Nesse contexto, o "árabe" é visto como um fanático violento, e as nações ocidentais sentem a necessidade de se proteger da "infiltração do Outro". O desafio, diz, é achar uma forma de coexistir pacificamente. ▪

Edward Said

Teórico cultural e crítico literário, Edward Said foi o fundador dos estudos pós-coloniais. Nascido em Jerusalém Oriental durante o domínio britânico na Palestina, seu pai foi um rico americano-palestino de fé cristã, e Said estudou em escolas privadas internacionais no Líbano, Egito e EUA. Mais tarde estudou em Princeton e Harvard, antes de se tornar professor de literatura inglesa na Universidade Columbia, onde lecionou até sua morte, em 2003. Said escreveu bastante sobre um amplo leque de assuntos, incluindo a música e as questões palestinas. Said dizia que foi politizado pela Guerra dos Seis Dias em 1967, entre Israel e seus vizinhos árabes, tendo se tornado, depois disso, uma importante voz para a causa palestina, especialmente nos EUA. Em 1999, fundou a orquestra árabe-israelense com o maestro Daniel Barenboim, acreditando que a música transcende a política.

Principais obras

1978 *Orientalismo*
1979 *A questão da Palestina*
1993 *Cultura e imperialismo*

O GUETO É ONDE MORAM OS NEGROS
ELIJAH ANDERSON (1943-)

EM CONTEXTO

FOCO
O gueto icônico

DATAS IMPORTANTES
1903 W. E. B. Du Bois diz que o problema do século XX é o problema da linha de cor.

Início do século XX Negros do Sul rural migram para cidades em todos os Estados Unidos.

1920 Marcus Garvey, líder político negro, faz uma convenção internacional no Harlem, tradicional reduto de negros em Nova York.

Década de 1960 Ocorre uma "fuga branca" nas áreas dos Estados Unidos onde os negros vivem, principalmente nos "guetos negros".

1972 O Ato pela Igualdade de Oportunidades de Empregos é aprovado nos Estados Unidos.

1992 Revoltas acontecem em Los Angeles, Califórnia, após a polícia ser filmada espancando Rodney King, um motorista negro, e depois ser absolvida.

Quando os brancos veem um **negro desconhecido** em público...

... eles o associam **ao "gueto"**, com status de classe baixa, **criminalidade, violência e pobreza**.

Os negros de classe **média** podem vencer esse estigma ao **copiar a classe alta** e mostrar seu **comprovante de endereço**.

Os negros da **classe trabalhadora** não **conseguem escapar** do estigma e da discriminação.

O "gueto" serve de referência para interpretar a identidade negra.

Em 2012, Elijah Anderson escreveu "The Iconic Ghetto", no qual argumentava que muitos americanos associam o gueto ao lugar onde "vivem os negros". Ele disse que, para esses mesmos americanos, o gueto simboliza uma área da cidade que é sem lei, empobrecida, dominada pelas drogas e caótica, governada pela violência. Assim, quando eles pensam nos "negros", os imaginam como imorais, viciados e criminosos, merecedores do preconceito e da discriminação.

DESIGUALDADES SOCIAIS

Veja também: Michel Foucault 52-55 ▪ W. E. B. Du Bois 68-73 ▪ Paul Gilroy 75 ▪ Edward Said 80-81

Os trabalhadores negros que vivem em áreas pobres da cidade, diz Anderson, são com frequência estigmatizados e "desmoralizados pelo racismo".

Anderson dá o exemplo de um incidente racista que vivenciou quando estava de férias na "prazerosa cidade de Cape Cod, lotada de veranistas brancos de classe média alta". Enquanto ele se exercitava correndo pelas ruas da cidade, um homem branco de meia-idade bloqueou a rua com seu carro e gritou para Anderson: "Volte para casa!". Surpreso, Anderson se perguntou o que o homem quis dizer e percebeu que se tratava de uma ordem para "ir para casa" no gueto. A instituição do gueto é dominante, diz Anderson, e leva muitos a pensar que o lugar dos negros é, na maioria das vezes, no gueto, e não na sociedade de classe média.

Status icônico

A maioria dos negros nos EUA não vem de guetos e, legalmente, tem acesso à mesma escola e às mesmas oportunidades de emprego que os brancos. Mas, já que "o gueto" alcançou um status icônico, criou-se uma mentalidade que faz com que os negros de todas as classes tenham de provar que não são de nenhum gueto antes de qualquer outra coisa. Anderson diz que os negros de classe média atingem esse objetivo "falando como os brancos" (imitando o estilo de fala formal dos brancos de classe média alta) ou demonstrando inteligência, maneiras e atitudes excepcionais. Eles lidam com os insultos rindo deles com amigos, mas na verdade esses pequenos eventos, como o da corrida de Anderson, são capazes de "tirar a venda dos olhos" de alguém, induzindo um sentimento de achar que é tolo em acreditar que poderia se encaixar bem na sociedade.

Desaprovando o gueto

Os negros de classe média talvez consigam remover esse "rótulo", diz Anderson, mas o problema para os negros mais pobres não é resolvido tão facilmente. Se eles de fato morarem nos guetos, como conseguiriam se distanciar desse tipo de associação? Como os negros das classes trabalhadoras conseguiriam mostrar que não são viciados violentos ou, de qualquer outra forma, rebater o preconceito que já existe contra eles?

Anderson chama a atenção para o assassinato de Trayvon Martin em 2012: o jovem inocente, de dezessete anos, desarmado, foi morto pelo coordenador da segurança do bairro, que disse que Martin parecia "não ser daquelas redondezas". Isso expõe o perigo da crença de muitos brancos de que os negros pertencem aos "guetos" e deveriam continuar neles, não nas vizinhanças dos brancos.

De acordo com Anderson, a ideia de que os negros têm um "lugar" específico na sociedade (o "gueto") continua ativa na imaginação dos brancos. Mesmo que os negros já estejam presentes em todas as classes sociais e vizinhanças. O gueto icônico atua no sentido de continuamente estigmatizar as pessoas de pele negra, tratando-as como "forasteiros perigosos". ■

Elijah Anderson

Elijah Anderson é um dos principais etnógrafos urbanos nos EUA. Nasceu numa fazenda no Mississippi durante a Segunda Guerra Mundial. Seus pais eram agricultores que colhiam algodão, mas, após a experiência de seu pai de lutar como soldado na Europa durante a guerra, a família passou a considerar o racismo do Sul como intolerável e se mudou para Chicago, e depois para Indiana, no Norte do país.

Anderson estudou sociologia na Universidade de Indiana e em Chicago, onde sua dissertação sobre os negros nas ruas se tornou seu primeiro livro: *A Place on the Corner* (1978). Foi vice-presidente da Associação Sociológica Americana (ASA) em 2002 e ganhou diversos prêmios, incluindo o prêmio da ASA chamado Cox-Johnson-Frazier.

Principais obras

1990 *Streetwise*
1999 *Code of the Street: Moral Life of the Inner City*
2012 "The Iconic Ghetto"

O negro é tratado como um forasteiro perigoso até que prove que é digno de confiança.
Elijah Anderson

AS FERRAMENTAS DA LIBERDADE TORNAM-SE A ORIGEM DA INDIGNIDADE
RICHARD SENNETT (1943-)

EM CONTEXTO

FOCO
Desigualdade de classes

DATAS IMPORTANTES
1486 O filósofo italiano Giovanni Pico della Mirandola diz que, diferentemente dos animais, as pessoas buscam sentido e dignidade na vida.

1841 Em "Self-Reliance", o filósofo e ensaísta americano Ralph Waldo Emerson vê a autoconfiança como um imperativo moral que capacita o indivíduo a moldar o seu destino.

Década de 1960 O filósofo francês Jean-Paul Sartre diz que uma sociedade de classes é uma sociedade de recursos injustamente distribuídos porque algumas pessoas têm um poder arbitrário.

1989 O acadêmico britânico Richard Hoggart diz: "Em todas as décadas, declaramos de pronto que enterramos as classes, e em cada década o caixão continua vazio".

Sociólogos e economistas aceitam por tradição a ideia de que as classes sociais estão vinculadas ao dinheiro: conforme os trabalhadores ganham uma renda maior e acumulam mais bens, eles subiriam para a classe média e desfrutariam não apenas da prosperidade como também de um maior senso de dignidade. Mas esse conceito foi questionado quando o sociólogo americano Richard Sennett, junto com Jonathan Cobb, investigou o paradoxo que parecia afligir as pessoas da classe trabalhadora que subiam para a classe média.

O que Sennett descobriu em suas entrevistas com trabalhadores, conforme mostrado em *The Hidden Injuries of Class*, publicado em 1972, foi

DESIGUALDADES SOCIAIS   85

Veja também: Friedrich Engels 66-67 ▪ W. E. B. Du Bois 68-73 ▪ Pierre Bourdieu 76-79 ▪ Elijah Anderson 82-83 ▪ Georg Simmel 104-105 ▪ Samuel Bowles e Herbert Gintis 288-289 ▪ Paul Willis 292-293

Diz-se que a **educação** é o melhor caminho para **o desenvolvimento pessoal e a liberdade**.

Mas **estudantes de classes trabalhadoras tornam-se alienados** de seus pares e são **expostos à ridicularização social** da classe média.

Mas uma educação melhor resulta em empregos que as pessoas das classes trabalhadoras **não consideram** como **"empregos de verdade"**.

As ferramentas da liberdade tornam-se a origem da indignidade.

---

que um aumento no poder material e a liberdade de escolha foram acompanhados por uma significativa crise de respeito próprio. Ao buscar uma liberdade maior, pedia-se aos trabalhadores que usassem "ferramentas" como a educação, que os faziam se sentir alienados e incapazes.

Imigração e racismo
Para explicar como isso poderia estar acontecendo, Sennett voltou-se primeiro à história da classe trabalhadora nos EUA. Durante a urbanização do século XIX, os trabalhadores rurais se mudaram de pequenas fazendas para as vilas e depois para as cidades, que cresceram depressa por causa desse inesperado afluxo. Além disso, a maioria das cidades tinha grandes enclaves de imigrantes europeus recém-chegados

da Irlanda, da Itália, da Polônia e da Grécia, por exemplo. Neles, falava-se a língua original, e as tradições culturais se mantiveram vivas.

A imigração em massa levou os industrialistas a perceber rapidamente que o trabalho não qualificado era mais barato que a produção com máquinas.

Assim, eles contrataram um grande número de imigrantes e mudaram o foco da automatização para a substituição do trabalho mais caro e especializado. Com isso, cresceu a hostilidade contra os recém-chegados, e houve um aumento nas atitudes racistas. »

Imigrantes desembarcam em Nova York, EUA, no começo do século XX. Esses "forasteiros" eram, com frequência, usados como mão de obra barata, o que causava hostilidade por parte de alguns cidadãos americanos.

A pirâmide da conquista

As pessoas da classe média e média alta estão no topo olhando para as inferiores.

Os trabalhadores da classe operária sobem a pirâmide da conquista em busca de um emprego de maior status.

EMPREGOS ACADÊMICOS E PROFISSIONAIS

Conforme o trabalhador sobe a pirâmide, ele sente uma forma de traição — tanto em relação a si mesmo quanto em relação aos que ele deixou para trás.

O trabalhador experimenta emoções conflituosas conforme ele sobe a pirâmide.

EMPREGOS E OCUPAÇÕES MANUAIS

Um tipo de "hierarquia moral" entre as nacionalidades logo passou a ter uma aceitação ampla. Os europeus ocidentais (menos os irlandeses) estavam no topo dessa hierarquia. Eram vistos como diligentes, bons trabalhadores e habilidosos. Mas, no outro lado da balança, percebeu Sennett, os "eslavos, boêmios, judeus e os europeus do sul… foram acusados de falta de higiene, isolamento ou preguiça". Os novos imigrantes descobriram que só podiam depender do apoio de seus conterrâneos, de modo que surgiram várias comunidades étnicas.

Mas, em meados do século XX, as cidades americanas experimentaram programas de revigoramento urbano que quebraram essas comunidades de imigrantes. As famílias de imigrantes foram integradas à sociedade em geral, que teve uma atitude distinta em relação aos grupos sociais diferentes. Na sociedade americana como um todo, as pessoas com melhor educação, "cultas", eram tratadas com maior respeito. As pessoas honestas e trabalhadoras que mereciam bastante respeito na "antiga vizinhança" agora eram vistas com desdém e suspeição por serem ignorantes e "estrangeiras".

Educação e fracasso

Sennett diz que a classe trabalhadora estava sendo desafiada a se tornar mais "aculturada", e a educação parecia ser o caminho para a aceitação e o respeito. Mas com isso vieram vários e notáveis problemas. Primeiro, para as pessoas que sempre valorizaram o trabalho duro e físico, os empregos com "caneta" da classe média não eram tidos como "empregos de verdade". Tais atividades não eram consideradas dignas, de modo que um trabalhador não conseguia se ver com respeito se as desenvolvesse.

Além disso, apesar de o intelecto e a educação merecerem alta estima pelas classes média e alta, os trabalhadores tinham a impressão de que "os educados" não faziam nada digno de respeito. Pelo contrário, eram quase sempre vistos como alguém usando sua posição privilegiada para enganar, mentir e evitar o trabalho, ao mesmo tempo que ganhavam salários mais altos. Como poderia, então, um trabalhador querer manter sua dignidade e respeito próprio nessa posição?

Os trabalhadores entrevistados por Sennett usam a palavra "educado" para uma série de experiências, que vai muito além da escolaridade. O status elevado da educação vem do fato de que se pensa que ela aumenta a racionalidade e desenvolve as melhores capacidades humanas. Mas Rissarro, um engraxate que se tornou bancário, explica como isso funciona de forma distinta nas várias divisões sociais. Ele acredita que as pessoas de uma classe mais alta têm o poder de julgá-lo porque são "mais desenvolvidas

As pessoas de classe média com educação… [e com] os valores 'corretos' se destacam de uma massa cujo entendimento… elas consideram inferior ao seu próprio.
Richard Sennett

DESIGUALDADES SOCIAIS

internamente". Apesar da ascensão de Rissarro na profissão, seus colegas de classe baixa o desprezam, e ele não tem respeito por si mesmo porque sente que não está fazendo um "trabalho de verdade". Ele aceita os conselhos da sociedade para "melhorar de vida", mas sente-se como um impostor e não entende seu senso de desconforto. Ele acredita que a única explicação é que há alguma coisa errada com ele.

Sennett defende que os trabalhadores tendem a ver sua incapacidade em se adaptar e ser respeitados como um fracasso pessoal, não como uma condição das divisões e desigualdades da sociedade. Ele cita James, filho de imigrantes com alta escolaridade, que vê a si mesmo como um fracasso, não importa o que faça. "Se eu tivesse o que é preciso", diz, "poderia fazer com que todo o meu estudo valesse a pena." Por outro lado, se ele "tivesse a coragem para botar a cara no mundo" e conseguir um emprego de verdade, isso faria com que fosse mais respeitado. James se responsabiliza por não ter maior autoconfiança e por ter fracassado em se "desenvolver".

O político é pessoal

Tal conjunção de classe e indivíduo é um fenômeno tipicamente americano, diz Sennett, ligado à premiação do "indivíduo". O sucesso em testes de QI e a escolaridade são vistos como uma forma de libertar o indivíduo de sua condição social ao nascer — todos os que possuem mérito ou inteligência de verdade subirão na vida. Tal crença na igualdade de oportunidades está no cerne do Sonho Americano.

Os filhos da classe trabalhadora não têm as mesmas oportunidades que os filhos das classes mais ricas, e aqueles que tentam melhorar são vistos como traidores. São excluídos de seu grupo original, tendo, por isso, uma perda de valor próprio. As ferramentas da liberdade são uma fonte de indignidade para eles, tanto na escola quanto na faculdade, onde são desprezados por não conhecerem as regras e não terem um conhecimento cultural mais amplo. Suas conquistas educacionais os expõem não ao respeito, mas ao desdém das pessoas da classe média ao seu redor, e eles sofrem de um senso de fracasso e alienação.

De acordo com o empresário escocês-americano Andrew Carnegie, a justiça do capitalismo industrial é que a sociedade sempre recompensará "um homem de talento". Se uma pessoa for digna de escapar da pobreza, ela será capaz de fazê-lo. Mas, se ela não tiver a habilidade de "se fazer", que direito ela tem de reclamar? Conforme diz Sennett: é uma meritocracia, e se você fracassar, você não tem mérito. Falhar em ter sucesso se deve a inadequações pessoais. Dessa forma, as desigualdades de classe são ocultadas pelo disseminado "fracasso pessoal" da classe trabalhadora.

O livro *The Hidden Injuries of Class* é uma exploração sutil e sensível da vida da classe trabalhadora, que expõe como a diferença social pode parecer uma simples questão de caráter, competência ou escolha moral, quando na verdade é essencialmente uma questão de herança de classe. ∎

Arthur Miller foi um menino de classe trabalhadora que cresceu para se tornar um dos maiores dramaturgos de meados do século XX — mas foi muito desprezado pelos críticos americanos.

Richard Sennett

Autor literário e sociólogo, Richard Sennett nasceu em Chicago, EUA, e seus pais eram simpatizantes do comunismo. Tanto seu pai quanto seu tio lutaram como internacionalistas na Guerra Civil espanhola. Sennett foi criado por sua mãe em um dos primeiros projetos habitacionais públicos para raças diferentes.

Sennett estudou violoncelo na Juilliard, Nova York, mas uma cirurgia no pulso pôs fim às suas pretensões musicais. Começou sua carreira de sociólogo em Harvard e lecionou em Yale e na London School of Economics (LSE). Nos anos 1970, foi cofundador do The New York Institute for the Humanities com os escritores Susan Sontag e Joseph Brodsky. Sennett ficou famoso com sua obra *The Hidden Injuries of Class*, que escreveu depois de passar quatro anos pesquisando com Jonathan Cobb. É casado com a socióloga Saskia Sassen.

Principais obras

1972 *The Hidden Injuries of Class* (junto com Jonathan Cobb)
1974 *O declínio do homem público*
2005 *A cultura do novo capitalismo*

O INTERESSE DOS HOMENS NO PATRIARCADO ESTÁ CONDENSADO NA MASCULINIDADE HEGEMÔNICA
R. W. CONNELL (1944-)

EM CONTEXTO

FOCO
Masculinidade hegemônica

DATAS IMPORTANTES
Década de 1930 O teórico social italiano Antonio Gramsci usa o termo "hegemonia" para explicar como as visões da classe dominante passaram a ser vistas como "senso comum".

1957 A socióloga americana Helen Hacker escreve a respeito da natureza social da masculinidade.

1985 Carrigan, Connell e Lee publicam *Towards a New Sociology of Masculinity*.

1990 Os sociólogos americanos Messner e Sabo usam hegemonia para explicar a homofobia e a violência nos eventos esportivos.

1993 O sociólogo americano James Messerschmidt publica *Masculinities and Crime*.

2003 A socióloga japonesa Masako Ishii-Kuntz acompanha o surgimento de diversas masculinidades no Japão.

O **patriarcado** é um sistema de poder…

⬇

… que **empodera os homens** e **capacita** sua **dominação sobre as mulheres**.

A **masculinidade hegemônica** é um sistema de poder…

⬇

… que classifica os homens **"masculinos" acima** daqueles com traços **"femininos"**.

⬇

O patriarcado e a masculinidade hegemônica valorizam e **empoderam os homens sobre as mulheres**.

⬇

O interesse dos homens no patriarcado está condensado na masculinidade hegemônica.

Geralmente se presume que a masculinidade é um estado natural, biológico, que não pode ser alterado. R. W. Connell, no entanto, alega que isso não é algo fixo, mas uma identidade adquirida: não há um padrão de masculinidade que seja encontrado em todos os lugares ou por um longo período de tempo, e, diz ela, devemos falar de masculinidades, não masculinidade, quando exploramos o que significa "ser um homem".

A masculinidade também tem múltiplas definições em sociedades multiculturais. Em qualquer local, como uma escola ou um ambiente de trabalho,

DESIGUALDADES SOCIAIS

Veja também: Harriet Martineau 26-27 ▪ Judith Butler 56-61 ▪ bell hooks 90-95 ▪ Margaret Mead 298-299 ▪ Adrienne Rich 304-309 ▪ Christine Delphy 312-317 ▪ Jeffrey Weeks 324-325 ▪ Steven Seidman 326-331

uma forma específica de masculinidade será vista como a "melhor" e mais efetiva maneira de ser homem.

Essa ideia está por trás do conceito de masculinidade hegemônica de Connell, que alega que, em qualquer época ou lugar, diferentes formas de masculinidade são organizadas numa hierarquia. A forma dominante — vista como a masculinidade ideal, contra a qual os outros serão julgados — é a hegemônica. Ela constituirá a ideia daquela sociedade sobre "hombridade", e aqueles poucos homens capazes de corporificar tal forma de masculinidade serão "os mais honrados e desejados".

Masculinidade subordinada

Formas subordinadas ou marginalizadas de masculinidade são aquelas que se desviam da norma. Os homens que as escolherem sofrem humilhação, exclusão e perda de privilégios. Quando um papel masculino se volta para uma posição mais "feminina" (como na homossexualidade), há uma perda correspondente de status e poder. Desse modo, a posição patriarcal se alinha ao ideal hegemônico nas sociedades ocidentais. Já que os homens colhem importantes benefícios ao manter a dominância sobre as mulheres, seu interesse geral e seu esforço no patriarcado são formidáveis — é o que lhes dá controle social, cultural e econômico. Quanto mais perto a masculinidade do homem estiver do ideal hegemônico, maior poder ele terá.

Praticando o gênero

Connell alega que a forma hegemônica europeia/americana, fortemente ligada ao ideal patriarcal do macho poderoso, agressivo e sem emoções, capaz de usar, com frequência, a violência para alcançar seus objetivos, está se espalhando pelo mundo através do processo de globalização. A mídia mostra com glamour o ideal hegemônico por meio de sua adulação aos cruéis empreendedores bilionários e aos astros de esportes de luta e contato físico.

As mulheres são complacentes em reconhecer a hierarquia das masculinidades, de acordo com Connell. Sua contínua lealdade às

> A maioria dos homens acha difícil ser patriarca... mas teme abrir mão dos benefícios.
> **bell hooks**

religiões patriarcais e narrativas românticas e sua perpetuação de expectativas de gênero nos filhos sustêm o poder do ideal patriarcal e da masculinidade hegemônica associada a ele. Ao descrever a masculinidade dentro dos termos de hegemonia ou hierarquia, Connell lhe dá uma fluidez, o que significa que há uma chance de mudança. Uma mudança para estabelecer uma versão de masculinidade que seja aberta à igualdade com as mulheres, diz ela, constituiria uma hegemonia positiva. ∎

A exclusão do desejo homossexual da definição de masculinidade é, de acordo com Connell em seu livro *The Men and the Boys*, uma faceta da masculinidade hegemônica dos dias atuais.

R. W. Connell

R. W. Connell nasceu na Austrália em 1944 como Robert William ("Bob") Connell. Uma mulher transexual, Connell completou sua transição mais tarde em sua vida, assumindo o nome de Raewyn. Tendo feito o ensino médio em Manly e North Sydney, Connell formou-se nas universidades de Melbourne e Sydney.

Durante os anos 1960, Connell foi uma ativista da Nova Esquerda. Tornou-se uma das pessoas mais jovens a assumir a cátedra acadêmica como professora de sociologia na Macquarie University, Nova Gales do Sul, em 1976. Apesar de famosa por sua obra sobre a construção social das masculinidades, Connell também é palestrante e escreve sobre pobreza, educação e a tendência em voga no hemisfério Norte a respeito da ciência social dominante.

Principais obras

1987 *Gender and Power*
1995 *Masculinities*
2000 *The Man and the Boys*

MULHERES BRANCAS TÊM SIDO CÚMPLICES NO PATRIARCADO CAPITALISTA DA SUPREMACIA BRANCA IMPERIALISTA

BELL HOOKS (1952-)

EM CONTEXTO

FOCO
Feminismo e interseccionalidade

DATAS IMPORTANTES
1979 O Combahee River Collective, uma organização feminista lésbica negra dos EUA, diz que é essencial considerar a conjunção de "opressões interconectadas".

Década de 1980 A economista americana Heidi Hartmann diz que, no "casamento infeliz" do feminismo marxista, o marxismo (marido) domina o feminismo (esposa) porque a classe ganha do gênero.

1989 A professora de direito americana Kimberlé Crenshaw usa "interseccionalidade" para descrever padrões de racismo e sexismo.

2002 A socióloga alemã Helma Lutz alega que pelo menos catorze "linhas de diferença" são usadas nas relações de poder, incluindo idade, gênero, cor de pele e classe.

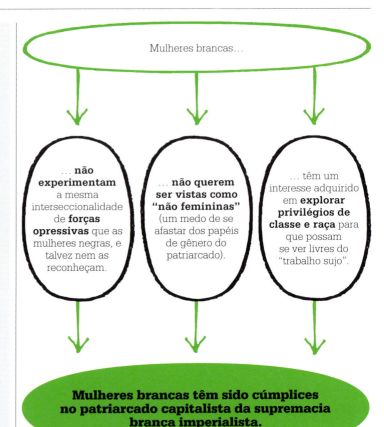

As feministas da "segunda onda", dos anos 1960-1980, impuseram um desafio muito mais formidável e completo à dominação masculina que as primeiras feministas. Sua pauta mais ampla incluía questões de desigualdade jurídica, sexualidade, estupro, família e local de trabalho.

Mas a feminista bell hooks criticou o feminismo dos anos 1980, em especial, por representar a visão das mulheres brancas privilegiadas. Em *The Feminist Theory: From Margin to Center*, publicado em 1984, ela argumenta que a ênfase nas mulheres como "irmandade" mascarava o que via como "oportunismo da mulher branca burguesa".

hooks diz que a situação é mais complicada do que achavam as feministas da segunda onda. Pior ainda: essas mulheres ajudaram a manter a rede interconectada de forças opressoras que impactaram a vida das mulheres negras da classe trabalhadora: as mulheres brancas têm sido cúmplices na perpetuação da dominação patriarcal branca.

Em 1989, a advogada americana Kimberlé Crenshaw descreveu as forças de opressão cruzadas como "interseccionalidade". Usava como comparação o fluxo de carros em quatro direções. A discriminação, como o tráfego, pode fluir para um lado ou para o outro. Se houver um acidente no cruzamento (*intersection*, em inglês), ele pode ter sido causado pelos carros fluindo por várias direções — às vezes, de todas as direções. Se uma mulher negra foi ferida porque estava "no cruzamento", isso pode ter sido causado pela discriminação de sexo, cor, ou de ambos.

Como advogada, Crenshaw concluiu que as mulheres negras no local de trabalho eram discriminadas

DESIGUALDADES SOCIAIS

Veja também: Harriet Martineau 26-27 ▪ Karl Marx 28-31 ▪ Judith Butler 56-61 ▪ Friedrich Engels 66-67 ▪ Paul Gilroy 75 ▪ Elijah Anderson 82-83 ▪ R. W. Connell 88-89 ▪ Christine Delphy 312-317

A segunda onda do feminismo dos anos 1960 a 1980, com sua ênfase na "irmandade", é criticada por hooks como oportunista, representando os interesses das mulheres brancas da classe média.

por dois motivos — por serem negras e mulheres —, mas se viu num beco jurídico. Elas eram as últimas a ser contratadas e as primeiras a ser demitidas, mas quem as contratava negava que isso tivesse a ver com discriminação. Quando um processo foi a julgamento, o juiz decidiu que elas não foram demitidas por serem mulheres, já que outras mulheres ainda trabalhavam na firma. Tampouco tinha a ver com sua cor, já que outros negros ainda trabalhavam lá. A lei só poderia lidar com uma ou outra modalidade de opressão, não com as duas juntas.

Sistemas de hierarquia

bell hooks levou a ideia de interseccionalidade mais além. Em *The Will to Change* (2004), ela diz: "Com frequência uso a expressão 'patriarcado capitalista supremacista branco imperialista' para descrever os sistemas políticos interconectados que estão na base da política de nosso país". A expressão é usada para descrever um conjunto de sistemas que se combinam para situar as pessoas dentro das hierarquias de poder da sociedade.

A supremacia branca é a superioridade presumida das raças mais claras, ou "brancas", sobre as outras. Embora hooks reconheça que "os que permitem que o preconceito racial os levem a atos hostis são uma minoria, independentemente da classe da vizinhança", o preconceito racial ainda está aparente na crença de que uma pessoa é preguiçosa, estúpida ou mais violenta, por exemplo, por causa de sua raça. Tal forma de estereótipo significa que um médico indiano ou um professor hispânico podem ser vistos como menos competentes que os brancos europeus.

O capitalismo se refere ao sistema econômico, que é caracterizado pela propriedade privada ou corporativa das firmas e dos bens, assim como pelo controle sobre os preços, os bens e a força de trabalho. Ele possui uma hierarquia inerente: os que têm os meios de produção e controlam a força de trabalho são privilegiados em relação aos trabalhadores. Hooks concorda com a escritora e importante ativista americana Carmen Vázquez, de quem ela cita que "a obsessão »

Ficou claro para as mulheres negras… que elas jamais teriam igualdade dentro do existente patriarcado supremacista branco.
bell hooks

Cruzamentos são um lugar-comum para colisões no trânsito. A advogada Kimberlé Crenshaw usa o tráfego como uma analogia para mostrar como a discriminação pode ter múltiplas causas, difíceis de serem determinadas.

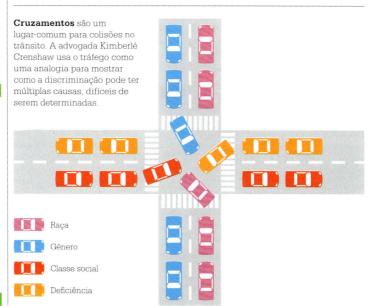

Raça

Gênero

Classe social

Deficiência

O CONCEITO DE "PATRIARCADO" É INDISPENSÁVEL PARA UMA ANÁLISE DA DESIGUALDADE DE GÊNEROS

SYLVIA WALBY (1953-)

EM CONTEXTO

FOCO
Patriarcado

DATAS IMPORTANTES

1792 Mary Wollstonecraft, defensora inglesa dos direitos das mulheres, publica *A Vindication of the Rights of Woman*.

1969 Em *Política sexual*, a feminista americana Kate Millett diz que o patriarcado é uma relação de poder universal onipresente e capaz de invadir outras formas de divisões sociais.

1971 A feminista italiana Mariarosa Dalla Costa argumenta que o trabalho não remunerado das mulheres é uma parte fundamental do funcionamento do capitalismo.

1981 Em "The Unhappy Marriage of Feminism and Marxism", a economista feminista americana Heidi Hartmann sugere que "os sistemas duais" do capitalismo e do patriarcado oprimem as mulheres.

Em 1990, a socióloga britânica Sylvia Walby publicou *Theorizing Patriarchy*, um livro inovador que alega que o "patriarcado" é um fenômeno extremamente complexo, feito de várias forças que se cruzam. Enquanto as primeiras feministas focaram a identificação de uma única causa do patriarcado, ligada a uma era histórica, ou cultura, particular, Walby define o patriarcado como "um sistema de estruturas e práticas sociais no qual os homens dominam, oprimem e exploram as mulheres". Ela alega que existem seis estruturas em interação: a família, o trabalho pago, o Estado, a violência masculina, a sexualidade e as instituições culturais. Para examinar

DESIGUALDADES SOCIAIS

Veja também: Karl Marx 28-31 ▪ Judith Butler 56-61 ▪ bell hooks 90-95 ▪ Teri Lynn Caraway 248-249 ▪ Christine Delphy 312-317 ▪ Ann Oakley 318-319

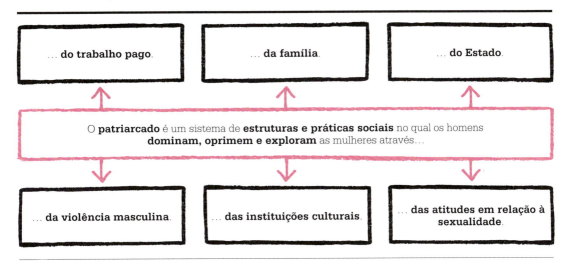

A primeira onda do feminismo

Walby diz que a primeira onda do feminismo do século XIX e começo do século XX na Europa e nos EUA focava a natureza privada do patriarcado, não a pública. Naquela época, diz, as mulheres casadas não podiam exercer trabalho remunerado, de modo que a dominação patriarcal ocorria principalmente dentro da família, onde "o homem em sua posição de marido e pai era o principal opressor e beneficiário... da subordinação das mulheres". A ideia da mulher "do lar" se intensificou nessa época. As mulheres de classe média eram confinadas à esfera privada. Não podiam votar, ter propriedade, frequentar o ensino

Emmeline Pankhurst (1858-1928) foi uma militante feminista da primeira onda que lutou pelo avanço dos direitos básicos das mulheres e para garantir o voto das mulheres casadas no Reino Unido.

superior, e a violência dos maridos era protegida por lei.

As feministas da primeira onda lidaram com essas questões no âmbito legal, mas Walby insiste que os importantes direitos que conquistaram para as mulheres não foram capazes de eliminar todas as formas de desigualdade. Isso se deu porque a família e o lar continuavam a operar efetivamente como um "modo de

produção patriarcal". O patriarcado nos lares é a primeira estrutura patriarcal dentre as seis que Walby identificou. Ele desvalorizava o trabalho das donas de casa (um trabalho não remunerado), enquanto aparentemente as valorizava dentro desse papel (esse era o "lugar certo" das mulheres).

Walby chama a atenção para o fato de que, em termos marxistas, as donas de casa são uma classe produtiva, »

> As mulheres não são vítimas passivas de estruturas opressivas. Elas lutaram para mudar tanto suas circunstâncias imediatas quanto as estruturas sociais mais amplas.
> **Sylvia Walby**

enquanto os maridos são a classe que se beneficia "individual e diretamente" do trabalho não remunerado das mulheres.

As mulheres dentro do capitalismo

No século XX, o capitalismo tornou-se o modelo econômico global dominante. Conforme ele crescia, as mulheres perdiam vagas de trabalho que antes lhes eram abertas (no setor têxtil, por exemplo) através do crescimento da industrialização. Elas assumiram uma posição que lhes era desvantajosa de duas formas: a segregação vertical (sendo empregadas apenas nas funções de trabalho mais baixas) e a segregação horizontal (sendo consideradas aptas apenas para alguns tipos de trabalho). Por essa razão, Walby propõe que "as relações patriarcais nos empregos remunerados", que dão aos homens as melhores oportunidades em vagas disponíveis e no nível do emprego, constituem a segunda das seis estruturas que mantêm o patriarcado.

Mas Walby alega que no século XX começou a surgir um interessante conflito entre o patriarcado e o capitalismo, porque eles tinham interesses adversos na exploração do trabalho das mulheres. Como já disse: "Se as mulheres estiverem trabalhando para os capitalistas, elas terão menos tempo de trabalhar para seus maridos".

Os conflitos entre o patriarcado no lar e no local de trabalho foram, com frequência, resolvidos com a intervenção da terceira estrutura patriarcal: o Estado. Por exemplo, durante a Segunda Guerra Mundial, foi preciso que as mulheres britânicas trabalhassem nas fábricas de munição. Os sindicatos não gostaram disso e persuadiram o governo do Reino Unido a impor uma lei (a Lei da Restauração das Práticas de Antes da Guerra, de 1942) para garantir que as mulheres perderiam seu emprego nas fábricas no final da guerra. Nesse sentido, as mulheres foram transferidas para servir às necessidades dos homens, tanto na esfera pública quanto na privada, a despeito de suas preferências.

No Ocidente, o Estado também interveio para melhorar os direitos das mulheres, como na Lei do Salário Equivalente de 1970, no Reino Unido. Mas muitos dos aparentes ganhos tiveram pouco efeito prático, com as mulheres ainda ganhando menos que os homens. Walby diz que isso se deu porque o Estado é "um fórum de relações patriarcais", necessário para o patriarcado como um todo. Ela nota que houve importantes mudanças nas políticas públicas nos últimos 150 anos, que também resultaram em várias limitações significativas. "O Estado ainda é patriarcal, bem como capitalista e racista", diz.

A violência masculina e a sexualidade

A quarta das seis estruturas de Walby é a violência masculina contra as mulheres. A violência doméstica inclui um comportamento controlador e ameaçador, além da violência ou abuso entre parceiros ou membros da família. Tais relações íntimas são estruturadas pelo poder (assim como em todas as seis estruturas patriarcais) e atuam através de um conjunto de acordos em que uma pessoa é controlada pela outra. A violência dos homens (ou a ameaça de violência) contra as mulheres desempenha um importante papel em seu contínuo controle e dominação das mulheres.

A quinta estrutura é a sexualidade. Walby diz que as sociedades prezam as relações heterossexuais acima de todas as outras, em muitos casos considerando-as como a única opção aceitável. A sexualidade é um dos principais campos onde os homens exercem dominação sobre as mulheres: eles impõem suas ideias de feminilidade às mulheres e desenvolvem práticas sexuais focadas nas noções masculinas de desejo.

Walby chama a atenção para o fato de que a segunda onda feminista dos anos 1960-1980 atentava para um amplo leque de desigualdades "não oficiais, não cobertas pela primeira onda". Essas feministas focavam a sexualidade, a família, o local de trabalho e os direitos reprodutivos — apesar de algumas feministas atuais, da terceira onda, as criticarem por não terem "terminado o serviço". Porém, quando as leis opressivas sobre a sexualidade foram abolidas, algumas das mudanças arduamente conquistadas se tornaram armadilhas para as mulheres. A liberdade sexual levou à disseminação da pornografia e a um aumento na exploração das

> A violência masculina contra as mulheres é comum e repetitiva... a ponto de constituir uma estrutura social.
> **Sylvia Walby**

DESIGUALDADES SOCIAIS

A indústria automobilística tem um longo histórico do uso das mulheres como objetos sexuais para vender seus carros (a despeito de não ter quase nada a ver com o produto), fazendo deles o foco da fantasia e do desejo masculino.

mulheres na prostituição, na indústria do sexo e no tráfico humano.

A última das seis estruturas de Walby é a cultura, mais especificamente as instituições culturais da sociedade. Ela alega que o patriarcado permeia as principais instituições sociais e seus agentes de socialização na sociedade, incluindo educação, religião e a mídia, todas "criando a representação das mulheres dentro de uma ótica patriarcal". As religiões do mundo, por exemplo, continuam a excluir as mulheres dos cargos mais altos e parecem determinadas a restringi-las ao "cuidado", em vez das funções executivas — isso, alegam, é mais "natural" para elas. As mulheres são, assim, definidas a partir do ponto de vista patriarcal e firmemente mantidas "no seu lugar".

Uma mudança para o patriarcado público

As noções de patriarcado privado e público são importantes para Walby na distinção de outras formas nas quais as estruturas de poder se cruzam para afetar as mulheres. Ela diz, por exemplo, que as mulheres britânicas de origem afro-caribenha têm uma chance maior de experimentar o patriarcado público (tendo dificuldade de conseguir salários maiores, por exemplo), enquanto as mulheres muçulmanas britânicas são mais propícias a experimentar níveis mais altos de patriarcado privado (que afeta suas chances de sair de casa ou escolher o jeito de se vestir).

Desde que escreveu *Theorizing Patriarchy*, Walby notou que, embora a "sabedoria" convencional ainda veja as famílias como central para a vida das mulheres, isso tem perdido importância. Mas isso se deve, sugere ela, ao fato de as mulheres trabalharem mais, passando das esferas privadas do patriarcado para os níveis mais altos do patriarcado público. Hoje, as mulheres no Ocidente são menos exploradas pelos "patriarcas individuais", como pais e maridos, e mais pelos homens como um todo, por meio de trabalho, Estado e instituições culturais.

Muito importante para o exame do patriarcado por Walby é a sua insistência em que não vemos o patriarcado como puramente estrutural (o que prenderia as mulheres às posições subordinadas dentro das instituições culturais) nem como um agente (as ações individuais de homens e mulheres). Ela diz que, se víssemos o patriarcado fundamentalmente como uma estrutura, correríamos o risco de ver as mulheres como vítimas passivas. Por outro lado, se víssemos as mulheres como presas ao patriarcado por suas próprias ações voluntárias, poderíamos vê-las como "concordando com seus opressores patriarcais".

Em *Theorizing Patriarchy*, Walby explica o patriarcado tanto através das mudanças na estrutura (como as da economia capitalista) quanto como agente (as campanhas das três ondas do feminismo). Ela diz que grandes mudanças devem ser feitas pelas próprias mulheres e pela sociedade e cultura ao seu redor, caso queiramos ter progressos significativos. ∎

Sylvia Walby

A professora Sylvia Walby é uma socióloga britânica cuja obra foi muito aceita e celebrada nos campos de violência doméstica, patriarcado, relações de gênero e globalização. Ela se formou em sociologia na Universidade de Essex, Reino Unido, em 1984, tendo conseguido outros títulos de universidades em Essex e Reading.

Em 1992, Walby foi a presidente fundadora da Associação Sociológica Europeia, e em 2008 virou a primeira coordenadora da Unesco para a Pesquisa de Gênero a liderar uma investigação sobre igualdade de gêneros e direitos humanos das mulheres. No mesmo ano, recebeu o prêmio OBE pelos serviços prestados à diversidade e a oportunidades iguais. Walby lecionou em várias instituições importantes, incluindo a London School of Economics (LSE) e a Universidade Harvard.

Principais obras

1986 *Patriarchy at Work*
1990 *Theorizing Patriarchy*
2011 *The Future of Feminism*

Quando o patriarcado afrouxa o controle em uma área, ele só aumenta em outra.
Sylvia Walby

A VIDA M

ODERNA

INTRODUÇÃO

Em *Gemeinschaft und Gesellschaft*, Ferdinand Tönnies lamenta a mudança nos valores **de uma vida em comunidade para uma mera associação** na sociedade moderna.

Em "A metrópole e a vida mental", Georg Simmel examina os efeitos negativos da **crescente urbanização** na interação e nas relações sociais.

Georg Simmel publica seu ensaio **"O estrangeiro"** no livro *Soziologie. Untersuchungen über die Formen der Vergesellschaftung*.

Jane Jacobs apela para os **"olhos da rua"**, para proteger as comunidades urbanas dos planejadores municipais em *Morte e vida de grandes cidades*.

1887 — **1903** — **1908** — **1961**

1893 — **1904-1905** — **DÉCADA DE 1920**

Émile Durkheim explica em *Da divisão do trabalho social* a solidariedade advinda da **interdependência** das pessoas com **funções especializadas**.

Max Weber, em *A ética protestante e o espírito do capitalismo*, adverte sobre os efeitos **desumanizantes** da **racionalização**.

Robert E. Park e outros membros da chamada "Escola de Chicago" de sociologia focam a **vida urbana** e as **estruturas sociais**.

À medida que os primitivos grupos humanos na Pré-História começaram a se fixar em determinados lugares, os fundamentos da civilização foram sendo estabelecidos. A partir desse começo, os humanos passaram a viver juntos em grupos cada vez maiores, e a civilização avançou com o surgimento de vilas, povoados e cidades. Mas, na maior parte da história humana, a maioria das pessoas vivia em comunidades rurais. A urbanização de larga escala só surgiu com a Revolução Industrial, que foi acompanhada por uma enorme expansão dos povoados e das cidades, e um grande número de pessoas migrou para trabalhar nas fábricas que se instalaram lá.

Viver num ambiente urbano tornou-se um aspecto da "modernidade" na mesma proporção que a industrialização e o crescimento do capitalismo, e sociólogos como Adam Ferguson e Ferdinand Tönnies reconheceram que havia uma enorme diferença entre as comunidades rurais tradicionais e as cidades modernas. Tal mudança na ordem social foi atribuída a uma série de fatores por vários pensadores: ao capitalismo, por Karl Marx; à divisão do trabalho na indústria, por Émile Durkheim; e à racionalização e secularização, por Max Weber. Foi Georg Simmel quem sugeriu que a própria urbanização afetou a maneira como as pessoas interagem socialmente — e uma das características fundamentais da vida moderna é a vida na cidade.

Comunidade na cidade

Simmel examinou não apenas as novas formas de ordem social que surgiram com as cidades modernas, como também o efeito sobre o indivíduo de viver em grandes grupos, quase sempre longe dos laços comunitários tradicionais e da família. A partir de seu trabalho, a chamada Escola de Chicago de sociologia, capitaneada por Robert E. Park, ajudou a estabelecer o campo distinto da sociologia urbana. Logo, no entanto, os sociólogos mudaram a ênfase de sua pesquisa: do que é viver numa cidade para em qual tipo de cidade gostaríamos de morar.

Tendo evoluído para satisfazer as necessidades da industrialização, a cidade — a vida urbana, com todas as suas vantagens e desvantagens — era vista por muitos sociólogos como tendo sido imposta às pessoas. O sociólogo marxista Henri Lefebvre achava que as demandas do capitalismo moldavam a sociedade urbana moderna, mas cabia às pessoas comuns assumir o controle de seu ambiente urbano, aquilo que ele

A VIDA MODERNA

Niklas Luhmann desenvolve sua teoria dos **sistemas sociais**.

Amitai Etzioni defende a restauração de valores cívicos para estimular a **coesão social** em *The Spirit of the Community: The Reinvention of American Society*.

Robert D. Putnam explora o **capital social** e o **espírito de comunidade** em "Bowling Alone: America's Declining Social Capital", no *Journal of Democracy*.

Seguindo o espírito da tese de Ritzer sobre a "McDonaldização", Alan Bryman argumenta que a sociedade de consumo moderna se torna cada vez mais **"Disneyzada"**.

DÉCADA DE 1970 — **1993** — **1995** — **2004**

1968 — **1982** — **1993** — **1996**

Em *O direito à cidade*, o marxista francês Henri Lefebvre argumenta que as pessoas têm o direito de **controlar** e **transformar** seu espaço social.

Em *Loft Living: Culture and Capital in Urban Change*, Sharon Zukin observa a vida nas **cidades** pós-industriais **regeneradas**.

George Ritzer compara as mudanças na sociedade à **racionalização e eficiência** de uma rede de lanchonetes em *The McDonaldization of Society*.

Em *New Communitarian Thinking*, Amitai Etzioni defende a filosofia social capaz de **revigorar valores coletivos**.

---

chamava de "espaço social". Do mesmo modo (mas a partir de um ponto de vista político diferente), Jane Jacobs defendia que as pessoas deveriam resistir aos planejadores urbanos e criar ambientes que encorajassem a formação de comunidades dentro da cidade.

No final do século XX, vários sociólogos encamparam essa ideia da perda da comunidade em nossa sociedade ocidental cada vez mais individualizada. Surgiu um movimento comunitário, liderado pelo sociólogo americano Amitai Etzioni, sugerindo novas formas de restaurar o espírito comunitário naquilo que se tornou uma sociedade impessoal. Robert D. Putnam também deu importância à ideia da comunidade em sua explicação do "capital social" e ao valor e aos benefícios da interação social. Nem todos concordavam, no entanto, que a resposta para os problemas sociais da vida urbana deveria ser o retorno aos valores comunitários tradicionais. Niklas Luhmann disse que o problema atual é o da comunicação entre sistemas sociais que se tornaram cada vez mais fragmentados e diferenciados. Na era pós-industrial, com todos os seus métodos de comunicação, é preciso desenvolver novas estratégias de coesão social.

Cidades pós-industriais

A natureza das cidades começou a mudar no final do século XX, conforme as fábricas se mudavam ou desapareciam. Enquanto algumas localidades se transformaram em cidades fantasmas, outras se tornaram centros de prestação de serviços. À medida que as áreas das classes trabalhadoras foram se tornando bairros mais ricos e as construções industriais viraram cobiçados espaços habitacionais pós-modernos, o conceito de vida metropolitana moderna se associou à prosperidade, em vez de à industrialização suja.

Isso se manifestou não apenas na transformação dos espaços habitáveis urbanos, como descrito por Sharon Zukin nos anos 1980, mas em toda a ordem social pós-moderna. George Ritzer comparou a eficiência e a racionalização do setor de serviços ao modelo de negócios iniciado por redes de fast-food como o McDonald's, e Alan Bryman percebeu como a cultura do entretenimento americana gerada pela Disney influenciou o consumismo moderno. A sociedade urbana moderna, criada pela industrialização, agora é moldada por novas demandas do comércio pós-industrial. ■

OS ESTRANHOS NÃO SÃO CONCEBIDOS, DE FATO, COMO INDIVÍDUOS, MAS COMO ESTRANHOS DE UM TIPO ESPECÍFICO
GEORG SIMMEL (1858-1918)

EM CONTEXTO

FOCO
A vida mental da metrópole

DATAS IMPORTANTES
Século XIX A urbanização assume larga escala na Europa e nos EUA.

A partir de 1830 A recém-nascida sociologia alega oferecer os meios para entender as mudanças introduzidas na sociedade pela Revolução Industrial.

1850-1900 Grandes pensadores sociais, como Ferdinand Tönnies, Émile Durkheim e Karl Marx, demonstram preocupação com o efeito da modernização e da industrialização sobre a sociedade.

A partir dos anos 1920 A obra de Simmel sobre o impacto da vida urbana influencia o desenvolvimento da sociologia urbana nos EUA por um grupo de sociólogos coletivamente conhecidos como a Escola de Chicago.

A Revolução Industrial foi acompanhada pela urbanização na Europa e nos EUA a partir do século XIX. Para muitas pessoas, isso resultou numa maior liberdade conforme elas experimentavam a libertação das restrições das estruturas sociais tradicionais. Mas, paralelamente a esses desenvolvimentos, surgiram demandas crescentes pelos empregadores capitalistas pela especialização funcional das pessoas e de seus trabalhos, o que significava novas restrições e reduções das liberdades individuais.

O sociólogo alemão Georg Simmel queria entender o esforço enfrentado pelos moradores das cidades em preservar a autonomia e a individualidade diante de tais forças sociais esmagadoras. Ele descobriu que o crescimento da interação humana trazido pela vida e pelo trabalho em

---

A **urbanização** mudou a forma de **interação social** que havia na sociedade rural.

→ As pessoas não estavam preparadas para lidar com **os estranhos que encontravam** nas metrópoles.

↓

Os estranhos não são concebidos, de fato, como indivíduos, mas como estranhos de um tipo específico.

← Esses estranhos **assumiam várias formas** — desde o "comerciante" até o "pobre" —, sendo todos **definidos por suas relações sociais com os outros**.

A VIDA MODERNA

Veja também: Karl Marx 28-31 ▪ Ferdinand Tönnies 32-33 ▪ Émile Durkheim 34-37 ▪ Max Weber 38-45 ▪ Zygmunt Bauman 136-143 ▪ Thorstein Veblen 214-219 ▪ Erving Goffman 264-269 ▪ Michel Foucault 270-277

ambientes urbanos afetou profundamente as relações entre as pessoas, listando suas descobertas no artigo "A metrópole e a vida mental". Se por um lado, nas sociedades pré-modernas as pessoas tinham uma familiaridade íntima com aqueles ao seu redor, por outro, no ambiente urbano moderno os indivíduos quase nunca conhecem aqueles que vivem ao seu redor. Simmel acreditava que o aumento na atividade social e o anonimato trariam uma mudança de consciência.

A velocidade da vida numa cidade era tão alta que as pessoas precisavam de um "órgão protetor" para isolá-las dos estímulos externos e internos. De acordo com Simmel, os que vivem nas metrópoles "reagem com a cabeça e não com o coração" ao construir uma barreira racional de indiferença cultivada — uma "atitude blasée". A mudança na consciência também leva as pessoas a se tornarem mais reservadas e distantes. Esse estranhamento das normas de comportamento tradicionais e aceitas piora ainda mais pela cultura monetária das cidades, que reduz tudo na metrópole à troca financeira. Simmel

Através desse anonimato, os interesses de cada parte adquirem um caráter impiedosamente prosaico.
Georg Simmel

diz que a atitude dos que vivem nas metrópoles pode ser entendida como uma técnica de sobrevivência social para lidar com a perturbação mental criada pela imersão na vida da cidade — uma abordagem que capacita as pessoas a focar sua energia naqueles que lhes são importantes. Ela também faz com que fiquem mais tolerantes à diferença e mais sofisticados.

Espaço na metrópole
Os graus de proximidade e distância entre os indivíduos e grupos eram cruciais para o entendimento de Simmel sobre a vida numa metrópole, e ideias sobre o espaço social influenciaram um dos seus conceitos mais conhecidos: o papel social do "estranho/estrangeiro", desenvolvido num ensaio no livro *Soziologie*. No passado, diz ele, os estranhos só eram encontrados raramente e de forma passageira. Mas os estranhos urbanos não são andarilhos — são "errantes potenciais". Simmel diz que o estranho (por exemplo, um comerciante) ou um grupo estranho (seu exemplo é o "judeu europeu") está conectado espacialmente à comunidade, mas não socialmente. São caracterizados tanto pela "proximidade" quanto pela "distância" — *na* comunidade, mas não *dela*.

O estranho foi um dos vários tipos sociais descritos por Simmel, tornando-se o que é por suas relações com os outros, ideia que influenciou vários sociólogos, incluindo Zygmunt Bauman. O conceito de Erving Goffman da "desatenção civil", em que as pessoas minimizam sua interação social em público — evitando o contato visual, por exemplo —, também foi desenvolvido a partir de uma descoberta de Simmel: sua noção da "atitude blasée". ▪

Georg Simmel

Nascido em 1858 em Berlim, numa próspera família judaica, Georg Simmel é um dos menos conhecidos fundadores da sociologia. Estudou filosofia e história na Universidade de Berlim, onde terminou seu doutorado em 1881. A despeito da popularidade de sua obra entre a elite intelectual alemã, principalmente Ferdinand Tönnies e Max Weber, Simmel seguiu isolado e só virou professor em Estrasburgo em 1914.

Ele desenvolveu o que hoje é conhecido como sociologia formal, que deriva de sua crença de que podemos entender distintos fenômenos humanos ao nos concentrarmos não no conteúdo das interações, mas nas formas por trás de seu comportamento. Mas é seu estudo da vida numa metrópole que seguiu sendo sua obra de maior influência, já que foi o precursor do desenvolvimento da sociologia urbana pela assim chamada Escola de Chicago nos anos 1920.

Principais obras

1900 *Philosophie des Geldes*
1903 "A metrópole e a vida mental"
1908 *Soziologie*

TEM QUE HAVER OLHOS NA RUA
JANE JACOBS (1916-2006)

EM CONTEXTO

FOCO
Comunidade urbana

DATAS IMPORTANTES
1887 O livro *Gemeinschaft und Gesellschaft*, de Ferdinand Tönnies, desperta interesses sociológicos sobre os laços de comunidade na sociedade urbana.

A partir dos anos 1950 As vizinhanças na periferia das cidades ocidentais sofrem pressão de planejadores urbanos.

2000 Robert D. Putnam discute em seu *Bowling Alone* a erosão dos valores comunitários desde os anos 1960.

2002 Em *A ascensão da classe criativa*, o sociólogo e economista Richard Florida cita Jacobs como influência em suas teorias sobre a criatividade.

2013 O uso crescente de câmeras de vigilância nas cidades americanas depois do Onze de Setembro resulta na identificação dos suspeitos procurados pelas explosões na maratona de Boston.

Uma **boa rua de cidade** tem prédios que se voltam para fora...

↓

... e uma mistura de **propriedades comerciais e residenciais**.

↓

Ela precisa de um **tráfego regular de pedestres** nas calçadas...

↓

... para melhorar **a comunidade e a segurança**...

↓

... e **criar atividade** para que as pessoas vejam e desfrutem.

↓

Tem que haver olhos na rua.

Jane Jacobs gastou parte de sua vida profissional desenvolvendo uma visão original sobre a cidade — em especial, focando o que pode garantir o sucesso de uma comunidade urbana. Suas ideias foram formadas a partir de observações da vida urbana na vizinhança de West Greenwich Village em Nova York, onde morou por mais de trinta anos.

Jacobs se opôs às mudanças em grande escala na vida urbana que aconteceram em Nova York durante os anos 1960, coordenadas pelo planejador urbano e seu arquirrival Howard Moses, entre elas os projetos para eliminar favelas e a construção de arranha-céus. No cerne de sua visão está a ideia de que a vida urbana deve ser uma questão vibrante e diversificada, em que as pessoas sejam capazes de interagir umas com as outras em ambientes urbanos densos e estimulantes. Ela prefere o caos à ordem, andar em vez de dirigir, e a diversidade à uniformidade.

Para Jacobs, as comunidades urbanas são entidades orgânicas — ecossistemas complexos e integrados — que deveriam ser deixadas em paz para crescer e mudar por conta própria, e não sujeitas a planos grandiosos dos chamados especialistas e tecnocratas. Os melhores juízes de como uma

A VIDA MODERNA 109

Veja também: Ferdinand Tönnies 32-33 ▪ Michel Foucault 52-55 ▪ Georg Simmel 104-105 ▪ Henri Lefebvre 106-107 ▪ Robert D. Putnam 124-125 ▪ Sharon Zukin 128-131 ▪ Saskia Sassen 164-165

A **visão de Jane Jacobs** sobre como a rua de uma cidade deveria ser pode ser exemplificada por essa foto de Nova York: uma cidade, com prédios residenciais, negócios no térreo e muitas pessoas a pé.

cidade deveria ser — e como ela deveria evoluir — são os seus próprios residentes. Jacobs defende que as comunidades urbanas são o melhor lugar para entender como sua cidade funciona, porque a vida da cidade é criada e mantida através de suas várias interações.

O balé da calçada

Jacobs diz que a forma como uma cidade foi construída é fundamental para a vida da comunidade urbana. O mais importante são as calçadas. As ruas onde as pessoas vivem deveriam ter um padrão definido de calçadas que se cruzam, o que permitiria às pessoas se encontrarem, esbarrarem, conversarem e se conhecerem. Ela chama a isso de "balé da calçada", um conjunto complexo, mas também enriquecedor, de encontros que ajudam os indivíduos a se familiarizarem com seus vizinhos e com a vizinhança. A diversidade e o uso misturado do espaço também são, para Jacobs, elementos cruciais dessa forma urbana. Os negócios e as residências de uma cidade não deveriam ser separados, mas estar lado a lado para permitir uma maior integração entre as pessoas. Também deveria haver uma diversidade de prédios velhos e novos, e as interações entre as pessoas é que deveriam definir como os prédios poderiam ser usados ou reutilizados. Por fim, as comunidades urbanas florescem melhor em lugares onde uma massa crítica de pessoas vive, trabalha e interage. Tais espaços de alta densidade — mas não lotados — são, segundo ela, motores de criatividade e vibração. Também são lugares seguros para estar, porque a maior densidade de pessoas quer dizer que existem "mais olhos na rua": comerciantes e moradores locais que conhecem sua área e oferecem uma forma natural de vigilância. ∎

Jane Jacobs

Jane Jacobs foi uma escritora e urbanista apaixonada. Deixou Scranton, Pensilvânia, EUA, e foi para Nova York em 1935, durante a Grande Depressão. Depois de ter visto à área da Greenwich Village pela primeira vez, mudou-se para lá, deixando o Brooklyn e dando início ao seu interesse em comunidades urbanas. Em 1944, casou-se e se mudou para uma casa na Hudson Street.

Foi quando Jacobs trabalhava como colunista da revista *Architectural Forum* que ela começou a criticar alguns grandes projetos de renovação urbana impostos de cima para baixo. Por toda a sua vida foi uma ativista e apoiadora de sua visão da cidade a partir da comunidade.

Em 2007, a Fundação Rockefeller criou a medalha Jane Jacobs em sua honra, para celebrar os visionários urbanos cujas ações na cidade de Nova York reafirmam seus princípios.

Principais obras

1961 *Morte e vida de grandes cidades*
1969 *The Economy of Cities*
1984 *Cities and the Wealth of Nations*

SÓ A COMUNICAÇÃO É CAPAZ DE COMUNICAR
NIKLAS LUHMANN (1927-1998)

EM CONTEXTO

FOCO
Sistemas de comunicação

DATAS IMPORTANTES
1937 O sociólogo americano Talcott Parsons discute a teoria dos sistemas em *A estrutura da ação social*.

1953 O conceito de jogos de linguagem do filósofo austríaco Ludwig Wittgenstein é publicado postumamente e influencia as ideias de Luhmann sobre comunicação.

1969 *Laws of Form*, do matemático britânico George Spencer-Brown, apoia as ideias de Luhmann sobre diferenciação estrutural.

1987 O sociólogo alemão Jürgen Habermas abre um debate crítico com Luhmann a respeito da teoria de sistemas.

2009 As ideias de Luhman são aplicadas pelo acadêmico grego Andreas Mihalopoulos em sua análise da justiça penal e dos sistemas legais.

A sociedade moderna tem **diversos sistemas sociais** (economia, direito, educação, política etc.).

Tais **sistemas dão sentido ao mundo**, apesar de eles não serem feitos de pessoas, mas de **comunicações**.

Cada sistema processa atividades e problemas de forma própria, de modo que **não é capaz de se conectar a outros sistemas** sem auxílio.

Acoplamentos estruturais capacitam a **comunicação restrita** entre os diversos sistemas de comunicação.

O elemento definidor da modernidade, de acordo com o sociólogo alemão Niklas Luhmann, é a diferenciação nas avançadas sociedades capitalistas entre sistemas sociais distintos — econômico, educacional, científico, legal, político, religioso etc. Luhmann argumenta que o termo "sociedade" se refere ao sistema que engloba todos os outros sistemas: a sociedade é, diz ele, o sistema dos sistemas.

As pessoas, insiste Luhmann, não têm sentido socialmente. O elemento base da sociedade não é o ator humano, mas a "comunicação" — um termo que ele define como a "síntese de informação, transmissão e compreensão" proveniente das atividades e interações, verbais e não

A VIDA MODERNA

Veja também: Max Weber 38-45 ▪ Jürgen Habermas 286-287 ▪ Talcott Parsons 300-301 ▪ Herbert Spencer 334 ▪ Alfred Schütz 335

verbais, dentro de um sistema. Luhmann argumenta que, assim como uma planta reproduz suas próprias células num processo circular, biológico, de autoprodução, um sistema social também é autossustentável e se desenvolve a partir de uma operação que possui conectividade — que surge quando "a comunicação se desenvolve a partir da comunicação". Ele compara a comunicação ao equivalente estrutural de um produto químico.

Acoplamentos estruturais

Luhmann usa as ideias de George Spencer-Brown sobre as leis matemáticas da forma para ajudar a definir um sistema, argumentando que algo surge da diferença: um sistema é, de acordo com sua teoria, uma "distinção" de seu ambiente. E, diz Luhmann, o ambiente de um sistema é constituído de outros sistemas. Por exemplo, o ambiente de um sistema familiar inclui outras famílias, o sistema político, o sistema médico etc. De modo decisivo, cada sistema individual só consegue entender os eventos — as atividades e formas de comunicação — peculiares a si mesmo. Ele é razoavelmente indiferente ao que acontece em outros sistemas (e na sociedade como um todo). Assim, por exemplo, o sistema econômico está funcionalmente dedicado aos seus próprios interesses, e não está interessado em questões morais, exceto quando elas possam ter um impacto sobre as atividades e transações econômicas — as questões morais, no entanto, têm grande consequência, por exemplo, no sistema religioso.

Luhmann vê essa falta de integração de sistemas como um dos maiores problemas enfrentados pelas sociedades capitalistas avançadas. Ele identifica o que chama de "acoplamentos estruturais" — certas formas e instituições que ajudam a conectar sistemas separados ao traduzir as comunicações produzidas por um sistema em termos que o outro possa entender. Os exemplos incluem a Constituição, que lida com sistemas legais e políticos, e uma universidade, que acopla o sistema educacional com, entre eles, o econômico. O "acoplamento estrutural" é um conceito que ajuda a dar conta do relacionamento entre as pessoas (como sistemas conscientes) e os sistemas sociais (como comunicações).

Apesar de sua extrema complexidade, a teoria de Luhmann é usada em todo o mundo como uma ferramenta analítica para sistemas sociais. Seus críticos dizem que a teoria passa pelo escrutínio acadêmico, mas falha operacionalmente em mostrar como a comunicação pode se dar sem a atividade humana. ▪

Artistas protestam contra o patrocínio da BP à galeria de arte britânica Tate, de Londres, refletindo a crença de que o sistema corporativo não seria compatível com o do mundo da arte.

Humanos não conseguem se comunicar; nem sequer seu cérebro consegue se comunicar; nem mesmo sua mente consciente consegue se comunicar.
Niklas Luhmann

Niklas Luhmann

Niklas Luhmann estudou direito na Universidade de Freiburg, Alemanha, de 1946 a 1949, antes de se tornar funcionário público em 1956. Passou seu ano sabático de 1960 a 1961 na Universidade Harvard, EUA, estudando sociologia e ciência administrativa, onde aprendeu com Talcott Parsons.

Em 1966, Luhmann terminou seu doutorado em sociologia na Universidade de Münster e em 1968 tornou-se professor de sociologia na Universidade de Bielefeld, onde permaneceu. Luhmann recebeu várias honrarias e em 1988 ganhou o famoso prêmio Hegel, dado a pensadores importantes pela cidade de Stuttgart. Foi um escritor prolífico, tendo publicado algo próximo de 377 textos.

Principais obras

1972 *Sociologia do direito*
1984 *Soziale Systeme*
1997 *Theory of Society* (dois volumes)

A SOCIEDADE DEVERIA ARTICULAR O QUE É BOM

AMITAI ETZIONI (1929-)

EM CONTEXTO

FOCO
Comunitarismo

DATAS IMPORTANTES
1887 O livro *Gemeinschaft und Gesellschaft* (Comunidade e sociedade), de Ferdinand Tönnies, exalta o valor da comunidade.

1947 Em *Caminhos da utopia*, o pensador alemão Martin Buber antecipa o movimento moderno do comunitarismo.

1993 É fundada a Communitarian Network, uma coalizão sem fins lucrativos, apartidária e transnacional.

1999 O pensador e comunitarista republicano Stephen Goldsmith se junta ao conselho consultivo do presidente George W. Bush para cuidar da política social.

2005 O sociólogo britânico Colin Gray publica um artigo intitulado "Sandcastles of Theory", argumentando que a obra de Etzioni é utópica demais.

Do final da Segunda Guerra Mundial até o começo dos anos 1970, os EUA experimentaram um rápido crescimento que resultou numa florescente prosperidade e ascensão social para a vasta maioria de seus cidadãos. O cenário social e político do país também mudou com o Movimento de Direitos Civis, a oposição organizada à Guerra do Vietnã, a revolução sexual e o feminismo assumindo proeminência.

Em 1973, no entanto, a crise do petróleo e o crash do mercado de ações fizeram com que os EUA entrassem em rápido declínio, e — de acordo com o sociólogo Amitai Etzioni — a base dos valores tradicionais nos quais a cultura americana foi fundada começou a ruir.

A resposta a essa crise cultural e moral e ao simultâneo crescimento da ideologia do individualismo e da política econômica liberal — onde se deixa que o livre mercado opere com o mínimo de intervenção governamental — foi o surgimento da filosofia social do comunitarismo. Nas palavras de Etzioni, seu alvo era "restaurar as virtudes cívicas, para que as pessoas assumissem suas responsabilidades, não focando apenas os seus direitos, para sustentar os fundamentos morais da sociedade". O princípio orientador dessa forma de comunitarismo era que a sociedade deveria articular o que é bom através do consenso compartilhado de seus membros e dos princípios corporificados em suas comunidades e instituições.

Além disso, para Etzioni, não bastava os sociólogos *pensarem* e contemplarem a vida social. Em vez disso, eles deveriam estar ativamente envolvidos em tentar *mudar* a sociedade para melhor. No começo dos anos 1990, um crescente número de pensadores sociais americanos — incluindo os sociólogos Robert D. Putnam, Richard Sennett e Daniel

> Uma sociedade responsiva é aquela em que os padrões morais refletem as necessidades básicas de todos os seus membros.
> **Amitai Etzioni**

Amitai Etzioni

Amitai Etzioni nasceu na Alemanha em 1929 e aos sete anos mudou para a Palestina com sua família. Em 1946, parou de estudar e se juntou ao Palmach para lutar pela criação de Israel. Cinco anos depois, estudou numa instituição onde o filósofo existencial Martin Buber estava trabalhando. O foco de Buber na relação do "Eu e Tu" ressoou por toda a abordagem de Etzioni sobre a vida comunitarista.

Em 1951, Etzioni entrou na Universidade Hebraica em Jerusalém, onde fez graduação e mestrado. Em 1958, terminou seu doutorado em sociologia na Universidade da Califórnia, em Berkeley. Seu primeiro posto foi na Universidade Columbia, em Nova York, onde atuou por vinte anos. Em 1980, tornou-se professor na Universidade George Washington, onde trabalha como diretor do Institute for Communitarian Policy Studies.

Principal obra

1993 *The Spirit of Community: The Reinvention of American Society*

A VIDA MODERNA 115

Veja também: Karl Marx 28-31 ▪ Ferdinand Tönnies 32-33 ▪ Émile Durkheim 34-37 ▪ Richard Sennett 84-87 ▪ Jane Jacobs 108-109 ▪ Robert D. Putnam 124-125 ▪ Anthony Giddens 148-149 ▪ Daniel Bell 224-225 ▪ Robert N. Bellah 337

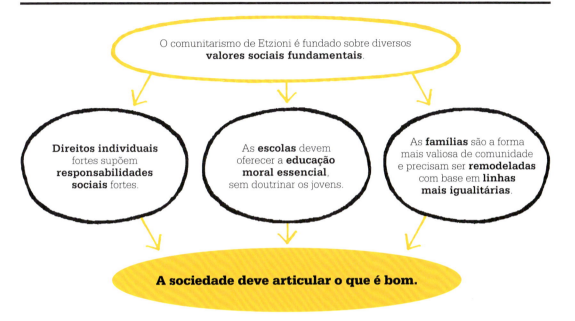

Bell — tentou, conscientemente, estender os ideais comunitaristas dos campi universitários para a sociedade como um todo.

Responsabilidades e direitos

As raízes das ideias de Etzioni estão na obra de teóricos que o precederam, como o sociólogo Ferdinand Tönnies, que distinguia entre dois tipos de laços sociais: o *Gemeinschaft* (comunidade) e o *Gesellschaft* (sociedade). O primeiro se referia às relações pessoais e interações face a face que originaram a sociedade comunal. O segundo, aos laços

A vida nas sociedades pré- -industriais estava focada na vida comunal (como nesta imagem de uma vila), mas Etzioni diz que isso se dava, na maioria das vezes, à custa do indivíduo.

criados pelo autointeresse racional, por burocracias e crenças formais.

Tönnies declarava que os princípios que definiam o *Gesellschaft* na sociedade moderna representavam um passo atrás no desenvolvimento das relações humanas quando comparados aos elevados níveis de solidariedade encontrados nas formas de vidas comunais tradicionais — *Gemeinschaft*. Apesar de Etzioni ter desenvolvido o pensamento comunitarista de Tönnies, ele acreditava que Tönnies enfatizava »

demais o comunal à custa do individual. O contemporâneo de Tönnies, Émile Durkheim, por outro lado, temia que a modernidade pudesse ameaçar a solidariedade social. Para ele, os indivíduos deveriam ser seres sociais cujas ambições e necessidades deveriam coincidir com as do grupo.

Etzioni diz que as comunidades *Gemeinschaft* também tinham algumas desvantagens: podiam ser, com frequência, opressivas, autoritárias, impedindo o crescimento e o desenvolvimento individual. Sua forma atualizada de comunitarismo é desenhada para atingir o grau ótimo de equilíbrio entre o indivíduo e a sociedade, entre a comunidade e a autonomia e entre os direitos e as responsabilidades.

Etzioni argumenta que alcançar o equilíbrio entre os direitos individuais e as responsabilidades comunitárias é essencial, porque um não pode existir sem o outro. Além disso, ele alega que os americanos de hoje perderam de vista as formas nas quais o destino dos indivíduos e o da comunidade estão ligados. Os americanos têm um forte senso de direito (*entitlement*) — expectativas que a comunidade lhes

A anarquia moral, não o excesso de comunidades, é o perigo que enfrentamos hoje.
Amitai Etzioni

ofereça serviços e respeito, junto com a garantia dos direitos individuais —, mas um senso mais fraco de obrigação moral para com a comunidade, tanto local quanto nacional. Por exemplo, a maioria dos americanos alega que, se for acusada por um crime, tem o direito inalienável de ser julgado por pessoas como eles, porém só uma pequena minoria está disposta a fazer parte de um júri num julgamento.

De acordo com Etzioni, esse importante declínio no "capital social" — as relações fundadas nos valores compartilhados de reciprocidade, confiança e senso de obrigação — por toda a sociedade americana é resultado de um excesso de individualismo, fazendo que seja necessário, mais do que nunca, que os EUA adotem os princípios morais do comunitarismo.

O que é uma comunidade?

Para Etzioni, comunidades são uma rede de relações sociais "que englobam sentidos compartilhados e, acima de tudo, valores compartilhados". As visões de uma comunidade não podem ser impostas por um grupo de fora ou por uma minoria interna, mas têm que ser "geradas pelos membros da comunidade num diálogo que seja aberto e muito atento a todos os membros". A comunidade de Etzioni é inerentemente democrática, e cada comunidade pertence a "uma que seja mais abrangente". Essa definição de comunidade é aplicável a uma variedade de tipos de organização social, desde microformações, como

As Chinatowns exemplificam a vida comunitária de Etzioni. Recriar essa cultura em solo estrangeiro só é possível quando seus habitantes compartilham normas e valores.

A VIDA MODERNA

As comunidades, em vez dos indivíduos, são, segundo Etzioni, os tijolos elementares da sociedade, e a sociedade é feita de múltiplas comunidades que se sobrepõem. As pessoas são, assim, membros característicos de comunidades que se intersectam.

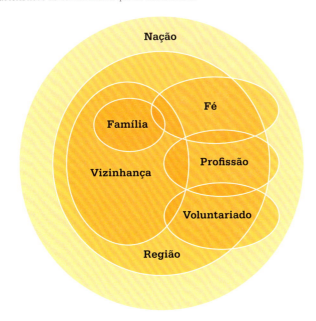

famílias e escolas, até as macroformações, como os grupos étnicos, religiões ou estados-nações.

As comunidades não precisam estar geograficamente concentradas: por exemplo, a comunidade judaica de Nova York está dispersa pela cidade, apesar de manter um forte sentimento de solidariedade moral através de instituições importantes, como as sinagogas e escolas religiosas. Etzioni até considera as comunidades baseadas na internet como formas legítimas de comunidade, desde que os membros estejam comprometidos e compartilhem os mesmos valores. Por outro lado, algumas comunidades clássicas, como as vilas, não satisfazem o critério de Etzioni se o conjunto das pessoas que compõem a vila não estiver ligado por um compromisso óbvio de normas e valores compartilhados.

As comunidades nem sempre são virtuosas: algumas talvez sejam duras ou restritivas, ou talvez tenham sido fundadas em valores compartilhados que estão longe de ser éticos. Etzioni cita o exemplo de uma vila africâner na África do Sul cujos membros apoiavam e cometiam linchamentos.

A sociedade comunitarista

Em vez de simplesmente operar no nível intelectual, Etzioni propõe quatro aspectos de como uma sociedade comunitarista deveria ser implementada e organizada. Ele o faz identificando os aspectos centrais da sociedade comunitarista e as funções que cada um desempenha em relação à sociedade como um todo. O primeiro aspecto é aquilo que Etzioni chama de "voz moral" — nome dado ao conjunto compartilhado de normas e valores criados coletivamente sobre os quais está baseada a conduta interpessoal e moral que une os membros da comunidade. Nenhuma sociedade consegue sobreviver sem uma ordem moral sólida, especialmente no caso em que se queira manter uma mínima intervenção do Estado em questões públicas. Ao identificar e estabelecer uma voz moral, não é mais necessário confiar nem na consciência individual nem em instituições que mantenham a lei para regular a conduta dos membros da comunidade. Quando a comunidade valoriza certos comportamentos — como evitar o excesso de álcool ou respeitar os limites de velocidade —, previnem-se comportamentos antissociais, que são restringidos de maneira eficiente.

O segundo aspecto é a "família comunitarista". Trazer um filho ao mundo não apenas cria obrigações dos pais com a criança, como também traz obrigações da família com a comunidade. Quando as crianças são criadas de modo indevido, as consequências costumam ser enfrentadas não apenas pela família, mas também »

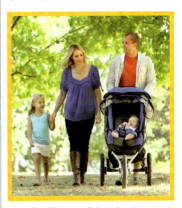

Uma família com dois pais, alega Etzioni, está mais bem equipada para a tarefa de criar os filhos que as de um só pai, pois elas são "intensivas em trabalho, exigentes em tarefas".

Os jovens que terminam a escola deveriam entrar no serviço militar (como visto neste quartel na Alemanha em 2011), argumenta Etzioni, porque ele instila a autodisciplina, edifica o caráter e o espírito comunitário.

por toda a comunidade. É por essa razão, de acordo com Etzioni, que a procriação e a criação das crianças devem ser consideradas um ato comunitarista. Etzioni argumenta que os pais têm uma responsabilidade moral com a comunidade para criar seus filhos da melhor forma possível, e as comunidades têm uma obrigação de ajudá-los nesse esforço. As comunidades devem apoiar e encorajar, em vez de estigmatizar os pais que tiram um tempo do trabalho para gastar com seus filhos.

Etzioni acha que o acúmulo de evidências tende a apoiar o importante papel social da família, e observa: "Não é acidental que em várias sociedades humanas (dos zulus aos inuítes, da Grécia ou China antiga até a modernidade) nunca houve uma sociedade que não tivesse uma família com dois pais". Ele argumenta que essa estrutura, ou uma que duplique tal arranjo de apoio paterno, é crucial para "reduzir o déficit de paternidade" trazido pelo desenvolvimento de novos padrões de carreira, pelo divórcio, pelo aumento de famílias com um só pai ou mãe e pelo crescente individualismo. Ligado a isso, ele diz que a sociedade precisa limitar a matrícula de crianças em creches.

O terceiro princípio de Etzioni estabelece as funções da "escola comunitarista". As escolas deveriam fazer muito mais que transmitir habilidades e conhecimento aos alunos. Elas deveriam desenvolver a tarefa de formação de caráter iniciada pelos pais, de modo a estabelecer os fundamentos para um estável sentimento de indivíduo, de propósito,

e a habilidade de controlar impulsos e postergar a gratificação imediata. Em especial, os valores de disciplina, autodisciplina e internalização — a integração dos valores de outros dentro do próprio senso de si mesmo — desempenham um importante papel no desenvolvimento psicológico da criança e do seu bem-estar.

Como parte da sua ênfase na autodisciplina, Etzioni argumenta que todos os que terminassem a escola deveriam passar por um ano obrigatório de serviço militar. Fazer isso, diz ele, garantiria "um forte antídoto à mentalidade centrada no ego à medida que os jovens servissem a necessidades compartilhadas".

Finalmente, em quarto lugar, Etzioni oferece medidas que objetivem contrapor a perda da comunidade tradicional ao mesmo tempo que sirvam como base para a formação de novas comunidades. Elas visam mudar o que o sociólogo americano Robert N. Bellah chama de "hábitos do coração". As medidas de Etzioni incluem estimular um "ambiente de comunidade" no qual o pensamento

A educação, em especial a formação de caráter, é a tarefa essencial da família.
Amitai Etzioni

O desequilíbrio entre os direitos e as responsabilidades já acontece há muito tempo.
Amitai Etzioni

A VIDA MODERNA

sobre as ações individuais em termos das suas consequências para a comunidade como um todo se torna uma segunda natureza; resolver os conflitos entre as aspirações profissionais individuais com as metas e os compromissos da comunidade; reorganizar o ambiente físico onde se vive, de modo a "garantir que seja mais propício à comunidade"; e buscar reinvestir mais de nossos recursos pessoais e profissionais na comunidade.

Críticas

O comunitarismo de Etzioni é uma resposta a uma série de preocupações reais a respeito da deterioração da moralidade e dos valores compartilhados, tanto privados quanto públicos, do declínio da família, do

Voluntários desempenham um importante papel em milhares de organizações por toda a América do Norte e Europa Ocidental, participando de projetos de plantio de árvores em várias comunidades.

aumento na criminalidade e da apatia cívica e política em toda a sociedade americana. Sua visão de uma sociedade mais democrática, justa e igualitária é elogiada por vários intelectuais com diversas posições ideológicas. Mas a obra de Etzioni também atrai críticas. Por exemplo, algumas apoiadoras do feminismo se opõem fortemente ao comunitarismo como tentativa de desfazer a liberação econômica das mulheres. Elas argumentam que uma mãe que trabalha em tempo integral gasta hoje mais tempo de qualidade com seus filhos que uma dona de casa da classe média trinta anos atrás. Beatrix Campbell acusou os comunitaristas de promoverem uma "cruzada nostálgica", alegando que aquele tipo de mãe que eles evocam nunca existiu.

O sociólogo e cientista político Richard Sennett afirma que a obra de Etzioni falha em lidar com a natureza do poder político e econômico, fazendo-o apenas em termos vagos, e

Hoje há um crescente interesse entre os jovens… por encontrar uma carreira… que combine 'ganhar dinheiro' com algo que tenha sentido.
Amitai Etzioni

não presta contas adequadamente sobre o que possa motivar os indivíduos a se comprometer com princípios e valores comunitaristas. Se, como clama Etzioni, a cultura americana é por demais obcecada pelo ego e abertamente individualista, ele falha em dar uma resposta a por que alguém escolheria assumir uma responsabilidade com a comunidade que lhe cobraria algo em troca e se chocaria com seus direitos individuais.

Apesar das críticas, as ideias no cerne do comunitarismo de Etzioni influenciaram governos. Em seu livro *A terceira via*, o sociólogo britânico Anthony Giddens vê a obra de Etzioni como central ao arcabouço da filosofia política conhecida como a terceira via, desenvolvida pelo ex-primeiro-ministro britânico Tony Blair. A obra de Etzioni atraiu a atenção do governo neotrabalhista do Reino Unido de duas formas: primeiro, porque oferece um meio-termo entre a esquerda política, com sua ênfase no papel desempenhado pelo Estado, e a direita política, com seu apoio exagerado ao livre mercado e sua ênfase no indivíduo. Em segundo lugar, ela introduziu a noção de cidadania como algo que precisa ser conquistado através da realização de expectativas e obrigações compartilhadas. ∎

A MCDONALDIZAÇÃO AFETA QUASE TODOS OS ASPECTOS DA SOCIEDADE

GEORGE RITZER (1940-)

EM CONTEXTO

FOCO
McDonaldização

DATAS IMPORTANTES
1921-1922 O livro de Max Weber *Economia e sociedade*, que analisa a relação entre a racionalidade e a burocracia, é publicado na Alemanha.

1961 Os empreendedores americanos Richard ("Dick") e Maurice ("Mac") McDonald vendem seu inovador negócio de hambúrgueres para Ray Kroc, que o transformou numa rede global.

1997 A rede de restaurantes japoneses YO! Sushi é aberta na Grã-Bretanha, copiando, de propósito, o modelo do McDonald's.

1999 O sociólogo britânico Barry Smart edita o livro *Resisting McDonaldization*, uma ampla coletânea de respostas críticas à teoria de Ritzer sobre a McDonaldização.

O sociólogo alemão Max Weber argumentava que um elemento definidor da mudança da sociedade de tradicional para moderna foi o crescente número de facetas da vida que eram organizadas e impostas em paralelo às linhas racionais, e em oposição àquelas orientadas pela emoção ou apoiadas em valores.

Ao desenvolver as ideias de Weber, o sociólogo americano George Ritzer alega que o processo evoluiu ainda mais na América do Norte e na Europa Ocidental, manifestando-se, agora, de forma sem precedentes. De acordo com Ritzer, autor do clássico sociológico de 1993 *The McDonaldization of Society*,

A VIDA MODERNA

Veja também: Karl Marx 28-31 ▪ Max Weber 38-45 ▪ Roland Robertson 146-147 ▪ Herbert Marcuse 182-187 ▪ Harry Braverman 226-231 ▪ Karl Mannheim 335

George Ritzer

George Ritzer nasceu em 1940 em Nova York, EUA. Seu pai era taxista, e sua mãe trabalhava como secretária. Ritzer alega que sua formação o inspirou a se esforçar o máximo possível em seus estudos, de modo a se afastar do baixo padrão de vida que caracterizou sua infância de "alta classe baixa".

Desde 1974, George Ritzer tem trabalhado na Universidade de Maryland, onde hoje é um renomado professor. Apesar de a McDonaldização ser sua tese mais conhecida e sua maior contribuição à teoria social, ele é, em primeiro lugar, um crítico da chamada sociedade de consumo, tendo publicado vários textos em diversas áreas.

Principais obras

1993 *The McDonaldization of Society: An Investigation into the Changing Character of Social Life.*
1999 *Enchanting a Disenchanted World: Revolutionizing the Means of Consumption.*
2004 *The Globalization of Nothing*

O jeito McDonald's

Onde quer que alguém esteja no mundo, uma lanchonete McDonald's nunca parece estar longe demais. De fato, existem mais de 35 mil delas em mais de cem países do mundo. E, independentemente de onde elas estejam, há um nível quase infalível de uniformidade e confiabilidade. Tal familiaridade de experiência é uma característica única das lanchonetes McDonald's em todo o mundo e se deve diretamente à forte ênfase que a corporação McDonald's dá à racionalização. Ritzer chama esse fato tal "processo amplo de racionalização" é mais bem exemplificado pela rede de fast-food McDonald's.

de "McDonaldização" e alega que as tendências e os processos a que se referem têm infiltrado, e agora dominam, "cada vez mais setores da sociedade americana, bem como do resto do mundo". Ele argumenta que a McDonaldização tem cinco principais componentes: eficiência, cálculo, previsibilidade, controle e "irracionalidade definitiva da racionalidade formal".

A eficiência se refere aos princípios burocráticos usados por uma corporação conforme ela se esforça, desde o nível da estrutura organizacional até as interações entre os empregados e os clientes, para encontrar os meios ótimos para um fim. Por exemplo, na preparação »

Um McDonald's perto da histórica Torre do Tambor, em Xian. O McDonald's abriu sua primeira lanchonete na China em 1990. Em 2014, com 2 mil lojas, era a segunda maior rede de refeições na China.

da comida: os hambúrgueres são montados, preparados e distribuídos no que parece uma linha de montagem, porque essa é a forma mais eficiente. Isso não apenas é verdade em termos do tempo gasto para o preparo como também em termos do espaço para fazê-lo. Além disso, o layout físico de uma lanchonete McDonald's é projetado de tal modo que tanto os empregados quanto os clientes se comportam de maneira eficiente. Cultiva-se uma cultura de eficiência mantida por funcionários que cumprem, de forma rígida, uma série de normas, regulamentos, regras e procedimentos operacionais.

O cálculo refere-se às coisas que podem ser contadas e quantificadas. Em particular, existe uma tendência de enfatizar a quantidade (o "Big Mac") em vez da qualidade. Ritzer percebe que muitos aspectos do trabalho dos empregados do McDonald's são cronometrados, porque a natureza rápida do ambiente da lanchonete visa garantir o máximo de produtividade.

A previsibilidade afeta os produtos alimentícios, o design da lanchonete e a interação entre os empregados e os clientes. Independentemente de onde se esteja, ou se é de dia ou noite, quando um cliente entra na lanchonete, quer saber o que esperar — e, sabendo o que quer, onde encontrar o cardápio e como fazer o pedido, ele conseguirá pagar, comer e ir embora.

O controle está intimamente relacionado à tecnologia. As máquinas usadas para preparar a comida servida no McDonald's dominam tanto os empregados quanto os clientes. Elas ditam o tempo de preparo, logo, o ritmo de trabalho dos funcionários; e as máquinas geram um produto uniforme, de modo que os clientes não podem dizer como gostariam de seu lanche. Ritzer argumenta que, com o tempo, as tecnologias que são mais previsíveis e fáceis de controlar do que as pessoas virão a substituir os empregados por completo.

Por fim, Ritzer avalia os custos dessa racionalização que, de outra forma, seria benéfica. Ele reconhece sua dívida para com Weber ao observar que, de modo paradoxal, os sistemas racionais parecem levar a irracionalidades ou consequências indesejadas. A irracionalidade definitiva, enfatiza Ritzer, é o efeito desumanizador que o modelo do McDonald's tem tanto sobre os empregados quanto sobre os clientes.

Ele nota que os funcionários do McDonald's trabalham em funções que não exigem intelecto, parecidas com as de uma linha de montagem, quase sempre em locais apertados e com salário baixo. Praticamente não há nenhum espaço para inovação ou iniciativa por parte dos empregados, tanto individualmente quanto em grupo, resultando em insatisfação e alienação do trabalhador, com altas taxas de rotatividade do pessoal.

Os clientes fazem fila para comer comida não saudável naquilo que Ritzer chama de "circunstâncias e condições desumanas". Além disso, a velocidade de produção e consumo nas lanchonetes McDonald's significa que, por definição, os clientes não podem ser servidos com comida de qualidade, que exige mais tempo de preparo.

Princípios da modernidade

Ritzer argumenta que o significado sociológico desses cinco princípios da McDonaldização é o seu avanço para um número cada vez maior de esferas da atividade social. Em essência, a estrutura cultural dominante para

O McDonald's ficou mais importante que os próprios Estados Unidos.
George Ritzer

A VIDA MODERNA

Na sociologia, a teoria é um dos elementos menos propensos à McDonaldização, mas ela também tem sofrido tal processo, até certo ponto.
George Ritzer

organizar todo tipo de ações e interações coletivas e individuais agora é moldada por eficiência, cálculo, previsibilidade, controle e racionalização de custos.

Essa é uma extensão do argumento de Weber de que, uma vez em movimento, o processo de racionalização se autoperpetua e prolifera até cobrir, virtualmente, todos os aspectos da vida social. Para serem competitivas no mercado, as firmas devem obedecer aos princípios da racionalidade e da eficiência usados pelas outras. Ritzer cita vários exemplos para sustentar seus argumentos, incluindo redes de fast-food, como o Subway, e lojas de brinquedos, como a Toys "R" Us. Todas essas empresas adotaram conscientemente os princípios do McDonald's como referência de organização de suas atividades.

Se por um lado Ritzer admira a eficiência e a capacidade de adaptação à mudança exibidas pela rede de fast-food McDonald's desde sua criação, em 1940, por outro ele mostra preocupação com os efeitos desumanizadores, resultado da busca da racionalização. Ecoando a noção de "jaula de ferro" de Weber, Ritzer argumenta que, apesar de o McDonald's ter assumido um status de ícone como corporação ocidental tremendamente eficiente e lucrativa, a disseminação de seus princípios por um crescente número de esferas da atividade humana leva à alienação.

Como uma corporação transnacional, o McDonald's desempenha um importante papel de transmissor da racionalidade ocidental. Para esse fim, de acordo com Ritzer, a McDonaldização é um dos elementos centrais da cultura global de homogeneização. Porém, críticos dessa posição, como o sociólogo britânico John Tomlinson, rebatem essa acusação ao usar o conceito de glocalização. Tomlinson reconhece que o McDonald's é uma marca global, mas chama a atenção para o fato de que ele faz concessões, considerando contextos e contingências locais. Um exemplo disso é a adaptação dos produtos para se alinharem às convenções da dieta local, como, por exemplo, a inclusão de hambúrgueres vegetarianos nos menus na Índia.

Duas décadas depois de ter surgido, a tese da McDonaldização de Ritzer segue pertinente como sempre, se não mais. Ritzer e outros continuaram a aplicá-la, recalibrá-la e atualizá-la em um amplo leque de assuntos, incluindo a sociologia da educação superior. Um ensaio coletivo editado pelos pensadores sociais britânicos Dennis Hayes e Robin Wynyard, "The McDonaldization of Higher Education", contém uma série de argumentos tirados de Ritzer. Por exemplo, Hayes argumenta que o valor tradicional sobre o qual se fundou a educação superior — desde a graduação até o pós-doutorado — está sendo rapidamente substituído pela padronização, pelo cálculo etc. Além disso, diz, a McDonaldização da educação superior vale tanto para os alunos quanto para as instituições acadêmicas e seus funcionários porque, cada vez mais, eles tratam a educação com uma mente racional, como um meio visando a um fim, e não um fim em si mesma. ■

Os yo! Sushi no Reino Unido ampliam a abordagem de racionalização do McDonald's ao criar e distribuir a comida seguindo a experiência de refeições ao estilo urbano de Tóquio.

OS LAÇOS DE NOSSAS COMUNIDADES SE AFROUXARAM

ROBERT D. PUTNAM (1941-)

EM CONTEXTO

FOCO
Capital social

DATAS IMPORTANTES
1916 O termo "capital social" é cunhado pelo reformador social americano L. J. Hanifan e se refere às coisas invisíveis que contam na vida cotidiana, como "boa vontade, camaradagem, simpatia e relações sociais".

2000 O sociólogo finlandês Martti Siisiäinen compara de forma crítica os conceitos de capital social de Pierre Bourdieu e de Robert D. Putnam.

2000 O Seminário Saguaro na Universidade Harvard produz o "Better Together", relatório coordenado por Putnam e um conjunto de intelectuais visando lidar com o "baixíssimo nível" de capital social nos EUA.

2013 A pensadora social holandesa Marlene Vock e outros usam o conceito de capital social no texto "Understanding Willingness to Pay for Social Network Sites".

Um tema recorrente que sempre animou os primeiros pensadores sociais era o medo de que a sociedade moderna estivesse erodindo as formas tradicionais de vida comunitária, a coesão social e um senso compartilhado de solidariedade. Apesar de preocupações válidas, o século XIX também foi uma grande era para o voluntariado, quando as pessoas cooperaram e estabeleceram várias das instituições — como escolas, assistência aos pobres e instituições de caridade — que

O capital social cresce a partir de **um senso de identidade comum** e de valores compartilhados como **confiança, reciprocidade, boa vontade, camaradagem**…

… que ajudam a criar **associações voluntárias e instituições cívicas** que unem as comunidades.

Mas nosso estilo de vida é cada vez mais individualizado, e **nos afastamos tanto dos assuntos públicos** quanto de amigos e vizinhos.

Os laços de nossas comunidades se afrouxaram.

A VIDA MODERNA

Veja também: Karl Marx 28-31 ▪ Pierre Bourdieu 76-79 ▪ Richard Sennett 84-87 ▪ Jane Jacobs 108-109 ▪ Amitai Etzioni 112-119 ▪ Sharon Zukin 128-131

O Seminário Saguaro de Putnam recebeu esse nome por causa de um cacto que ele considera uma metáfora social: "ele demora bastante para crescer, e aí serve a vários propósitos inesperados".

conhecemos hoje. No entanto, ao final do século XX, o Estado havia assumido muitas dessas responsabilidades, e as conexões cívicas que outrora uniam as pessoas entraram em declínio.

A adesão social que une os indivíduos, bem como diversos coletivos, recebeu o nome de "capital social" pelo sociólogo americano Robert D. Putnam, e pode ser vista através de associações de voluntários e redes sociais e cívicas. Os americanos são mais ricos hoje que nos anos 1960, diz Putnam, mas à custa de um senso compartilhado de obrigação moral e comunidade.

Três tipos de ligação formam esse capital social: os laços, as pontes e as conexões. Os laços são criados a partir de um senso de identidade comum, incluindo família, amigos e membros da comunidade. As pontes se estendem além da identidade compartilhada e incluem colegas, sócios e conhecidos. As conexões ligam ainda mais indivíduos ou grupos, tanto para cima quanto para baixo na hierarquia social. As diferenças nos tipos de capital social ligando as pessoas são importantes. Por exemplo, os laços com famílias ou amigos podem ajudar a garantir um emprego ou oferecer conforto quando há alguma necessidade emocional. Mas os laços também podem ser restritivos: nas comunidades imigrantes, os laços com outros imigrantes podem impedir a formação de pontes e conexões sociais, dificultando a integração com a sociedade como um todo.

Engajamento cívico

O estudo de Putnam *Bowling Alone* aplica o conceito de capital social à sociedade americana. Ele mostra que o fim das vizinhanças suburbanas tradicionais e o aumento da solidão que os trabalhadores enfrentam hoje — ouvindo seus iPods ou sentados à frente da tela de um computador — implicam que as pessoas não estão apenas muito menos dispostas a fazer um trabalho voluntário ou participar de iniciativas comunitárias, mas também gastando menos tempo na socialização com amigos, vizinhos e parentes.

Putnam usa o boliche para ilustrar seu argumento: o número de americanos que praticam esse esporte aumentou, mas a proporção dos que formam equipes diminuiu. As pessoas estão literalmente "jogando boliche sozinhas", porque os valores comunitários tradicionais como confiança e reciprocidade sofreram uma erosão, o que impacta negativamente as associações de voluntários e as organizações cívicas, desde as associações de pais e mestres até a política local. Desde que Putnam criou a iniciativa do Seminário Saguaro em 1995 para estudar o engajamento cívico, seu conceito de capital social tornou-se muito influente, tendo sido aplicado a um amplo leque de fenômenos, desde a qualidade de vida e a criminalidade na vizinhança até o comportamento na hora do voto ou a frequência à igreja. ∎

Robert D. Putnam

Robert David Putnam nasceu em 1941 em Nova York, EUA, e cresceu na pequena cidade de Clinton, Ohio. Tendo se formado na Universidade de Oxford, Reino Unido, e com um doutorado por Yale, ele coordena o Seminário Saguaro e leciona políticas públicas na Universidade Harvard.

Em 1995, seu artigo "Bowling Alone: America's Declining Social Capital" deu início a um debate sobre engajamento cívico, e Putnam foi convidado a se reunir com o presidente Bill Clinton. Desde então, e tendo o artigo se transformado em livro em 2000, sua reputação só cresceu. Em 2013, o presidente Barack Obama lhe concedeu a Medalha Nacional das Humanidades por sua contribuição ao entendimento da vida comunitária nos EUA, bem como ao seu melhoramento.

Principais obras

2000 *Bowling Alone: The Collapse and Revival of American Community*
2002 *Democracies in Flux*
2003 *Better Together* (com Lewis M. Feldstein)

A ideia central da teoria do capital social é que as redes sociais têm valor.
Robert D. Putnam

A DISNEYZAÇÃO SUBSTITUI A CALMA MUNDANA POR EXPERIÊNCIAS ESPETACULARES
ALAN BRYMAN

EM CONTEXTO

FOCO
Disneyzação

DATAS IMPORTANTES
1955 Walt Disney abre sua primeira Disneylândia ao público na Califórnia, atraindo 50 mil visitantes no primeiro dia.

A partir dos anos 1980 O termo "globalização" é usado cada vez mais para se referir à crescente interconectividade do mundo.

1981 Em *Simulacros e simulações*, Jean Baudrillard diz: "A Disneylândia é apresentada como imaginária para nos fazer crer que o resto é real, ao passo que toda Los Angeles e os Estados Unidos que a cercam não são mais reais, mas pertencentes… à ordem da simulação".

1983-2005 A Disney abre parques em Tóquio, Paris e Hong Kong.

1993 O acadêmico americano George Ritzer publica *McDonaldization of Society*.

A moderna cultura de consumo cria problemas com implicações enormes. O professor britânico Alan Bryman está interessado no impacto que os parques temáticos da Disney têm sobre a sociedade como um todo e em como seu modelo influencia a forma como serviços e produtos são disponibilizados para consumo.

Bryman argumenta que a "Disneyzação" está no cerne da sociedade de consumo contemporânea. O fenômeno molda profundamente nossas experiências de compras porque, diz ele, os princípios por trás da organização de tais parques dominam cada vez mais outras áreas: "Assim, o mundo falso dos parques da Disney que representam uma

A VIDA MODERNA

Veja também: George Ritzer 120-123 ▪ Sharon Zukin 128-131 ▪ Jean Baudrillard 196-199 ▪ Arlie Russell Hochschild 236-243

realidade inexistente torna-se modelo para a sociedade americana". Além disso, a Disneyzação também está acontecendo em todo o mundo.

Misturando a fantasia com a realidade

Bryman identifica quatro aspectos da Disneyzação: tematização, consumo híbrido, merchandising e trabalho emocional.

A tematização envolve usar recursos culturais amplamente reconhecidos para criar um ambiente popular — por exemplo, usando o rock como tema do Hard Rock Café.

O consumo híbrido se refere a áreas onde diferentes tipos de consumo se interligam: aeroportos e arenas esportivas, por exemplo, se transformam em shoppings.

O merchandising envolve a promoção e a venda de bens com imagens e logos registrados. Por exemplo, livros e filmes como a série *Harry Potter* ou *Shrek* geram uma infinidade de produtos que vão de camisetas a videogames.

O termo "trabalho emocional" foi cunhado por Arlie Russell

Hochschild em *The Managed Heart*, para descrever uma pessoa que muda seu comportamento exterior para se adaptar a um ideal. Na Disneyzação, isso ocorre porque o trabalho parece ser mais uma performance, com uma interação roteirizada, vestuário próprio e a impressão de uma diversão sem fim.

O efeito desses processos pode transformar coisas do dia a dia, como fazer compras e comer, em eventos espetaculares e sensacionais. Ao mesmo tempo, no entanto, a tendência a reagrupar coisas num formato sanitário mina a autenticidade de

O Buddha Bar tem franquias por todo o mundo e é um exemplo da teoria da "tematização" de Bryman, em que a fonte cultural — nesse caso a religião — é usada para criar um produto ou um espaço.

outras experiências e lugares. No fim das contas, isso borra a distinção entre fantasia e realidade. Bryman cita a moda de conferir caráter a algum lugar associando-o a um totem cultural bem conhecido, transformando Nottinghamshire, na Inglaterra, em "Terra de Robin Hood", e a Lapônia, na Finlândia, em "Terra de Papai Noel".

Bryman propõe a Disneyzação como um paralelo à McDonaldização de George Ritzer, um processo pelo qual os princípios da lanchonete de fast-food (o McDonald's é apenas um símbolo disso) vêm dominando cada vez mais setores da sociedade. A McDonaldização é baseada na ideia de racionalização e produz a mesmice. Os parques temáticos ecoam isso várias vezes, mas a Disneyzação tem mais a ver com o crescimento da inclinação ao consumo (bens e serviços), quase sempre pela variedade e pela diferença. A popularidade da tematização e do merchandising sugere que a Disneyzação se transformou numa parte integrante da vida e da identidade moderna. ∎

Alan Bryman

O sociólogo britânico Alan Bryman é professor de pesquisa organizacional e social na escola de administração da Universidade de Leicester, Inglaterra. Antes disso, trabalhou na Universidade de Loughborough por 31 anos. Bryman interessa-se por questões metodológicas e pelos diferentes aspectos da cultura de consumo. Suas especializações incluem a combinação de métodos de pesquisa qualitativa e quantitativa; Disneyzação e McDonaldização; e liderança

efetiva na educação superior. Ele é muito publicado em todas as três áreas.

Bryman não consegue entender o desdém de seus colegas intelectuais por todas as coisas da Disney. Seu amor pelos desenhos animados e parques influenciou fortemente sua obra acadêmica, que se tornou influente tanto nos estudos culturais quanto sociológicos.

Principais obras

1995 *Disney and His World*
2004 *The Disneyization of Society*

MORAR NUM LOFT É COMO MORAR NUMA VITRINE

SHARON ZUKIN

EM CONTEXTO

FOCO
Gentrificação e vida urbana

DATAS IMPORTANTES
Anos 1920 O sociólogo americano Robert E. Park cunha o termo "ecologia humana" e é uma figura-chave na criação da Escola de Chicago e no estudo sistemático da vida urbana.

1961 Jane Jacobs publica *Morte e vida de grandes cidades*, que se torna um dos mais influentes estudos no pós-guerra sobre os ambientes urbanos.

1964 A socióloga britânica Ruth Glass inventa a palavra "gentrificação" para descrever a substituição dos moradores da classe trabalhadora pelos da classe média.

Década de 1970 Os artistas começam a se mudar para as antigas fábricas no sul de Manhattan, Nova York.

As cidades são lugares dinâmicos de mudança e renovação para pessoas, comunidades, ideias e espaço físico. Os pensadores sociais sempre foram atraídos para o estudo da vida urbana, especialmente durante épocas de rápidas mudanças. O período de crescimento metropolitano do século XIX em diante, a transformação de cidades e o movimento para o subúrbio que se seguiu à Segunda Guerra Mundial e as alterações na estrutura da vila urbana nos anos 1960 foram, todos eles, temas de muito estudo.

Outro momento parecido se deu nos anos 1980, quando várias cidades no mundo ocidental foram radicalmente transformadas pela perda das fábricas

A VIDA MODERNA

Veja também: Georg Simmel 104-105 ▪ Henri Lefebvre 106-107 ▪ Jane Jacobs 108-109 ▪ Alan Bryman 126-127 ▪ Saskia Sassen 164-165

> A antiga área industrial de uma cidade vê suas **fábricas fechar e entra em decadência**.

> Os artistas são atraídos para aquela área por causa dos **aluguéis baratos e dos grandes espaços** onde podem ser criativos.

> Os jovens profissionais urbanos são, depois, **atraídos pelo ambiente "cool"** que os artistas criam.

> Agentes imobiliários veem **uma oportunidade de ganhar dinheiro** e compram propriedades.

> Os aluguéis aumentam, e os artistas e os pobres se mudam; a área, por sua vez, **perde sua diversidade e vibração**.

---

massa do modernismo e a uniformidade da vida no subúrbio pela individualização de um espaço antes usado para produção em massa (já que muitos lofts haviam sido oficinas ou fábricas). Num loft, a privacidade de uma casa isolada no subúrbio (americano) era substituída por um layout não hierárquico, que abre "cada área… para todos". Tal espaço e amplitude criam uma impressão de informalidade e igualdade, transformando o loft numa "atração turística" ou numa vitrine — um lugar que clama por ser visto.

Regeneração urbana

Zukin também examinou detalhadamente os custos da regeneração urbana e de viver num loft. Na superfície, o movimento de pessoas em distritos antes abandonados parece ser um processo positivo, com um sopro de vida nova em prédios e lugares velhos. Mas Zukin questiona tal premissa, argumentando que essa regeneração beneficia alguns grupos à custa de outros. Ela alega que a »

e pelos crescentes impactos da globalização. Uma nova geração de acadêmicos começou a investigar o declínio do centro das cidades, o processo de regeneração urbana e aquilo que dá a algum espaço seu senso distinto de lugar. Dentre eles, merece destaque Sharon Zukin, autora da influente obra de 1982 *Loft Living*.

O sentido do espaço

Zukin mudou-se para um loft — uma antiga fábrica de roupas e estúdio de um artista — em Greenwich Village, Nova York, EUA, em 1975. Ela foi atraída pelo que esses novos espaços residenciais significavam para seus ocupantes, estando interessada sobretudo pelo impacto que o seu uso como habitação estaria tendo sobre as comunidades mais antigas de Nova York.

Zukin reiterou as ideias de pensadores como o filósofo francês Gaston Bachelard, que argumentava, em *A poética do espaço* (1958), que um lar era mais que o espaço em que se vive: ele representava o "estado psíquico" dos habitantes. Por exemplo, na época vitoriana, as casas eram divididas em cômodos com funções específicas (sala de estar, sala de banho etc.), garantindo uma série de encontros espaciais íntimos.

O estado psíquico de quem mora num loft, segundo Zukin, era o de uma busca de autenticidade — uma tentativa de substituir a produção em

Paredes lisas, vigas aparentes e detalhes arquitetônicos inesperados oferecem a autenticidade buscada pelos compradores de lofts urbanos.

O Chelsea Market é um mercado alimentício em Nova York criado nos anos 1990 numa fábrica abandonada no distrito de Meatpacking. Zukin diz que a área está completamente diferente da antiga (e perigosa) zona de açougues.

Já que os prédios foram feitos para serem fábricas, seu espaço não era dividido em vários cômodos, como era de esperar em prédios de apartamentos, sendo, em vez disso, um plano aberto com janelas altas. Um espaço que acomodava várias pessoas em busca de luz natural, onde elas trabalhavam em máquinas de costura, também provou ser um ambiente ideal para o estúdio de um artista. No começo dos anos 1970, quando Nova York sofreu uma crise econômica, os aluguéis residenciais por toda a cidade despencaram porque a demanda por moradias caiu. Geralmente, os artistas lutam para pagar as contas e sempre buscam lugares baratos para viver e trabalhar. Os velhos lofts de fábricas do sul de Manhattan, portanto, tinham apelo, e a área virou o lar de muitos artistas.

Essa foi uma regeneração orgânica dessas velhas vizinhanças: não havia nenhum plano do governo da cidade para converter os lofts em estúdios onde se pudesse viver. Conforme mais

regeneração leva a um processo em que grupos pobres ou marginalizados são expulsos das áreas onde costumavam viver, às vezes por gerações, para abrir espaço para mais grupos de elite. O resultado pode ser uma experiência urbana uniforme, algo que Zukin identificou em partes de Nova York e outras cidades ao redor do mundo.

Os passos da gentrificação

Zukin argumenta que a gentrificação é mais que, usando suas palavras, "uma mudança de cenário". É um "rompimento radical com a vida no subúrbio... em direção à diversidade social e à promiscuidade estética da vida na cidade". Os gentrificadores, segundo ela, têm uma cultura e um meio distintos (estão interessados, por exemplo, em restaurar detalhes arquitetônicos históricos) que levam a um "processo de diferenciação social e espacial". No seu estudo do sul de Manhattan, Zukin demonstra que a gentrificação é um processo no qual se podem identificar claramente vários passos.

O primeiro foi o declínio das fábricas tradicionais. Não mais que duas gerações atrás, Nova York tinha uma beira-mar que empregava dezenas de milhares de pessoas, e o coração de Manhattan estava cheio, nas áreas ao redor de Greenwich Village, de pequenas oficinas e fábricas que produziam tecidos e roupas. Os prédios que abrigavam as oficinas geralmente tinham pé-direito alto e muita luz, sendo conhecidos por "lofts".

As firmas têxteis começaram a fechar nos anos 1950, conforme uma parte cada vez maior da produção de têxteis dos EUA mudou para outros países, levada pelas grandes empresas a lugares na Ásia onde o custo da mão de obra era mais baixo. Os trabalhadores americanos ficaram desempregados, e os distritos afetados em Nova York fecharam suas fábricas e entraram em decadência. Nos anos 1970, boa parte do sul de Manhattan ficou abandonada.

Espaço criativo

O segundo passo aconteceu nos anos 1970, depois que os locais de trabalho abandonados se tornaram lar para os pobres e marginalizados

Muito daquilo que constituiu o diferencial das vizinhanças [de Nova York] vive apenas nos prédios, não nas pessoas.
Sharon Zukin

A VIDA MODERNA

artistas se mudavam para a área, ela desenvolveu uma vitalidade cultural; a presença dos artistas implicou a abertura de negócios secundários — como cafés, restaurantes e galerias de arte — que apoiassem suas atividades. A região ficou cada vez mais vibrante e descolada, provando ser atraente para a nova classe de jovens profissionais urbanos que queriam viver em algum lugar novo, instigante e diferente das casas sóbrias do pós-guerra onde tinham crescido.

O terceiro e decisivo passo na gentrificação se deu quando os jovens profissionais começaram a se mudar para a área — nesse caso, para se tornar parte do ambiente e do estilo de vida urbano e boêmio. Agora havia pessoas com dinheiro interessadas em morar naquela que antes tinha sido uma área não desejada. O fato de esse grupo novo e mais rico de repente querer viver na região atraiu a atenção dos incorporadores, sempre motivados pelo lucro, que começaram a comprar imóveis relativamente baratos — quase sempre com subsídios de autoridades municipais, conforme critica Zukin — e convertê-los em apartamentos que lembravam os lofts nos quais os artistas viviam. Como resultado, os aluguéis começaram a subir rapidamente. Os artistas e os pobres não conseguiam pagar o que se cobrava para viver ali e começaram a se mudar.

O passo final na gentrificação foi dado quando a área foi colonizada pelas classes médias e altas mais ricas. As galerias de arte e os cafés continuaram, mas a mistura de pessoas, a vitalidade e a atividade cultural que tornaram a área popular se perderam. Na verdade, os artistas viraram cúmplices inconscientes da gentrificação, e depois suas vítimas: seu sucesso em soprar uma nova vida no sul de Manhattan resultou,

É inexorável essa autenticidade na linguagem visual da mesmice.
Sharon Zukin

no fim das contas, em sua exclusão daquilo que ajudaram a regenerar.

A busca da alma urbana

A obra de Zukin tem sido influente em esclarecer o que conduz a mudança nas cidades modernas: as necessidades culturais e consumistas de alguns grupos sociais desejosos de ter certo estilo de vida, em vez do desenvolvimento de novos setores. Mas, para Zukin, tal estilo de vida é apenas outra faceta do consumismo, que é, em última instância, vazio, oferecendo uma experiência "Disneyficada" na qual a diversidade e a autenticidade estão marginalizadas por formas culturais dominantes e estilos de vida promovidos pelas companhias de mídia multinacionais. O resultado é que grupos pobres e marginalizados são efetivamente excluídos da vida urbana.

Uma cidade nua

Em sua obra mais recente, *Naked City*, Zukin analisa como a gentrificação e o consumismo criaram áreas de classe média sem graça, homogêneas, roubando das cidades a autenticidade que a maioria das pessoas quer. Ela também percebeu que o ritmo da gentrificação aumentou. Aquilo que demorava décadas para acontecer agora só precisa de poucos anos: uma área é considerada "cool", e logo os incorporadores se voltam para lá e começam um processo que altera fundamentalmente o seu caráter, destruindo invariavelmente aquilo que era especial. Na verdade, a distinção de uma vizinhança se tornou uma ferramenta dos incorporadores capitalistas — resultando em exclusão dos personagens que originalmente haviam dado à área sua alma "verdadeira". O desafio para os planejadores urbanos é achar um modo de preservar as pessoas, assim como os prédios e as vias. ∎

Sharon Zukin

Sharon Zukin atualmente é professora de sociologia no Brooklyn College em Nova York e no Cuny Graduate Center. Ela recebeu vários prêmios da Associação Sociológica Americana, incluindo o Wright Mills Awards e o Robert and Helen Lynd Award, por sua brilhante carreira em sociologia urbana.

Ela é autora de livros sobre cidades, cultura e cultura de consumo, e uma pesquisadora das mudanças urbanas, culturais e econômicas. Sua obra foca principalmente como as cidades são afetadas por processos como a gentrificação, investigando os processos dominantes na vida urbana. Ela é também uma crítica ativa das diversas mudanças que ocorrem em Nova York e outras cidades.

Principais obras

1982 *Loft Living: Culture and Capital in Urban Change*
1995 *The Cultures of Cities*
2010 *Naked City: The Death and Life of Authentic Urban Places*

VIVEND MUNDO

NUM
GLOBAL

O manifesto comunista de Karl Marx e Friedrich Engels prevê a **globalização do capitalismo** e convoca todos os trabalhadores a **se unirem**.

Ulrich Beck argumenta, em *Sociedade de risco*, que devemos desenvolver nossas estratégias para lidar com os **riscos da globalização criados pelos humanos**.

Boaventura de Sousa Santos propõe que a pesquisa sociológica do hemisfério Norte seja revisada para levar em conta **outras sociedades**, de modo a ser verdadeiramente **global em seu escopo**.

Roland Robertson avalia **os efeitos da globalização nas culturas locais** em *Globalização: teoria social e cultura global*.

 1848   **1986**    **DÉCADA DE 1990**   **1992**

1974   **DÉCADA DE 1990**   **1991**

Em *O sistema mundial moderno*, Immanuel Wallerstein argumenta que a globalização opera a favor de alguns países e **em detrimento das nações em desenvolvimento**.

Zygmunt Bauman desenvolve a ideia de "modernidade líquida": **um estado de constante mudança social** resultante dos avanços na mobilidade e nas comunicações globais.

Saskia Sassen descreve **a importância global de algumas cidades-chave**, em vez dos estados-nações, em *The Global City*.

A sociologia surgiu de um desejo de entender e sugerir formas de melhorar a sociedade moderna que nasceu do Iluminismo, em especial os efeitos da industrialização, da racionalização e do capitalismo. Mas, conforme a disciplina da sociologia se tornou cada vez mais reconhecida no final do século XX, ficou claro que existia uma outra força guiando a mudança social: a globalização.

O comércio internacional tem sido importante há tempos, com corporações multinacionais atuando nos impérios comerciais dos séculos XVI e XVII, logo a ideia de globalização não era nada nova. Mas, desde a Revolução Industrial, o ritmo do progresso nos transportes e nas comunicações acelerou. No século XX, o telégrafo e a aviação revolucionaram as conexões internacionais, e a tecnologia da informação no pós-Segunda Guerra Mundial sustentou esse padrão.

Sociedade em rede

Enquanto algumas pessoas acham que o mundo entrou numa era pós-industrial e pós-moderna, outras veem a globalização como uma simples continuação do processo de modernidade. Zygmunt Bauman, por exemplo, argumenta que aquilo que começou com a industrialização agora entrou numa era mais madura, "uma modernidade tardia", conforme a tecnologia foi se tornando cada vez mais sofisticada. A natureza do progresso tecnológico implica que esse estágio seja caracterizado por uma "modernidade líquida" — um estado de constante mudança.

Talvez o efeito social mais perceptível desses avanços tecnológicos tenha sido a melhora nas comunicações. Dos telefones à internet, o mundo se tornou cada vez mais interconectado, e as redes sociais agora transcendem as barreiras nacionais. A tecnologia da informação não apenas acelerou as transações comerciais, tornando-as mais fáceis do que nunca, como também conectou indivíduos e comunidades que antes estavam isolados.

Manuel Castells foi um dos primeiros a identificar os efeitos sociais dessa sociedade em rede, enquanto Roland Robertson argumentava que, em vez de ter um efeito homogeneizador (ao criar um modelo universal de sociedade), a globalização estava, de fato, se fundindo com as culturas locais para produzir novos sistemas sociais.

Outro aspecto da modernidade tardia é a facilidade com que as pessoas

VIVENDO NUM MUNDO GLOBAL 135

Manuel Castells analisa os **efeitos sociais da tecnologia da informação** em *A era da informação: economia, sociedade e cultura*, primeira parte de sua coleção de três volumes (*O poder da identidade*, 1997; *Fim de milênio*, 1998).

David Held e Anthony McGrew apontam os **efeitos sociais contraditórios** da globalização em *Globalization/Anti-Globalization: Beyond the Great Divide*.

Anthony Giddens adverte sobre **os perigos da procrastinação** nas questões ambientais em *A política da mudança climática*.

1996   **2002**   **2009**

1996   **2002**   **2007**

Arjun Appadurai examina **como as identidades são formadas** num mundo globalizado em *Modernity at Large: Cultural Dimensions in Globalization*.

David McCrone examina o papel da **identidade nacional num mundo globalizado** em *The Sociology of Nationalism: Tomorrow's Ancestors*.

Em *Mobilities*, John Urry explica como **as novas culturas e identidades surgem** conforme as pessoas conseguem, cada vez mais, se mover ao redor do mundo.

---

agora viajam pelo mundo. Assim como a migração do campo para as cidades depois da industrialização criou novas estruturas sociais, a crescente mobilidade no final do século XX mudou padrões sociais. A migração econômica tornou-se cada vez mais comum conforme as pessoas se mudam não apenas em direção às novas cidades globais, mas internacionalmente em busca de trabalho e prosperidade. Como Arjun Appadurai e outros chamaram a atenção, isso levou a mudanças culturais, incluindo um questionamento sobre como se formam as novas identidades.

Cultura e ambiente

Muitos sociólogos tentaram avaliar os impactos da globalização nas culturas locais, além da natureza da mudança das identidades sociais.

Nos países ocidentais, um influxo de imigrantes de diferentes culturas mudou as atitudes em relação a raça, religião e cultura, especialmente quando a segunda e a terceira gerações de imigrantes se identificam com o país para onde se mudaram.

Muito desse movimento foi capitaneado pela desigualdade econômica entre as nações, que não foi aliviada pela globalização. De acordo com Immanuel Wallerstein, é a disseminação do capitalismo que perpetua as diferenças entre países ricos e pobres. O capitalismo rouba uma vantagem econômica ao manter essa diferença e ao explorar os recursos dos países em desenvolvimento. E, por causa do crescente contraste entre os hemisférios Norte e Sul, Boaventura de Sousa Santos reivindica uma mudança no pensamento sociológico, para incluir os pontos de vista marginalizados.

Outros, como Ulrich Beck, advertiram sobre os riscos associados à globalização, conforme modos de vida tradicionais sofrem a erosão dos avanços nas novas tecnologias e nas comunicações. Diferentemente do passado, não mais enfrentamos apenas riscos naturais em escala local, mas também crises causadas pelos humanos que têm consequências internacionais. As questões ambientais são, talvez, a maior ameaça, porém, como sociedade, tendemos, como apontou Anthony Giddens, a enfiar nossa cabeça no chão. Ao mesmo tempo que desfrutamos os benefícios da moderna sociedade global, continuamos a adiar o tratamento dos seus problemas adjacentes, talvez a ponto de ser tarde demais para prevenir o desastre. ■

ABANDONAI TODA ESPERANÇA DE TOTALIDADE, VÓS QUE ENTRAIS NO MUNDO DE MODERNIDADE FLUIDA

ZYGMUNT BAUMAN (1925-)

138 ZYGMUNT BAUMAN

EM CONTEXTO

FOCO
Modernidade líquida

DATAS IMPORTANTES
1848 Karl Marx e Friedrich Engels publicam *O manifesto comunista*, que prevê a globalização do capitalismo.

1929-1935 O conceito de hegemonia de Antonio Gramsci molda a visão de Zygmunt Bauman de que a cultura do capitalismo é resistente demais.

1957 A ratificação do Tratado de Roma permite o livre fluxo de trabalhadores dentro da Comunidade Econômica Europeia.

1976 Bauman é influenciado por *Vigiar e punir*, de Michel Foucault, em especial por suas ideias de vigilância.

2008 O sociólogo britânico Will Atkinson questiona se a noção de Bauman da modernidade líquida tem sido suficientemente avaliada e criticada.

Conforme a sociedade se afasta da primeira fase da modernidade, conhecida como **"modernidade sólida"**...

... fontes de identidade são corroídas, levando a **identidades consumistas fragmentadas**.

... as pessoas **viajam pelo mundo** aos montes.

... a **incerteza econômica** e a concorrência crescem, enquanto a **segurança no trabalho enfraquece**.

A sociedade global se torna **fluida, altamente volátil e incerta**.

Entramos num mundo de **modernidade líquida**.

No final do século XIX, as sociedades começaram a se fundir ao redor dos centros urbanos, e a Europa Ocidental entrou numa fase conhecida como modernidade, caracterizada pela industrialização e pelo capitalismo. De acordo com o sociólogo polonês Zygmunt Bauman, as sociedades se afastaram da primeira fase da modernidade — à qual chamou de "modernidade sólida" — e agora se encontram num período da história humana chamado de "modernidade líquida". Esse novo período é, para Bauman, marcado pela inevitável incerteza e pela mudança, que afetam a sociedade em nível global, sistêmico, além do nível das experiências individuais. O uso por Bauman do termo "líquido" é uma poderosa metáfora da vida contemporânea: ela é móvel, fluida, maleável, amorfa, sem um centro de gravidade e difícil de conter e predizer. Em essência, a modernidade líquida é uma forma de vida que existe no contínuo e incessante remodelar do mundo moderno de maneiras imprevisíveis, incertas e bombardeadas por crescentes níveis de risco. A modernidade líquida, para Bauman, é o atual estágio da ampla evolução da sociedade ocidental — bem como de todo o mundo. Assim como Karl Marx, Bauman acredita que a sociedade humana progride de um modo que implica que cada "novo" estágio se desenvolve a partir do estágio anterior. Assim, é necessário definir a modernidade sólida antes de podermos entender a modernidade líquida.

Definindo a modernidade sólida

Bauman vê a modernidade sólida como ordenada, racional, previsível e

VIVENDO NUM MUNDO GLOBAL

Veja também: Karl Marx 28-31 ▪ Michel Foucault 52-55 ▪ Max Weber 38-45 ▪ Anthony Giddens 148-149 ▪ Ulrich Beck 156-161 ▪ Antonio Gramsci 178-179

relativamente estável. Sua característica determinante é a organização da atividade e das instituições humanas em paralelo às linhas burocráticas, nas quais se pode usar o raciocínio prático para resolver problemas e criar soluções técnicas. A burocracia continua porque é a forma mais eficiente de organizar e ordenar as ações e interações de grandes volumes de pessoas. Se por um lado a burocracia tem aspectos claramente negativos (por exemplo, a vida humana pode se desumanizar, esvaziada de espontaneidade e criatividade), por outro ela é altamente efetiva em cumprir as tarefas orientadas por metas.

Outra característica-chave da modernidade sólida, de acordo com Bauman, é um elevado nível de equilíbrio nas estruturas sociais —

O campo de concentração de Auschwitz, na Polônia, foi construído e gerido pelos nazistas. Bauman cita o Holocausto como um produto da natureza altamente racional e planejada da modernidade sólida.

significando que as pessoas vivem segundo uma série de normas, tradições e instituições estáveis. Com isso, Bauman não está sugerindo que as mudanças sociais, políticas e econômicas não ocorrem na modernidade sólida, mas que as mudanças se dão de maneira relativamente ordenada e previsível. A economia é um bom exemplo: na modernidade sólida, a maioria das pessoas — dos membros da classe trabalhadora aos profissionais da classe média — desfruta de segurança relativa no emprego. Como consequência, elas tendem a ficar na mesma área geográfica, a crescer na mesma vizinhança e a frequentar as mesmas escolas de seus pais e outros parentes.

Bauman considera a modernidade sólida como unidirecional e progressiva — uma percepção da visão iluminista de que a razão leva à emancipação da humanidade. Conforme o conhecimento científico avança, o mesmo se dá com o entendimento e o controle da sociedade dos mundos natural e social. No modernismo sólido, de acordo com »

Zygmunt Bauman

Nascido em 1925, Zygmunt Bauman é um sociólogo polonês vindo de uma família judia não praticante que foi forçada a se mudar para a União Soviética em 1939, após a invasão nazista. Depois de servir na divisão polonesa do Exército Vermelho, mudou-se para Israel. Em 1971, estabeleceu-se na Inglaterra, onde hoje é professor emérito de sociologia na Universidade de Leeds.

Bauman é autor de mais de quarenta livros, dos quais mais ou menos vinte foram escritos depois que se aposentou, em 1990. Como reconhecimento de sua contribuição para a sociologia, recebeu o prêmio Theodor W. Adorno em 1998 e o prêmio do Príncipe das Astúrias em 2010. A Universidade de Leeds criou o famoso Instituto Bauman em 2010 em sua homenagem, e em 2013 o diretor polonês Bartek Dziadosz produziu um filme sobre sua vida e opiniões chamado *The Trouble with Being Human These Days*.

Principais obras

1989 *Modernidade e Holocausto*
2000 *Modernidade líquida*
2011 *A cultura num mundo líquido moderno*

Bauman, essa fé suprema no raciocínio científico estava corporificada nas instituições sociais e políticas que cuidavam, primordialmente, de problemas e questões nacionais. Os valores do Iluminismo estavam institucionalmente entrincheirados na figura do Estado — o ponto primordial de referência a partir do qual emergiram os ideais de desenvolvimento social, político e econômico.

Quanto ao indivíduo, alega Bauman, a modernidade sólida produziu um repertório estável de identidades pessoais e possíveis alternativas de ser. Os indivíduos da modernidade sólida têm um senso unificado, racional e estável porque ela é moldada por um número de categorias estáveis, como ocupação, religião, nacionalidade, gênero, etnia,

A ideia de Bauman sobre a modernidade sólida foi corporificada por pensadores iluministas, como Isaac Newton (retratado aqui por William Blake), que usavam a razão para transformar a sociedade.

busca do prazer, estilo de vida, entre outros. A vida social sob as condições da modernidade sólida — assim como os indivíduos que a criaram — era autogarantida, racional, burocraticamente organizada e relativamente previsível e estável.

De sólida para líquida

A transição da modernidade sólida para a líquida, de acordo com Bauman, ocorreu como fruto de uma confluência de mudanças econômicas, políticas e sociais, profundas e conectadas. O resultado é uma ordem global impulsionada por aquilo que Bauman descreve como uma "reinvenção compulsiva, obsessiva e viciante do mundo".

Bauman identifica cinco desenvolvimentos distintos, porém interligados, que produziram a transição da modernidade sólida para a líquida. Primeiro, os estados-nações não são mais as "estruturas de carga" da sociedade; os governos nacionais, hoje, têm um poder consideravelmente menor para

> A população de todos os países agora é uma coletânea de diásporas.
> **Zygmunt Bauman**

determinar eventos tanto local quanto internacionalmente. Em segundo lugar, houve a ascensão do capitalismo global e a proliferação de corporações transnacionais, resultando num estado de autoridade descentralizada. Em terceiro lugar, as tecnologias eletrônicas e a internet agora garantem fluxos de comunicação quase instantâneos, supranacionais. Em quarto, as sociedades se tornaram cada vez mais preocupadas com os riscos — mergulhadas nas inseguranças e danos potenciais. E, em quinto, tem havido um enorme crescimento das migrações humanas pelo mundo.

Definindo a modernidade líquida

Conforme o próprio Bauman observa, tentativas de definir a modernidade líquida são quase um paradoxo porque o termo se refere a uma condição global caracterizada pela implacável mudança e por fluxos e incertezas. Porém, tendo identificado os traços da modernidade sólida, ele alega que é possível definir os aspectos mais importantes da modernidade líquida.

No nível ideológico, a modernidade líquida mina o ideal iluminista, que diz que o conhecimento científico poderia melhorar os problemas naturais e sociais. Na modernidade líquida, a ciência, os especialistas, os

acadêmicos e as autoridades políticas — antes as figuras supremas de autoridade na modernidade sólida — ocupam um status demasiadamente ambíguo como guardiões da verdade. Os cientistas são vistos cada vez mais tanto como a causa dos problemas ambientais e sociopolíticos como sua solução. Isso leva, inevitavelmente, ao ceticismo e à apatia generalizada por parte do grande público.

A modernidade líquida minou as certezas dos indivíduos quanto ao emprego, à educação e ao bem-estar. Hoje, muitos trabalhadores precisam ser retreinados ou até trocar de ocupação, às vezes repetidamente — a noção de "emprego para a vida toda", típica da era da modernidade sólida, tornou-se irrealista e inalcançável.

A prática da "reengenharia", ou o *downsizing* das firmas — um termo que Bauman tomou emprestado do sociólogo americano Richard Sennett —, tornou-se cada vez mais comum, já que capacita as empresas a continuar financeiramente competitivas no mercado global ao fazer uma redução significativa no custo da mão de obra. Como parte desse processo, o trabalho estável e permanente — que caracterizava a

Vivemos num mundo globalizado. Isso quer dizer que todos nós, conscientes ou não, dependemos uns dos outros.
Zigmunt Bauman

As principais diferenças entre a modernidade sólida e a líquida foram identificadas por Bauman como dois grupos de quatro características.

Modernidade sólida   **Modernidade líquida**

modernidade sólida — tem sido substituído por contratos empregatícios temporários, usados sobre uma força de trabalho cada vez mais móvel. Intimamente relacionados a essa instabilidade ocupacional estão o inconstante papel e a natureza da educação. Espera-se agora que os indivíduos continuem sua educação — quase sempre à própria custa — por toda a sua carreira, de modo a se manterem atualizados com os desenvolvimentos de suas profissões, ou como forma de garantir que continuem "no mercado" caso sejam demitidos.

Paralelo a essas mudanças nos padrões de emprego está o recuo do Estado de bem-estar. Outrora considerada, historicamente, a uma "rede de segurança" confiável contra tragédias pessoais como doenças e desemprego, a provisão do Estado de bem-estar social está cada vez menor, especialmente em áreas como habitação, educação superior gratuita e assistência médica.

Identidades fluidas

Se a modernidade sólida estava baseada na produção industrial de bens de consumo em fábricas e instalações industriais, a modernidade líquida está baseada no consumo rápido e implacável de bens de consumo e serviços. »

Os Estados de bem-estar social, diz Bauman, têm sofrido ataques. No Reino Unido, por exemplo, o Serviço Nacional de Saúde tem recebido menos dinheiro, apesar do amplo apoio popular.

A autocriação da identidade pessoal se dá através do consumo, já que as fontes tradicionais de identidade, como o status profissional e os laços familiares, se afrouxaram sob a modernidade líquida.

Essa transição da produção para o consumo, diz Bauman, é resultado da dissolução das estruturas sociais, como o emprego e a nacionalidade, nas quais se ancorava a identidade na modernidade sólida. Mas, na modernidade líquida, o senso do eu não é tão fixo: é fragmentado, instável, quase sempre incoerente internamente, sendo, com frequência, não mais que a soma das escolhas de consumo a partir da qual é tanto constituído quanto representado. Na modernidade líquida, o limite entre o eu autêntico e a representação do eu através das escolhas de consumo se rompe: somos — de acordo com Bauman — o que compramos, não mais que isso. Os conceitos de fundo e raso se fundiram, e é impossível separá-los.

Consumo e identidade

A importância central do consumo na construção da identidade própria do indivíduo vai além da aquisição de bens de consumo. Sem as fontes perenes de identidade proporcionadas pela modernidade sólida, os indivíduos no mundo moderno buscam orientação, estabilidade e direção pessoal em fontes alternativas cada vez mais díspares, como consultores de estilo de vida, psicanalistas, terapeutas sexuais, especialistas holísticos, gurus de saúde etc.

A identidade própria se tornou problemática para os indivíduos de forma sem precedentes na história, e a consequência é um ciclo sem fim de autoquestionamento e introspecção que serve apenas para confundir ainda mais as pessoas. No fim das contas, o resultado é que nossa experiência de nós mesmos e da vida cotidiana é, cada vez mais, representada tendo como pano de fundo uma ansiedade constante, uma fadiga e um desconforto sobre quem somos, nosso lugar no mundo e a rapidez das mudanças que acontecem ao nosso redor.

A modernidade líquida, portanto, se refere principalmente a uma sociedade global que é infestada por incerteza e instabilidade. Mas tais forças desestabilizadoras não estão igualmente distribuídas pela sociedade global. Bauman identifica e explica a importância das variáveis da mobilidade, do tempo e do espaço para o nosso entendimento. Para Bauman, a capacidade de nos mantermos móveis é um atributo extremamente valioso na modernidade líquida porque ele facilita a busca bem-sucedida de riqueza e satisfação pessoal.

Turistas e vagabundos

Bauman distingue entre os vencedores e os perdedores na modernidade líquida. As pessoas que mais se beneficiam da fluidez da modernidade líquida são os indivíduos privilegiados socialmente, capazes de flutuar sem empecilhos pelo mundo afora. Essas pessoas, às quais Bauman se refere como "turistas", existem mais no tempo que no espaço. Com isso ele quer dizer que, através do seu fácil acesso às tecnologias da internet ou aos voos transnacionais, os turistas são capazes — virtualmente ou de fato — de rodar o mundo todo e agir nos locais onde as condições econômicas são as

Numa vida líquida moderna, não há laços permanentes, e caso tenhamos algum... ele deve ser frouxo para que possa ser desfeito... quando as circunstâncias mudam.
Zygmunt Bauman

VIVENDO NUM MUNDO GLOBAL 143

> Se você definir seu valor pelas coisas que adquire… estar excluído é humilhante.
> **Zygmunt Bauman**

> A 'comunidade' é, hoje em dia, outro nome para o paraíso perdido.
> **Zygmunt Bauman**

mais favoráveis e os padrões de vida, os mais altos. No outro extremo, os "vagabundos", como Bauman os chama, são pessoas imóveis, ou sujeitas à mobilidade forçada, e excluídas da cultura de consumo. A vida, para eles, envolve estar enleados em locais onde o desemprego é alto e o padrão de vida muito baixo, ou ser forçados a deixar seu país de origem como refugiados políticos ou econômicos em busca de emprego, ou em resposta à ameaça de guerra ou perseguição. Qualquer lugar onde estejam por muito tempo se torna inóspito.

Para Bauman, a migração em massa e os fluxos transnacionais de pessoas ao redor do mundo estão entre as marcas da modernidade líquida e são fatores que contribuem para a natureza imprevisível e em constante mudança da vida cotidiana: as categorias sociais de turistas e vagabundos de Bauman ocupam os dois extremos desse fenômeno.

Aplicando a teoria de Bauman

Zygmunt Bauman é considerado um dos sociólogos mais influentes e eminentes da era moderna. Ele prefere não se encaixar em nenhuma tradição intelectual específica — seus escritos são relevantes para um vasto leque de disciplinas, da ética, mídia e estudos culturais, à teoria política e à filosofia. Dentro da sociologia, sua obra sobre a modernidade líquida é considerada pela grande maioria dos pensadores uma contribuição única ao campo.

O sociólogo irlandês Donncha Marron aplicou o conceito de Bauman de modernidade líquida à revisão crítica do crédito para consumo nos EUA. Seguindo a sugestão de Bauman de que os bens de consumo e as marcas são uma característica única de como os indivíduos constroem sua identidade pessoal, Marron nota que o cartão de crédito é uma ferramenta importante nesse processo, porque se encaixa perfeitamente na capacitação das pessoas em se adaptar à forma de vida fluida que Bauman apresenta. O cartão de crédito pode, por exemplo, ser usado para pagar compras que satisfaçam o desejo de consumo. Ele faz com que pagar as coisas fique mais simples, rápido e mais fácil de gerenciar. O cartão de crédito também cumpre o papel, é claro, de servir à função, diz Marron, de pagamento de contas e despesas diárias, conforme as pessoas trocam de emprego ou têm mudanças de carreira significativas. E o próprio cartão pode, com frequência, ter a bandeira ligada a coisas em que seu dono tem interesse, como times de futebol, instituições de caridade ou lojas. Esses cartões de fidelidade representam uma forma pequena, mas significativa, de uma pessoa ser capaz de escolher e mostrar o que pensa de si mesma ao mundo exterior. ∎

Os "turistas" globais de Bauman são membros móveis de uma elite social que possui a riqueza e o status ocupacional necessários para desfrutar os aspectos mais positivos da modernidade líquida.

O SISTEMA MUNDIAL MODERNO
IMMANUEL WALLERSTEIN (1930-)

EM CONTEXTO

FOCO
Teoria do sistema mundial

DATAS IMPORTANTES
Século XVI Os fundamentos do mundo capitalista são lançados conforme as potências europeias "descobrem" e colonizam partes da América e da Ásia.

1750 Começa a Revolução Industrial na Grã-Bretanha.

1815-1914 Novas indústrias e transformações sociais e econômicas se espalham por Europa, América do Norte, Japão e partes da Australásia — países nessas regiões formam o "centro" do sistema econômico moderno.

1867 Karl Marx publica o primeiro volume de *O capital*, focando as tendências exploradoras do capitalismo.

A partir do século XX
Desenvolvimento do comércio global, com novos Estados, incluindo antigas colônias, se integrando ao "sistema" do capitalismo global.

O **capitalismo** ignorou as fronteiras nacionais em sua **busca global pelo lucro**.

→ Conforme sua riqueza e influência cresceram, ele desenvolveu um **sistema mundial integrado** baseado na lógica do mercado e do lucro.

↓

As **nações** se beneficiam de forma desigual do **moderno sistema econômico mundial**.

← Esse sistema **explora** os recursos naturais e a mão de obra das **nações pobres**, dificultando o seu desenvolvimento.

De acordo com o sociólogo americano Immanuel Wallerstein em *O sistema mundial moderno* (1974), várias nações do mundo estão interconectadas por um sistema global de relações econômicas que vê nações mais desenvolvidas explorando os recursos naturais e a mão de obra de países em desenvolvimento. Esse "sistema mundial" torna difícil o desenvolvimento das nações mais pobres e garante que as ricas continuem a ser os principais beneficiários das redes globais de commodities e dos produtos e riqueza gerados pelo capitalismo industrial.

O sistema econômico mundial, diz Wallerstein, começou a surgir no século XVI conforme países como Grã-Bretanha, Espanha e França exploravam os recursos e conquistavam as terras colonizadas. Tais relações desiguais de comércio produziram uma acumulação de capital que foi reinvestido na expansão do sistema econômico. No final do século XIX, a maior parte do mundo havia sido incorporada a esse sistema de produção e troca de mercadorias.

O estágio global

As ideias de Wallerstein sobre a origem do capitalismo moderno estendem as teorias de Karl Marx ao estágio global. Marx estudava como o capitalismo produz uma luta pela "mais-valia", que se refere ao fato de um trabalhador produzir num dia mais valor por que ele ou ela é pago, e esse valor extra se traduz em lucro para o empregador. Sob o capitalismo, a classe trabalhadora é explorada pelas elites ricas em busca da mais-valia do seu trabalho.

Wallerstein desenvolve essa ideia para focar aqueles que se beneficiam das cadeias globais de mercadorias, argumentando que existem grupos de nações parecidos com classes no sistema mundial, os quais ele chama de "centro", "semiperiferia" e "periferia". As nações do centro são as sociedades desenvolvidas, que produzem artigos complexos usando métodos de produção com tecnologia avançada. As nações do centro dependem das nações da periferia para ter matérias-primas, produtos agrícolas e mão de obra barata. As nações da semiperiferia têm um mix de características sociais e econômicas das outras duas categorias.

A natureza desigual dessa troca econômica entre o centro e a periferia implica que as nações do centro vendem suas mercadorias desenvolvidas a um preço mais alto que os da periferia. As nações na semiperiferia também se beneficiam das relações desiguais de troca com a periferia, mas quase sempre estão em desvantagem no que diz respeito às trocas econômicas com o centro.

O sistema mundial, sugere Wallerstein, é relativamente estável e não propenso a mudanças. Se as nações podem se mover para "cima" ou para "baixo" dentro do sistema, o poder militar e econômico nos Estados do centro, junto com as aspirações daqueles na semiperiferia, torna improvável que as relações globais sejam reestruturadas para se tornarem mais equitativas.

As ideias de Wallerstein sobre o sistema mundial moderno, originárias nos anos 1970, são anteriores à bibliografia sobre a globalização, que apenas surgiu como preocupação central da sociologia no final dos anos 1980 e começo dos 1990. Sua obra é, portanto, reconhecida como contribuição inicial e importante para a globalização econômica e suas consequências sociopolíticas. ∎

O sistema mundial moderno está baseado num agrupamento de nações como se fossem classes, e resulta em desiguais relações econômicas e comerciais entre as nações.

▪ **As nações da periferia** não têm poder nem posses; têm uma base econômica limitada na agricultura e nos minérios e oferecem às nações da semiperiferia e do centro commodities, matérias-primas e mão de obra barata.

▪ **As nações da semiperiferia** têm níveis intermediários de riqueza e alguma autonomia e diversidade econômica.

▪ **As nações do centro** são desenvolvidas, industrializadas e ricas; elas dominam o cerne do sistema mundial moderno.

Padrões globais de riqueza e desigualdade

Os cientistas sociais a princípio discutiam as desigualdades sociais usando os termos "Primeiro Mundo" (as nações ocidentais desenvolvidas), "Segundo Mundo" (as nações industrializadas comunistas) e "Terceiro Mundo" (nações colonizadas). As nações eram hierarquizadas de acordo com seus níveis capitalistas de empreendedorismo, industrialização e urbanização, e o argumento era que as nações mais pobres precisavam de mais atributos econômicos das sociedades desenvolvidas para escaparem da pobreza. Wallerstein rejeitava a ideia de que o Terceiro Mundo era simplesmente subdesenvolvido. Ele focava os processos e relações econômicas por trás da economia global para mostrar que, apesar de a posição de uma nação no sistema mundial ser, a princípio, o produto da história e da geografia, as forças de mercado do capitalismo global servem para acentuar as diferenças entre as nações do centro e da periferia, institucionalizando assim, de forma efetiva, a desigualdade.

PROBLEMAS GLOBAIS, PERSPECTIVAS LOCAIS
ROLAND ROBERTSON (1938-)

A globalização faz com que **ideias diferentes, formas culturais e produtos se espalhem pelo mundo todo**, incluindo:

- estilos e gêneros musicais.
- tendências de moda.
- bens de consumo.
- ideias e valores.

Essas **formas globais** são modificadas pelo **contato com comunidades e indivíduos locais** para se tornarem "glocalizadas".

EM CONTEXTO

FOCO
Glocalização

DATAS IMPORTANTES
1582-1922 Começando com os países católicos da Europa e terminando com os Estados do Leste Asiático e com a União Soviética, o calendário gregoriano é o mais usado internacionalmente.

1884 A Hora Média de Greenwich (GMT, em inglês) é reconhecida como o padrão mundial de hora, tornando-se a base para o sistema de fusos horários de 24 horas no mundo.

1945 É fundada a Organização das Nações Unidas (ONU), para promover a cooperação internacional.

Década de 1980 As empresas japonesas desenvolvem estratégias para adaptar seus produtos globais aos mercados locais, um processo que elas chamam de "glocalização".

Década de 1990 Roland Robertson expande o conceito japonês de "glocalização" em sua obra sobre globalização.

A globalização está abrindo espaço para novas formas de cultura ao fundir produtos globais, valores e gostos com seus equivalentes locais. Essa mistura de global e local, diz o sociólogo britânico Roland Robertson, é uma distinção fundamental de sociedades modernas e está produzindo novas possibilidades criativas.

Em *Globalização: teoria social e cultura global* (1992), Robertson argumenta que as dinâmicas culturais no cerne da globalização podem ser entendidas ao focarmos as relações de quatro áreas: "indivíduos", "estados--nações", um "sistema mundial de sociedades" e "uma noção de humanidade comum". Esse foco lhe permite examinar os aspectos

VIVENDO NUM MUNDO GLOBAL

Veja também: George Ritzer 120-123 ▪ Immanuel Wallerstein 144-145 ▪ Saskia Sassen 164-165 ▪ Arjun Appadurai 166-169 ▪ David Held 170-171

O futebol é um "jogo glocal". As comunidades se identificam com seus times e desenvolvem tradições específicas, as quais levam para competições internacionais.

interativos da identidade própria de uma pessoa e suas relações com influências culturais nacionais e globais.

A identidade própria de alguém, por exemplo, é definida em relação a uma nação, às interações entre sociedades e à humanidade (ideias relacionadas a orientação sexual, etnia etc.). Nesse contexto, Robertson explora a tensão entre influências globais e locais sobre as experiências e as ações de uma pessoa.

Robertson enfatiza a "unicidade global": as formas pelas quais a globalização e a mudança cultural parecem estar dando lugar a uma cultura global. Esse é um movimento em direção a um mundo dominado por produtos culturais e crenças ocidentais — como os filmes de Hollywood e a música pop americana —, e isso é possível graças à crescente conectividade de sociedades e à consciência das pessoas sobre o mundo como entidade sociocultural única.

Mas Robertson enfatiza que o surgimento da "unicidade global" não quer dizer que o mundo esteja se movendo em direção a uma única cultura global, na qual tudo é igual ou "homogeneizado". Pelo contrário, ele argumenta que as diferenças entre os grupos culturais e seus produtos podem ser aguçadas conforme eles deparam com fluxos culturais de outras comunidades. Isso pode levar a uma interação dinâmica entre culturas locais e globais, à medida que as pessoas mudam as formas culturais para satisfazer seu contexto sociocultural específico.

Misturando "global" e "local"

Para refletir como o global e o local se relacionam e se interpenetram, Robertson popularizou o termo "glocalização". O conceito foi desenvolvido a partir de práticas de companhias transnacionais e de sua estratégia de oferecer produtos globais adaptando-os ao mercado local. Por exemplo, a rede de fast-food americana McDonald's criou vários hambúrgueres "glocalizados", na tentativa de atrair consumidores fora dos EUA (como o Chicken Maharaja Mac, na Índia, pois os hindus não comem carne). Na sociologia, a glocalização se refere mais amplamente à localização de produtos ou formas culturais globais.

A globalização é, portanto, um processo duplo de "tendências universalizantes e particularizantes". Algumas formas, produtos e valores culturais são levados ao redor do mundo, onde podem ser adotados ou modificados por diferentes sociedades e indivíduos. Uma tensão criativa surge, então, e pode resultar em inovação cultural e mudança social. Por exemplo, quando se contam "histórias locais" pela adaptação de gêneros musicais conhecidos no mundo todo, como o hip-hop, o k-pop e o indie. ■

Miscelânea cultural

O recente avanço das comunicações globais produziu o que Roland Robertson descreve como "cultura de interconectividade". Conforme as influências globais sofrem mutações e se misturam com as locais, o resultado é a diversidade "glocalizada", ou uma "miscelânea" cultural, de acordo com o sociólogo holandês Jan Nederveen Pieterse. Um bom exemplo desse processo global-para-local é o da produção cinematográfica.

Os filmes de Hollywood inspiraram o cinema indiano no começo do século xx. Mas esses cineastas focaram a modificação do produto final hollywoodiano: eles se entusiasmaram em fazer uma arte própria, que refletisse sua cultura local. Ao fazerem isso, iniciaram um engajamento criativo entre o global e o local. O cinema indiano se baseia num rico acervo de temas — indo dos épicos e mitos nacionais antigos ao drama tradicional — e os reconta de forma colorida e particular. Essa produção, conhecida como "Bollywood", atrai audiências muito além da diáspora indiana.

As culturas locais adotam e redefinem qualquer produto cultural global para satisfazer suas necessidades, crenças e costumes específicos.
Roland Robertson

A MUDANÇA CLIMÁTICA É UMA QUESTÃO DE BAIXA PRIORIDADE
ANTHONY GIDDENS (1938-)

EM CONTEXTO

FOCO
O paradoxo de Giddens

DATAS IMPORTANTES
1900 A modernidade continua a se espalhar conforme as nações desenvolvem economias industriais e geram crescimento econômico.

1952 O Great Smog, evento tóxico de poluição atmosférica parecido com fumaça sobre Londres, mata cerca de 4 mil pessoas e leva à Lei do Ar Puro (1956).

1987 É assinado o Protocolo de Montreal, protegendo a camada de ozônio através da eliminação paulatina da produção de substâncias nocivas.

1997 Fecha-se o acordo do Protocolo de Kyoto, uma convenção das Nações Unidas visando reduzir as emissões de gases de efeito estufa nos países industrializados.

2009 O Acordo de Copenhague renova o compromisso de reduzir o efeito estufa.

O mundo está em perigo e a globalização tem uma parte de responsabilidade, de acordo com o sociólogo britânico Anthony Giddens. Ele acredita que a modernidade produziu um "mundo desembestado", no qual governos e indivíduos enfrentam riscos globais, como a mudança climática. Uma de suas contribuições para essa importante área é oferecer uma explicação sociológica de por que governos e pessoas relutam em tomar medidas imediatas para lidar com as causas do aquecimento global.

Globalização da modernidade

Giddens enfatiza os efeitos da globalização e o modo como ela tem transformado as instituições, os papéis sociais e os relacionamentos da sociedade desde a publicação do seu livro *As consequências da modernidade* (1990). Ele nota que as sociedades desenvolvidas e em desenvolvimento são, agora, caracterizadas por experiências e relações dramaticamente diferentes daquelas das sociedades pré-industriais.

Essa globalização da modernidade e suas consequências marcam um novo estágio da civilização humana, o qual Giddens chama de "modernidade tardia". Ele usa a analogia de "dirigir uma jamanta" para ilustrar como o mundo moderno parece estar "fora de controle" e difícil de dirigir. Se a vida na modernidade tardia é, às vezes, "gratificante" e "animadora", as pessoas têm que se defrontar com novas incertezas, depositando confiança em sistemas abstratos e gerenciando novos desafios e riscos.

Giddens vê a mudança climática antropogênica (induzida pelos humanos) como um dos piores riscos, um desafio diante de toda a humanidade. As sociedades industrializadas queimam uma quantidade significativa de combustíveis fósseis para gerar energia. Um subproduto dessa produção de

As pessoas acham difícil dar ao futuro o mesmo nível de realidade que dão ao presente.
Anthony Giddens

VIVENDO NUM MUNDO GLOBAL   149

Veja também: Zygmunt Bauman 136-143 ▪ Manuel Castells 152-155 ▪ Ulrich Beck 156-161 ▪ David Held 170-171 ▪ Thorstein Veblen 214-219 ▪ Daniel Bell 224-225

energia é o dióxido de carbono, que se acumula na atmosfera e prende a energia do Sol, levando a um "aquecimento global" e eventos climáticos extremos, como secas, alagamentos e ciclones.

Soluções inovadoras

Em *A política da mudança climática* (2009), Giddens argumenta que, já que os perigos causados pela degradação ambiental e pela mudança climática não são óbvios e visíveis de imediato na vida cotidiana, muitas pessoas "... não fazem nada de concreto a esse respeito. Mas esperar que tais perigos se tornem visíveis e graves — na forma de catástrofes que são resultado incontestável da mudança climática — antes de pensar em tomar uma atitude séria, será tarde demais".

O "paradoxo de Giddens" é o rótulo que ele dá a essa divergência entre as recompensas do presente e a ameaça de perigos e catástrofes futuros. Mas Giddens é otimista em relação ao futuro. Ele acredita que a mesma genialidade humana que criou as sociedades industriais e altamente tecnológicas pode ser usada para encontrar soluções inovadoras para a redução da emissão de carbono. Por exemplo, a cooperação internacional fez com que países introduzissem operações com crédito e impostos sobre o carbono, usando forças do mercado para recompensar empresas que reduzam suas emissões de gases de efeito estufa. Novas tecnologias também estão sendo pesquisadas, desenvolvidas e compartilhadas, tendo o potencial de acabar com a dependência mundial dos combustíveis fósseis e oferecendo fontes de energia baratas e limpas tanto para as sociedades desenvolvidas quanto para aquelas em desenvolvimento. ■

Desconto do futuro

De acordo com Giddens, o conceito de "desconto do futuro" explica por que as pessoas dão passos para resolver problemas presentes mas ignoram as ameaças que enfrentarão no futuro. Ele nota que elas com frequência escolhem uma pequena recompensa agora, em vez de definir um curso de ação que talvez leve a uma recompensa maior no futuro. O mesmo princípio psicológico se aplica aos riscos.

Para ilustrar esse ponto, Giddens dá o exemplo de um fumante. Por que um jovem começa a fumar, já que os riscos à saúde são amplamente conhecidos? Para um adolescente, é quase impossível se imaginar aos quarenta anos, quando os perigos começam a aparecer e têm consequências potencialmente fatais. Essa analogia se aplica às mudanças climáticas. As pessoas estão viciadas em tecnologia e na mobilidade permitida pelos combustíveis fósseis. Em vez de atacar uma realidade desconfortável, é mais fácil ignorar as advertências.

NÃO HÁ JUSTIÇA SOCIAL SEM JUSTIÇA COGNITIVA GLOBAL
BOAVENTURA DE SOUSA SANTOS (1940-)

EM CONTEXTO

FOCO
Epistemologias do Sul

DATAS IMPORTANTES
1976 É formado o G-7, com os sete estados-nações mais ricos e influentes do mundo para discutir questões globais.

1997 O intelectual indiano Shiv Visvanathan cunha o termo "justiça cognitiva" em seu livro *A Carnival for Science: Essays on Science, Technology and Development*.

2001 O Fórum Social Mundial é fundado no Brasil por ativistas antiglobalização para discutir caminhos alternativos de desenvolvimento sustentável e justiça econômica.

2014 O sociólogo britânico David Inglis usa as ideias de Sousa Santos sobre a pluralidade de conhecimento para considerar criticamente o desenvolvimento da sociedade cosmopolita.

A **ordem mundial capitalista ocidental** lançou raízes profundas, estratificando as nações não apenas em linhas econômicas e políticas, mas também nas **formas de conhecimento**.

Isso resultou numa **batalha cultural** na qual o Norte do mundo, com sua **cultura baseada na ciência**, considera o Sul **culturalmente inferior**.

A **igualdade global** só poderá ser alcançada quando as culturas entrarem num **diálogo fundamentado no respeito mútuo** e no reconhecimento das **diferentes formas de conhecimento**.

Não há justiça social sem justiça cognitiva global.

A noção de que o conhecimento e a cultura são inseparáveis foi proposta pelo sociólogo francês Émile Durkheim. Ele alegava que a cultura de um grupo — suas ideias e suas maneiras de pensar produzidas coletivamente a respeito de situações e eventos — molda a forma pela qual seus membros acumulam conhecimento socialmente específico do mundo.

O sociólogo português Boaventura de Sousa Santos aceita que exista tal relação e, desenvolvendo o conceito de Immanuel Wallerstein de sistema

VIVENDO NUM MUNDO GLOBAL

Veja também: Zygmunt Bauman 136-143 ▪ Immanuel Wallerstein 144-145 ▪ Roland Robertson 146-147 ▪ Arjun Appadurai 166-169 ▪ Antonio Gramsci 178-179

mundial, estendeu a ideia para aquilo que diz ser uma batalha cultural criada pela globalização. Ele alega que o mundo está dividido num conflito desigual entre grupos, Estados e ideologias dominantes ("hegemônicos") de um lado e grupos, coletivos e ideias dominados ("contra-hegemônicos") do outro. A batalha se dá em vários níveis, incluindo economia, tecnologia e política.

Cultura e poder

Sousa Santos diz que as culturas do mundo — e o conhecimento embutido nelas — são ordenadas hierarquicamente e por acesso desigual, assim como as relações de poder mais amplas no capitalismo. Referindo-se ao termo filosófico "epistemologia" (de *episteme*, "conhecimento"), ele argumenta que a marginalização de algumas nações do mundo por outras na arena mundial está intimamente relacionada à exclusão epistemológica. Avalia que, por serem os modelos dominantes de pesquisa social impostos pelo Norte, os diferentes interesses dos Estados periféricos são "epistemologias do Sul".

Em sua obra, Sousa Santos reconhece que sua meta é acabar com essas hierarquias de exclusão porque "não há justiça social sem justiça cognitiva global". Para ele, a diversidade cultural do mundo segue em paralelo à sua diversidade epistemológica, e o reconhecimento disso tem que estar no cerne de qualquer esforço global para erradicar as desigualdades atuais. O maior obstáculo a isso, argumenta, é que o conhecimento científico do Norte é "hegemônico" dentro da hierarquia social do conhecimento.

Domínio tecnológico

A ordem capitalista e imperial imposta ao Sul pelo Norte tem um fundamento epistemológico. As potências ocidentais desenvolveram a capacidade de dominar muitas partes do mundo, pelo menos ao elevar a ciência moderna ao status de uma forma de conhecimento universal, superior a todos os demais tipos de conhecimento. Outras formas de conhecimento, não científicas, e as práticas culturais e sociais de diferentes grupos sociais moldadas por esses conhecimentos são suprimidas em nome da ciência moderna. A ciência moderna colonizou nosso pensamento a tal ponto que divergir dela é considerado como pensamento irracional. Um exemplo disso é a maneira como a mídia ocidental mostra a cultura do Oriente Médio como irracional e carregada demais de emoção, o que traria "consequências destrutivas".

Em vez disso, Sousa Santos é favorável a desenvolver um diálogo

As tribos indígenas, como os caiapós do Brasil, entendem as propriedades das plantas medicinais. As empresas farmacêuticas exploram tal conhecimento, mas falham em compensar as tribos.

Boaventura de Sousa Santos

Boaventura de Sousa Santos é professor na Universidade de Coimbra, Portugal. Fez seu doutorado nos EUA, em Yale, e é professor visitante na Universidade de Wisconsin-Madison. É defensor de fortes movimentos sociais e cívicos, que ele considera fundamentais para a realização da democracia participativa.

Em 2001, Sousa Santos fundou o Fórum Social Mundial para ser um lugar de encontro para organizações que se opõem a formas de globalização lideradas pela política econômica neoliberal e pelo capitalismo das corporações transnacionais. Já publicou vários livros sobre globalização, sociologia do direito e do Estado, democracia e direitos humanos.

Principais obras

2006 *The Rise of the Global Left: The World Social Forum and Beyond*
2007 *Cognitive Justice in a Global World: Prudent Knowledges for a Decent Life*
2014 *Epistemologias do Sul*

cultural transnacional que resulte em pluralidade: uma "ecologia de conhecimentos cosmopolita, emancipatória e não relativista", que teria no seu cerne o reconhecimento da diferença e o direito à diferença e coexistência. Só por esses meios, diz Sousa Santos, podemos alcançar um verdadeiro entendimento global de como as sociedades funcionam. Tal visão está presente nos esforços de grupos como o Fórum Social Mundial, que busca a justiça social e econômica usando alternativas ao capitalismo. ∎

A LIBERAÇÃO DA CAPACIDADE PRODUTIVA PELO PODER DA MENTE

MANUEL CASTELLS (1942-)

EM CONTEXTO

FOCO
Sociedade em rede

DATAS IMPORTANTES
1848 Karl Marx e Friedrich Engels, em *O manifesto comunista*, preveem a globalização do capitalismo.

1968 Manuel Castells estuda com o sociólogo francês Alain Touraine os movimentos sociais e a resistência ao capitalismo.

A partir de 1990 Aumenta o uso corporativo da tecnologia baseada na internet, espalhando-se para o público em geral e a vida doméstica.

1992 O sociólogo americano Harrison White escreve "Markets, Networks, and Control", uma discussão sobre a teoria da rede.

1999 O sociólogo holandês Jan Van Dijk escreve *The Network Society*, focando mídias sociais como o Facebook.

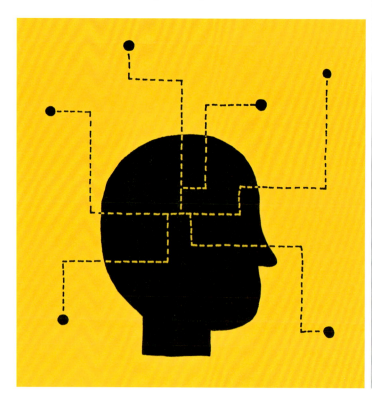

Os últimos cinquenta anos presenciaram gigantescos passos na ciência e no desenvolvimento de tecnologias digitais baseadas na internet. De acordo com o sociólogo espanhol Manuel Castells (cuja obra investiga os estudos sobre comunicação e informação e é fortemente influenciada por Karl Marx), tais avanços foram moldados por — e desenvolvem um papel crucial na contribuição sobre — desenvolvimentos econômicos, sociais e políticos em esfera global. Isso levou Castells a focar a globalização e seus efeitos econômicos e sociais.

Para Marx, o capitalismo industrial era baseado na produção de bens de

VIVENDO NUM MUNDO GLOBAL 153

Veja também: Karl Marx 28-31 ▪ Niklas Luhmann 110-111 ▪ Zygmunt Bauman 136-143 ▪ Anthony Giddens 148-149 ▪ Ulrich Beck 156-161 ▪ Daniel Bell 224-225 ▪ Harry Braverman 226-231

> A "sociedade em rede" é uma **comunidade global interconectada** de interesses…

> … onde o acesso à rede, ou o **"espaço do fluxo"**, não é mais reservado a um grupo social dominante.

> Isso significa que quase **qualquer um, em qualquer lugar**, pode usar a tecnologia baseada nas telecomunicações para qualquer **propósito criativo**.

consumo e mercadorias. Durante os anos 1970, o sociólogo americano Daniel Bell invocou o termo "pós-industrialismo" para designar a mudança em direção a uma economia baseada em serviços. Castells argumenta que a crescente proeminência das tecnologias baseadas na internet implica que o capitalismo, agora, se centra na informação e no conhecimento. As sociedades humanas, defende ele, deixaram para trás a Era Industrial e entraram na Era da Informação, cuja expressão socioestrutural é a "sociedade em rede".

Um mundo em rede

A Era da Informação é definida pela criação e disseminação de vários conhecimentos especializados, como as flutuações dos preços internacionais do petróleo, dos mercados financeiros etc. Nas sociedades capitalistas avançadas, redes de capital financeiro e de informação estão no cerne da produtividade e da competitividade.

A mudança da produção de bens e serviços para a informação e o conhecimento tem alterado profundamente a natureza da sociedade e das relações sociais.

A BMF&Bovespa, em São Paulo, é a maior bolsa de valores da América Latina. O pregão exclusivamente eletrônico serve de exemplo da economia global na Era da Informação.

Castells alega que o modo dominante de organizar relações interpessoais, instituições e sociedades inteiras são as redes. Além disso, a natureza maleável e aberta dessas redes faz com que se espalhem por todo o globo.

Quando sociólogos clássicos como Karl Marx, Émile Durkheim e Max Weber usam o termo "sociedade", eles se referem primordialmente àquela de um determinado estado-nação. Assim, por exemplo, é possível falarmos da sociedade americana como algo distinto da, digamos, britânica, apesar dos pontos em que são similares. Mas, na obra de Castells, o estado-nação tornou-se o mundo e tudo nele. Já não existe o mundo de estados-nações relativamente autônomos, com suas próprias sociedades estruturadas para dentro — ele foi reimaginado como uma infinidade de redes que se intersectam e se sobrepõem.

A ideia de um mundo plenamente conectado, ligado pela internet, evoca imagens de pessoas em todos os cantos do planeta se envolvendo produtivamente em diferentes tipos de relações umas com as outras em redes em constante mudança — não mais restritas pela geografia ou pela naturalidade, mas pela capacidade da imaginação humana. Hoje é possível acessar informação 24 horas por dia através de ferramentas de busca como o Google, e entrar em chats com pessoas que estão a milhares de quilômetros de distância numa comunicação instantânea.

Castells elabora o conceito de redes de diversos modos. A redes baseadas em microeletrônicos definem a sociedade em rede e substituem a burocracia como a principal forma de organização das »

A sociedade em rede é resultado das tecnologias das telecomunicações disponíveis e capazes de unir o mundo todo e mudou a forma como vivemos, pensamos e fazemos as coisas. As pessoas que talvez jamais viessem a se conhecer agora conseguem se comunicar instantaneamente para trocar bens ou informações e ideias.

Dados financeiros

Salas de chat

Serviços de entretenimento

Compras on-line

relações sociais, porque elas são muito melhores em lidar com a complexidade. Assim como as redes econômicas de trading financeiro e investimento de capital, as redes microeletrônicas incluem redes políticas e interpessoais. O "estado em rede" inclui instituições políticas transnacionais, como a União Europeia, enquanto vários exemplos de redes interpessoais são criados através de internet, e-mail e sites de rede social, como o Facebook e o Twitter.

Castells diz que uma rede pode ser definida assim: ela não tem um "centro"; é feita de uma série de "nódulos" de importâncias variadas, mas todos são necessários para que a rede possa operar; o grau de poder social peculiar a uma rede é relativo, dependendo de quanta informação ela é capaz de processar; uma rede só lida com um certo tipo de informação — a saber, o tipo de informação que lhe é relevante; e uma rede é uma estrutura aberta, capaz de se expandir e de se comprimir sem limites.

Castells enfatiza os altos níveis de adaptabilidade característicos de uma sociedade em rede. O importante aqui é que uma ordem social organizada em redes e ao redor delas pode alegar ser altamente dinâmica, inovadora e voltada a mudanças sociais constantes e aceleradas. Castells descreve as relações sociais em rede como "uma forma de atividade humana dinâmica e em autoexpansão", que tende a transformar todas as esferas da vida social e econômica.

As dinâmicas sociais

A forma como indivíduos e instituições participam, ou são excluídos, de certas redes sociais abre, para Castells, uma porta para ver as dinâmicas de poder que operam numa sociedade em rede. Ele conclui que as relações em rede mudaram a estrutura da sociedade com o passar do tempo.

O argumento inicial de Castells era que os indivíduos que trabalham em grandes empresas e instituições financeiras multinacionais, e cujo trabalho profissional é estruturado dentro e através de redes de fluxos financeiros globais, são o grupo social dominante — aquilo a que chama de "elite tecnocrata-financeira-gerencial". Ocupando postos-chave de comando e controle dentro do sistema mundial, a espacialidade preferida dessa elite é a cidade global — de lá ela é capaz de reproduzir suas práticas e interesses metropolitanos.

Enquanto isso, em contraste, a vida das massas tende a ser local, em vez de global — organizada e agrupada em lugares onde as pessoas vivem em maior proximidade física e as relações sociais são caracterizadas por formas compartilhadas de vida. Portanto, diz Castells, a maioria das pessoas cria identidades significativas e vive sua vida em locais geograficamente específicos, "o espaço dos lugares", em vez do mundo etéreo e sem lugar das redes eletrônicas, o "espaço dos fluxos".

Com a disseminação da internet e das mídias sociais, no entanto, essa visão de uma elite unificada, cosmopolita e global que usa os espaços de fluxo para exercer poder passou a ser considerada demasiado simplista. Grupos sociais empobrecidos economicamente talvez considerem mais difícil se incorporar e centrar seu estilo de vida em tecnologias baseadas na internet, do mesmo jeito que os grupos socialmente dominantes, mas tal tendência tem sido cada vez menor. Castells agora alega que "as pessoas de todos os tipos, dispostas a fazer qualquer coisa, podem ocupar esse espaço de fluxo e usá-lo para seus próprios fins".

Organizações anticapitalistas, como a Anticapitalist Initiative (a qual

As redes se tornaram a forma organizacional predominante em cada domínio da atividade humana.
Manuel Castells

se refere expressamente a si própria como uma rede em seu site), têm usado a internet de maneira criativa para conectar pessoas através de uma rede florescente que ocupa o espaço dos fluxos. Castells usa o exemplo dos zapatistas no México para reconhecer que o poder social pode ser acumulado através do espaço de fluxos por grupos marginalizados, de modo a desafiar o Estado e as instituições de elite. Os zapatistas têm tido sucesso em atrair a atenção da mídia no ciberespaço e usam a internet para fazer protestos virtuais, com softwares entupindo servidores e sites governamentais, bem como para planejar e coordenar eventos reais.

Distopia ou utopia?

Os conceitos gêmeos de Castells, a Era da Informação e a sociedade em rede, oferecem um poderoso conjunto de ferramentas analíticas para entender os efeitos transformadores que a tecnologia da informação tem sobre a vida humana e as relações sociais.

O conceito de alienação de Marx ressoa em toda a obra de Castells, o que representa uma tentativa de dar sentido às mudanças e aos processos extremamente rápidos que se manifestam no mundo ao nosso redor, tendo em vista a recuperação do controle sobre eles. Mas a ideia de que os humanos criaram uma sociedade global da qual perderam o controle, e da qual estão alienados, pode ser parcialmente creditada a outros teóricos da globalização, como Anthony Giddens, Ulrich Beck e Zygmunt Bauman.

A obra de Castells tem muitos críticos. Sociólogos como Bauman dizem que ela é utópica, considerando a "realidade" dos problemas sociais, econômicos, políticos e ambientais enfrentados pela humanidade hoje. Outros negam que a ordem social e econômica atual seja historicamente sem precedentes. O sociólogo britânico Nicholas Garnham argumenta que a sociedade em rede é mais precisamente um desenvolvimento do industrialismo em vez de um estágio novo na sociedade humana. O sociólogo britânico Frank Webster acusa Castells de determinismo tecnológico — a visão de que as relações sociais são intimamente moldadas pelo desenvolvimento tecnológico mas não são determinadas por ele. Os dois, nesse caso, influenciariam um ao outro.

Independentemente de a sociedade em rede ser uma novidade ou ser benéfica, não há dúvida de que o mundo está cada vez mais interconectado e dependente das tecnologias digitais, que estão mudando as relações sociais. Para Castells, a ascensão da sociedade global atada por uma miríade de redes é, em última instância, algo positivo. Capacitar pessoas de lugares longínquos a interagir oferece o potencial para a humanidade usar seus recursos produtivos coletivos para criar uma nova ordem mundial iluminada. Ele argumenta que, se "estivermos informados, ativos e nos comunicarmos pelo mundo afora", "poderemos nos afastar da exploração do eu interior, fazendo as pazes com nós mesmos". ■

Enquanto as organizações se localizam em lugares... a lógica organizacional não tem lugar.
Manuel Castells

Manuel Castells

Manuel Castells Oliván nasceu em 1942, na Espanha. Depois de sua atividade no movimento estudantil anti-Franco, deixou o país e foi para a França para fazer seu doutorado em sociologia na Universidade de Paris durante os anos de turbulência política do final da década de 1960.

Nos anos 1980, Castells se mudou para a Califórnia, EUA — lar do Vale do Silício. Mais ou menos uma década depois, escreveu seu influente estudo em três volumes sobre a sociedade em rede intitulado *A era da informação: economia, sociedade e cultura*.

Castells é um influente pensador científico-social. É sociólogo na Universidade do Sul da Califórnia (USC), Los Angeles, onde contribuiu para o estabelecimento do USC Center on Public Diplomacy, sendo também membro do Annenberg Research Network on International Communication (Arnic).

Principais obras

1996 *A era da informação: Volume I: A sociedade em rede*
1997 *A era da informação: Volume II: O poder da identidade*
1998 *A era da informação: Volume III: Fim de milênio*

VIVEMOS NUM MUNDO QUE ESTÁ ALÉM DO CONTROLE

ULRICH BECK (1944-2015)

158 ULRICH BECK

EM CONTEXTO

FOCO
A sociedade de risco

DATAS IMPORTANTES
1968 O think tank Clube de Roma é fundado e em 1972 publica o relatório "Os limites para o crescimento", o qual identifica o risco oferecido pelo crescimento excessivo da população.

1984 O sociólogo americano Charles Perrow publica *Normal Accidents: Living with High Risk Technologies*.

1999 O sociólogo americano Barry Glassner se baseia no conceito de risco de Ulrich Beck em *Cultura do medo*.

2001 Os ataques do Onze de Setembro nos EUA levam a mudanças globais na percepção de riscos causada por organizações terroristas internacionais.

Estamos entrando num período de **modernidade "reflexiva"**, caracterizado por **incerteza e insegurança**.

↓

A **revolução científica e tecnológica**, que nos ofereceu progresso, agora é vista como responsável por **introduzir problemas de desenvolvimento e riscos globais**.

↓

Nada mais parece fixo, e surgem **contradições entre cientistas e governantes** a respeito da **resposta apropriada ao risco**.

↓

A perda de respeito pelas instituições e pelos especialistas cria incerteza e dúvida conforme começamos a ter medo de viver num mundo que está além do nosso controle.

As sociedades humanas sempre enfrentaram perigos, e historicamente eles costumavam ser de origem "natural". Nos últimos anos, a ciência, a tecnologia e a indústria criaram prosperidade, mas também trouxeram novos perigos (por exemplo, aqueles causados pela produção de energia nuclear), que focaram a mente de indivíduos e sociedades na busca por segurança e a ideia de risco calculável. Em meados dos anos 1980, o sociólogo alemão Ulrich Beck alegou que nossa relação com a sociedade e suas instituições mudou profundamente nas últimas décadas e que isso exigiu uma nova forma de pensar sobre o risco. Beck argumenta que a vida social está progredindo de um primeiro estágio da modernidade para um segundo estágio, "reflexivo". Ele é moldado por uma percepção de que o controle da natureza — e o domínio sobre ela — e da sociedade parece ser impossível. Tal percepção pode levar ao desencanto com as estruturas sociais existentes como garantidores de segurança.

Uma característica-chave desse novo estágio é o surgimento de uma "sociedade de risco" global, que para Beck quer dizer que indivíduos, grupos, governos e corporações estão cada vez mais preocupados com a produção, a disseminação e a experiência do risco. Agora temos que confrontar os problemas que as gerações que nos antecederam não eram capazes de imaginar, e isso exige novas respostas pela sociedade.

No começo de sua obra, Beck chama a atenção para os riscos causados pela energia nuclear, pela indústria química e pela biotecnologia. Ele diz que o uso da ciência e da tecnologia para satisfazer as necessidades humanas alcançou um marco crítico, que o nosso avanço abriu

Veja também: Auguste Comte 22-25 ▪ Karl Marx 28-31 ▪ Max Weber 38-45 ▪ Anthony Giddens 148-149

possibilidades de desastres em escala inimaginável. Havendo tal catástrofe, ela seria tão grave que seria quase impossível conter seu impacto ou voltar ao estado anterior das coisas.

Qualidades de risco

Beck identifica três importantes qualidades de risco. Primeiro, a dos danos globais irreparáveis: não há mais compensação para acidentes, de modo que fazer seguro não funciona mais. Segundo, a exclusão do pós-tratamento precaucionário: não podemos fazer com que as condições voltem a ser como eram antes do acidente. Terceiro, não há limite para espaço e tempo: os acidentes são imprevisíveis, ultrapassam fronteiras nacionais e impõem seus efeitos por um longo período de tempo.

Para lidarmos com a possibilidade de tais catástrofes acontecerem no futuro, os métodos tradicionais de cálculo de risco se tornaram obsoletos em relação a muitos dos novos tipos de risco que nos preocupam no século XXI, como pandemias de saúde, catástrofes nucleares ou alimentos geneticamente modificados. Desse modo, como cientistas, empresas e governos podem gerenciar tais riscos catastróficos potenciais?

Risco real e virtual

Beck constata uma estranha ambiguidade na maneira como a sociedade entende o risco. Por um lado, eles são reais — existem como ameaça objetiva, latente, no centro do progresso científico e tecnológico. Não podem ser ignorados, mesmo que as autoridades finjam que não existem. Por outro lado, os riscos também são virtuais, ou seja, representam ansiedades a respeito de eventos que ainda não aconteceram ou talvez nem venham a acontecer. Mas é a ameaça aparente apresentada por esses riscos, a antecipação do desastre, que produz novos desafios ao poder de cientistas, empresas e governos.

Beck observa que ninguém é especialista em termos de risco. A complexidade intrínseca de muitos riscos implica que os cientistas quase nunca concordam quanto à sua probabilidade, sua possível intensidade ou quanto à forma de implantar procedimentos de

Nem a ciência nem os políticos no poder… estão em condições de definir ou controlar os riscos racionalmente.
Ulrich Beck

segurança adequados. De fato, na mente do público, foram esses mesmos especialistas — em sua manipulação dos genes, ou na fissão nuclear — que criaram tais riscos.

Mas, se há um ceticismo público em relação aos cientistas, Beck nota que eles são essenciais à sociedade de risco. Exatamente por não podermos sentir, ouvir, cheirar ou ver os riscos que enfrentamos, precisamos de tais especialistas para nos ajudar a medir, calcular e lhes dar sentido por nós. »

Ulrich Beck

Ulrich Beck nasceu em 1944 na cidade de Stolp, Alemanha, hoje parte da Polônia. A partir de 1966, estudou sociologia, filosofia, psicologia e ciência política na Universidade de Munique. Em 1972, terminou seu doutorado na Universidade de Munique, onde, em 1979, se tornou professor catedrático. Mais tarde, lecionou nas universidades de Münster e Bamberg.

Desde 1992, Beck foi professor de sociologia e diretor do Instituto de Sociologia da Universidade Ludwig Maximiliam, de Munique. Também foi professor visitante na London School of Economics. Tornou-se um dos mais conhecidos sociólogos da Europa. Além de seu trabalho e sua pesquisa acadêmica, comentava sobre assuntos contemporâneos na mídia e desempenhava um papel importante nas questões políticas europeias. Faleceu em 2015 na cidade de Munique.

Principais obras

1986 *Sociedade de risco*
1997 *O que é globalização?*
1999 *World Risk Society*
2004 *The Cosmopolitan Vision*

Dando sentido aos riscos

Beck nota o papel importante desempenhado pelos chamados "novos movimentos sociais" em elevar a percepção do público sobre os riscos. Por exemplo, o Greenpeace, organização independente comprometida com a proteção ambiental, produz campanhas de publicidade muito impactantes para chamar a atenção para os riscos ambientais que são causados e subestimados por empresas e governos.

A mídia alimenta as ansiedades do público sobre os riscos, alega Beck. Para aumentar as vendas, as empresas jornalísticas se agarram a histórias de fracassos empresariais ou institucionais em gerenciar os riscos, ou são sensacionalistas em relação às histórias de ameaças ocultas apresentadas pelo desenvolvimento tecnológico.

Apesar de prestarem serviço a si próprias, Beck vê algo positivo nisso, porque elas ajudam a desenvolver a percepção do público quanto aos riscos e promovem o debate. A mídia torna os riscos visíveis e significativos para as pessoas ao lhes atribuir uma poderosa forma simbólica. Por exemplo, as consequências do aumento da temperatura global por décadas no futuro podem soar falsas ou abstratas. Mas imagens de geleiras "antes e depois" de seu derretimento, ou fotos de ursos-polares apoiados sobre pedaços de gelo, passam uma mensagem poderosa a respeito do imediatismo dos riscos que o mundo enfrenta.

Dentre as consequências sociais mais amplas de viver numa sociedade de risco está uma mudança na natureza da desigualdade. No passado, os indivíduos mais ricos podiam se proteger dos riscos, talvez pagando mais para viver numa vizinhança mais segura, ou para ter um plano de saúde particular garantindo-lhes uma melhor assistência de saúde. Mas as pessoas não conseguem mais, só com o dinheiro, se livrar de muitos dos riscos da atualidade. Até certo ponto, uma pessoa poderia fazer isso comprando alimentos orgânicos mais caros, visando evitar os danos dos pesticidas industriais. As nações mais ricas também poderiam evitar os efeitos poluentes da indústria pesada ao terceirizar a produção para países com um desenvolvimento mais rápido, como a China. Mais cedo ou mais tarde, no entanto, tais riscos acabam ricocheteando. E aqui Beck enfatiza a terceira qualidade do risco: que ele não respeita fronteiras de espaço e tempo. A própria riqueza é incapaz de evitar o risco — o Ocidente rico não é capaz de escapar das consequências do aquecimento global, que será exacerbado pela industrialização da China.

Medos e esperanças globalizados

Em sua obra mais recente sobre os conceitos de "sociedade de risco mundial" e "cosmopolitismo", Beck argumenta que o processo de globalização — o crescimento da

> Reduzindo-se a uma fórmula, a riqueza é hierárquica, a poluição é democrática.
> **Ulrich Beck**

As sociedades tecnológicas de hoje criam riscos que talvez não sejam conhecidos ou sejam quase impossíveis de quantificar. De acordo com Beck, quando enfrentamos esses riscos desconhecidos, temos três respostas: negação, apatia ou transformação.

Negação
Comportamo-nos como se o risco não existisse ou fosse menor. Essa é uma reação comum a muitas empresas e governos.

Apatia
Reconhecemos que os riscos talvez existam, mas não fazemos nada em relação a eles.

Transformação
Agimos de forma global e coletiva para vivermos de modo positivo sob a sombra do risco — a ideia de cosmopolitismo.

VIVENDO NUM MUNDO GLOBAL

A vigilância, tanto dos espaços públicos quanto das comunicações privadas, cresceu no mundo ocidental em resposta aos perigos reais e presumidos da violência terrorista.

interdependência que mina a influência e o poder dos estados-nações — produz suas próprias consequências negativas.

Estas incluem riscos financeiros e riscos de terrorismo. Com o crescimento global dos fundos de hedge, dos mercados futuros, dos derivativos e da securitização das dívidas, nenhum país pode se esconder atrás de suas fronteiras, fugindo das consequências de algo dar errado. Ações terroristas violentas, planejadas e executadas por grupos ideológicos, permeiam as fronteiras entre os países, ao atacar o centro de cidades globais como Nova York e Londres. De modo interessante, Beck observa que o terrorismo global é um dos poucos riscos a que os governos ficam felizes em chamar a atenção para fins políticos.

Embora o enorme foco de Beck nos riscos pareça sombrio, ele também chama a atenção para aquilo que vê como possibilidades positivas inerentes ao crescimento do risco. Ele aponta para o desenvolvimento daquilo que chama de "cosmopolitismo", um conceito que inclui vários componentes.

Primeiro, a existência de riscos globais exige uma resposta global: riscos catastróficos afetam a humanidade como um todo e devem ser respondidos de forma coletiva, para além das fronteiras nacionais. Segundo, o nível de atenção da mídia para riscos e catástrofes tem o efeito de dar maior destaque a como os desastres impactam mais os pobres: a cobertura da mídia sobre o furacão Katrina nos EUA em 2005, por exemplo, demonstrou às audiências globais como a pobreza piora a experiência de uma catástrofe. Terceiro, a experiência e a percepção pública do risco hoje forçam grupos diferentes a dialogar entre si. Por exemplo, Beck nota como grupos ambientais e empresariais uniram forças para protestar contra a falta de resposta por parte do governo americano quanto à mudança climática.

Risco e recompensa

A obra de Beck tem sido amplamente lida no mundo da sociologia porque trata de forma exaustiva de muitas das mudanças-chave e das inquietações das últimas décadas. Publicada originalmente na Alemanha em 1986, numa época de novas preocupações ambientais quanto à chuva ácida e aos buracos na camada de ozônio, seu conceito original da sociedade de risco uniu e antecipou uma série de questões e acidentes ambientais muito relevantes, como o desastre de Bhopal, na Índia, em 1984 — onde um vazamento de gás de uma fábrica de produtos químicos causou um enorme envenenamento —, e a explosão da usina nuclear de Chernobyl na Ucrânia, em 1986. Mais recentemente, a análise de Beck tem sido aplicada a questões como o terrorismo global e o quase colapso do sistema financeiro em 2008. Ela foi assumida por outros como um modo de entender diversos tipos de problemas, incluindo as relações internacionais, o controle da criminalidade, a saúde humana, a segurança alimentar e as políticas e obras sociais.

No fim das contas, há uma linha positiva presente em toda a obra de Beck. Ele argumenta que a experiência de responder ao risco global pode levar a soluções inovadoras e a mudanças sociais construtivas. É somente quando nos vemos diante da catástrofe que o bem-estar coletivo e os interesses comuns podem prevalecer sobre interesses egoístas e toscos, e nossas instituições podem ser transformadas de maneira proveitosa. ■

Temores da chuva ácida e do aquecimento global levaram ao Painel Intergovernamental de Mudança Climática. Formado em 1988, revisou o conhecimento da ciência a respeito da mudança climática.

ÀS VEZES PARECE QUE O MUNDO NÃO PARA
JOHN URRY (1946-)

EM CONTEXTO

FOCO
Mobilidades

DATAS IMPORTANTES
1830 A primeira ferrovia unindo duas cidades é aberta na Inglaterra, ligando Liverpool a Manchester.

1840 Na Grã-Bretanha, o primeiro selo postal adesivo pré-pago, o "Penny Black", revoluciona a circulação de informação e bens.

1903 Os irmãos americanos Wilbur e Orville Wright fazem o primeiro voo a motor na Carolina do Norte, EUA.

A partir dos anos 1960 Os satélites de comunicação entram em órbita, anunciando a transmissão global instantânea de informação.

1989-1991 O cientista britânico Tim Berners-Lee desenvolve a World Wide Web.

2007 O sociólogo britânico John Urry publica *Mobilities*.

D esde o século XVII surgiram novas tecnologias que possibilitaram a pessoas, objetos e ideias se mover pelo mundo mais facilmente do que antes. O sociólogo britânico John Urry adverte que as consequências desse aumento na mobilidade global demandam que as ciências sociais desenvolvam um "novo paradigma" para o estudo de como bens, pessoas e ideias circulam. Para Urry, tal movimento cria novas identidades, culturas e redes, levando à diversidade cultural, a oportunidades econômicas e, às vezes, a novas formas de desigualdade social.

Sistemas e mobilidades

A principal contribuição de Urry para o estudo da globalização é seu foco nos sistemas sociais que facilitam o movimento. O século XX, em especial, viu o surgimento de carros, telefones, poder aéreo, trens de alta velocidade, satélites de comunicação, redes de computadores etc. Esses "sistemas de mobilidades" de interconexão são o cerne dinâmico da globalização, diz Urry.

Ser fisicamente móvel se tornou… 'uma forma de vida' ao redor do globo.
John Urry

Ele argumenta que o estudo das "mobilidades" torna transparentes os impactos e as consequências da globalização. De forma similar, o estudo das forças que impedem a mobilidade — as "imobilidades" — é essencial para compreender a exclusão e a desigualdade social contemporânea.

Ao entender esse fluxo global, a sociologia pode explorar melhor as vantagens e os custos sociais e ambientais da globalização (como o crescimento econômico e os poluentes industriais) e as forças que lideram a mudança social. ■

Veja também: Zygmunt Bauman 136-143 ▪ Manuel Castells 152-155 ▪ Saskia Sassen 164-165 ▪ David Held 170-171

AS NAÇÕES PODEM SER IMAGINADAS E CONSTRUÍDAS COM UM TRAÇO HISTÓRICO RELATIVAMENTE PEQUENO
DAVID McCRONE

EM CONTEXTO

FOCO
Neonacionalismo

DATAS IMPORTANTES
1707 O Tratado de União é ratificado e o Reino Unido é oficialmente constituído.

1971 O etnógrafo britânico Anthony D. Smith publica seu influente estudo *Theories of Nationalism*.

1983 O sociólogo britânico Benedict Anderson publica *Comunidades imaginadas*, examinando a formação do conceito de nação.

1998 O sociólogo britânico David McCrone argumenta em seu *The Sociology of Nationalism* que o nacionalismo opera como um veículo para uma variedade de interesses sociais e econômicos.

2004 A socióloga japonesa Atsuko Ichijo explora a aparente contradição de uma política de "independência na Europa" em *Scottish Nationalism and the Idea of Europe*.

As forças econômicas, políticas e culturais geradas pela globalização, de acordo com o sociólogo britânico David McCrone, coincidiram com a ascensão do neonacionalismo, o que acontece quando um grupo social em uma nação tenta redefinir sua identidade. Ele argumenta que todas as identidades neonacionalistas dizem respeito a pequenas entidades dentro de grandes estados-nações: por exemplo, a Escócia no Reino Unido, a Catalunha na Espanha, o país Basco, que cobre o sudoeste da França e o norte da Espanha, e a região francófona de Quebec, no Canadá.

Tanto as identidades nacionais quanto as neonacionais são feitas da "matéria-prima histórica" de uma língua comum, dos mitos, das narrativas culturais e dos ideais sociais. McCrone diz que a solidariedade surge sempre que um grupo suficiente de pessoas invoca tais matérias-primas, ou "traços históricos", buscando uma causa comum. Além disso, um traço histórico relativamente pequeno já é o bastante para estimular sentimentos neonacionalistas. Quase sempre, poucos símbolos são necessários para invocar fortes sensações nas pessoas, como a bandeira Senyera da Catalunha, ou o símbolo da flor-de-lis de Quebec. Apesar do sentimento de diferença em relação ao Estado poder ser o principal fator para os clamores de autonomia, ou maior independência, as motivações das identidades neonacionalistas ou separatistas podem variar bastante. Elas podem ser motivadas, por exemplo, pela percepção da injustiça na tributação ou na alocação de recursos. ∎

A organização separatista basca ETA manteve um conflito político e armado com a Espanha e a França, entre 1959 e 2011, visando à independência política.

Veja também: Émile Durkheim 34-37 ▪ Paul Gilroy 75 ▪ John Urry 162 ▪ David Held 170-171 ▪ Benedict Anderson 202-203 ▪ Michel Maffesoli 291

CIDADES GLOBAIS SÃO LUGARES ESTRATÉGICOS PARA NOVOS TIPOS DE OPERAÇÃO
SASKIA SASSEN (1949-)

EM CONTEXTO

FOCO
Cidades globais

DATAS IMPORTANTES
1887 Ferdinand Tönnies diz que a urbanização afeta a solidariedade social ao permitir a ascensão de uma sociedade mais individualista.

1903 Georg Simmel sugere que as cidades podem fazer com que as pessoas adotem uma "reserva urbana" e uma atitude blasée.

Anos 1920-1940 A Escola de Chicago de sociologia alega que as cidades têm uma "ecologia urbana" na qual as pessoas concorrem por emprego e serviços.

A partir dos anos 1980 Tanto o sociólogo britânico David Harvey como o sociólogo espanhol Manuel Castells argumentam que as cidades são moldadas pelo capitalismo, o que influencia não apenas o seu caráter como também as diversas interações de seus habitantes.

A globalização não acontece por si só. De acordo com Saskia Sassen, professora de sociologia na Universidade Columbia, Nova York, EUA, certas cidades desempenham um papel-chave na geração de fluxos econômicos e culturais capazes de conectar o mundo todo. Tais "cidades globais" exercem poder e influência muito além do território onde se localizam.

Os sociólogos estudam cidades para entender qual o impacto que elas têm sobre o comportamento, os valores e as oportunidades de seus moradores. No século XX, eles perceberam que as grandes cidades industriais do mundo desenvolvido estavam formando novas conexões e se tornando economicamente interdependentes. Tais mudanças foram resultado, em parte, da liberalização do comércio e da expansão global do capitalismo industrial. Nessa nova "economia global" estavam se formando núcleos centrais de atividade econômica e cultural, ou as "cidades globais".

A metrópole moderna

As cidades globais, adverte Sassen, produzem bens na forma de inovações tecnológicas, produtos financeiros e serviços de consultoria (jurídica, contábil, publicitária etc.). Tais setores de serviço são usuários intensivos de tecnologias de telecomunicações e estão, portanto, integrados a redes de negócios que ultrapassam as fronteiras nacionais. Eles também são parte das economias pós-industriais, ou de "serviço", no mundo desenvolvido, e seus principais produtos são conhecimento, inovação, expertise técnica e bens culturais.

Sassen argumenta em seu livro *The Global City* (1991, revisado em 2001) que o surgimento de um mercado global para serviços financeiros especializados dá às cidades globais um "comando e uma função de controle" sobre a globalização econômica. Isso acontece porque a

Wall Street é o motor da cidade global de Nova York. Tais cidades, Sassen diz, são o "terreno onde a multiplicidade de processos de globalização assume formas concretas, localizadas".

Veja também: Ferdinand Tönnies 32-33 ▪ Georg Simmel 104-105 ▪ Henri Lefebvre 106-107 ▪ Zygmunt Bauman 136-143 ▪ Immanuel Wallerstein 144-145 ▪ David Held 170-171

A globalização está **transformando as cidades industriais** e dando lugar às "cidades globais", que são...

- ... **postos de comando** para a direção e as políticas que guiam a economia global.
- ... **locais-chave para o setor de serviços**, inclusive para as firmas financeiras e jurídicas.
- ... **lugares de produção de conhecimento** e inovação para novas indústrias e setores.
- ... **mercados** nos quais os produtos de novas indústrias e setores são comprados e vendidos.

As cidades globais são lugares estratégicos para novos tipos de operação.

matriz de várias companhias transnacionais está nas cidades globais. Firmas de consultoria também estão muito representadas nesses centros urbanos. Tais companhias tomam decisões que direcionam o fluxo global de dinheiro e conhecimento e podem fazer com que a atividade econômica se expanda ou se contraia em outras regiões.

O mercado global

As cidades globais também são mercados onde se compram e vendem bens financeiros. Nova York, Londres, Tóquio, Amsterdã, Hong Kong, Xangai, Frankfurt e Sydney (entre outras) são enormes centros financeiros, sede de grandes bancos, negócios e bolsas de valores. Na cidade global, os mercados nacional e global se interconectam, o que leva à concentração da atividade financeira.

As cidades globais são apoiadas por uma infraestrutura multifuncional. Os distritos empresariais centrais oferecem núcleos de interação a empregados de firmas locais, nacionais e multinacionais. Universidades influentes e centros de pesquisa também contribuem para a produção de conhecimento e inovação, que são cruciais para as economias baseadas na informação.

As pesquisas de Sassen mostram que as cidades globais são lugares onde são desempenhadas as atividades humanas por trás dos processos de globalização e a partir de onde suas consequências são disseminadas através de redes socioeconômicas da economia global. Ainda que as cidades globais não estejam livres da pobreza e de outras formas de desigualdade social, ainda são lugares cosmopolitas de variadas oportunidades econômicas e sociais. ∎

Cultura urbana multinacional

A obra de Sassen enfatiza que as cidades globais são cada vez mais cosmopolitas. Conforme os imigrantes levam novas comidas, expressões culturais e entretenimento para a cultura nacional que os recebe, essa diversidade enriquece uma cidade.

Num estado-nação que encoraja o multiculturalismo e a inclusão social, as cidades globais podem se tornar lugares ainda mais vibrantes para inovações culturais, já que ideias e valores são compartilhados livremente. Essa textura multicultural de uma cultura nacional preexistente também aumenta a atividade cultural. Isso se dá porque as cidades globais chamam mais atenção para visitantes eventuais, ou imigrantes, capazes de manter aspectos de sua etnia e identidade nacional ao mesmo tempo que abraçam novas experiências e valores de uma cidade cosmopolita. A diversidade cultural das cidades globais também implica que elas são orientadas a apoiar as atividades de uma economia global e de uma cultura global cosmopolita.

SOCIEDADES DIFERENTES SE APROPRIAM DO MATERIAL DA MODERNIDADE DE MANEIRA DIFERENTE
ARJUN APPADURAI (1949-)

EM CONTEXTO

FOCO
Globalização e modernidade

DATAS IMPORTANTES
1963 Jacques Derrida introduz o conceito de "différance" (diferença), que, mais tarde, molda as ideias de heterogeneidade cultural.

1983 O pensador social britânico Benedict Anderson diz que os grupos com base em percepções de seus membros, em vez de interação direta, são "comunidades imaginárias".

1991 A liberalização econômica abre a Índia para forças globalizantes conforme o país tenta se integrar à ordem global.

2008 O teórico dos estudos pós-coloniais Richard Brock aplica a noção de "cenários" de Appadurai para considerar criticamente a construção cultural da pandemia da aids.

O termo "globalização" acabou associado à disseminação do capitalismo de livre mercado e ao desenvolvimento de economias sem fronteira — a ideia de uma aldeia global comercial. Num contexto sociológico, no entanto, a globalização é um fenômeno não apenas econômico, mas também cultural, social e ideológico.

Tem havido muito debate entre os teóricos culturais sobre se a globalização necessariamente quer dizer que o mundo se tornará mais homogêneo — movendo-se em direção à cultura de "um mundo" — ou se as reações às forças da globalização reforçarão a diversidade de linguagem, cultura e etnia.

VIVENDO NUM MUNDO GLOBAL 167

Veja também: Zygmunt Bauman 136-143 ▪ Immanuel Wallerstein 144-145 ▪ Roland Robertson 146-147 ▪ Manuel Castells 152-155 ▪ Jeffrey Alexander 204-209

Arjun Appadurai

Nascido em Mumbai, Índia, Arjun Appadurai foi para os EUA estudar na Universidade Brandeis, perto de Boston. Terminou seu mestrado em 1973 e, em 1976, seu doutorado pela Universidade de Chicago.

Appadurai é hoje professor de mídia, cultura e comunicação na Universidade de Nova York, onde também é pesquisador no Institute for Public Knowledge. Atuou como consultor para o Instituto Smithsonian, o National Endowment for the Humanities, a National Science Foundation, as Nações Unidas e o Banco Mundial. Appadurai fundou e é presidente da organização sem fins lucrativos Partners for Urban Knowledge Action and Research, sediada em Mumbai, e é um dos fundadores do *Public Culture*, periódico multidisciplinar focado no transnacionalismo.

Principais obras

1990 "Disjuncture and Difference in the Global Cultural Economy"
1996 *Modernity at Large: Cultural Dimensions of Globalization*
2001 *Globalization*

O sociólogo e antropólogo social Arjun Appadurai levou esse debate a uma nova direção. Ele argumenta que a visão convencional da globalização como forma de imperialismo cultural falha em refletir a realidade das mudanças que a globalização pôs em curso. Em vez disso, Appadurai sugere que as diferentes sociedades se apropriam de maneira diferente do material da modernidade.

Isso significa que uma sociedade, como a China, por exemplo, pode assimilar muito rapidamente um aspecto da mudança global (como a mudança econômica), e outro aspecto (como a mudança ideológica) de modo bem mais lento, ao passo que outra sociedade pode passar por isso de maneira totalmente diferente. O resultado é que a globalização não denota necessariamente um processo uniforme e inclusivo. Pelo contrário, nações estão mais propensas a certas facetas da globalização do que a outras, dependendo de uma série de fatores, como o estado da economia, a estabilidade política e a força da identidade cultural. Por exemplo, a China abraçou as tecnologias industriais e de informação e a expansão econômica global ao mesmo tempo que manteve um forte senso de autonomia política.

Para Appadurai, o processo de globalização é aquele que leva a "desjuntar" áreas como economia, cultura e política, que deixam de se mover na mesma direção, causando »

A comunidade imaginária de um homem é a prisão política de outro.
Arjun Appadurai

assim tensões na sociedade. Um exemplo disso é a distância entre a promessa de bens de consumo feitos por companhias globais e a capacidade dos habitantes locais de comprá-los.

A obra de Appadurai lida com a forma como a globalização diminui o papel dos estados-nações em moldar a identidade cultural, e argumenta que a identidade está cada vez mais se tornando independente do território onde se localiza pela mobilidade, pela migração e pela velocidade das comunicações. As pessoas não têm mais um conjunto coerente de ideias, visões, crenças e práticas baseadas em sua nacionalidade ou pertencimento a um Estado. Em vez disso, novas identidades culturais estão surgindo nos interstícios de diferentes Estados e localidades — aquilo que Appadurai chama de "translocalidades".

Mundos imaginados globalmente

A chave para entender a globalização, diz Appadurai, é a imaginação humana. Ele argumenta que, em vez de vivermos em comunidades onde nos vemos face a face, vivemos dentro de comunidades imaginárias, que são globais em sua extensão. Os tijolos que as constituem são cinco dimensões inter-relacionadas que moldam o fluxo global de ideias e informação. Ele chama essas dimensões de "cenários"

— étnicos, midiáticos, tecnológicos, financeiros e ideológicos. Ao contrário de um cenário pictórico, que é normalmente fixo, os "cenários" de Appadurai estão em constante mudança, e a forma como são experimentados depende, em grande escala, da perspectiva do ator social envolvido.

Nesse contexto, o ator social pode ser qualquer um de vários grupos, como estados-nações, empresas multinacionais, comunidades em diásporas, famílias e indivíduos. As diversas formas como esses cinco cenários se combinam implicam que o mundo imaginado que uma pessoa ou grupo identifica pode ser radicalmente diferente, sem ser mais real, daquele visto por outro observador.

Cenários em mudança

Appadurai usou pela primeira vez o termo "cenário étnico" num artigo em 1990, "Disjuncture and Difference in the Global Cultural Economy", para descrever o fluxo de pessoas — comunidades imigrantes, exilados políticos, turistas, trabalhadores eventuais, migrantes econômicos e outros grupos — ao redor do mundo, assim como as "fantasias de querer mudar" em busca de uma vida melhor. A crescente mobilidade das pessoas entre as nações constitui uma questão-chave do mundo global, em especial ao afetar a política dos estados-nações.

Os cenários midiáticos se referem à produção e à distribuição de informação e imagens através de jornais, revistas, TV e filmes, bem como das tecnologias digitais. As formas múltiplas pelas quais a informação se torna acessível a interesses privados e públicos por todo o mundo são o principal motor da globalização. Os cenários midiáticos oferecem repertórios de imagens e narrativas grandes e complexos para as audiências, e isso molda a maneira como as pessoas percebem os eventos que acontecem por todo o mundo.

Os cenários tecnológicos representam a rápida disseminação da tecnologia e do seu conhecimento — tanto mecânico quanto informacional — através das fronteiras. Por exemplo, muitas das empresas do setor de serviços da Europa Ocidental baseiam seus call centers na Índia, e os engenheiros de software indianos são muito recrutados pelas empresas americanas.

Os cenários financeiros refletem a quase instantânea transferência de capital financeiro e de investimento ao redor do globo no volátil mundo de mercados monetários, trading de ações e especulação com commodities.

Os cenários ideológicos são feitos de imagens que são "quase sempre diretamente políticas", quer produzidas pelo Estado visando reforçar a ideologia dominante, quer criadas por movimentos

A França abraçou diversas dimensões econômicas da globalização, mas ainda limita a influência de culturas estrangeiras ao, por exemplo, sobretaxar os ingressos de cinema para financiar a produção local de filmes.

VIVENDO NUM MUNDO GLOBAL

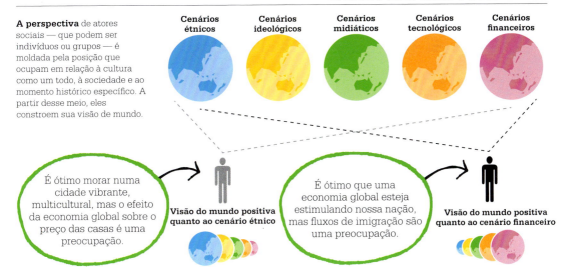

contraideológicos "voltados a deter o poder estatal ou parte dele". Por exemplo, ideias sobre um Estado constituído através de conceitos como "herança nacional", sendo confrontado por movimentos sociais e políticos que promovem os direitos das minorias e a liberdade de expressão.

Mesmice e diferença

Os diferentes "cenários" identificados por Appadurai podem ser, e quase sempre são, incongruentes e desarticulados. Por exemplo, os atores sociais em um lugar podem estar mais bem-dispostos em relação ao desenvolvimento econômico gerado pela globalização (ou seja, eles veem um cenário financeiro positivo), ao passo que, de forma simultânea, podem considerar a imigração como ameaça à identidade e à cultura nacional (um cenário étnico negativo).

Ao conceituar a globalização em termos de cinco cenários, Appadurai é capaz de solapar a visão da globalização como um processo uniforme e internamente coerente. Pelo contrário, a globalização é entendida como um processo com muitas camadas, fluido e irregular — caracterizado por uma mudança constante. Os diferentes cenários são capazes de se mover juntos ou de seguir trajetórias distintas, quer reforçando, quer desestabilizando um ao outro.

Appadurai diz que os cenários são construções de perspectivas porque são determinados pela relação de quem os vê com o que é visto. Se essa relação muda, a visão também muda. A visão de mundo construída por um ator social é exatamente isto: uma visão dependente do posicionamento social, cultural e histórico do ator, e por essa razão quem e onde estamos determinam quais cenários veremos e como os interpretaremos. Existem múltiplas formas de imaginar o mundo.

O impacto da contribuição de Appadurai à teoria da globalização é significativo principalmente porque não tenta oferecer uma teoria integrada da globalização de forma ortodoxa, como a de pensadores sociais como Immanuel Wallerstein, dos EUA, e Manuel Castells, da Espanha. Em vez disso, a intenção de Appadurai é desconstruir criticamente aquilo que considera uma visão inocente de achar que algo tão complexo e multifacetado como a globalização pode ser explicado através de uma única teoria principal. Dito isso, a obra de Appadurai tem sido condenada por pessoas como o pensador social holandês Gijsbert Oonk, que questiona se o seu conceito de cenários globais pode ou não ter uma aplicação significativa na condução de pesquisa empírica. ∎

A economia cultural da nova ordem global tem que ser entendida como uma ordem complexa, cheia de sobreposições e disjunções.
Arjun Appadurai

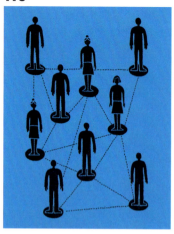

PROCESSOS DE MUDANÇA ALTERARAM AS RELAÇÕES ENTRE PESSOAS E COMUNIDADES
DAVID HELD (1951-)

EM CONTEXTO

FOCO
Globalização

DATAS IMPORTANTES
Década de 1960 O teórico canadense da mídia Marshall McLuhan alega que o mundo está se reduzindo a uma "aldeia global" através da tecnologia.

1974 O sociólogo americano Immanuel Wallerstein publica *O sistema mundial moderno*, enfatizando os efeitos sociais de uma economia global.

1993 O sociólogo americano George Ritzer afirma que métodos sistemáticos de produção influenciam as operações de instituições e empresas ao redor do mundo.

2006 O sociólogo alemão Ulrich Beck argumenta que os Estados devem abarcar a cooperação multilateral, as instituições transnacionais e as identidades cosmopolitas se quiserem prosperar na era global.

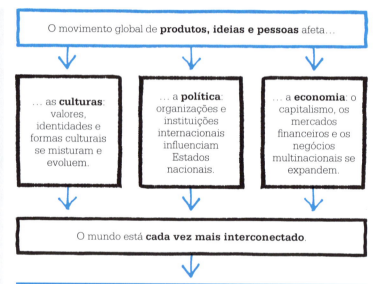

O mundo está se tornando menor devido ao movimento de massa das pessoas e à troca e ao fluxo de produtos, ideias e artefatos culturais. Essas mudanças, sugere o sociólogo britânico David Held, alteram a forma como as comunidades e os indivíduos interagem e se comunicam uns com os outros.

A imigração, por exemplo, produz uma mistura de culturas e o desenvolvimento de sociedades multiculturais. As pessoas também se

VIVENDO NUM MUNDO GLOBAL

Veja também: George Ritzer 120-123 ▪ Immanuel Wallerstein 144-145 ▪ Roland Robertson 146-147 ▪ Ulrich Beck 156-161 ▪ Arjun Appadurai 166-169

David Held

David Held nasceu na Grã-Bretanha em 1951, onde iniciou seus estudos, passando também por França, Alemanha e EUA. Fez mestrado e doutorado em ciência política no Massachusetts Institute of Technology (MIT), EUA.

Held é cofundador e diretor da Polity Press, editora de livros sobre ciências sociais e humanidades criada em 1984 e muito influente internacionalmente. Ele já escreveu e editou mais de sessenta livros sobre democracia, globalização, governança global e políticas públicas. Em 2011, deixou seu posto de professor de ciência política na London School of Economics para se tornar diretor do Institute of Global Policy na Universidade Durham, Reino Unido.

Os filmes de Bollywood na Índia representam o fluxo assimétrico de cultura ao redor do mundo. Apesar de vender mais ingressos que Hollywood, eles têm receitas muito menores conectam com culturas globais, como gêneros musicais e gastronômicos, mesclando o global com o local para gerar novos produtos culturais.

Held sugere que a globalização pode ser mais bem entendida como um conjunto de processos e mudanças. As dimensões culturais incluem a distribuição de produtos de mídia e o movimento de ideias e pessoas entre as sociedades. As dimensões políticas abrangem a ascensão de organizações, instituições e companhias multinacionais. As dimensões econômicas incluem a expansão do capitalismo e do consumismo.

Mudanças para melhor ou pior?

Em seu livro *Globalization/Anti-Globalization*, Held examina as visões de diferentes sociólogos sobre a globalização, organizando-as em "hiperglobalistas", "céticos" e "transformacionistas".

Os hiperglobalistas veem as forças da globalização como poderosas, sem precedentes e facilitadoras da civilização global. Alguns hiperglobalistas louvam a globalização por guiar o desenvolvimento econômico e espalhar a democracia. Outros são críticos da disseminação do capitalismo e suas consequências sociais.

Os céticos, por outro lado, desprezam a extensão da globalização como um novo fenômeno e rejeitam a ideia de que a integração e as instituições globais estão minando o poder dos estados-nações. Eles veem a globalização marginalizando o mundo em desenvolvimento, enquanto beneficia as corporações baseadas em nações desenvolvidas.

Os transformacionistas, de acordo com Held, explicam melhor o processo contraditório da globalização. Eles alegam que os limites entre o global e o local estão enfraquecendo e que o mundo humano está se tornando interconectado. Eles também argumentam que não há uma única causa para a globalização e que os resultados desses processos são indeterminados.

A globalização, sugere Held, está abrindo espaço para uma nova

Principais obras

1995 *Democracy and the Global Order*
2002 *Globalization/Anti-Globalization* (coautor)
2004 *Global Covenant*

"arquitetura" global, composta de companhias e instituições multinacionais e caracterizada por fluxos culturais e econômicos assimétricos.

A natureza precisa dos padrões emergentes de desigualdade e prosperidade trazidos pela globalização ainda não está clara. Mas é importante ressaltar que Held vê a globalização como um processo dinâmico que pode ser influenciado: estados-nações podem adotar políticas e relações que lidem com problemas ou riscos globais, sejam eles a pobreza, sejam as pandemias ou a mudança ambiental. ∎

CULTURA
IDENTIDA

INTRODUÇÃO

Em *The Social Self*, o psicólogo social G. H. Mead explica que o **senso de identidade** só é possível num **contexto social**.

↑ **1913**

O processo civilizador, obra de Norbert Elias composta de três volumes, analisa a conexão entre **a ordem social e o comportamento individual**.

↑ **1939**

Em *Cultura e sociedade* e em seu ensaio "Culture Is Ordinary", publicados no mesmo ano, Raymond Williams dá enorme importância ao **conceito de cultura**.

↑ **1958**

DÉCADA DE 1930

↓

Antonio Gramsci alega que os **grupos socialmente dominantes** impõem seus valores e crenças sobre os outros no processo de **"hegemonia cultural"**.

1955

↓

Em *The Sane Society*, o sociólogo e psicólogo Erich Fromm **critica a conformidade imposta** pela sociedade moderna.

1963

↓

Em *Estigma*, Erving Goffman examina como os **indivíduos se tornam marginalizados** na sociedade e passam a assumir **identidades estigmatizadas**.

Desde os seus primórdios no começo do século XIX, a sociologia buscou examinar não apenas as instituições e os sistemas que criaram a ordem social, mas também os fatores que mantiveram a coesão social.

Tradicionalmente, isso se deu através de valores compartilhados, bem como crenças e experiências das comunidades, mas, com o advento da "modernidade" na forma da industrialização e secularização, a estrutura da sociedade foi radicalmente transformada. Apesar de sabermos que a modernidade mudou a maneira como as pessoas se conectam umas com as outras, foi só no final do século XX que a cultura — o modo como as pessoas pensam e se comportam como grupo e como se identificam como membros de uma sociedade — tornou-se um objeto de estudo por si só. O surgimento da sociologia — o estudo sistemático de como a sociedade molda a interação e a identidade humana — coincidiu com a consolidação da antropologia e da psicologia, e houve certa sobreposição entre as três disciplinas. Portanto, não é surpresa que um dos primeiros sociólogos culturais também tenha sido um dos primeiros psicólogos sociais: G. H. Mead. Ele lançou as bases para um estudo sociológico da cultura ao enfatizar a conexão entre o indivíduo e a sociedade e, em especial, a noção de identidade social. Um indivíduo, argumentava ele, só é capaz de desenvolver um senso de identidade no contexto de um grupo social através da interação com outros.

As conexões com a psicologia social continuaram por todo o século XX, com destaque para a obra de Erich Fromm nos anos 1950, que argumentava que muitos dos problemas psicológicos têm origens sociais. No processo de conexão com a sociedade como um todo e na identificação de uma cultura em particular, espera-se que os indivíduos se conformem com a sociedade, e isso reprime nosso individualismo, de modo que perdemos o verdadeiro sentido de nosso eu. Quase ao mesmo tempo, Erving Goffman começou a discutir os problemas de estabelecer um senso de identidade e, nos anos 1960, focou o estigma sobre os que não se conformam ou são "diferentes".

Cultura e ordem social

Norbert Elias, nos anos 1930, descreveu a imposição das normas e das convenções sociais como um

CULTURA E IDENTIDADE

Em *O homem unidimensional*, Herbert Marcuse argumenta que a sociedade pluralista **homogeneizou a cultura** e esmagou o espírito de rebelião.

Em *Comunidades imaginadas*, Benedict Anderson explica que a **identidade nacional é um conceito ilusório**.

Jeffrey Alexander argumenta, em *The Meanings of Social Life: A Cultural Sociology*, que a cultura é **autônoma em relação à sociedade**, mas ainda assim pode agir como uma força de mudança social.

1964

1983

2003

1981

1992

Jean Baudrillard, em seu livro *Simulacros e simulação*, sugere que a **natureza e o artifício não são mais distinguíveis** no mundo pós-moderno.

Em seu artigo "The Question of Cultural Identity", Stuart Hall descreve a **"crise de identidade"** causada pela fragmentação das noções tradicionais de cultura.

"processo civilizador", regulando diretamente o comportamento individual. Há uma clara conexão entre o poder regulador da cultura e a manutenção da ordem social, e alguns viram isso como algo mais que um mero processo de socialização. Antonio Gramsci reconheceu o potencial de uso da cultura como meio de controle social. Através da coerção sutil, uma cultura dominante impõe sua "hegemonia cultural", na qual as normas sociais se tornam tão predominantes que não se pode imaginar nada além disso.

Michel Foucault expandiu essa ideia em seu estudo das relações de poder, e outros, como Herbert Marcuse, examinaram as formas como a cultura poderia ser usada para sufocar as insatisfações sociais. Mais tarde, outro sociólogo francês, Jean Baudrillard, argumentou que no mundo pós-moderno, com sua explosão de disponibilidade de informação, a cultura se afastou tanto da sociedade na qual existe a ponto de guardar pouca relação com a realidade.

Identidade cultural

Uma linha distinta da sociologia voltada à cultura surgiu no Reino Unido na segunda metade do século XX: os estudos culturais. O ponto de partida foi a enorme pesquisa de Raymond Williams sobre a ideia de cultura. Sua obra transformou o conceito, abrindo novas áreas de estudo para a investigação sociológica.

Williams explicou que a cultura é expressa pela produção e pelo consumo materiais e pela criação e busca de lazer de grupos sociais em tempo e lugar específicos — comida, esportes, moda, linguagem, crenças, ideias e costumes, bem como sua literatura, arte e música. Igualmente na vanguarda dessa escola britânica de estudos culturais estava Stuart Hall, que sugeriu que as noções de identidade cultural não são mais fixas. Com o significativo aumento nas comunicações e na mobilidade, todas as tradições nacionais, étnicas, de classe e até de gênero desapareceram — e outro sociólogo britânico, Benedict Anderson, chega a ponto de sugerir que o conceito de se pertencer a qualquer comunidade é ilusório.

Mas o sociólogo americano Jeffrey Alexander considerou a cultura como fator explicativo da estrutura da sociedade. Sua sociologia cultural examina como a cultura molda a sociedade através da criação de um sentido compartilhado. ∎

O "EU" E O "MIM"
G. H. MEAD (1863-1931)

EM CONTEXTO

FOCO
O desenvolvimento do eu

DATAS IMPORTANTES
1902 O sociólogo americano Charles Cooley afirma que nossa visão do "eu" reflete o ponto de vista dos que são importantes ao nosso redor.

1921 Em *The Language of Gestures*, o filósofo alemão Wilhelm Wundt diz que a mente é inerentemente social.

1975 O antropólogo americano Clifford Geertz alega que o "eu" é um "todo distinto e constituído em contraste com outros todos".

Década de 1980 A psicóloga social americana de origem britânica Hazel Rose Markus sugere que todos formamos um esquema que funciona como um autossistema com base em nossas experiências sociais anteriores.

1990 O psicólogo americano Daniel Siegel sugere que o desenvolvimento do eu social acontece simultaneamente ao desenvolvimento da função cerebral.

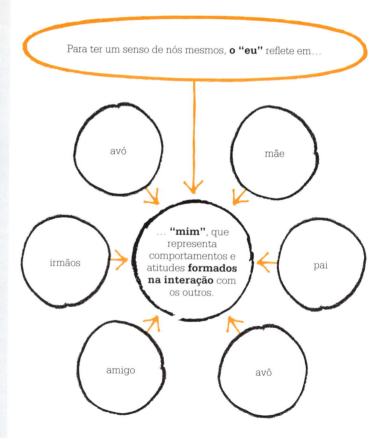

CULTURA E IDENTIDADE 177

Veja também: W. E. B. Du Bois 68-73 ▪ Edward Said 80-81 ▪ Norbert Elias 180-181 ▪ Erving Goffman 190-195 ▪ Stuart Hall 200-201 ▪ Benedict Anderson 202-203 ▪ Howard S. Becker 280-285 ▪ Adrienne Rich 304-309 ▪ Jeffrey Weeks 324-325

George Herbert Mead foi psicólogo social e filósofo, tendo buscado em ambas as disciplinas a solução exata daquilo que queremos dizer quando falamos a respeito do "self". Os filósofos e sociólogos tradicionais viam a sociedade como algo que brotava de pessoas individuais autônomas que se juntavam, mas Mead dizia o oposto disso: as pessoas emergem das interações sociais. Elas são formadas dentro da sociedade.

Esse conceito é o que prevalece hoje na psicologia e na psicoterapia, mas, quando Mead apresentou sua ideia pela primeira vez em 1913 no *The Social Self*, ela era um ponto de vista revolucionário. Mead discordava da ideia de que o nosso "eu" individual, capaz de ter experiências, existisse de forma reconhecível antes de ser uma parte do processo social. O processo social de experiência e comportamento é "logicamente anterior aos indivíduos, e suas experiências individuais é que estão envolvidas nele".

Com isso, Mead sugere que a consciência individual, com todas as suas intenções, desejos etc., é formada num contexto de relações sociais, numa ou mais línguas específicas e num conjunto de normas culturais. Desde o nascimento, os bebês começam a experimentar a comunicação através de gestos, que funcionam como símbolos e constroem um "universo de discurso". Com o passar do tempo, eles aprendem a copiar e "importar" as práticas, gestos e, por fim, palavras daqueles ao seu redor, de modo que consigam dar suas próprias respostas e receber gestos e palavras adicionais dos outros.

Quem somos

O padrão de atitudes que o bebê experimenta e internaliza (aprende) cria o senso do "mim". Dessa forma, esse "mim" representa os comportamentos, expectativas e atitudes aprendidos através de nossa interação com os outros.

Mas Mead diz que também temos outro senso de nós mesmos, que ele chama de "eu". Tanto o "eu" quanto o "mim" são diferentes funções do self. O "eu", assim como o "mim", segue evoluindo, porém sua

Nossa imagem de nós mesmos é desenvolvida a partir do nascimento através das interações com os outros. Os indivíduos não são produto da biologia, mas dessa interação.

função é refletir o "mim", mantendo um quadro mais amplo: o "mim" age de forma habitual, enquanto o "eu" pode refletir sobre isso e fazer escolhas autoconscientes. Isso nos permite ser diferentes tanto em relação às outras pessoas quanto ao nosso ser anterior, através da reflexão sobre nossas ações.

A teoria do desenvolvimento do self de Mead foi crucial ao afastar a psicologia e a sociologia da ideia do "self" como sendo uma mera introspecção interna, alinhando-o firmemente com o contexto social. ∎

A mente jamais poderia encontrar expressão e jamais poderia sequer ter vindo à existência, exceto em termos de ambiente social.
G. H. Mead

G. H. Mead

George Herbert Mead nasceu em Massachusetts, EUA. Seu pai foi pastor na Igreja Congregacional e mudou com a família para Oberlin, Ohio, para lecionar no seminário local, quando Mead tinha seis anos. Depois de se formar no Oberlin College em 1883, Mead trabalhou alguns anos como professor, passando a ser inspetor de ferrovias antes de voltar à academia. Começou seus estudos de filosofia e sociologia na Universidade Harvard, em 1887, e sete anos depois se mudou para a Universidade de Chicago, onde trabalhou até sua morte, em 1931. Alegava ter um "espírito ativista" e participou dos protestos pelo sufrágio feminino e por outras causas. O filósofo John Dewey reconheceu que Mead tinha "um intelecto de primeira ordem".

Principais obras

1913 *The Social Self*
1932 *The Philosophy of the Present*
1934 *Mind, Self and Society*

178

O DESAFIO DA MODERNIDADE É VIVER SEM ILUSÕES SEM SE TORNAR DESILUDIDO
ANTONIO GRAMSCI (1891-1937)

EM CONTEXTO

FOCO
Hegemonia cultural

DATAS IMPORTANTES
1846 Karl Marx e Friedrich Engels terminam a *Ideologia alemã*, só publicada em 1932. Mais tarde, o livro influenciou fortemente o pensamento de Gramsci.

1921 É fundado o Partido Comunista italiano.

1922 Benito Mussolini se torna ditador da Itália e uma figura líder no desenvolvimento do fascismo.

1964 O Centre for Contemporary Cultural Studies é aberto na Universidade de Birmingham, Inglaterra, e se baseia fortemente na noção de Gramsci sobre ideologia.

1985 Inspirado pelo conceito de ideologia de Gramsci, Ernesto Laclau e Chantal Mouffe desenvolvem um manifesto pós-marxista em *Hegemony and Socialist Strategy*.

De acordo com Marx, a **classe dominante controla a base econômica** e cria a superestrutura das instituições e relações sociais que **dominam a classe trabalhadora**.

↓

Gramsci alega que a **dominação de classe também ocorre culturalmente**: a classe trabalhadora está sujeita às **ilusões ideológicas** perpetradas pela classe dominante.

↓

Essas ilusões devem ser identificadas e **combatidas a qualquer custo**.

↓

O desafio da modernidade é viver sem ilusões sem se tornar desiludido.

A visão marxista da sociedade é que a vida é uma constante luta entre grupos que competem entre si: esses grupos são determinados economicamente, e, na modernidade, a luta se intensificou numa disputa pelo controle entre a minoria da elite dominante e a maioria, feita de trabalhadores. O socialista e pensador social italiano Antonio Gramsci tenta explicar por que a revolução não é acelerada numa crise,

CULTURA E IDENTIDADE 179

Veja também: Karl Marx 28-31 ▪ Friedrich Engels 66-67 ▪ Pierre Bourdieu 76-79 ▪ Zygmunt Bauman 136-143 ▪ Herbert Marcuse 182-187 ▪ Jean Baudrillard 196-199

---

como deveria ser de acordo com a teoria marxista clássica. Ele argumenta que a repressão pela classe dominante é insuficiente para assegurar uma ordem social estável, devendo haver, também, uma sujeição ideológica. Isso se dá num processo complexo em que a elite dominante propaga suas visões de mundo de maneira que sejam aceitas como senso comum, acima de qualquer discussão. Gramsci chama isso de "hegemonia", um modo oculto de dominação de classe que explica por que os trabalhadores podem se transformar em fascistas em vez de revolucionários.

A disputa hegemônica

Gramsci alega que essa hegemonia é cultural e está envolvida numa luta entre visões de mundo baseadas em classes, as quais ele considera como um conjunto de valores, ideias, crenças e entendimentos do que são os seres humanos, do que é a sociedade e — o mais importante — como ela deveria ser.

A hegemonia, diz ele, baseia-se em um mecanismo invisível no qual as posições de influência na sociedade são sempre ocupadas por membros de uma classe que já é dominante — amplamente sustentada com o consentimento dos subordinados. As ideias da classe dominante, as que permeiam toda a sociedade, são propostas por grupos intelectuais que atuam a seu favor (quase sempre não tendo plena consciência disso), como jornalistas que disseminam essas ideias para uma população mais ampla. A exposição constante a elas implica que as classes mais baixas as experimentam como naturais e inevitáveis, vindo a crer nelas. As ideias hegemônicas moldam o pensamento de todas as classes sociais. É por essa razão, diz Gramsci, que o desafio da modernidade é não se desiludir com a constante disputa, mas enxergar através das "ilusões" — as visões propostas pelos grupos da elite — e resistir a elas.

Já que os indivíduos têm a capacidade de pensar criticamente a respeito da visão que lhes é imposta, o que Gramsci chama de pensamento "contra-hegemônico", a dominância ideológica da classe dominante é quase sempre incerta. Nas democracias liberais ocidentais, o desafio à hegemonia é uma realidade cotidiana. A natureza e a extensão dessas disputas entre visões de mundo em conflito dependem de circunstâncias sociais, políticas e econômicas. Uma série de crises econômicas prolongadas que resultassem num desemprego maior, por exemplo, levaria a uma situação na qual surgiriam diversas forças contra-hegemônicas, sob a forma de movimentos sindicais ou de protesto. Gramsci diz que, na maioria das sociedades capitalistas, a classe dominante enfrenta uma constante oposição e discordância "de baixo" e tem que gastar muito tempo e energia para lidar com essa situação, com uma baixa possibilidade de controle completo, mesmo por curtos períodos de tempo.

As ideias de Gramsci enfatizam o papel dos indivíduos e das ideologias na luta por mudança social, logo desafiam o determinismo econômico do marxismo tradicional. Seu conceito de "hegemonia cultural", que reconhece a autonomia humana e a importância da cultura, tem tido um impacto duradouro em várias disciplinas acadêmicas. ∎

Antonio Gramsci

Antonio Gramsci nasceu na Sardenha, Itália, em 1891. Foi cofundador do Partido Comunista italiano. Enquanto servia como líder do partido, foi sentenciado a vinte anos de prisão por Benito Mussolini, o primeiro-ministro da época e ditador da Itália.

Gramsci escreveu bastante na prisão. Apesar de ter uma memória prodigiosa, sem a ajuda de sua cunhada, Tania, que sempre o visitava, suas ideias não teriam sido propagadas. Sua obra intelectual só se tornaria conhecida muitos anos após a Segunda Guerra Mundial, quando foi publicada postumamente no que ficou conhecido como os *Cadernos do cárcere*. Nos anos 1950, seus textos do cárcere atraíram interesse não apenas na Europa Ocidental, mas também no bloco soviético. Devido a uma dieta pobre e à saúde fraca durante seu tempo de prisão, Gramsci morreu de derrame ainda jovem, aos 46 anos.

Principais obras

1975 *Cadernos do cárcere*
1994 *Escritos políticos*

O PROCESSO CIVILIZADOR ESTÁ CONSTANTEMENTE SE MOVENDO "ADIANTE"
NORBERT ELIAS (1897-1990)

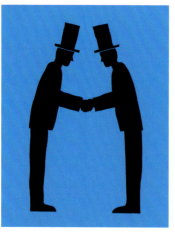

EM CONTEXTO

FOCO
O processo civilizador

DATAS IMPORTANTES
c. 1500 Chega ao fim o feudalismo na Europa Ocidental, dando lugar a uma sociedade de cortes.

1690 O filósofo inglês John Locke descreve a "sociedade civil" como um corpo unificado de indivíduos sob o poder de um executivo.

Década de 1850 Auguste Comte pergunta como o indivíduo pode ser tanto a causa como a consequência da sociedade.

1958 Max Weber diz que os valores e as crenças podem causar uma mudança dramática na estrutura social.

1962 O antropólogo americano Robert Redfield afirma que a civilização é uma totalidade de tradições grandes e pequenas.

Década de 1970 Antonio Gramsci argumenta que a classe dominante mantém sua dominância através das instituições da sociedade civil.

Conforme as nações se estabilizaram no Ocidente depois dos anos 1500, o **poder foi centralizado** e se tornou o protetor de um pequeno grupo de pessoas.

↓

Essas pessoas não eram mais reverenciadas por sua força física, mas por sua **posição social** refletida em suas maneiras cortesas.

↓

Para se identificar com o poder, as pessoas eram encorajadas a mostrar o mesmo **"comportamento civilizado"** que a elite governante da nação.

As pessoas (e nações) que não tivessem o comportamento certo eram vistas como **inferiores e precisavam ser "civilizadas"**, seguindo as regras dos poderosos.

Para lançar luz sobre a centralização do poder nacional e a crescente dominação dos últimos quinhentos anos do Ocidente, Norbert Elias se voltou para "o processo psíquico da civilização" — as mudanças no comportamento, nos sentimentos e nas intenções das pessoas no Ocidente desde a Idade Média. Ele descreve essas mudanças e o efeito que tiveram sobre os indivíduos nos três volumes de sua obra *O processo civilizador*.

Elias se baseia na história, na sociologia e na psicanálise para concluir que a forma como a sociedade ocidental acredita ser superior às outras é resumida pelo conceito de "civilização". Isso é tanto histórico quanto contemporâneo e pode se referir a vários aspectos das nações: desde os mais

CULTURA E IDENTIDADE

Veja também: W. E. B. Du Bois 68-73 ▪ Paul Gilroy 75 ▪ Pierre Bourdieu 76-79 ▪ Edward Said 80-81 ▪ Elijah Anderson 82-83 ▪ Stuart Hall 200-201

As "boas" maneiras à mesa e a etiqueta e o comportamento "corretos" eram, segundo Elias, os componentes-chave do padrão cultural na disseminação do processo "civilizador" europeu.

gerais, como estilo de vida, valores, costumes e religiões, até os mais pessoais, como a higiene pessoal, a forma de preparar alimentos etc. Em qualquer circunstância, a sociedade ocidental enfatiza que "sua" versão é o padrão segundo o qual todos os outros devem ser julgados.

A ascensão das maneiras

Elias estudou os livros de etiqueta e descobriu que a transformação nas atitudes em relação ao comportamento corporal era crucial a esse senso de civilização. Os ocidentais mudaram, aos poucos, suas ideias do que era aceito em termos de expressões faciais, controle dos fluidos corporais, comportamento em geral etc.

Comportamentos considerados normais na Idade Média eram tidos como "bárbaros" no século XIX. Essas pequenas mudanças resultaram na formação de uma classe cortês, identificável por suas maneiras altamente codificadas e sua forma disciplinada
de vida. Os cavaleiros guerreiros se tornaram cortesãos silenciosos, expressando contenção e mantendo um estrito controle dos impulsos e das emoções. Os comportamentos "civilizados" logo se tornaram essenciais para qualquer um disposto a negociar e socializar com os outros, fossem nobres, fossem comerciantes ou mulheres.

Elias diz que o processo se disseminou mais rapidamente a partir dos anos 1500, porque as "boas maneiras" ajudavam as pessoas a se relacionarem de modo mais pacífico, e as cidades e vilas em formação precisavam de tal cooperação. O processo, dizia ele, num certo ponto tornou-se uma questão de internalizar as regras sociais dos próprios pais, em vez das dos "melhores". Mas as regras sobre o que constitui as "boas maneiras" têm sido sempre ditadas pelas classes superiores, de forma que a "civilização" continua a operar em direção ao avanço dos interesses da elite poderosa.

Elias viu a transformação das maneiras como uma parte importante da centralização do poder nas nações ocidentais e um sinal da crescente interdependência das pessoas durante a urbanização. Mas ela também foi importante na colonização durante a época de Elias. Ele escreveu nos anos 1930, quando as forças coloniais como a Grã-Bretanha e a França, seguras em seu senso de autoconsciência nacional, justificavam a moralidade da colonização alegando que ela trazia a civilização, que seria "boa" para os povos colonizados. ∎

Norbert Elias

Norbert Elias nasceu em Breslau (hoje a cidade polonesa de Breslávia) em 1897, numa rica família judaica. Depois de sair da escola, serviu no Exército alemão durante a Primeira Guerra Mundial. Elias estudou filosofia e medicina na Universidade de Breslau, obtendo seu doutorado em filosofia em 1924. Então, estudou sociologia com o irmão mais jovem de Max Weber, Alfred, em Heidelberg, Alemanha, antes de se mudar para a Universidade de Frankfurt para trabalhar com Karl Mannheim.

Em 1933, Elias se exilou em Paris, depois em Londres, onde terminou *O processo civilizador*. Em 1939, a obra foi publicada na Suíça, mas caiu no esquecimento até sua republicação na Alemanha Ocidental, em 1969. Palestrante disputado, Elias passou seus últimos anos viajando pela Europa e pela África.

Principais obras

1939 *O processo civilizador* (três volumes)
1939 *A sociedade dos indivíduos*
1970 *Introdução à sociologia*

A CULTURA DE MASSA REFORÇA A REPRESSÃO POLÍTICA

HERBERT MARCUSE (1898-1979)

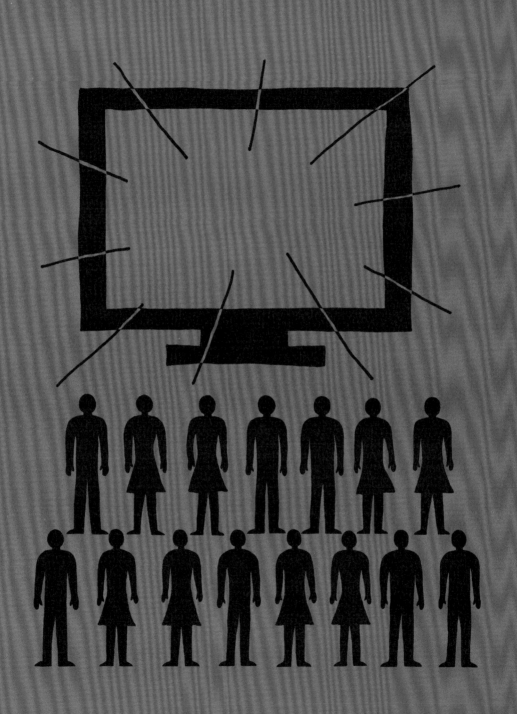

HERBERT MARCUSE

EM CONTEXTO

FOCO
A indústria cultural

DATAS IMPORTANTES
Década de 1840 Karl Marx diz que sempre há pelo menos duas classes nas sociedades capitalistas: as que detêm os meios de produção e as que vendem sua força de trabalho para aquele grupo.

1923 É fundado o Instituto para Pesquisa Social em Frankfurt, dando início à nova "teoria crítica" da cultura.

1944 Os emigrantes judeus alemães Max Horkheimer e Theodor W. Adorno cunham o termo "indústria cultural" em *Dialética do esclarecimento*.

1963 O sociólogo canadense Erving Goffman publica *Estigma*, no qual alega que a identidade é construída por outras pessoas e pela sociedade.

Anos 1970-1980 Michel Foucault examina as técnicas normalizadoras da sociedade moderna.

Durante o século XX, ficou aparente que a transformação da sociedade teorizada por Karl Marx não se materializou. O sociólogo e filósofo Herbert Marcuse tentou determinar o que aconteceu incentivando os marxistas a irem além da teoria, levando em conta a experiência real dos indivíduos.

Marcuse disse que o capitalismo integrou, de alguma forma, a classe trabalhadora: trabalhadores que supostamente deveriam ser os agentes da mudança aceitaram as ideias e os ideais do poder estabelecido. Eles deixaram de ver a si mesmos como uma classe ou grupo e se tornaram "indivíduos" dentro de um sistema que valorizava a individualidade. Esse parecia ser o caminho para o sucesso, mas, ao abandonarem seu grupo, os trabalhadores perderam o poder de barganha.

Liberdade para escolher

Como os trabalhadores foram silenciados tão facilmente? Não houve um momento óbvio em que isso aconteceu, logo Marcuse examinou como a rebelião contra o *statu quo* parece ter sido tão efetivamente esmagada durante o século XX. Ele começou olhando bem para trás, para o

A Estátua da Liberdade simboliza o sonho americano de uma sociedade "sem classes", de oportunidades iguais — com trabalho duro, qualquer um poderia melhorar a vida e cumprir seu potencial.

fim da sociedade feudal na Europa no final da Idade Média. Nesse tempo de transição, as pessoas deixaram de ser obrigadas a trabalhar para um proprietário de terras e passaram a ser livres para achar emprego em outro lugar, para seu próprio benefício. Mas essa "liberdade de empreendimento não foi de modo algum, desde o início, uma bênção", disse Marcuse. Apesar de livres para trabalhar onde quisessem, a maioria das pessoas

---

A **cultura** sempre desempenhou um papel crucial ao apontar possíveis modos de vida que **não seguem a "norma" social**.

→

Mas, a partir dos anos 1960, mesmo **as formas de arte até então consideradas subversivas** foram subordinadas à vida cotidiana e apropriadas pela mídia.

↓

A possibilidade de rebelião foi efetivamente esmagada: a cultura de massa reforça a repressão política.

←

Ao absorver as mensagens da mídia, **as pessoas aceitaram as regras e os valores da sociedade** como sendo seus; e perceberam que ir além delas pareceria neurótico.

CULTURA E IDENTIDADE 185

Veja também: Karl Marx 28-31 ▪ Michel Foucault 52-55 ▪ Antonio Gramsci 178-179 ▪ Erving Goffman 190-195 ▪ Jean Baudrillard 196-199 ▪ Thorstein Veblen 214-219 ▪ Daniel Miller 246-247

---

tinha um trabalho extremamente duro, sem garantia de emprego no dia seguinte, temendo pelo seu futuro.

Séculos mais tarde, as máquinas da Revolução Industrial prometeram melhorar as economias nacionais de modo que uma pessoa não precisaria mais se preocupar com a sobrevivência, mas "seria livre para exercer a autonomia sobre sua própria vida". Esse era o sonho americano e a esperança da maioria dos ocidentais durante o século xx. Se a tão ansiada liberdade era sinônimo de escolha, os indivíduos estavam livres como nunca estiveram antes, porque as escolhas quanto a trabalho, moradia, alimentação, moda e atividades de lazer continuaram a se expandir por décadas.

"Falsas necessidades"

No entanto, quando Marcuse olhou com mais cuidado, descobriu que "uma confortável, refinada, racional, democrática não liberdade prevalece na civilização industrial avançada" — longe de serem livres, as pessoas estavam sendo manipuladas pelos regimes "totalitários", que se chamavam de democracias, disse. Pior ainda, não estavam cientes da manipulação porque haviam internalizado as regras, os valores e os ideais do regime.

Marcuse segue descrevendo o governo como o aparato estatal que impõe suas exigências econômicas e políticas sobre o seu povo, influenciando seu tempo de trabalho e lazer. Ele alcança seu objetivo ao criar nas pessoas um conjunto de "falsas necessidades", passando a manipulá-las

O desejo por roupas que "tenho de ter", além de bugigangas e bens não essenciais, advém, diz Marcuse, de um falso senso de "necessidade" que nos é implantado pela propaganda e pela mídia.

através dessas necessidades. Em essência, ao convencer as pessoas disso e fazer com que haja um caminho para satisfazer tais necessidades (apesar de ele não existir), os "interesses ocultos" controlam efetivamente o resto da população.

As falsas necessidades não estão baseadas nas reais, como a necessidade de comida, bebida, roupas e algum lugar para viver, mas, em vez disso, são artificialmente geradas e efetivamente impossíveis de satisfazer. Marcuse diz que as necessidades de "relaxar, divertir-se... e consumir são determinadas segundo a publicidade; amar e odiar o que os outros amam e odeiam" — o conteúdo real dessas necessidades (como as últimas bugigangas que "tenho de ter") é proposto por forças externas, não surgindo naturalmente em alguém como a necessidade de água. Ainda assim, essas necessidades parecem ser guiadas a partir de nosso interior, porque somos bombardeados por mensagens da mídia que prometem a felicidade se fizermos isso. Dessa forma, começamos a acreditar que as falsas necessidades são reais. Marcuse

> O centro cultural está se tornando uma parte apropriada do 'shopping center'.
> **Herbert Marcuse**

sugere que "as criaturas se reconhecem em suas mercadorias; encontram sua alma em automóveis, sistemas hi-fi, casa com vários andares, utensílios de cozinha".

Tudo é pessoal. O indivíduo é supremo, e suas necessidades são o que importa. Esse aparente empoderamento do indivíduo é, na verdade, o seu oposto, de acordo com Marcuse. As necessidades sociais — por segurança no emprego, um padrão de vida decente etc. — são traduzidas em necessidades individuais, como a sua própria necessidade de um »

HERBERT MARCUSE

Os clássicos saíram do mausoléu voltando à vida… voltando à vida diferentes de si mesmos; eles são privados de sua força antagônica.
Herbert Marcuse

emprego para comprar bens de consumo. Se você acha que recebe um salário baixo, seu chefe talvez o chame para conversar "sobre você". Não há mais nenhum senso de ser parte de um grupo que é tratado de forma injusta — todas as esperanças da rebelião marxista desapareceram.

Um mundo sem dimensão

De acordo com Marcuse, estamos presos numa bolha da qual não há saída, já que se tornou quase impossível se posicionar fora do sistema. Costumava haver uma "lacuna" entre a cultura e a realidade que apontava para outros caminhos possíveis de viver e ser, mas tal lacuna desapareceu. Segundo a tradição, as formas de arte que representam a "cultura" — como ópera, teatro, literatura e música clássica — buscavam refletir as dificuldades encontradas pela alma humana transcendente forçada a viver numa realidade social. Elas apontavam para um mundo possível além da dura realidade.

A tragédia, diz Marcuse, costumava tratar de possibilidades inviáveis, de esperanças não satisfeitas e promessas traídas. Ele cita Madame Bovary, do romance homônimo de Gustave Flaubert (1856), como um exemplo perfeito de uma alma incapaz de sobreviver na rígida sociedade na qual vivia.

Mas, por volta dos anos 1960, a sociedade havia se tornado tão pluralista que poderia, aparentemente, incluir qualquer pessoa com seu estilo de vida favorito. A tragédia não é mais nem possível como um tema cultural. Os que nela sofrem são vistos como um problema a ser resolvido.

A arte perdeu sua capacidade de inspirar rebelião porque agora ela faz parte da mídia de massa, alega Marcuse. Livros e histórias de pessoas que não se adaptam não são mais um chamado incendiário à revolução, mas um

A Madame Bovary de Flaubert prefere morrer a "se adaptar". Mas a sociedade moderna absorveu todas as formas de estilo de vida. Assim, hoje, sugere Marcuse, lhe seria oferecida uma terapia.

"clássico moderno" obrigatório que alguém deve consumir como um programa de autoaprimoramento. A "avant-garde e os beatniks" agora não passam de entretenimento, sem afetar a consciência de ninguém. A cultura não mais ocupa o lugar do "outro" perigoso, mas foi destituída de todo o seu poder. Mesmo as grandes obras de alienação, diz ele, se tornaram produtos comerciais

Herbert Marcuse

Nascido em Berlim em 1898, Herbert Marcuse serviu o Exército alemão na Primeira Guerra Mundial antes de terminar seu doutorado em literatura em 1922 na Universidade de Freiburg. Depois de um tempo trabalhando como livreiro em Berlim, estudou filosofia com Martin Heidegger.

Em 1932, juntou-se ao Instituto para Pesquisa Social, mas nunca trabalhou em Frankfurt. Em 1934, fugiu para os EUA. Enquanto estava em Nova York com Max Horkheimer, este recebeu um convite da Universidade Columbia para transferir o Instituto para lá, e Marcuse o acompanhou. Em 1958, se tornou professor na Universidade Brandeis, Massachusetts, mas em 1965 foi forçado a se demitir por causa de suas visões abertamente marxistas. Mudou-se para a Universidade da Califórnia em San Diego e, durante os anos 1960, ganhou notoriedade mundial como teórico social, filósofo e ativista político. Morreu de um derrame, aos 81 anos.

Principais obras

1941 *Razão e revolução*
1964 *O homem unidimensional*
1969 *Um ensaio para a libertação*

CULTURA E IDENTIDADE

que vendem, confortam ou estimulam — a cultura tornou-se uma indústria.

Esse esmagamento das duas dimensões da alta cultura e da realidade social levou a uma cultura unidimensional, que facilmente determina e controla nossas perspectivas individuais e sociais. Não há outro mundo ou outra forma de viver. Marcuse afirma que, ao dizer isso, ele não está supervalorizando o poder da mídia, pois as mensagens que recebemos como adultos estão simplesmente reforçando as mesmas que ouvimos desde o nascimento — fomos condicionados, como as crianças, a recebê-las.

O desaparecimento da classe

A compressão da cultura e da realidade é refletida num aparente nivelamento da estrutura de classes. Se todas as formas de arte e mídia de massa são parte de um todo homogêneo no qual nada se mantém fora da aprovação da sociedade, as pessoas de todas as classes sociais começarão, inevitavelmente, a fazer as mesmas coisas. Marcuse chama a atenção para os exemplos de uma digitadora que se arruma de forma tão atraente quanto a filha de seu gerente, ou de um

> A liberdade intelectual significaria a restauração do pensamento individual, agora absorvido pela comunicação e pela doutrinação em massa.
> **Herbert Marcuse**

O poder da mídia

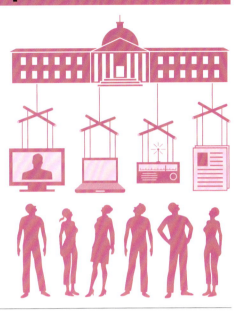

O Estado e suas forças consumistas controlam a mídia no mundo moderno.

A mídia reflete e dissemina os valores dominantes e as ideologias do Estado e manipula a sociedade para que compre bens, serviços e estilos de vida.

A sociedade e os indivíduos são induzidos a acreditar nas mensagens da mídia e a se conformar com elas.

trabalhador que gosta do mesmo programa de TV que o seu chefe. Mas, de acordo com Marcuse, esse tipo de assimilação não indica o desaparecimento das classes — na verdade, ele revela o quanto as necessidades que servem ao establishment se tornaram compartilhadas por toda a população.

O resultado disso é que as classes não estão mais em conflito. Os controles sociais foram internalizados, e Marcuse diz que estamos hipnotizados num estado de extrema conformidade em que ninguém mais se rebela. Não há mais uma esfera sublimada da alma ou do espírito do homem interior porque tudo foi, ou pode ser, traduzido em termos operacionais, problemas e soluções. Perdemos o senso de verdade interior e de necessidades reais e não podemos mais criticar a sociedade, porque não podemos mais achar uma forma de nos posicionar fora dela sem parecer que perdemos nossa sanidade.

As ideias de Marcuse a respeito de uma sociedade que inclua todas as coisas — na qual o pluralismo derrota o poder de oposição de qualquer ideia — são particularmente relevantes numa era global que é dominada pela proliferação de novas mídias. Marcuse sempre esteve ciente da importância do conhecimento científico em moldar e organizar não apenas a sociedade, mas uma miríade de aspectos da vida cotidiana. Decisivamente, e quase sempre a partir de uma perspectiva radical e politizada, ele podia ver o potencial tanto para a emancipação quanto para a dominação, o que faz com que sua ênfase na conversação cultural e no papel das novas tecnologias a seu serviço seja bastante pertinente. Será que essas coisas realmente trazem mudança social e liberação, ou será que são simples ferramentas para a crescente manipulação e opressão social por uma poderosa classe dominante? ■

O PERIGO DO FUTURO É QUE OS HOMENS PODEM SE TRANSFORMAR EM ROBÔS
ERICH FROMM (1900-1980)

EM CONTEXTO

FOCO
Alienação do eu

DATAS IMPORTANTES
1844 Karl Marx diz que os humanos se tornaram alienados de sua própria essência como resultado sistêmico do capitalismo.

1903 Em "A metrópole e a vida mental", Georg Simmel sugere que a vida urbana gera alienação e indiferença.

1955 Erich Fromm publica *The Sane Society*.

1956 O sociólogo americano Leo Srole desenvolve uma escala de alienação.

1959 O sociólogo americano Melvin Seeman diz que a alienação resulta da falta de poder e de normas, do isolamento social, do estranhamento cultural e do autoestranhamento.

1968 O sociólogo israelense--americano Amitai Etzioni diz que a alienação resulta dos sistemas sociais, que não satisfazem as necessidades humanas básicas.

O sociólogo e psicanalista alemão Erich Fromm afirmava que, durante a industrialização do século XIX, Deus foi declarado morto, a "desumanidade" significava crueldade e havia o risco inerente de que as pessoas se tornassem escravas.

Mas, no século XX, o problema mudou: alienadas do senso do eu, as pessoas perderam a habilidade de amar e raciocinar por si mesmas. Na verdade, o "homem" morreu. A "desumanidade" passou a significar a falta de humanidade. As pessoas, dizia Fromm, corriam o risco de se tornar robôs.

Ele atribuiu esse senso de alienação ao surgimento das sociedades capitalistas ocidentais e acreditava que os fatores sociais, econômicos e políticos do Estado se unem para produzir um "caráter social" comum a todos os cidadãos. Na era industrial, conforme o capitalismo aumentava sua dominação global, os Estados encorajavam as pessoas a se tornarem competitivas, exploradoras, autoritárias, agressivas e individualistas. No século XX, em contraste, os indivíduos foram reposicionados pelos Estados capitalistas para se transformarem em consumidores cooperativos, com gostos padronizados, que podiam ser manipulados pela autoridade anônima da opinião pública e do mercado. A tecnologia assegurava que o trabalho se tornasse mais rotineiro e chato. Fromm advertia que, se as pessoas não "saíssem da rotina" em que se encontravam e reivindicassem sua humanidade, elas ficariam loucas tentando viver uma vida sem sentido, robótica. ■

O sorriso sintético tomou o lugar do riso genuíno, e a sensação do desespero ocupou o vazio deixado pela dor autêntica.
Erich Fromm

Veja também: G. H. Mead 176-177 ▪ Robert Blauner 232-233 ▪ Arlie Russell Hochschild 236-243 ▪ Robert K. Merton 262-263 ▪ Erving Goffman 264-269 ▪ Ann Oakley 318-319

CULTURA E IDENTIDADE

A CULTURA É COMUM
RAYMOND WILLIAMS (1921-1988)

EM CONTEXTO

FOCO
Estruturas de sentimento

DATAS IMPORTANTES
Década de 1840 Karl Marx argumenta que a economia determina as ideias e a cultura da sociedade.

Década de 1920 O marxista italiano Antonio Gramsci critica o determinismo econômico de Marx.

1958 O acadêmico galês Raymond Williams discute o conceito de "estrutura do sentimento" em *Cultura e sociedade*, estabelecendo a cultura como o centro de um entendimento das redes sociais.

1964 O sociólogo e teórico social britânico Richard Hoggart funda o Centre for Contemporary Cultural Studies em Birmingham, Inglaterra, sendo substituído no cargo de diretor por Stuart Hall em 1968.

1975 Jean Baudrillard indica que o foco de Marx na economia como a força motora da mudança é limitado.

Karl Marx tinha um profundo interesse pela cultura, em especial pela literatura, porém considerava a economia como a força motora da história: a cultura e as ideias eram secundárias. Mais tarde, pensadores marxistas como Antonio Gramsci e o teórico húngaro Georg Lukács deram maior atenção às questões culturais. Mas a cultura só assumiu o centro da teoria radical em meados do século XX, com a extensa obra de Raymond Williams, incluindo seu ensaio extremamente influente *Cultura e sociedade*.

Williams descola a ideia de cultura do entendimento politicamente conservador de "tradição", possibilitando uma análise daquilo que chama de "a longa revolução": o esforço difícil, mas persistente, de democratizar toda a nossa forma de vida.

A forma da cultura

Em seu ensaio "Culture Is Ordinary" (1958), Williams oferece uma reflexão pessoal de uma jornada dos vales agrícolas do sul do País de Gales para as faculdades de Cambridge, Inglaterra. Para Williams, a forma de sua cultura inclui montanhas, fazendas, catedrais, lareiras, os relacionamentos familiares, debates políticos, habilidades comerciais, línguas e ideias, bem como a literatura, as artes e a música, tanto a popular quanto a séria. Ele descreve a forma como uma "estrutura de sentimento" característica, que pode ser definida como as experiências vividas (a vida comum) por uma comunidade além das instituições e ideologias formais da sociedade.

A estrutura de sentimentos opera, explica Williams, "nas mais delicadas e menos tangíveis partes de nossas atividades". O conceito sugere uma combinação de algo que é visível e organizado o suficiente para ser um tema para estudo (estrutura), mas elusivo o bastante para carregar as complexidades da experiência vivida (sentimento). A ênfase de Williams nas experiências vividas serviu para abrir, para o estudo sociológico, todo um leque de cultura popular, como a televisão, os filmes e a propaganda, que até então haviam sido insignificantes culturalmente. ■

Veja também: Karl Marx 28-31 ▪ Antonio Gramsci 178-179 ▪ Herbert Marcuse 182-187 ▪ Jean Baudrillard 196-199 ▪ Stuart Hall 200-201

O ESTIGMA
SE REFERE A UM ATRIBUTO
QUE É PROFUNDAMENTE
DESMERECEDOR
ERVING GOFFMAN (1922-1982)

192 ERVING GOFFMAN

EM CONTEXTO

FOCO
Estigma

DATAS IMPORTANTES
1895 Émile Durkheim explora o
conceito de estigma e sua
relação com a ordem social.

Década de 1920 O conceito de
interacionismo simbólico surge
na Universidade de Chicago
como o modelo teórico líder nos
EUA.

1934 O livro *Mind, Self and
Society*, do psicólogo social
americano G. H. Mead, é
publicado, influenciando as
ideias de Goffman sobre
identidade.

2006 Em *Body/Embodiment*,
Dennis Waskul e Phillip Vannini
(orgs.) veem a obra de Goffman
como um "arcabouço
sofisticado" para o
entendimento da sociologia
do corpo.

2014 A socióloga americana
Mary Jo Deegan aplica as
teorias de Goffman à análise do
sexo, das questões de gênero e
do feminismo.

A sociedade nos dá uma série de **papéis e identidades** que são considerados **"normais"**.

O **papel-identidade** que desempenhamos em público (por exemplo, professor, médico, enfermeiro, comerciante) é definido para nós pela sociedade.

Mas a **autoidentidade** que temos na vida privada, quando não estamos sujeitos ao escrutínio **público**, é o que realmente somos, é nosso "eu essencial".

Quando existe uma **grande discrepância** entre nossa identidade **pública** e nosso eu **privado**, e quando a performance de nosso papel-identidade não é convincente, podemos ser **rotulados negativamente**.

Quando tal rotulagem negativa **se repete várias vezes, ocorre o estigma**.

Erving Goffman foi um sociólogo canadense cuja obra se baseou extensivamente na tradição teórica social americana conhecida como "interacionismo simbólico". Essa tradição foca as microinterações e trocas entre os indivíduos e pequenos grupos de pessoas, em vez das relações no nível macro, impessoal, entre as estruturas ou instituições sociais e os indivíduos. Os pensadores interacionistas examinam questões como identidade pessoal, individualidade, dinâmica de grupo e interação social.

A ideia básica por trás do pensamento simbólico-interacionista é que o eu individual é, acima de tudo, uma entidade social: até mesmo o aspecto mais aparentemente idiossincrático do nosso eu individual, de acordo com os interacionistas simbólicos, não é tanto o produto de nossa psicologia única, mas é socialmente determinado, e contingente, em termos tanto culturais quanto históricos. Aquilo que pensamos que somos, que imaginamos ser e, talvez, mais importante, que somos capazes de ser, está ligado indissoluvelmente e mediado pelos tipos de pessoas com as quais

interagimos e pelos contextos institucionais nos quais habitamos.

Goffman interessava-se especificamente pelo assunto dos desvios e dos processos produzidos socialmente, em que indivíduos e grupos são estigmatizados (da palavra grega *stigma*, que quer dizer "marca", "sinal" ou "perfuração") ou marcados pela desgraça. Os desvios estão implícitos na noção de estigma porque, como Goffman chama a atenção, o estigma se dá sempre que um indivíduo ou grupo é reconhecido como tendo se desviado das normas socialmente prescritas

CULTURA E IDENTIDADE

Veja também: Pierre Bourdieu 76-79 ▪ Georg Simmel 104-105 ▪ G. H. Mead 176-177 ▪ Howard S. Becker 280-285 ▪ Alfred Schütz 335

Os professores têm um dos papéis mais "legítimos" e respeitados na sociedade — Goffman se refere aos papéis públicos desempenhados pelas pessoas como sua "identidade social virtual".

que governam a conduta interpessoal. Quando um indivíduo se desvia dessas normas sociais, ele é estigmatizado e marginalizado pelo grupo maior, ou pela comunidade social, ao qual ele pertence.

Identidade virtual e real

Em seu estudo de maior destaque, *Estigma*, Goffman analisa o comportamento de indivíduos cuja identidade acreditava-se ser "manchada" ou "defeituosa" de alguma forma. Ele distinguia o que chamava de identidade social "virtual" da "real".

A identidade social virtual é a versão legitimada socialmente da individualidade que se espera que as pessoas apresentem em público — por exemplo, os traços e os comportamentos socialmente associados a um médico. A identidade social real é a autoidentidade que os indivíduos imaginam possuir de si mesmos em sua vida privada — os traços e os comportamentos que o médico tem em sua vida particular, por exemplo. Para Goffman, o estigma surge sempre que a disparidade entre as identidades sociais virtuais e reais se torna insustentável — quando, por exemplo, descobre-se que o respeitável médico bebe ou fuma demais fora do trabalho. Nesse ponto, surge um sentimento de vergonha, e as interações sociais se interrompem. O estigma resulta do fato de os membros da sociedade compartilharem expectativas comuns e atitudes a respeito do que esperar das pessoas em certas situações sociais e como essas pessoas deveriam se comportar ou parecer.

O conceito de estigma

Goffman identifica três importantes aspectos do conceito de estigma. Primeiro, o estigma não é inerente a um determinado indivíduo, atributo ou forma de comportamento, apesar de alguns comportamentos, como a pedofilia, serem condenados por »

Erving Goffman

Erving Goffman nasceu no Canadá, em 1922, numa família de judeus que emigraram da Ucrânia. Depois de se formar em antropologia e sociologia na Universidade de Toronto em 1945, foi para a Universidade de Chicago, EUA, onde fez mestrado e doutorado. Para sua tese de doutorado, ele fez pesquisa de campo numa remota ilha na Escócia. Os dados que coletou lá formaram a base de seu trabalho mais conhecido, *A representação do eu na vida cotidiana*. Foi contratado pela Universidade da Pensilvânia em 1968, e em 1981 foi o 73º presidente da Associação Sociológica Americana. Goffman morreu em 1982, de câncer no estômago.

Principais obras

1959 *A representação do eu na vida cotidiana*
1961 *Manicômios, prisões e conventos*
1963 *Estigma: notas sobre a manipulação da identidade deteriorada*

O estigma constitui uma discrepância especial entre a identidade social virtual e a real.
Erving Goffman

todos. O contexto no qual um atributo ou comportamento é mostrado determina de forma incisiva como as outras pessoas responderão a ele. Segundo, o estigma é uma classificação negativa que surge de interações e trocas entre indivíduos e grupos, em que alguém tem o poder de classificar o outro como detentor do que é considerado socialmente como atributos ou comportamentos indesejáveis. (Goffman se refere às pessoas não estigmatizadas como "normais".) Nesse sentido, é um conceito relacional porque as coisas classificadas como estigmatizadas estão sujeitas a mudança, dependendo da interação de indivíduos ou grupos. Goffman sugere que, potencialmente, qualquer atributo ou ação pode ser estigmatizado e, por isso, algum grau de estigmatização está presente em quase todas as relações sociais: somos todos passíveis de ser estigmatizados em algum momento.

A terceira característica do estigma, diz Goffman, é que ele é "processual": isso quer dizer que ser estigmatizado ou, mais precisamente, vir a assumir uma identidade estigmatizada é um processo socialmente mediado que se dá num espaço de tempo. Por exemplo, se um indivíduo se sente desconfortável em relação aos outros por beber demais numa festa do escritório, os sentimentos de embaraço e vergonha,

Um atributo que estigmatiza um tipo de possuidor pode confirmar a normalidade de outro.
Erving Goffman

apesar de não serem particularmente prazerosos ou confortáveis, provavelmente não terão um efeito de longo prazo na identidade social real de uma pessoa. No entanto, se o comportamento excessivo continua por um longo período de tempo e através da interação com os membros do grupo o indivíduo assume um status de desvio, então sua autopercepção será alterada à medida que adota uma identidade estigmatizada.

Tipos de estigma
Além de explicar o conceito de estigma, Goffman identifica três tipos de estigma. O primeiro está relacionado àquilo que ele considera como "deformidades" do corpo, como uma deficiência física, obesidade, tipo irregular de cor de pele, calvície ou cicatrizes. O segundo se refere a falhas de caráter e inclui, diz Goffman, "distúrbios mentais, aprisionamento, vícios, alcoolismo, homossexualidade, desemprego, tentativas de suicídio ou comportamento político radical". Ele identifica o terceiro tipo como "estigma tribal", que inclui marginalização social com base em etnia, nacionalidade, religião e crenças ideológicas. Os atributos identificados nessas três categorias de estigma podem, alega Goffman, exercer pressão negativa sobre padrões comuns e previsíveis de interações sociais que envolvem o possuidor do atributo, resultando assim em exclusão ou marginalização.

Gestão de impressão
Goffman também aborda como os indivíduos tentam responder e lidar com a classificação negativa. Ele sugere que as pessoas que são estigmatizadas tentam ativamente administrar ou, quando possível, resistir às identidades sociais negativas atribuídas a elas.

Seu conceito de "gestão de impressão" é importante nesse contexto, porque enfatiza as várias formas como as pessoas tentam apresentar uma versão de sua identidade para os outros que seja o mais favorável possível: elas adotam diferentes estratégias para evitar ser estigmatizadas. Estas podem incluir a "ocultação" através de "artifícios", como próteses no caso de pessoas que se sentem envergonhadas por não terem um membro de seu corpo. Isso está em contraste direto com a "abertura", que se dá quando uma pessoa reconhece francamente as características

As perucas são um tipo de "disfarce" usado por algumas pessoas calvas para tentar "ocultar" sua calvície, evitando assim uma fonte potencial de estigma.

negativas de sua identidade. Quando tais estratégias fracassam, ou simplesmente não funcionam, o possuidor de um estigma está sujeito a buscar tipos sociais que supõe agir de forma favorável a ele.

Goffman identifica três categorias de pessoas, em especial, que estão sujeitas a cumprir esse papel. A primeira são "os seus": pessoas que têm um atributo estigmatizado parecido — por exemplo, os membros de grupos de apoio para viciados em drogas. A segunda categoria são "os sábios": pessoas que trabalham numa instituição ou agência que apoia indivíduos com um traço estigmatizante (cuidadores, enfermeiras, terapeutas psicológicos e assistentes sociais, por exemplo). A terceira categoria identificada por Goffman inclui os indivíduos que a pessoa estigmatizada conhece muito bem e que provavelmente mostrarão alguma empatia por ela, como o parceiro de alguém com uma deficiência ou um vício.

Atravessando fronteiras

É comumente aceito na sociologia que as observações detalhadas de Goffman sobre as interações humanas e as dinâmicas interpessoais de pequenos grupos seguem sem paralelo. Anthony Giddens, por exemplo, se baseia fortemente nas ideias de Goffman sobre o comportamento humano e a formação de identidade em sua famosa teoria da "estruturação", que discute a relação entre as estruturas e a interação humana. Pierre Bourdieu também se refere à obra de Goffman em sua exploração de quanto as pessoas são capazes de mudar quem são e como se sentem dentro de certos contextos.

O pensador social britânico Anthony Wootton argumentou, no entanto, que a obra de Goffman universaliza e identifica certos atributos como sendo a causa perene de comportamento estigmatizante.

As causas de estigmatização são numerosas, mas podem incluir fofocas e atitudes negativas que surgem da ignorância e/ou de tensões causadas por classe social ou raça. Isso levaria a um estereótipo negativo do indivíduo pelo grupo. Com o tempo, o indivíduo internaliza esses rótulos, que acabam moldando a sua autoavaliação, bem como sua identidade. Nesse ponto, o indivíduo já adquiriu uma identidade estigmatizada.

Pessoas não estigmatizadas ou "normais"

Pessoa estigmatizada

Rótulo negativo e marginalização pelo grupo

As causas de estigmatização incluem:
- Expectativas de comportamento
- Estereótipos negativos
- Atitudes negativas
- Mídia popular
- Fofoca

Os efeitos da estigmatização incluem:
- Sentimento de inutilidade
- Autoavaliação excessiva
- Falta de autoconfiança
- Perda de reputação
- Isolamento social

Mas as expectativas normativas e as avaliações morais de certos atributos e comportamentos mudam conforme a sociedade evolui. Assim, observa, dizer que doenças mentais e deficiências físicas ainda poderiam ser consideradas como a causa de estigmas é muito questionável em certos contextos sociais e nacionais.

A obra de Goffman escancara as fronteiras disciplinares entre a sociologia e a psicologia social — suas teorias, portanto, têm sido aceitas por pensadores de diversas linhas acadêmicas. Na sociologia, suas ideias sobre o estigma têm sido aplicadas de forma muito efetiva pela pensadora social britânica Gill Green para considerar as experiências das pessoas com doenças crônicas, incluindo aquelas que contraíram o vírus HIV. E o assistente social John Offer usou os conceitos de Goffman para examinar a reintegração de indivíduos estigmatizados à sociedade. A obra de Goffman também continua relevante politicamente — sobretudo ao oferecer um meio de entender como lidar com o problema da estigmatização de grupos minoritários em sociedades multiculturais modernas. ■

O indivíduo estigmatizado pode descobrir que se sente inseguro em relação à maneira como os normais o identificarão e o receberão.
Erving Goffman

VIVEMOS NUM MUNDO ONDE HÁ CADA VEZ MAIS INFORMAÇÃO E MENOS SENTIDO
JEAN BAUDRILLARD (1929-2007)

EM CONTEXTO

FOCO
Simulacros

DATAS IMPORTANTES
c. 360 a.C. O filósofo grego Platão afirma que baniria "o imitador" de sua República perfeita.

Começo dos anos 1800 Começa a Revolução Industrial na Europa.

1884 Friedrich Nietzsche defende que não podemos mais nos voltar a Deus em busca de sentido para nossa vida porque "Deus está morto".

Década de 1970 Roland Barthes diz que signos e símbolos têm funções ideológicas que transmitem aos que os veem uma simplicidade "natural".

1989 O cientista da computação britânico Tim Berners-Lee inventa a World Wide Web (www), uma iniciativa intermídia baseada na internet para o compartilhamento global de informação.

No final do século XX, o sociólogo francês Jean Baudrillard anunciou que "o ano 2000, de certa forma, não acontecerá". Ele alegava que o apocalipse — o fim do mundo como o conhecemos — já havia ocorrido e, no séxulo XXI, já "teríamos passado para além do fim". Ele acreditava nisso porque, disse, já havia acontecido um crime perfeito — "o assassinato do real".

A única forma como "conheceríamos" o ano 2000, disse Baudrillard, seria da maneira como conhecemos tudo: via fluxo de imagens que são reproduzidas sem cessar para nosso consumo por revistas, TVs, jornais, filmes, propagandas e websites. A realidade, de acordo com

CULTURA E IDENTIDADE 197

Veja também: Henri Lefebvre 106-107 ▪ Alan Bryman 126-27 ▪ David Held 170-171 ▪ Antonio Gramsci 178-179 ▪ Herbert Marcuse 182-187

Existe **tanta informação** no mundo moderno que **não podemos absorvê-la toda** para descobrir o que de fato está acontecendo.

A mídia simplifica as coisas para nós, decidindo o que "tornar real"; a **replicação** de certas imagens e histórias nos leva a aceitá-las como **"realidade"**.

As coisas e os eventos do **mundo físico** — em sua forma não explicada, não empacotada — **não estão mais disponíveis para nós**.

Toda **complexidade se perdeu**.

Vivemos num mundo onde há cada vez mais informação e menos sentido.

Jean Baudrillard

Nascido em Reims, França, em 1929, Jean Baudrillard foi a primeira pessoa na sua família a se formar na universidade. Seus pais eram funcionários públicos, mas seus avós eram agricultores, e ele alega que incomodou o *statu quo* ao ir para Paris estudar, além do ensino médio, na Sorbonne.

Durante os anos 1950, Baudrillard lecionou alemão em escolas secundárias enquanto escrevia sua tese de doutorado sob a tutela do filósofo marxista Henri Lefebvre. Em 1966, assumiu um posto na Universidade Paris IX, ensinando sociologia, e mais tarde tornou-se catedrático no assunto. Sua atitude esquerdista radical o fez famoso (e controverso) em todo o mundo. Rompeu com o marxismo nos anos 1970, mas continuou politicamente ativo por toda a sua vida. Quando lhe perguntavam "Quem é você?", ele respondia: "O que sou, não sei. Eu sou um simulacro de mim mesmo".

Principais obras

1981 *Simulacros e simulações*
1983 *Les Stratégies fatales*
1986 *América*
1987 *The Ecstasy of Communication*

Baudrillard, não é a que acontece no mundo físico (essa "realidade" está morta), mas a que é capaz de ser simulada ou reproduzida. De fato, diz, o real é aquilo "que já está reproduzido". Durante o século XX, as representações começaram a preceder a realidade, em vez do contrário.

O mapa vem primeiro

Baudrillard explica sua posição com base num conto do escritor e poeta argentino Jorge Luis Borges, no qual cartógrafos desenham um enorme mapa de um império. A escala do mapa é 1:1, de modo que ele é tão grande quanto o território que quer representar, cobrindo toda a extensão física do império. Conforme o império entra em declínio, o mapa aos poucos se desgasta, até que só sobram poucas tiras.

Nessa alegoria, o real e sua cópia podem ser facilmente identificados, e a diferença entre eles é clara. Baudrillard diz que era assim no mundo renascentista, quando a relação entre uma coisa e sua imagem era óbvia. A imagem era o reflexo de uma realidade profunda, e reconhecíamos tanto as semelhanças com a realidade quanto suas diferenças. Com o início da era industrial, no entanto, a relação entre objeto e sua representação começa a ficar cada vez menos clara, já que o objeto original, ou um modelo dele, poderia ser reproduzido centenas ou milhares de vezes. »

O **Second Life** é um jogo onde os usuários recriam a si mesmos digitalmente. O marketing avisa: "Todo mundo... é uma pessoa real, e todo lugar que você visita foi feito por pessoas como você".

Refazendo a realidade

Baudrillard sabia de outros pensadores marxistas dos anos 1960, como o teórico francês Guy Debord, que haviam chamado a atenção para a mudança no pensamento cultural que ocorreu com o começo da produção em massa. Debord nota que, nesse ponto da história, "toda a vida daquelas sociedades... se apresenta como um... acúmulo de espetáculos". Assim, a vida fica condensada num conjunto de fotos registradas: um casamento de família, as férias na França etc. As pessoas estão mais interessadas em capturar a imagem — tornando-se espectadores — do que em *fazer* as coisas: a imagem, não o evento, torna-se o centro (a obsessão moderna pelas "selfies" enfatiza o alcance disso).

Baudrillard diz que, através do capitalismo, as mercadorias também se descolaram de si mesmas. O trigo deixou de ser simplesmente trigo, por exemplo, e passou a ser um bom investimento ou um cereal matinal. A apresentação, não a substância, dita o valor. Esse foi o começo da era da propaganda, em que a mensagem da marca desbancou a realidade da substância em questão. A imagem tornou-se tudo.

Simplificando o mundo

Baudrillard seguiu a trajetória desse bizarro mundo de imagens e espetáculos ainda mais. Conforme a tecnologia avançava, diz, tornou-se óbvio que não havia mais necessidade de se referir a um objeto ou modelo real. A imagem — que foi abstraída originalmente de algo real — agora poderia ser criada do nada. Ela não precisava refletir ou se conectar a nada no mundo físico. Esse tipo de imagem, ele chama de um "simulacro".

Desde que uma imagem ou conjunto de imagens possam ser reproduzidos, diz Baudrillard, eles podem criar a realidade. O real é "aquilo que pode ser reproduzido". Uma vez que as imagens são replicadas e amplamente disseminadas (em revistas ou sites, por exemplo), elas criam uma realidade compartilhada que as pessoas podem discutir de uma forma que não conseguem fazer com a realidade física confusa, desestruturada, na qual costumávamos tentar nos engajar. Elas simplificam o mundo e o tornam administrável. Além disso, a realidade que criam é mais estimulante e perfeita que a que nos rodeia em cada detalhe.

Utopias perigosas

"Simulacros" — as imagens que não têm um original na realidade — podem ser produzidos para criar um efeito muito mais satisfatório que as imagens que refletem a realidade. Uma atriz pode ser "melhorada digitalmente" para ficar mais próxima da imagem ideal de uma cultura sobre as mulheres, mas mesmo isso acaba se referindo a um tipo de realidade. Por essa razão, Baudrillard diz que "o território" do real ainda não desapareceu por completo — sobram alguns fragmentos. Mas as pessoas que sentem prazer em olhar para essas imagens melhoradas talvez encontrem um prazer ainda maior em imagens que são totalmente criadas de forma digital — que não se referem a nenhuma "pessoa real". Por exemplo, podemos olhar para pessoas e mundos "perfeitos" criados digitalmente, e até mesmo nos recriar em qualquer forma on-line, em mundos virtuais onde somos convidados a interagir com outras pessoas reais/virtuais.

E é aqui que mora o perigo, diz Baudrillard. As realidades

O real é produzido a partir de unidades miniaturizadas, a partir de matrizes, bancos de memória e modelos de comando — e com isso ele pode ser reproduzido um número infinito de vezes.
Jean Baudrillard

CULTURA E IDENTIDADE

construídas podem ser feitas para maximizar o prazer, de modo que são muito mais atraentes que a realidade. Estamos construindo utopias; porque, se temos a liberdade de construir um mundo, por que não desejar uma utopia? Mas a utopia que estamos criando em nossos mundos virtuais é equivalente à morte: não mais queremos a experiência real de algo, mas a experiência de ouvirmos falar da experiência de algo — de tal forma que isso é hiper-real, ou mais real que o real. Por exemplo, preferimos sentar num cinema e desfrutar de uma experiência hiper-real de uma reunião de família a ir a uma em nossa cidade. Na tela, tudo é mais colorido, barulhento e completo — parece "tão real". Nossa própria vida parece inferior em comparação, exceto, talvez, à nossa vida virtual no Facebook ou em outro lugar. Enquanto isso, sentamos, e não nos movemos, olhando para uma tela.

Informação demais

De acordo com Baudrillard, agora nossa realidade é ditada pela incrível quantidade de informação que flui em nossa vida a partir de tantas formas de mídia. Ele diz que, de modo estranho, apesar de o real estar desaparecendo, "isso não é por falta dele, mas por um excesso dele". Um excesso de informação desabando em nossa consciência põe fim à informação, diz ele, porque nos afogamos em complexidade e buscamos a solução simples que nos é dada. Os simulacros dão sentido ao mundo, mesmo que seja à custa de um

Na Disney World, EUA, países como a "China" são recriados. Esses modelos virtuais, diz Baudrillard, têm um apelo muito maior para os clientes da Disney que o mundo "lá fora".

A era da simulação, portanto, começa com uma liquidação de todos os referenciais — pior: por sua ressurreição artificial em sistemas de signos.
Jean Baudrillard

sentido complexo. O mundo está se tornando cada vez mais superficial.

Os simulacros que constituem nossa realidade hoje têm sido construídos para gratificar instantaneamente os nossos desejos. Baudrillard diz que, conforme a realidade virtual for crescendo, nossos ideais e nossa imaginação vão diminuir. Aceitamos o que é dado, assim como achamos mais fácil viajar da "Alemanha" para a "França" na Disney World que na Europa. Não se exige mais que sistemas ou coisas sejam racionais, apenas que funcionem bem, que sejam "operacionais". Criamos uma hiper-realidade, que é, diz ele, "o produto de uma síntese irradiadora de modelos combinatórios num hiperespaço sem atmosfera". Parece que não percebemos o fato de que só os robôs conseguem "viver" sem uma atmosfera.

Alguns teóricos, como o filósofo americano Douglass Kellner, criticaram Baudrillard por ele se afastar da interpretação marxista da cultura. O geógrafo marxista David Harvey se posiciona de maneira parecida, dizendo que Baudrillard está errado em insistir que não existe realidade por trás da imagem. Muitos teóricos, no entanto, incluindo os canadenses Arthur e Marilouise Kroker, valorizam sua celebração da cultura pós-moderna e veem sua obra como um guia vital para os perigos culturais do século XXI. Conforme nota o ecologista Kenneth Rufo, Baudrillard está "cheio de coisas interessantes, e mesmo suas falhas... produzem grande satisfação". ■

IDENTIDADES MODERNAS ESTÃO SENDO DESCENTRADAS
STUART HALL (1932-2014)

EM CONTEXTO

FOCO
Identidade cultural

DATAS IMPORTANTES
Século XVII "O self" torna-se um substantivo pela primeira vez, ganhando força como uma ideia digna de investigação.

Década de 1900 Max Weber argumentou que os indivíduos agem de acordo com suas interpretações subjetivas do mundo.

Década de 1920 A ideia de G. H. Mead do interacionismo simbólico examina os símbolos que permitem às pessoas se comunicarem entre si a despeito de suas interpretações subjetivas.

1983 O professor anglo-americano Benedict Anderson diz que a identidade nacional é uma "comunidade imaginada".

2010 O sociólogo britânico Mike Featherstone aborda a mudança na identidade autofocada através de transformações corporais como a cirurgia plástica.

A identidade moderna não é mais fixa porque brota…

… da crescente consciência e da incidência de **ancestrais comuns**, de modo que nenhuma nação é vista como autodefinida.

… da crescente consciência e identificação com **tradições**, **valores** e **crenças** de países **diferentes**.

… de **uma "história de vida" autoconstruída** que não é mais sentida como determinada por classe, raça ou gênero.

… de um **questionamento** das tradições e dos estilos de vida por causa das **interconexões globais**.

No final do século XX, os sociólogos começaram a falar de uma nova "crise de identidade", porque a identidade — antes vista como uma ideia simples — foi se tornando cada vez mais difícil de definir. O professor Stuart Hall alega que isso se dá por causa da forma como a mudança estrutural tem transformado as sociedades modernas, fragmentando os cenários culturais de classe, gênero, sexualidade, etnia, raça e nacionalidade. Esses têm sido os arcabouços sobre os quais nos debruçamos tradicionalmente para dizer quem somos, tanto dentro da sociedade quanto como indivíduos.

CULTURA E IDENTIDADE 201

Veja também: W. E. B. Du Bois 68-73 ▪ Roland Robertson 146-147 ▪ David Held 170-171 ▪ G. H. Mead 176-177 ▪ Norbert Elias 180-181 ▪ Erving Goffman 190-195 ▪ Benedict Anderson 202-203 ▪ Howard S. Becker 280-285

Nas cidades modernas, culturas diferentes são colocadas juntas. Quanto mais nossa vida é influenciada por diferentes tradições, menor é o sentido que temos de uma identidade nacional fixa.

Hall nomeia três ideias modernas de identidade: o "self" do Iluminismo, o "self" sociológico e o "self" pós-moderno. O senso iluminista do self durou do século XVII até o começo do XX, e era considerado como um ser completo e autônomo: uma pessoa nascia com um firme "cerne" interior, que se manifestava com a idade, mas continuava imutável.

Nos anos 1920, sociólogos como G. H. Mead sugeriam que a identidade é formada na relação com o ambiente e com os "outros mais próximos", que explicam e transmitem seus valores, seus sentidos e seus símbolos para o mundo da criança. O self, nessa definição, ainda era visto como um cerne interior, mas que podia ser modificado pela sociedade através da internalização de valores e sentidos culturais. Essa visão "interacionista" do self, que preenche a lacuna entre os mundos pessoal e público, tornou-se a visão sociológica clássica do self.

O self pós-moderno, por outro lado, diz Hall, não possui nenhum cerne interno estável. Não é fixo de maneira nenhuma, mas é formado e transformado continuamente de acordo com os modos que lhe são requeridos ou como é representado na sociedade. É um self em processo, definido historicamente em vez de biologicamente. Ele contém identidades contraditórias que o arrastam em diversas direções, e só parece contínuo ou estável por causa da narrativa que cada um de nós constrói a respeito de nós mesmos (nossa "história de vida").

Identidades desconectadas

Hall diz que as mudanças rápidas, contínuas e amplas que começaram a acontecer ao final do século XX contribuíram para um sentimento de instabilidade. As tradições e as práticas sociais são constantemente examinadas, desafiadas e quase sempre transformadas pela nova informação que brota da crescente interconexão global. O marketing global de estilos, lugares e imagens implica que eles surgem em todos os países, interrompendo o senso tradicional de nacionalidade fixa e de identidade cultural.

Esse "esmagamento" da cultura global significa que as identidades se desconectaram de tempos, lugares, histórias e tradições específicas, e agora enfrentamos um leque de identidades a partir das quais podemos escolher, quando elas nos atraem. No "discurso" (sistemas de significados) do consumismo global, as diferenças e distinções culturais que são usadas para definir a identidade se tornaram um tipo de moeda global. Por exemplo, os jeans e os moletons — que antes eram associados a "ser americano" — agora não passam de uma parte de ser um jovem na Índia ou no Quênia.

Enquanto para o filósofo afro-francês Franz Fanon os negros sempre foram definidos como o "outro" pelos brancos, para Hall na arena global as culturas são colocadas juntas "com as 'outras'", onde aquele outro "não está simplesmente 'lá', mas também dentro". As pessoas, cada vez mais, vêm de uma mistura de espaços vivos, ancestrais, locais de nascimento, e estão cientes de manter dentro de si um leque de identidades que podem vir à tona em momentos distintos. Essa diversidade interna e externa, diz Hall, é a força que está moldando nossa era. ■

Stuart Hall

Conhecido como o "padrinho do multiculturalismo", Stuart Hall nasceu numa família jamaicana que, segundo ele, representou o conflito entre os contextos local e imperial (colonizador). Seus pais eram de diferentes classes sociais e de ancestrais mistos. Hall se rebelou contra a sugestão de brincar apenas com seus amigos de "cor superior".

Em 1952, Hall foi para a Universidade de Oxford, Inglaterra, e tornou-se uma figura-chave no crescente movimento político da Nova Esquerda. Foi cofundador da *Left Review*, em 1957, diretor do Centre for Contemporary Cultural Studies, em Birmingham, Reino Unido, e, em 1979, professor de sociologia na Open University. Também trabalhou com cineastas e artistas sobre a subjetividade negra.

Principais obras

1979 *The Great Moving Right Show*
1980 *Encoding/Decoding*
1992 *A questão da identidade cultural*

TODAS AS COMUNIDADES SÃO IMAGINADAS
BENEDICT ANDERSON (1936-2015)

EM CONTEXTO

FOCO
Nacionalismo

DATAS IMPORTANTES
1800 O filósofo alemão Johann Fichte defende um Estado centralizado capaz de se isolar do mundo para desenvolver uma *volkgeist* — uma imagem específica da nação sobre si mesma.

1861 Logo após a unificação italiana, o político Massimo d'Azeglio anuncia: "Fizemos a Itália. Agora temos que fazer os italianos".

1965 O antropólogo tcheco-britânico Ernest Gellner sugere que "o nacionalismo não é o despertar das nações para sua autoconsciência: ele inventa nações onde elas não existiam".

1991 O filósofo francês Étienne Balibar diz que "todo 'povo'… é o projeto de um processo nacional de etnia".

Antes do século XVI, a ideia de nacionalismo não existia. Ele é um conceito moderno que até imaginamos ser real, para depois nos convencermos de que teve um passado longínquo. Essa é a visão do teórico social e político Benedict Anderson, que diz que assumimos a ideia de nacionalismo como algo determinado: se você nasceu em algum lugar, você tem uma nacionalidade, assim como você nasce com um gênero específico.

O livro de Anderson *Comunidades imaginadas* (1983) questiona toda a base do nacionalismo. Ele define "a nação" como "uma comunidade política imaginada — e imaginada

Com o **desenvolvimento da impressão**, as editoras se voltaram para as massas com livros escritos nas **línguas vernáculas** mais comuns, além do latim.

Isso **deu às línguas uma maior estabilidade**, ajudando a **definir grupos** de pessoas de acordo com a língua que elas falavam.

Essa **unificação através de uma língua comum** permitiu o crescimento de ideias e valores compartilhados, fazendo aumentar a ideia de **pertencer a uma nação**.

Numa época em que a crença num **domínio religioso estava em declínio**, o conceito de **"nação"** deu às pessoas **algo no que acreditar**, além de uma **causa pela qual morrer**.

CULTURA E IDENTIDADE 203

Veja também: Paul Gilroy 75 ▪ Edward Said 80-81 ▪ Elijah Anderson 82-83 ▪ Saskia Sassen 164-165 ▪ David Held 170-171 ▪ Stuart Hall 200-201

---

tanto como limitada quanto como soberana". Anderson explica que ela é "imaginada" porque os membros até mesmo da menor nação do mundo jamais conhecerão a maioria dos seus concidadãos, mas "na mente de cada um vive a imagem de sua comunhão".

Consciência nacional

A ideia de nação é "limitada", defende Anderson, porque até mesmo as maiores nações têm fronteiras finitas, apesar de serem "elásticas" (devido, por exemplo, ao movimento da imigração e emigração e à disputa por territórios). Nenhuma nação jamais cogitou a possibilidade de fazer com que todos no mundo fizessem parte de "sua nação", diz ele, diferentemente de uma religião, como o cristianismo, que gostaria de ver todos juntos em união num sistema unificado de crenças.

Anderson alega que uma das formas pelas quais as nacionalidades revelaram suas "fronteiras elásticas" foi a indústria gráfica. No século XVI, os livreiros se voltavam para minorias educadas, que falavam latim, mas perceberam que precisavam alcançar mercados mais amplos em busca de lucros maiores. Incapazes de vender livros em vários dialetos regionais, eles escolheram os maiores e, conforme tais dialetos foram ganhando estabilidade em várias impressões, acabaram criando campos unificados de comunicação que ajudaram a definir como uma nação deveria "parecer".

Dando um propósito à vida

A soberania também é parte dessa ideia de nação, diz Anderson, porque o conceito surgiu durante o Iluminismo, numa era de revoluções. As religiões perderam seu poder indiscutível sobre a mente das pessoas, e não se aceitava mais que os monarcas fossem divinamente escolhidos por Deus para governar. O Estado soberano permitiu a existência da estrutura de uma nação sem exigir que o seu povo acreditasse num dogma religioso. Mas, com a morte do domínio religioso, perguntas sobre o sentido da vida seguiram sem resposta, de acordo com Anderson. A racionalidade do Iluminismo não sugeria nenhuma razão para viver ou morrer — mas com a ideia de nação surgiu um novo propósito. Agora havia algo digno pelo que morrer, o que também oferecia um senso de continuidade de propósito que as pessoas anteriormente tinham a partir da ideia de uma vida depois da morte (como o céu).

Alguns questionaram a teoria de Anderson, especialmente no que dizia respeito ao mundo árabe, que continua a usar uma forma clássica de língua e ainda é definido por uma crença religiosa. Mas, numa época em que existe agitação política dentro de "subnações" (como a Escócia e a Catalunha) pelo mundo afora, a ideia de Anderson de uma nação imaginada se mostrou tanto controversa quanto influente. *Comunidades imaginadas* já foi publicado em 29 línguas. ▪

> Nacionalidade ou... nação, assim como o nacionalismo, são artefatos culturais.
> **Benedict Anderson**

Benedict Anderson

Benedict Richard Anderson foi professor emérito em estudos internacionais, administração pública e estudos asiáticos na Universidade Cornell, EUA. Nascido em Kunming, China, em 1936, era filho de pai irlandês e mãe inglesa, ambos ativamente envolvidos nos movimentos nacionalistas irlandeses. A família emigrou para a Califórnia em 1941, e depois para a Irlanda. Anderson foi educado no Eton College, em Berkshire, Inglaterra. Formou-se em estudos clássicos na Universidade de Cambridge, em 1957.

Uma fascinação pela política asiática levou Anderson a fazer seu doutorado na Universidade Cornell, EUA, incluindo um período de pesquisa em Jacarta, Indonésia. Sua resposta pública ao golpe comunista de 1965 fez com que fosse deportado do país, indo para a Tailândia, onde permaneceu por vários anos antes de voltar a Cornell para lecionar.

Principais obras

1983 *Comunidades imaginadas*
1998 *The Spectre of Comparisons*
2007 *Under Three Flags*

POR TODO O MUNDO, A CULTURA TEM PERSISTENTEMENTE SE COLOCADO NO CENTRO DAS ATENÇÕES

JEFFREY ALEXANDER (1947-)

206 JEFFREY ALEXANDER

EM CONTEXTO

FOCO
Sociologia cultural

DATAS IMPORTANTES
1912 Nas *Formas elementares da vida religiosa*, Émile Durkheim discute como a cultura e o sentido estão relacionados.

1937 O sociólogo americano Talcott Parsons enfatiza a autonomia da cultura em *A estrutura da ação social*.

1973 O antropólogo americano Clifford Geertz destaca a importância do sentido para a vida humana social em *A interpretação das culturas*.

1995 Em *Fin de Siècle Social Theory*, Alexander critica Pierre Bourdieu, o principal sociólogo da cultura no mundo.

2014 O sociólogo britânico Christopher Thorpe aplica as ideias de Alexander em sua pesquisa sobre a experiência britânica na Itália.

Os sociólogos tendem a dar à cultura uma **importância secundária**.

Fatores materiais — como **riqueza material e classes sociais** — têm sido vistos como mais influentes.

Alexander **enfatiza o papel da cultura** na determinação da vida social.

Sem a cultura, **nenhuma comunicação, evento ou interação humana** seriam inteligíveis.

Na sociologia, a cultura tem persistentemente se colocado no centro das atenções.

M uitos de nós vivemos nossa vida sem examinar por que fazemos costumeiramente o que fazemos e pensamos como pensamos. Por que gastamos tanto do nosso dia trabalhando? Por que guardamos dinheiro? Por que estamos interessados em fofocas sobre pessoas que não conhecemos? Quando pressionados a responder a tais questões, talvez digamos: "Porque é isso que pessoas como nós fazem". Mas não há nada natural, necessário ou inevitável a respeito de nenhuma dessas coisas. Em vez disso, nos comportamos assim porque a cultura à qual pertencemos nos compele a sermos assim. A cultura na qual vivemos molda a maneira como pensamos, sentimos e agimos nas formas mais invasivas possíveis. Não é a despeito de nossa cultura que somos quem somos, mas exatamente por causa dela.

O sociólogo americano Jeffrey Alexander argumenta que a cultura — ideias, crenças e valores de um grupo que são produzidos coletivamente — é fundamental para o entendimento da vida humana. Somente através da cultura é que os humanos conseguem, a duras penas, se afastar de um estado primordial para refletir sobre o mundo ao seu redor e intervir nele. A despeito de seu papel central, Alexander defende que os sociólogos têm historicamente dado à cultura uma importância secundária. Por ser um dos mais influentes teóricos sociais do mundo, Alexander buscou garantir que o tema da cultura assumisse o ponto central na análise da sociedade moderna recente.

Sociologia e cultura
Apesar de os teóricos da sociologia reconhecerem a importância central da cultura, eles fracassaram — de acordo

CULTURA E IDENTIDADE

Veja também: Karl Marx 28-31 ▪ Émile Durkheim 34-37 ▪ Max Weber 38-45 ▪ Erving Goffman 190-195 ▪ Talcott Parsons 300-301 ▪ Herbert Blumer 335

Estamos longe de ser razoáveis, racionais ou sensíveis como gostaríamos de pensar.
Jeffrey Alexander

com Alexander — em levar a sério a ideia de que a cultura é essencial para entender por que as pessoas pensam e agem da forma como fazem. Karl Marx, por exemplo, via a cultura dominante como uma função das ideias e dos valores da classe dominante. Assim, a cultura servia como um véu para cegar a maioria das pessoas em relação à sociedade profundamente injusta na qual viviam. Max Weber tinha uma visão diferente e argumentava que a cultura ocidental era racional e via os mundos natural e social de maneira desapaixonada e científica. Ela não tinha nenhum sentido ou valor mais amplo.

Para Alexander, ambas as visões eram limitadas: o registro de Marx é claramente redutivo, porque defende que a cultura é determinada pela forma como a sociedade é organizada. Já o de Weber é claramente racional, porque falha em reconhecer os aspectos extremamente irracionais da cultura ocidental — em especial o papel das emoções e dos valores ao dirigir as respostas dos indivíduos, e até mesmo de nações inteiras, e os eventos que se dão ao seu redor.

A abordagem teórica de Alexander é muito diferente, construída sobre as ideias a respeito da religião propostas pelo sociólogo francês Émile Durkheim. Para Durkheim, a religião tinha a ver com a separação do sagrado — ideias, ícones e representações do divino — do profano, das funções da vida cotidiana. Alexander vê a cultura mais próxima do sagrado — autônoma, porém dependente da sociedade, capacitando em vez de simplesmente restringindo, e tendo elementos tanto irracionais como racionais. Sua sociologia cultural foca o entendimento de como os indivíduos e os grupos se envolvem na criação de sentido ao fazer uso da produção coletiva de valores, símbolos e discursos — formas de falar a respeito das coisas — e como isso, por sua vez, molda suas ações.

Três aspectos da cultura

Alexander define a sociologia cultural em três pontos principais, ligados a origem, interpretação e estrutura. Primeiro, a cultura pode ser completamente autônoma das dimensões materiais da vida social. As teorias de Marx sobre a cultura se tornaram a forma ortodoxa de conceitualizar a relação entre o "social" e o "cultural". Na visão de Marx, a base material da sociedade (a economia, as tecnologias e a divisão do trabalho) determina a superestrutura ideal (as normas, os valores e as crenças da cultura).

Em contraste, Alexander acredita que a cultura não pode ser entendida como um mero subproduto das dimensões materiais mais "duras" ou "reais" da vida social. A noção de que os fatores materiais determinam os fatores ideais — de que a economia determina a cultura — é essencialmente enganosa. Em vez disso, a cultura é, e deveria ser, de acordo com Alexander, considerada como "uma variável independente", »

Jeffrey Alexander

Jeffrey Alexander, nascido em 1947, é professor de sociologia da cátedra Lillian Chavenson Saden na Universidade Yale, EUA, e codiretor do Center for Cultural Sociology. Nesse papel, Alexander fundou o *Cultural Sociology*, um novo periódico acadêmico que promove as ideias e os métodos sociológicos culturais.

Nos EUA, e talvez no mundo como um todo, principalmente por causa de sua obra *Holocaust: A Debate* (2009), ele é um dos principais pensadores sociais de seu tempo. Tendo aprendido com os influentes sociólogos americanos Talcott Parsons e Robert Bellah, Alexander conduziu o funcionalismo estrutural à sua conclusão lógica antes de abandoná-lo e fundar seu próprio paradigma sociológico cultural.

Principais obras

2003 *The Meaning of Social Life: A Cultural Sociology*
2012 *Trauma: A Social Theory*
2013 *The Dark Side of Modernity*

... o cerne do debate atual está entre... a 'sociologia cultural' e a 'sociologia da cultura'.
Jeffrey Alexander

separada das condições de vida das quais surgiu, mas capaz de exercer poder sobre os indivíduos e os coletivos dentro daquela cultura.

O entendimento dos eventos pelas pessoas não é natural nem inevitável, mas determinado pela linguagem culturalmente específica e pelos símbolos que usam para interpretar o mundo, codificá-lo e dar-lhe sentido. Conforme diz Alexander, uma sociedade, ao ser definida como capitalista, socialista ou autoritária, não nos aproxima em nada do entendimento do sentido coletivo atribuído a um evento. Isso, ao contrário, é algo que precisa ser explorado a partir de "dentro", em termos de estruturas, sentidos e símbolos produzidos coletivamente e que as pessoas usam para lhe dar sentido.

Segundo, para entender a cultura, os sociólogos devem adotar uma abordagem interpretativa. Alexander compara a cultura a um texto — algo que as pessoas leem e interpretam de uma forma que é socialmente estruturada, mas única para elas, e por essa razão não pode ser entendido em termos de simples causa e efeito. O

A falha de Bourdieu... é que ele não reconhece... que a cultura tem certa autonomia em relação à estrutura social.
Jeffrey Alexander

jeito como as pessoas interpretam eventos pode não ser totalmente previsível, exigindo um entendimento retrospectivo, partindo da perspectiva da pessoa envolvida.

Terceiro, Alexander alega que, do mesmo modo que existem estruturas sociais — formas padronizadas de comportamento que estão acima e além do indivíduo —, também existem estruturas culturais. Elas são recursos simbólicos, constelações de signos e símbolos que os membros de uma cultura utilizam para dar sentido e

relevância ao mundo. As pessoas só conhecem essas estruturas em parte — elas não refletem conscientemente sobre como sua mente consciente e seu inconsciente são moldados por elas. No entanto, essas estruturas são produzidas e padronizadas socialmente. A meta da sociologia cultural é tornar essas estruturas visíveis. O alvo definitivo é entender melhor as ações e reações coletivas em relação aos eventos que acontecem no mundo — e, onde desejável, intervir sobre elas.

O sentido e o Holocausto

Para demonstrar o modo como os grupos sociais são compelidos pelos sentidos e símbolos carregados de valor, Alexander usa o exemplo do Holocausto dos nazistas na Segunda Guerra Mundial. Ele emprega esse exemplo porque o Holocausto é reconhecido como um dos símbolos mais poderosos do sofrimento e da maldade humana. É (quase) inquestionável que esse evento possa ser entendido de qualquer outra maneira. Mesmo parecendo inacreditável agora, argumenta, não

---

A cultura na sociedade pode ser explicada de diversas formas. Marx relacionava a cultura à estrutura social, mas os sociólogos culturais como Alexander a veem como uma série de recursos vastos e independentes.

Marx via a cultura como um produto da **atividade econômica, tecnológica e social**, formando parte da estrutura social.

Alexander argumenta que a cultura se comporta como **um software numa nuvem de computadores** com o qual os usuários podem contribuir e recorrer para criar um sentido de mundo.

é nem natural nem inevitável que aqueles eventos sejam entendidos como um ato de maldade sem precedentes. Mas "… a categoria do 'mal' deve ser vista não como algo que exista naturalmente, e sim como uma construção arbitrária, produto da obra cultural e sociológica".

Em seu trabalho de 2001, "On the Social Construction of Moral Universalism: The 'Holocaust' from War Crime to Trauma Drama" ("A construção social do universalismo moral: o Holocausto como crime de guerra e drama traumático"), Alexander demonstra detalhadamente que, nos anos seguintes à Segunda Guerra Mundial, o Holocausto não era visto com o mesmo horror e condenação de hoje. Como um grupo étnico socialmente distinto, os judeus europeus eram considerados, quase sempre, de forma negativa em muitas sociedades, o que teria, por sua vez, levado a uma resposta mais branda quanto ao seu sofrimento. Somente quando eles se integraram melhor à sociedade como um todo, e sua distinção como um grupo social foi enfraquecendo, é que se tornou possível para os indivíduos e as instituições se identificarem com eles psicologicamente. Só no começo dos anos 1970 é que foram surgindo as estruturas culturais necessárias para que o Holocausto fosse reavaliado, reinterpretado e simbolicamente recodificado como um ato do mal. Só então é que ele foi elevado ao nível de um evento traumático para toda a humanidade, não apenas para os judeus. Numa visita de Estado em 1970, o fato de o chanceler da Alemanha Ocidental ter se ajoelhado no memorial do Gueto de Varsóvia foi descrito por Valentin Rauer, em *Social Performance*, de Alexander (2006), como um "símbolo em ação".

A sociologia cultural de Alexander está rapidamente se estabelecendo como um dos arcabouços teóricos sociológicos mais inovadores e significativos. Como parte de uma "mudança cultural" mais ampla nas ciências sociais, sua obra ajudou a atualizar o foco analítico dos pensadores sociais para o tópico do "sentido". Em especial, sua adaptação e sua aplicação da obra de Durkheim ao entendimento da criação de sentido e sua manutenção em várias áreas — incluindo o Holocausto, a democracia e a sociedade civil, e os ataques do Onze de Setembro — levaram muitos acadêmicos a desenvolver e ampliar suas ideias. Por exemplo, a socióloga americana Mira Debs analisou a resposta dos italianos à destruição, em 1997, dos afrescos icônicos do artista Giotto na basílica de Assis. O status sagrado alocado a eles era tamanho na imaginação nacional que sua perda acabou tendo, em várias ocasiões, uma importância maior que a perda de vidas humanas. Debs desenvolveu as ideias de Alexander para demonstrar como a narração e a codificação das obras de arte de tal forma — como tesouros sagrados nacionais — levaram a uma resposta coletiva tão forte, quase irracional, pela maioria do povo italiano. ∎

Willy Brandt se ajoelhou no memorial do Levante do Gueto de Varsóvia em 1970, o que simbolizou o arrependimento alemão, provocando uma mudança na identidade coletiva.

Um terremoto em 1997 destruiu os afrescos de são Francisco na basílica de Assis, Itália. Mira Debs analisou como tal perda resultou num trauma cultural socialmente construído.

TRABA
CONSUM

HO E
ISMO

O CONSUMO CONSPÍCUO DE BENS VALIOSOS É UM INSTRUMENTO PARA A RESPEITABILIDADE DO CAVALHEIRO OCIOSO

THORSTEIN VEBLEN (1857-1929)

EM CONTEXTO

FOCO
Consumo conspícuo

DATAS IMPORTANTES
1844 Karl Marx discute a estrutura de classes na sociedade capitalista nos *Manuscritos econômico-filosóficos*.

1859 Charles Darwin explica sua teoria da evolução em *A origem das espécies através da seleção natural*.

1979 Pierre Bourdieu retoma a teoria de Veblen sobre o consumo conspícuo em *A distinção*.

1992-2005 Os estudos do sociólogo americano Richard A. Peterson sugerem que o esnobismo não é mais um fator determinante nas práticas de consumo da classe média.

A partir de 2011 O conceito de consumo conspícuo de Veblen influencia ideias econômicas sobre a irracionalidade e o comportamento do consumidor.

A obra do economista e sociólogo americano Thorstein Veblen foca a relação entre a economia e a sociedade e estuda como grupos de classes diferentes consomem bens e serviços específicos. Ele se baseia nas ideias de vários teóricos importantes, como Karl Marx, o sociólogo britânico Herbert Spencer e o naturalista britânico Charles Darwin. Os insights de Veblen sobre a sociedade capitalista e os tipos de comportamento consumista que ela desperta estão esboçados em sua obra mais famosa, *A teoria da classe ociosa* (1899).

Capitalismo e classes

Veblen vê a transição da sociedade tradicional para a moderna como impulsionada pelo desenvolvimento do conhecimento técnico e dos métodos de produção industrial. Assim como Marx, argumenta que a sociedade capitalista está dividida em dois grupos de classes sociais em confronto: a classe trabalhadora, feita de operários, e a classe ociosa, também chamada de classe pecuniária, ou classe empresarial (que inclui políticos, executivos,

O motivo que está na raiz da propriedade é a emulação.
Thorstein Veblen

advogados etc.), que é dona das fábricas e das oficinas.

A classe trabalhadora constitui a maioria da população e faz o trabalho produtivo, tanto manual quanto com máquinas. Em contraste, a classe ociosa é um grupo numericamente bem inferior, mas social e economicamente privilegiado, que é parasita do trabalho da classe trabalhadora. Para Veblen, os membros dessa classe ociosa predadora não produzem nada de real proveito para a sociedade como um todo. A riqueza e o privilégio que possuem derivam da concorrência que geram e da manipulação dos trabalhadores, tendo como única

---

A sociedade capitalista está dividida em **duas classes**. → **A classe trabalhadora** produz bens de consumo, e a **classe ociosa** prospera com os lucros criados pela classe trabalhadora.

↓

O consumo conspícuo de bens valiosos é um instrumento para a respeitabilidade do cavalheiro ocioso. ← Os membros da classe ociosa compram **bens de luxo não essenciais** para mostrar **riqueza, poder e status**.

Veja também: Karl Marx 28-31 ▪ Charles Wright Mills 46-49 ▪ Pierre Bourdieu 76-79 ▪ Anthony Giddens 148-149 ▪ Herbert Marcuse 182-187 ▪ Colin Campbell 234-235 ▪ Herbert Spencer 334

meta o aumento de sua riqueza pessoal. Pior ainda, a classe privilegiada impede, de forma consistente, o avanço social positivo através de sua má administração deliberada das fábricas e da sociedade em geral.

Reconhecimento social

O conceito de "consumo conspícuo" de Veblen é a sua contribuição mais conhecida para a teoria econômica e sociológica. Com base na noção darwinista de que toda vida representa uma constante luta por recursos na busca do avanço das espécies (ou, no caso das sociedades humanas, dos grupos aos quais os indivíduos pertencem), Veblen argumenta que sob o capitalismo a maior parte do comportamento humano é determinada pela luta por reconhecimento social, status e poder. Isso fica mais evidente em relação aos padrões de consumo e lazer.

O consumo conspícuo se refere a gastar dinheiro e consumir bens luxuosos não essenciais, de modo a mostrar aos outros membros da sociedade sua própria riqueza econômica e material. Um exemplo disso é um magnata empresarial moderno que compra um iate caro para passear com amigos e clientes. Não é o valor utilitário do iate (se ele é um bom meio de transporte ou não) que importa ao magnata, mas o valor significante altamente conspícuo de riqueza à sua disposição, pelo qual ele receberá tanto admiração quanto respeito.

Ócio e desperdício

Muito próxima do conceito de consumo conspícuo de Veblen é a noção de ócio conspícuo: a enorme quantidade de tempo que os membros da classe ociosa gastam em busca de atividades que não são nem econômica nem socialmente produtivas. O ócio simplesmente implica a ausência do trabalho. Para os membros dessa classe privilegiada que mantém uma distância suficiente da necessidade econômica (a necessidade de trabalhar), o uso não produtivo do tempo pode alavancar seu prestígio social e sua posição de classe. Tirar férias exóticas no exterior e aprender sobre outros países são exemplos clássicos de ócio conspícuo, segundo Veblen.

A consequência inevitável do ócio e do consumo conspícuo é a produção de desperdício desnecessário. O desperdício conspícuo, argumenta Veblen, deriva da mistura de consumo conspícuo e ócio conspícuo. O resultado líquido dessas duas atividades é que recursos socialmente valiosos (a matéria-prima e o trabalho humano essenciais para a produção de bens de consumo e serviços), além do tempo, são desperdiçados. Um exemplo evidente dessa cultura de desperdício é o uso de recursos naturais como petróleo e minerais na fabricação de »

O conceito de "bens de Veblen", ou bens luxuosos que sinalizam um status elevado, apareceu na teoria econômica nos anos 1970. Numa reversão da tendência normal, quanto maior o preço desses itens, mais eles são desejados.

Viajar para o exterior, aprender línguas e adquirir conhecimento sobre outras culturas eram fortes símbolos de status para os europeus ricos dos séculos XVIII e XIX.

bens e mercadorias que, por sua vez, aumentam as emissões de carbono e afetam a mudança climática.

Os conceitos de consumo conspícuo e de ócio conspícuo de Veblen são "políticos" porque contêm dentro de si uma forte postura moral voltada a ações e estilos de vida daquela que ele vê como uma classe ociosa predatória e parasitária.

Emulação pecuniária

Além do desperdício que o estilo de vida da classe ociosa exige, outra consequência negativa de suas atividades está manifesta na noção de Veblen de emulação pecuniária. Esse conceito se refere à ideia de que os indivíduos de grupos de classes sociais mais baixas tentam imitar, tanto de modo consciente quanto inconsciente, as práticas de consumo daqueles que lhes são "superiores" socialmente — os membros da classe ociosa. Essa é uma tentativa de mostrar aos outros sua afiliação aos grupos mais socialmente poderosos e dominantes na sociedade.

A imitação pecuniária está firmemente arraigada na ideia de propriedade: uma vez que as necessidades materiais imediatas dos indivíduos são saciadas, os bens de consumo são adquiridos por sua utilidade como significantes de status e afiliação de classe social à identidade e ao estilo de vida de um dado grupo social. Na sociedade capitalista, os grupos de classes sociais estão estratificados hierarquicamente. Cada grupo de classe tem um montante específico de status social. Propriedade, poder, status e dominância acabam inextricavelmente juntos, de tal forma que a luta por status está fundada essencialmente na demonstração de riqueza econômica e respeito pecuniário. Veblen alega que as pessoas se comparam o tempo todo — bem como aquilo que têm — com aquelas que estão ao seu redor. Existem, diz ele, várias consequências indesejadas, reais e negativas, que surgem desse fenômeno.

O estilo de vida copiado de alguns bairros de classe média surge da pressão por emular as práticas de consumo dos vizinhos, numa tentativa de ganhar status e prestígio.

Os indivíduos, ou grupos inteiros, estão sujeitos às pressões de comparações "invejosas" ou injustas uns com os outros, de acordo com Veblen. Conforme o capitalismo se torna cada vez mais competitivo, o processo de comparação invejosa se prolifera. O modo dominante de avaliar outras pessoas é "classificando-as e estimando-as no tocante ao seu valor relativo". Mas, além de gerar um desperdício ainda maior entre a população, o processo de emulação pecuniária não garante a acumulação de respeito ou prestígio social. Aqui Veblen usa o termo "nouveau riche", ou riqueza recentemente adquirida, para descrever as pessoas que se envolvem em atos de consumo conspícuos, como comprar carros chamativos ou roupas de marca. Isso talvez resulte em desaprovação por parte das pessoas cujo status ou riqueza — e aquilo que possa ser considerado como gosto subestimado ou sutil — são herdados de outras gerações, o que poderia afastar ainda mais o *nouveau riche* dos grupos sociais

A riqueza é agora intrinsecamente honorável e honra seu possuidor.
Thorstein Veblen

dominantes que ele deseja emular. Comprar bens de consumo conspícuos pode levar a um prestígio social, mas não naqueles casos em que se percebe que o consumidor ultrapassa, e quase sempre o faz, os meios financeiros de que dispõe.

O legado de Veblen

As ideias de Veblen sobre a natureza conspícua do consumo têm influenciado o desenvolvimento da análise sociológica e continuam a atrair controvérsia e debate em igual medida.

Por exemplo, a obra do sociólogo francês Pierre Bourdieu deve a Veblen as noções de emulação pecuniária e consumo conspícuo, apesar de ele as ter modificado para se encaixarem em seu modelo teórico. Bourdieu mapeia como os indivíduos e os grupos de classes sociais estão sempre competindo entre si e se diferenciando uns dos outros, através do consumo de certos tipos de bens e serviços socialmente distintos.

O sociólogo britânico Colin Campbell, no entanto, vê a obra de Veblen como fortemente simplificadora. Ele alega que Veblen fracassa em reconhecer

Indivíduos... buscam exceder em padrão pecuniário e... ganhar a estima e a inveja dos outros.
Thorstein Veblen

que a aquisição de bens de consumo desempenha uma parte essencial e positiva na forma como as pessoas conseguem construir um senso de identidade e valor próprios através dos produtos que compram e das atividades que buscam.

Mais recentemente, sociólogos têm questionado se é possível dizer que existe de fato uma classe ociosa. O sociólogo britânico Mike Savage, por exemplo, argumentou que a dinâmica variável das relações de classes modernas implica que não há uma classe ociosa aristocrática no mundo moderno. Isso também quer dizer, de acordo com Savage, que não há mais um grupo social identificável cujas disposições de gosto e práticas de consumo sejam emuladas por todos os outros grupos sociais.

Levando essa ideia além, o sociólogo Richard Peterson desenvolveu o conceito de "onívoro cultural" para se referir a um grupo social emergente — a fração educada da classe média que trabalha nos setores de novas mídias e propaganda — que acumula prestígio ao consumir um mix eclético de bens de consumo descolados ou não. O prestígio social, de acordo com Peterson, não deriva mais só do consumo conspícuo de bens, mas do consumo "proposital" e "irônico" de itens claramente não luxuosos, como roupas retrô, bonés, botas etc.

A despeito das críticas e da modificação de suas ideias, *A teoria da classe ociosa* de Veblen, com seu exame detalhado das consequências sociais desejadas ou não dos gastos e dos amplos padrões de consumo nas sociedades capitalistas, continua, sem dúvida, como referência essencial tanto para economistas quanto para sociólogos. ∎

Thorstein Veblen

Thorstein Veblen nasceu em Wisconsin, EUA, filho de imigrantes noruegueses. Fez sua graduação em economia na Universidade Johns Hopkins em 1880 e, quatro anos depois, terminou seu doutorado na Universidade Yale.

A relação de Veblen com o mundo acadêmico institucional foi tempestuosa. No final do século XIX, muitas universidades tinham forte relação com igrejas, e o ceticismo de Veblen em relação à religião, somado a seu estilo didático antiquado e supostamente monótono, fez que tivesse dificuldade em arrumar emprego. Por causa disso, de 1884 a 1891, ele dependeu financeiramente da família.

Em 1892, seu ex-mentor, J. Laurence Laughlin, foi para a Universidade de Chicago, levando Veblen com ele como professor assistente. Foi lá que Veblen escreveu e publicou *A teoria da classe ociosa*. Pouco tempo depois, foi despedido da Universidade de Chicago e, mais tarde, da Universidade de Stanford por seu comportamento notadamente promíscuo. Isso culminou com o divórcio de sua mulher, em 1911. Mudou-se para a Califórnia, onde passou o resto dos seus anos solitário e deprimido.

Principais obras

1899 *A teoria da classe ociosa: um estudo econômico das instituições*
1904 *Teoria da empresa industrial*
1914 *The Instincts of Workmanship and the State of the Industrial Arts*

O PURITANO QUERIA SER UM PROFISSIONAL – NÓS DEVEMOS SÊ-LO
MAX WEBER (1864-1920)

EM CONTEXTO

FOCO
Ética do trabalho protestante

DATAS IMPORTANTES
1517 O teólogo alemão Martinho Lutero anuncia suas "Noventa e cinco teses sobre o poder e eficácia das indulgências", um catalisador da Reforma Protestante.

A partir de 1840 Karl Marx foca os fatores econômicos — não os religiosos ou culturais — para entender a ascensão do capitalismo.

1882 Uma visão de mundo hostil ao cristianismo é articulada pelo filósofo alemão Friedrich Nietzsche, que declara que "Deus está morto".

1920 O livro *Sociologia das religiões* é publicado e se torna uma enorme influência nas teorias sociológicas da religião.

Max Weber, um dos fundadores da sociologia, propõe uma perspectiva bem diferente, a respeito da ascensão do capitalismo, das obras de dois outros fundadores tradicionais da disciplina, Karl Marx e Émile Durkheim. Em *A ética protestante e o espírito do capitalismo* (1904-1905), a obra mais famosa de Weber, ele oferece uma análise do papel desempenhado por ideias, crenças e valores religiosos — especialmente o protestantismo — na ascensão do capitalismo moderno.

Para Weber, o aspecto definitivo da sociedade capitalista é a especificidade da "ética do trabalho", ou "espírito do capitalismo", como ele se refere a isso, capaz de guiar as economias modernas

TRABALHO E CONSUMISMO

Veja também: Émile Durkheim 34-37 ▪ Zygmunt Bauman 136-143 ▪ Jeffrey Alexander 204-209 ▪ Colin Campbell 234-235 ▪ Karl Marx 254-259 ▪ Bryan Wilson 278-279

e a busca da riqueza e do lucro. Ele alega que essa "ética do trabalho" está fundada nos valores da racionalidade, do cálculo, da autorregulação individual e do ganho.

A busca do lucro

O foco de Weber no papel desempenhado pelos fatores culturais teve como objetivo parcial contrabalançar a visão de Marx de que a ascensão do capitalismo foi um processo natural e inevitável. Weber rejeitou a noção de que a história humana é guiada por "leis" subjacentes e inexoráveis que determinam o caminho que a sociedade toma.

A compra e a venda de bens e serviços por um preço maior do que valem, diz Weber, não são exclusividade do capitalismo. Por toda a história, as pessoas sempre comercializaram entre si visando ao lucro. O que é historicamente único no capitalismo, argumenta, é que a busca do lucro torna-se um fim em si mesmo. Um exemplo moderno disso é o grupo bancário transnacional HSBC, que teve um lucro de US$ 22,6 bilhões em 2013. Se esse lucro fosse distribuído entre todos os funcionários da companhia, eles poderiam parar de trabalhar e ainda assim ter uma vida material confortável. Em vez disso, firmas como o HSBC usam o lucro que ganham para reinvestir na corporação, aumentando sua eficiência e buscando um lucro maior. De onde veio de verdade, perguntava-se Weber, esse ideal — a busca incansável do lucro, ou da riqueza pela própria riqueza — que anima a "ética do trabalho" no cerne do capitalismo?

Weber acreditava que, para responder a essa questão, não devemos olhar para as mudanças na solidariedade social ou na tecnologia, mas para o elemento mais antigo de todas as sociedades — a religião. Ele volta no tempo para os desenvolvimentos religiosos que aconteceram no século XVI na Europa, »

Os enormes lucros do Walmart, dizem seus funcionários, deveriam ser direcionados ao pagamento de melhores salários. A corporação chamou a atenção em 2014 como um empregador que paga mal.

onde o protestantismo surgiu como reação a uma clara corrupção e a falhas da Igreja Católica Romana. O recém-nascido protestantismo oferece uma visão diferente das relações entre Deus e seus fiéis, bem como da ética que os governava.

O "chamado" protestante

Weber identificava, em especial, a importância do "chamado" ao novo sistema de ética protestante — de que Deus havia chamado o seu povo para ocupar uma posição neste mundo. Enquanto a Igreja Católica Romana encorajava o retiro monástico dos assuntos mundanos (como a vida cotidiana e o trabalho), o protestantismo exigia que seus seguidores cumprissem suas obrigações e suas responsabilidades no mundo.

Ao chamar a atenção para essa diferença de ideais religiosos, Weber identificou o teólogo alemão Martinho Lutero (1483-1546) como o homem cujo pensamento foi essencial para o desenvolvimento da teologia protestante. Lutero foi a primeira pessoa a sugerir que o cumprimento dos deveres da vida secular também era uma demonstração de reverência a Deus. Ele alegava que no cerne do conceito de "chamado" está a crença de que ganhar o sustento e cumprir o dever religioso são exatamente a mesma coisa.

As ideias de Lutero foram encampadas e desenvolvidas de maneira importante, duas décadas depois, por aquele que talvez tenha sido o mais influente de todos os reformadores, João Calvino (1509-1564). Mas contida no coerente sistema ético que Calvino formulou estava uma contradição ou inconsistência significativa: se Deus tudo vê e tudo sabe, então nosso destino como indivíduos é predeterminado, porque Deus fez o mundo e tudo nele.

A noção de Calvino se refere ao conceito de "eleito". Como Deus já sabe o destino de como viveremos nossa vida, Ele também sabe quais almas escolheu salvar e quais serão condenadas. O problema para os protestantes, no entanto, é que não há como saber de antemão a categoria — os salvos ou os condenados — à qual pertencem. De acordo com Weber, tal desconhecimento produziu a "ansiedade da salvação" e levou ao terror psicológico entre os seguidores do protestantismo. Para resolver esse

A estética da igreja calvinista enfatiza a simplicidade: o protestantismo focava a austeridade e a parcimônia, em contraste com a grandiosidade e a ostentação com frequência associadas ao catolicismo.

desconforto, os protestantes se convenceram de que havia alguns sinais distintos que revelavam quem estava predestinado à salvação.

Utilidade social

Os protestantes achavam que a forma mais óbvia pela qual poderiam dizer se foram salvos ou não era através do sucesso no mundo, especialmente em questões econômicas. Essencial a esse resultado era, acreditavam, uma ética do trabalho específica, que enfatizava a necessidade absoluta de austeridade, automonitoramento e autocontrole na conduta dos assuntos econômicos. Weber se referia a isso como o "espírito do capitalismo".

Um aspecto adicional a esse espírito foi o direcionamento à crescente racionalização, ao controle e ao cálculo dentro da esfera da ação econômica. Prosperar economicamente é demonstrar a si mesmo e aos outros a adesão à noção de "chamado": quanto mais

---

A modernidade e o Holocausto

Para Weber, a disseminação dos valores de cálculo, racionalidade e autocontrole que definiam a ética do trabalho protestante também era crucial para o desenvolvimento da modernidade.

O sociólogo alemão-polonês Zygmunt Bauman argumenta que a base de valor daquela ética também explica como foi possível que houvesse o Holocausto nazista. Em vez da visão tradicional do Holocausto como o triunfo da irracionalidade e da regressão a formas de pensar e agir primitivas e pré-modernas, Bauman vê esse evento como altamente racionalizado. Não apenas a modernidade tornou possível o Holocausto, como também lhe foi uma condição necessária, porque o extermínio era administrado de forma burocrática e organizada. Bauman argumenta que os altos níveis de racionalidade e autodisciplina demonstrados pelos perpetradores do Holocausto estão inextricavelmente ligados à cultura e aos valores religiosos encontrados por toda a Europa protestante.

TRABALHO E CONSUMISMO 223

esforçados no trabalho, austeros e autocontrolados forem os indivíduos em suas ações, maior será a recompensa que colherão. E, quanto maior a riqueza que acumularem, mais isso poderá ser entendido como prova de sua pureza religiosa e da promessa da salvação.

O inverso da ética protestante é se afastar do trabalho — cometer os pecados da preguiça e da indolência e fracassar em prosperar financeiramente.

Secularização

Com o constante declínio da religião formal (secularização) a partir da Revolução Industrial, a ética protestante que sustenta o "espírito do capitalismo" foi corroída. Quando Weber alega que os primeiros protestantes "queriam ser um profissional", mas que hoje "somos forçados a sê-lo", ele está sugerindo que, apesar de os valores de esforço no trabalho, autocontrole e autodisciplina sobre os quais o capitalismo está fundado terem permanecido e serem valorizados socialmente, suas raízes religiosas desapareceram.

Ao identificar a forte afinidade entre a ética do trabalho contida na Reforma Protestante — especialmente nos escritos de João Calvino — e o espírito do capitalismo, Weber chama a atenção para uma grande ironia histórica. A Reforma buscava preservar a mensagem de Deus sobre as forças corruptoras da Igreja Católica Romana. Quase quinhentos anos mais tarde, a religião formal teve um declínio importante. O que começou como uma tentativa de proteger a Palavra deu lugar a uma ética do trabalho que tem sido essencial para a proliferação do capitalismo. E, conforme o capitalismo se desenvolveu, o poder das religiões formais de influenciar nossas ações diminuiu enormemente. Mais de cem anos depois de sua publicação original em alemão, a teoria de Weber sobre a ética protestante ainda é debatida fervorosamente entre os sociólogos e os historiadores contemporâneos. O sociólogo italiano Luciano Pellicani, por exemplo, argumentou que o espírito do capitalismo surgiu muito antes do que sugere Weber e que já estava presente na sociedade medieval.

Na defesa de Weber, o historiador inglês Guy Oakes aponta para o fato de o capitalismo medieval ter sido impulsionado pela cobiça, mais do que pelo senso sóbrio de dever secular promovido pelo calvinismo. Mas o fato de o capitalismo industrial ter acontecido primeiro nos países protestantes da Europa, como Holanda, Grã-Bretanha e Alemanha, confirma a relação que Weber fez entre o protestantismo e o impulso empreendedor que foi necessário ao desenvolvimento do capitalismo. E, no

O cumprimento das tarefas seculares é... a única maneira de viver aceitável para Deus.
Max Weber

livro *A ética romântica e o espírito do consumismo moderno* (1987), Colin Campbell usa a teoria de Weber para dar conta do crescimento da cultura de consumo na Europa e nos EUA. Essa extensão das ideias de Weber confirma que seu relato da ascensão do capitalismo inspirado na religião ainda exerce poderosa influência no pensamento sociológico. ∎

A visão de mundo protestante foi moldada pelo conceito de que as tarefas seculares mostram reverência a Deus e promovem sua glória. O sucesso material é interpretado como a aprovação de Deus — uma recompensa pelo esforço, pela parcimônia, pela sobriedade e por outras formas "corretas" de viver.

Obrigações seculares: Esforço no trabalho Autocontrole Disciplina

Honre seu chamado e será recompensado.

A TECNOLOGIA, ASSIM COMO A ARTE, É UM EXERCÍCIO DE ELEVAÇÃO DA IMAGINAÇÃO HUMANA
DANIEL BELL (1919-2011)

A sociedade pós-industrial é caracterizada pela proliferação do **conhecimento científico e teórico**.

- O progresso científico leva a **avanços tecnológicos** e à ascensão do setor de serviços.
- As universidades e a pesquisa industrial são os principais motivadores da **inovação** e da **mudança social**.
- Os **tecnocratas** ganham poder devido à sua competência técnica e ao conhecimento especializado.

Avanços na tecnologia levam a sociedade a **novos caminhos** imaginativos e imprevisíveis.

EM CONTEXTO

FOCO
Pós-industrialismo

DATAS IMPORTANTES
1850-1880 Karl Marx argumenta que o poder social da burguesia, ou da classe capitalista, deriva da propriedade das máquinas industriais.

1904-1905 *A ética protestante e o espírito do capitalismo*, de Weber, aponta para a crescente natureza racional da cultura moderna.

Década de 1970 O sociólogo americano Talcott Parsons defende os valores e os avanços da sociedade industrial moderna.

1970-1972 Daniel Bell prevê a ascensão da internet e a importância dos computadores pessoais.

A partir dos anos 1990 O conceito de pós-industrialismo molda as teorias dos especialistas em globalização Ulrich Beck e Manuel Castells.

Durante os anos 1960 e 1970, profundas mudanças varreram a base econômica da sociedade na Europa ocidental e nos EUA. Em sua influente obra *O advento da sociedade pós-industrial* (1973), o jornalista político e sociólogo Daniel Bell desenvolve o conceito de "pós-industrialismo" para se referir a essas mudanças. Tendo vivido em Nova York e Chicago, Bell teve uma experiência de primeira mão do rápido e amplo desenvolvimento urbano que estava acontecendo.

Bell concorda com Karl Marx que a burguesia, ou classe capitalista, era o grupo social mais poderoso na sociedade industrial porque detinha os meios de produção — as fábricas e máquinas que produzem os bens consumidos por boa parte da população. Na sociedade pós-industrial de Bell, no entanto, o "recurso" social de maior valor é o conhecimento

TRABALHO E CONSUMISMO 225

Veja também: Karl Marx 28-31 ▪ Manuel Castells 152-155 ▪ Ulrich Beck 156-161 ▪ Max Weber 220-223

científico e teórico, e aqueles que o controlam detêm o poder.

Ele também alega que a mudança social acontece a um ritmo sem precedentes, conforme o progresso e o desenvolvimento científico na tecnologia se interpenetram e impulsionam as sociedades humanas para o futuro. Logo, a sociedade pós-industrial é, diz ele, um período na história da sociedade no qual os avanços na ciência e na tecnologia são tão imprevisíveis e ilimitados quanto a imaginação humana.

A sociedade pós-industrial

De acordo com Bell, a sociedade pós-industrial difere da sociedade industrial de três formas relacionadas: primeiro, a produção de bens de consumo é ultrapassada pelo crescimento e pelo progresso do conhecimento "teórico"; segundo, os desenvolvimentos na ciência e na tecnologia se tornam cada vez mais integrados à medida que as universidades e as iniciativas

As cidades modernas não são mais dominadas pelas fábricas, que são essenciais para a manufatura. No mundo pós-industrial do setor de serviços, a arquitetura futurista ganha espaço.

voltadas à indústria formam laços cada vez mais próximos; e, finalmente, o número de trabalhadores não capacitados ou semicapacitados diminui conforme a maioria da população trabalha, e se apoia, no crescente setor de serviços. Bell se refere ao setor de serviços como a esfera da atividade humana que é voltada à gestão e ao direcionamento da aplicação da informação e do conhecimento.

Outro aspecto-chave da sociedade pós-industrial, de acordo com Bell, é a ascensão ao poder dos "tecnocratas", ou pessoas que exercem a autoridade através de seu conhecimento técnico e da habilidade de resolver problemas de forma lógica. O poder social dos tecnocratas é determinado por sua habilidade em prever e direcionar novas ideias científicas.

Bell acredita que a tecnologia encoraja a imaginação e a experimentação e, ao fazer isso, abre novas formas de pensar o mundo. Ele aponta para o fato de que a palavra grega *techne* significa "arte". Para ele, a arte e a tecnologia não deveriam ser vistas como campos distintos: a tecnologia, diz ele, é "uma forma de arte que serve de ponte entre a cultura e a estrutura social e, no processo, reformula ambas". ■

Daniel Bell

O influente pensador social, escritor e sociólogo Daniel Bell nasceu em Manhattan, Nova York, EUA, em 1919, filho de imigrantes judeus do Leste Europeu. Seu pai morreu quando Bell tinha poucos meses, e o nome de sua família foi trocado de Bolotsky para Bell quando ele era adolescente.

Em 1938, Bell se formou no City College de Nova York. Trabalhou como jornalista político por mais de vinte anos. Como editor-chefe da revista *The New Leader* e editor da *Fortune*, escreveu muito sobre questões sociais. Em 1959, em reconhecimento pela sua contribuição para o jornalismo político, foi contratado como professor de sociologia na Universidade Columbia. Mais tarde, terminou seu doutorado na mesma universidade, apesar de não ter concluído sua tese. Foi professor de sociologia na Universidade Harvard de 1969 a 1990.

Principais obras

1969 *O fim da ideologia*
1973 *O advento da sociedade pós-industrial*
1976 *The Cultural Contradictions of Capitalism*

QUANTO MAIS SOFISTICADAS AS MÁQUINAS, MENOS QUALIFICAÇÃO TEM O TRABALHADOR

HARRY BRAVERMAN (1920-1976)

EM CONTEXTO

FOCO
Desqualificação

DATAS IMPORTANTES
1911 O engenheiro mecânico americano Frederick Winslow Taylor publica *Princípios de administração científica*.

Década de 1950 A tradução para o inglês dos escritos de Karl Marx sobre alienação faz que a sociologia anglófona volte a se interessar por sua obra.

1958 O pensador americano James R. Bright publica *Automation and Management*, advertindo para a relação entre automação e desqualificação.

Década de 1950 A mecanização causa a disseminação da alienação entre os trabalhadores sem qualificação ou de baixa qualificação nos EUA.

Década de 1970 Um relatório do governo americano intitulado *Work in America* conclui que um número significativo de trabalhadores está insatisfeito com seu emprego.

A economia americana passa por uma rápida **industrialização** nos anos 1950.

↓

A divisão "científica" do trabalho enfatiza **a racionalização, o cálculo e o controle**.

↓

Trabalhadores fabris qualificados e funcionários administrativos são **alienados** pelo aumento da **automação** e do **controle** gerencial.

↓

Alegações de aumento no treinamento, na qualificação e na educação se mostram falsas conforme **cai o nível geral da qualificação dos trabalhadores**.

↓

Quanto mais sofisticadas as máquinas, menos qualificação tem o trabalhador.

Desde os anos 1950, o conceito de alienação de Karl Marx tem sido a principal ferramenta analítica com a qual os sociólogos da América do Norte e da Europa buscam entender a modernização do emprego e seus efeitos na força de trabalho.

Tanto Marx quanto Max Weber previram que o crescimento da tecnologia industrial seria acompanhado por uma guinada para níveis de eficiência cada vez maiores, e a racionalização da força de trabalho para uma maior diferenciação e especialização. Reconhecendo, de forma explícita, que está seguindo essa tradição intelectual, o estudo clássico de Harry Braverman de 1974, *Trabalho e capital monopolista: a degradação do trabalho no século XX*, é um questionamento sistemático da natureza do trabalho industrial e da mudança da composição da classe trabalhadora sob as condições do capitalismo monopolista.

A análise de Braverman gira em torno da noção de desqualificação: o avanço na tecnologia industrial e na produção de máquinas levou a uma alienação e "desconstrução" dos membros qualificados da classe trabalhadora industrial e dos trabalhadores manuais. Ele acreditava que a desqualificação do trabalho e a degradação dos trabalhadores industriais faziam parte de um processo que vinha ganhando corpo desde a Segunda Guerra Mundial. Apesar de seu foco ser nos trabalhadores de fábrica, ele também lidava, se bem que em menor escala, com os trabalhadores administrativos.

Mitos do trabalho qualificado

A ideia de que a industrialização do trabalho fabril dá poder aos trabalhadores é atacada de frente por

TRABALHO E CONSUMISMO 229

Veja também: Karl Marx 28-31 ▪ Max Weber 38-45 ▪ George Ritzer 120-123 ▪ Manuel Castells 152-155 ▪ Erich Fromm 188 ▪ Daniel Bell 224-225 ▪ Robert Blauner 232-233

O processo industrial e... a organização roubaram a herança profissional do artífice.
Harry Braverman

Braverman, que encontra nela diversas falhas. Com base em sua própria experiência como trabalhador de fábrica, Braverman desafia estatísticas oficiais e classificações governamentais sobre os trabalhadores para demonstrar a progressiva e constante desqualificação da classe trabalhadora americana.

Assim, por exemplo, a noção de que a crescente tecnologia no local de trabalho exige uma força de trabalho cada vez mais capaz de dominar a tecnologia e mais qualificada em termos educacionais é, segundo ele, simplesmente falsa. Os termos "treinamento", "qualificação" e "aprendizado" são vagos e abertos à interpretação, e o volume de treinamento exigido para operar máquinas na fábrica e no escritório não passa de minutos ou, no máximo, semanas. Simplesmente apontar para o fato de os trabalhadores conseguirem operar máquinas não quer dizer, de fato, que seu nível de qualificação aumentou substancialmente. Ter contato com máquinas e aprender a operá-las — um bom exemplo é o aprendizado de como usar uma máquina de xerox — não significa que um trabalhador deveria ser reclassificado como "qualificado".

Além disso, Braverman descobriu que, quando o nível educacional geral alcançado pela força de trabalho aumenta, isso costuma ter uma consequência indesejada e negativa para o indivíduo que ingressa no mercado de trabalho.

No decurso de pesquisas e entrevistas feitas por Braverman, era comum descobrir que o avanço na qualificação educacional fazia com que a experiência na fábrica e no escritório ficasse ainda mais frustrante, ou incapaz de satisfazer, porque simplesmente não existia a oportunidade de os indivíduos usarem e aplicarem o conhecimento obtido em sua educação. Uma educação melhor pode levar a uma percepção cada vez maior do sentimento de alienação.

A erosão progressiva da qualificação

Antes da Revolução Industrial, nota Braverman, os bens materiais eram feitos por artesãos e trabalhadores manuais qualificados e semiqualificados. Os avanços na tecnologia permitiram à escala de produção industrial atingir níveis sem precedentes. A capacidade das máquinas de desempenhar muitas das tarefas até então feitas por trabalhadores manuais qualificados implicava que algumas habilidades o conhecimentos técnicos não eram mais necessários, ao passo que em seu lugar crescia a necessidade de novas competências e expertises.

Para Braverman, a automação remove a necessidade de algumas qualificações enquanto cria a necessidade de novas e diferentes habilidades em seu lugar. O progresso tecnológico sozinho não leva, necessariamente, ao declínio no nível de qualificação do trabalhador. Nem a alienação se dá como resultado direto disso.

Braverman não estava argumentando nostalgicamente a favor da volta ao modelo pré-industrial do trabalhador manual. Pelo contrário, ele observa que a automação pode ser um desenvolvimento positivo. Os efeitos se tornam muito negativos, alega, quando a automação do local de trabalho se dá junto com mudanças radicais nas relações sociais de produção: a maneira como todo o processo de trabalho é organizado, gerenciado e manipulado. Ele enfatiza, por um lado, a distinção entre os avanços na ciência e na tecnologia e a maneira como eles são implementados no local de trabalho, e, por outro, as mudanças nas relações sociais de produção — a busca de formas cada vez mais eficientes de organizar e dividir a força de trabalho.

Assim como as máquinas são feitas para desempenhar tarefas de modo mais eficiente, a força de trabalho é estruturada para aumentar a produtividade e o lucro. A meta de »

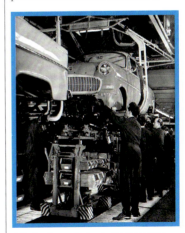

A linha de produção da Opel nos anos 1950 na Alemanha Ocidental. A subdivisão do trabalho aumentou a eficiência, mas, alegava Braverman, desqualificava e degradava os trabalhadores.

Braverman é mostrar que o conhecimento incorporado e as competências técnicas dos trabalhadores qualificados foram corroídos e esquecidos. O que Braverman quer dizer com a degradação do trabalho é o declínio do número de empregos que exigem que um trabalhador elabore e execute tarefas. Ele argumenta que a força de trabalho foi reorganizada em uma massa de trabalhadores cujo emprego exige pouca elaboração intelectual e um pequeno número de gerentes.

A ascensão da gerência

Influenciado pela obra do engenheiro e industrial americano Frederick Taylor, que desenvolveu uma teoria da gestão científica dos fluxos de trabalho, Braverman argumenta que três novos e importantes desenvolvimentos aceleraram e acentuaram a desqualificação da força de trabalho.

Primeiro, o conhecimento e a informação de todo o processo de trabalho só foram conhecidos e cuidadosamente controlados pela gerência, não pelos trabalhadores. Segundo, como resultado direto do primeiro desenvolvimento, o trabalhador desempenha suas tarefas designadas na divisão total do trabalho só naquilo que "ele precisa saber". Os trabalhadores são mantidos na completa ignorância sobre o impacto das tarefas que cumprem e sobre o papel que elas desempenham no processo de trabalho como um todo. Terceiro, empoderada pelo conhecimento do processo total de trabalho, a gerência é capaz de controlar de forma precisa o que cada um dos trabalhadores individuais deve fazer. O monitoramento cuidadoso e a regulação dos níveis de produtividade implicam que a gerência é capaz de intervir sempre que se perceba que a produtividade caiu, ou sempre que um trabalhador esteja com um desempenho abaixo do esperado.

> A alienação do trabalhador apresenta-se à gerência como um problema de custos e controle.
> **Harry Braverman**

Braverman argumenta que a principal consequência negativa de organizar o trabalho de modo que, acima de tudo, haja ênfase na eficiência, no cálculo e na produtividade é a separação daquilo a que se refere como "concepção" e "execução". Usando uma metáfora biológica, Braverman diz que os trabalhadores são como uma mão cujos movimentos são controlados, supervisionados e corrigidos pelo cérebro distante da gerência.

A lógica fria do capitalismo

Assim como o leque de qualificações dos trabalhadores diminui com o tempo, também diminui o seu valor. Os trabalhadores acabam recebendo um salário menor porque as tarefas que desempenham são cada vez mais subalternas e desqualificadas. Roubados de sua expertise, eles são mais descartáveis e substituíveis. Para Braverman, a lógica cruel e imperdoável do sistema capitalista inextricavelmente liga sua análise ao conceito de classe social. A desconstrução do ofício na força de trabalho garante que grupos inteiros da população sejam impedidos de ascender na hierarquia social.

Na metáfora de Braverman, os gerentes são o cérebro, e os trabalhadores, as mãos num local de trabalho supervisionado pela gerência. Quando o trabalho é organizado para maximizar a eficiência, a produtividade e o lucro, há um resultado negativo para os trabalhadores. Braverman atribuía isso à ascensão da gerência, que passou a observar, monitorar, controlar e regular cada ação da força de trabalho. Os efeitos da tecnologia foram sentidos primeiro nas fábricas. Hoje, até mesmo as redes de varejo são supervisionadas pela matriz a distância.

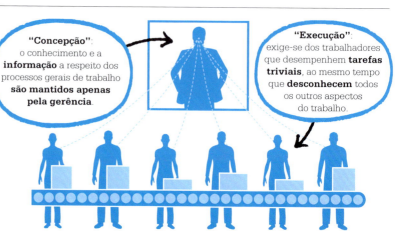

TRABALHO E CONSUMISMO

Mulheres datilógrafas numa firma em 1912. No início do século XX, a profissão de escrevente deu lugar a grandes escritórios, eficientemente organizados e cientificamente gerenciados.

O estudo de Braverman foca principalmente o trabalho de fábrica, mas sua atenção também se volta para os trabalhadores administrativos desqualificados. Ele nota que o controle sobre as atividades diárias envolvidas no trabalho administrativo — incluindo contabilidade, controle de horários e responsabilidades advindas disso — tem se deteriorado em infindáveis tarefas de controle da papelada, cópia de documentos e outras funções subalternas. Ele também observa que, já que — no tempo em que escreveu — o trabalho administrativo na Grã-Bretanha e nos EUA era tipicamente feminino, o salário poderia ser menor, reduzindo assim custos e maximizando o lucro.

A diminuição da especialização

O livro *Trabalho e capital monopolista* é considerado uma contribuição clássica para a disciplina da sociologia, mas é o único livro acadêmico que Braverman escreveu. Sua influência na aplicação do pensamento crítico marxista ao estudo empírico do trabalho industrial foi profunda. Assim como Marx, Braverman nunca teve um cargo universitário, e talvez exatamente por isso tenha sido capaz, sem medo de nenhuma censura, de escrever uma crítica tão penetrante e ácida sobre as injustiças do capitalismo industrial e seu impacto sobre a maior parte da força de trabalho. Braverman não foi o primeiro nem o único pensador a identificar e denunciar a relação entre a automação e a desqualificação, mas sua obra foi crucial para revitalizar a análise do trabalho em várias disciplinas, como história, economia e ciência política. Desde a publicação de *Trabalho e capital monopolista*, as ideias de Braverman continuam a gerar debate entre os sociólogos do trabalho. Escrevendo em 1979, o sociólogo Michael Burawoy apoiou fortemente a obra de Braverman, assim como o sociólogo americano Michael Cooley em seu estudo do design com computadores.

A convicção que Braverman apresentou em seus argumentos levou a críticas de alguns grupos (na obra de Robert Blauner, por exemplo), suas ideias centrais sobreviveram e foram levadas adiante na obra de Manuel Castells, o influente sociólogo espanhol da globalização e da sociedade em rede. ∎

Harry Braverman

Harry Braverman nasceu em 1920 em Nova York, EUA, filho de pais imigrantes judeus--poloneses. Cursou a faculdade por um ano, mas teve que abandoná-la por motivos financeiros. Mais tarde, trabalhou como metalúrgico no Brooklyn, onde desenvolveu importantes ideias, com base científica, sobre os efeitos da tecnologia na "desqualificação" da classe trabalhadora.

Profundamente afetado por sua experiência, Braverman entrou no Partido Socialista dos Trabalhadores e se aprofundou na obra de Marx e outros pensadores socialistas do período. Em 1953, foi expulso do partido e fundou a União Socialista, tornando-se editor do periódico *The American Socialist*. Em 1963, Braverman finalmente se formou na New School of Social Research.

Principais obras

1974 *Trabalho e capital monopolista: a degradação do trabalho no século XX*

O marxismo não é hostil à ciência e à tecnologia... mas sim à forma como são usadas como ferramentas de dominação
Harry Braverman

A AUTOMAÇÃO AUMENTA O CONTROLE DO TRABALHADOR SOBRE O SEU PROCESSO DE TRABALHO
ROBERT BLAUNER (1929-)

EM CONTEXTO

FOCO
Alienação

DATAS IMPORTANTES
1844 Karl Marx apresenta o conceito de estranhamento ou alienação do mundo em seus *Manuscritos econômico-filosóficos*.

1950-1960 A crescente industrialização da economia americana leva a uma significativa reestruturação ocupacional da sociedade.

1960 O conceito de alienação é importado para a sociologia americana por teóricos da neomarxista "Escola de Frankfurt".

1964 A obra de Robert Blauner redireciona o foco de sociólogos americanos, franceses e britânicos sobre a alienação e a automação.

2000-presente Organizações comerciais como Apple e Microsoft buscam empoderar trabalhadores ao usar processos de trabalho automatizados.

Os trabalhadores de diversos setores experimentam **vários níveis de alienação** nos processos de trabalho automatizados.

↓ ↓

Os que **não têm conhecimento** ou controle sobre a tecnologia têm **altos níveis de alienação**.

Os que **têm conhecimento especializado** de tecnologia têm **baixos níveis de alienação**.

↓ ↓

O conhecimento da automação aumenta o controle do trabalhador sobre os processos de trabalho e reduz a alienação.

A alienação acontece quando os trabalhadores estão desconectados e perdem o controle sobre seu trabalho, de acordo com Karl Marx. Em sua influente obra sobre a sociedade industrial, *Alienation and Freedom: The Factory Worker and His Industry* (1964), o sociólogo americano Robert Blauner se baseia fortemente no conceito marxista de alienação para examinar a possibilidade de a alienação no local de trabalho ser significativamente reduzida pelo uso efetivo da tecnologia.

Blauner alega que a alienação é central para o entendimento do impacto negativo da automação sobre os trabalhadores durante e depois da Revolução Industrial. Seu texto avalia criticamente a afirmação de Marx de

TRABALHO E CONSUMISMO

Veja também: Karl Marx 28-31 ▪ Erich Fromm 188 ▪ Daniel Bell 224-225 ▪ Harry Braverman 226-231 ▪ Arlie Russell Hochschild 236-243 ▪ Michael Burawoy 244-245

que todos os trabalhadores são necessariamente alienados devido à crescente automação no trabalho. Blauner sugere, ao contrário, que a automação pode, na verdade, facilitar, empoderar e liberar os trabalhadores.

Usando um amplo leque de dados (incluindo estatísticas, entrevistas com trabalhadores e pesquisas de opinião), Blauner examina quatro tipos de indústria: impressão gráfica, linhas de produção de automóveis, máquinas têxteis e química. Os níveis de alienação são testados de acordo com quatro critérios: controle do trabalho, isolamento social, senso de autoestranhamento e sentido do trabalho.

Tecnologia e alienação

Blauner descreve seus resultados como se fossem uma "curva em U invertida". De acordo com seu estudo, a alienação é tipicamente muito baixa entre os trabalhadores gráficos. Ele sugere que o uso de máquinas empodera esses trabalhadores porque lhes dá grande controle e autonomia. O mesmo é verdade para os trabalhadores químicos: igualmente, tais indivíduos são empoderados, propõe ele, porque possuem conhecimento especializado

A alienação existe quando os trabalhadores são incapazes de controlar seus processos de trabalho imediatos.
Robert Blauner

A tecnologia automatizada nas linhas de montagem automobilísticas deve ser organizada de modo a permitir que os trabalhadores reconquistem o senso de controle sobre o seu ambiente.

de uma tecnologia relevante, que, em troca, é significativa e gratificante porque lhes oferece um expressivo grau de controle sobre sua experiência e ambiente de trabalho.

Em contraste, a tecnologia automatizada usada na produção de carros e na indústria têxtil leva a graus relativamente altos de alienação. Tais descobertas parecem contradizer a alegação de Blauner de que uma automação maior diminuiria a alienação. Para explicar isso, no entanto, ele argumenta que não é a tecnologia que aliena o trabalhador, mas uma falta de controle sobre a forma como ela é usada e como o trabalho é organizado e a natureza das relações entre os trabalhadores e a gerência.

Blauner conclui que, sob as condições organizacionais corretas, a automação aumenta o controle do trabalhador sobre seu processo de trabalho e diminui o sentimento de alienação na mesma medida.

O estudo de Blauner influenciou fortemente a sociologia do trabalho, o que foi confirmado por estudos subsequentes conduzidos por

Robert Blauner

Robert Blauner é professor emérito de sociologia na Universidade da Califórnia, em Berkeley, EUA. Ele terminou sua graduação na Universidade de Chicago em 1948.

Blauner era um comunista fiel e, depois de se formar, trabalhou em fábricas por cinco anos querendo inspirar uma revolução da classe trabalhadora. Não tendo sucesso nessa empreitada, concluiu mestrado e doutorado em Berkeley em 1962. Sua tese de doutorado tornou-se o estudo de 1964 que estabeleceu sua reputação. Além das contribuições para o estudo da alienação e do trabalho, Blauner fez uma profunda análise das relações de raça nos EUA.

Principais obras

1964 *Alienation and Freedom: The Factory Worker and His Industry*
1972 *Radical Opression in America*
1989 *Black Lives, White Lives: Three Decades of Race Relations in America*

sociólogos nos EUA, bem como na Grã-Bretanha e na França, durante os anos 1970 e 1980. Além disso, o caráter "político" da obra de Blauner fez que os estudos sobre ambientes de trabalho alienantes fossem incluídos, influenciando fortemente as diretivas e as políticas comerciais do trabalho. A empresa de tecnologia global Apple, por exemplo, é famosa por investir pesadamente no treinamento do pessoal para o uso da tecnologia da Apple para melhorar não só sua experiência de trabalho, como sua vida pessoal. ∎

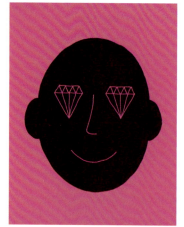

A ÉTICA ROMÂNTICA PROMOVE O ESPÍRITO DO CONSUMISMO
COLIN CAMPBELL (1940-)

EM CONTEXTO

FOCO
A ética romântica

DATAS IMPORTANTES
1780-1850 O movimento romântico na Europa reage aos ideais abstratos, claramente racionalistas, da Era do Iluminismo.

1899 Em *A teoria da classe ociosa*, o pensador social e econômico americano Thorstein Veblen sugere que o consumo é guiado por grupos que "emulam" uns aos outros em busca de status social.

1904-1905 Max Weber identifica a conexão entre a "ética de trabalho protestante" e a ascensão do capitalismo.

Presente Acadêmicos como o sociólogo americano Daniel Bell e a socióloga italiana Roberta Sassatelli se baseiam fortemente nas ideias de Colin Campbell em seus estudos sobre o consumo.

Por que a Europa Ocidental e os EUA desenvolveram culturas consumistas? O sociólogo britânico Colin Campbell, professor emérito na Universidade de York, discute essa questão em seu importante estudo *A ética romântica e o espírito do consumismo moderno* (1987), que pretendia seguir os passos do livro de Max Weber, de nome parecido e extremamente influente, *A ética protestante e o espírito do capitalismo* (1904-1905).

Weber alega que os valores da autodisciplina e do esforço no trabalho, que estão no cerne das sociedades

---

A "ética romântica" enfatiza a **intuição** e a busca do **prazer** e de **novas experiências**.

→ Esses valores são inculcados na classe média, que busca **autenticidade** através da compra de **bens de consumo**…

↓

A ética romântica promove o espírito do consumismo. ← … mas a novidade dos bens comprados rapidamente se desfaz, e ressurge o **desejo por novos produtos**.

TRABALHO E CONSUMISMO   235

Veja também: Karl Marx 28-31 ▪ Max Weber 38-45 ▪ Herbert Marcuse 182-187 ▪ Jean Baudrillard 196-199 ▪ Thorstein Veblen 214-219 ▪ Daniel Bell 224-225

Os produtos de marca estimulam o desejo de compra e posse, e de um estilo de vida distante das realidades mundanas da existência. Mas o desejo, por sua própria natureza, é insaciável.

capitalistas modernas, têm sua base na ética do trabalho dos séculos XVI e XVII. Campbell, com base na obra de Weber, desenvolve a teoria de que as emoções e os desejos hedonistas que guiam a cultura de consumo estão firmemente arraigados nos ideais do Romantismo do século XIX, que adveio logo após o Iluminismo e a Revolução Industrial.

Desejo, ilusão e realidade

O Iluminismo concebeu os indivíduos como racionais, trabalhadores e autodisciplinados. Mas os românticos viam isso como uma negação da verdadeira essência da humanidade. Eles enfatizavam a intuição acima da razão e acreditavam que o indivíduo deveria ser livre para buscar prazeres hedonistas e sentimentos novos e interessantes.

A ética romântica foi inculcada e perpetrada pela classe média burguesa, em especial pelas mulheres, segundo Campbell. Na cultura consumista, essa ética é expressa como um ciclo que se autoperpetua: os indivíduos projetam seu desejo por prazer e novidade nos bens de consumo; depois compram e usam esses bens; mas o apelo do produto rapidamente diminui conforme a sensação de novidade e interesse se esvai; o desejo por algo estimulante, que satisfaça e seja novo, é novamente projetado e uma vez mais estimulado por novos itens de consumo. Repete-se o ciclo de consumo, de satisfação passageira, que leva à desilusão.

O motor do capitalismo

O ciclo descrito por Campbell é de altos e baixos para o consumidor. O desejo do consumidor é o próprio motor do capitalismo, porque faz com que os indivíduos busquem aquela experiência vaga, ainda que satisfatória, no meio de uma infindável maré de novos produtos. As consequências desse processo para as economias baseadas no consumo são enormes, pois os consumidores estão, o tempo todo, correndo atrás das últimas mercadorias lançadas.

O conceito de Campbell sobre a ética romântica teve uma enorme influência na sociologia e na antropologia. Sua obra não apenas descarta a visão claramente simplista dos humanos como necessariamente dispostos a comprar coisas, mas também tenta lançar alguma luz nos aspectos mais positivos da sociedade de consumo.

É simplesmente errado, de acordo com Campbell, sugerir que o consumismo é algo inerentemente ruim. Em vez disso, a busca e a projeção de nossos desejos mais profundos sobre os bens de consumo formam uma parte fundamental de nossa própria autorrealização no mundo moderno.

As advertências extremamente originais e poderosas de Campbell contra os relatos mais economicamente redutíveis e cínicos do consumismo ofereceram aos pensadores contemporâneos um solo fértil para desenvolverem avaliações mais positivas e historicamente plausíveis sobre a sociedade de consumo moderna. ■

O consumismo como a enganação das massas

A originalidade do foco de Campbell na ética romântica como chave do consumismo moderno está em sua relação com o impacto dos processos históricos de longo prazo. Suas ideias diferem muito das de dois influentes pensadores pós-estruturalistas e pós-modernistas franceses, Roland Barthes e Jean Baudrillard.

Para eles, diferentemente de Campbell, o triunfo da cultura de consumo deve ser combatido a qualquer custo. Eles veem as fracassadas revoluções políticas e sociais do final dos anos 1960 como a "morte do marxismo" e, portanto, o triunfo do capitalismo. A obra de Barthes sobre semiótica identifica a indústria da propaganda desempenhando o papel-chave de cegar os consumidores quanto às suas verdadeiras vontades e desejos, ao passo que para Baudrillard a mídia é a responsável por bombardear o consumidor e ocultar a natureza vazia da moderna sociedade capitalista.

AO PROCESSAR PESSOAS, O PRODUTO É UM ESTADO MENTAL

ARLIE RUSSELL HOCHSCHILD (1940-)

EM CONTEXTO

FOCO
Trabalho emocional

DATAS IMPORTANTES
1867 Karl Marx completa o primeiro volume de *O capital*, que inspira o conceito de Hochschild sobre o trabalho emocional.

1959 O sociólogo canadense Erving Goffman publica *A representação do eu na vida cotidiana*.

Década de 1960 O ascendente setor de serviços na Europa e na América do Norte começa a contratar mais mulheres.

Década de 1970 Pensadoras feministas começam a voltar sua atenção para a consequência negativa do capitalismo para as mulheres.

2011 As sociólogas Ann Brooks e Theresa Devasahayam publicam *Gender, Emotions and Labour Markets*, que combina as ideias de Hochschild com a teoria da globalização.

Quando Karl Marx, em *O capital*, expressou preocupação com mães e crianças que trabalhavam nas fábricas e com o "custo humano" do trabalho, ele disse que elas haviam se tornado um "instrumento" de trabalho. Essa observação e o ambiente de trabalho físico inóspito levaram ao seu conceito de alienação, no qual a falta de satisfação e controle leva os trabalhadores a se sentirem desconectados e alheios.

Junto com as ideias de Marx, surgiram dois modelos sobre emoções no final do século XIX e começo do século XX. O modelo "orgânico", desenvolvido a partir da obra de Charles Darwin, William James e Sigmund Freud, identifica as emoções como um processo essencialmente biológico: estímulos externos disparam respostas instintivas que as pessoas expressam de forma parecida. A partir dos anos 1920, John Dewey, Hans Gerth, Charles Wright Mills e Erving Goffman criaram um modelo "interacional". Eles concordavam que as emoções tinham um componente biológico, mas defendiam que elas são mais interativas e diferenciadas por uma série de fatores sociais: a cultura está envolvida na formulação das emoções, e as pessoas lidam com os sentimentos subjetivamente. Após a tradução da obra de Marx para o inglês, nos anos 1960, a alienação tornou-se uma poderosa ferramenta analítica para os sociólogos que tentavam dar sentido às mudanças que aconteciam nas condições de trabalho na América do Norte e na Europa Ocidental.

Um estado mental

Inspirada por várias dessas ideias e baseada em teóricas como Simone de Beauvoir, a feminista e socióloga americana Arlie Russell Hochschild fez a análise das dimensões emocionais da

A 'sinceridade' é indesejável para o trabalho de uma pessoa, a menos que as regras de vendas e de negócios tenham se tornado um aspecto 'genuíno' dela própria.
Charles Wright Mills

O novo setor de serviços exige que os trabalhadores possuam **"recursos emocionais"**.

→ Já que existe um estereótipo de que as mulheres são mais **emocionais**, tais setores preferem **contratar uma força de trabalho feminina**.

↓

Sob o capitalismo, as emoções humanas são mercantilizadas: ao processar pessoas, o produto é um estado mental. ← Pede-se às trabalhadoras que se comportem de forma a **criar estados emocionais positivos** para ajudar a garantir uma clientela futura.

TRABALHO E CONSUMISMO

Veja também: Karl Marx 28-31 ▪ G. H. Mead 176-177 ▪ Erving Goffman 190-195 ▪ Harry Braverman 226-231 ▪ Christine Delphy 312-317 ▪ Ann Oakley 318-319

As crianças são expostas ao "treinamento infantil do coração", diz Hochschild. Enquanto meninas aprendem a ser carinhosas e a controlar a agressividade, meninos escondem a vulnerabilidade.

interação humana na vida profissional. Mais especificamente, ela se concentra nas formas pelas quais os fatores sociais e culturais condicionam a experiência e a manifestação das emoções na sociedade capitalista.

Sua obra mapeia a ascensão do setor de serviços na América do Norte a partir de 1960 e o surgimento de formas de emprego nas quais a emoção dos trabalhadores se tornam mercadorias comercializáveis, vendidas por um salário: o "trabalho emocional", como ela o chama.

Hochschild diz que seu interesse em como as pessoas lidam com as emoções provavelmente começou na infância, já que seus pais, que eram diplomatas, recebiam pessoas de embaixadas estrangeiras. Onde, ela se perguntava, termina uma pessoa e começa sua atuação? Mais tarde, já formada, foi inspirada pelo capítulo "The Great Salesroom" do livro *White Collar*, de Wright Mills, no qual ele argumentava que vendemos nossa personalidade quando vendemos bens e serviços.

Hochschild achava que isso era verdade, mas que faltava o senso do trabalho emocional ativo envolvido na venda. O trabalho fabril do século XIX, no qual a produção podia ser quantificada e não importava muito se você amava ou odiava o que fazia, era qualitativamente diferente do emprego no setor de serviços. Isso significa que "o estilo emocional de oferecer um serviço é parte do próprio serviço", o que torna necessário ao trabalhador manter uma certa aparência, a fim de produzir um estado mental adequado nos outros. Considerando que, para

Marx, o indivíduo na fábrica se aliena dos produtos que cria, Hochschild argumenta que na economia baseada em serviços "o produto é um estado mental".

Na visão de Hochschild, o crescente uso do trabalho emocional em vez do manual teve um impacto maior nas mulheres que nos homens, porque elas são condicionadas desde a infância a mostrar sentimentos. Mas Hochschild acredita que isso tem um preço para os indivíduos, que podem acabar se tornando estranhos às suas próprias emoções, parecendo que elas pertencem ao seu trabalho e não a si mesmos.

Lidando com a interação

Uma das maiores influências sobre Hochschild é o interacionismo simbólico de Erving Goffman. A ideia por trás de sua obra é que a identidade é criada durante a interação social. Somente ao interagir com os outros — e lidando com a forma como nos apresentamos aos outros — é que os indivíduos são capazes de obter um senso pessoal de identidade. Em essência, nosso senso mais subjetivo de identidade está inextricavelmente ligado aos contextos sociais nos quais nos envolvemos.

Hochschild amplia essa ideia de maneira crítica ao argumentar que as emoções, ao mesmo tempo que são algo externo — presente nas interações de indivíduos e grupos —, estão sujeitas a uma autogestão. As emoções e os sentimentos também estão diretamente ligados ao comportamento e são experimentados pelos indivíduos à medida que se preparam para agir e interagir com os outros.

De modo semelhante à faculdade sensorial da audição, "a emoção comunica informação", conforme descreve Hochschild. Ela compara a emoção com aquilo que Freud chama de "função de sinal", em que mensagens como medo ou ansiedade são transmitidas para o cérebro indicando a presença de perigo — ou algo assim. »

Hochschild diz que, "a partir dos sentimentos, descobrimos nosso próprio ponto de vista do mundo". As emoções geram um componente mental que reconcilia eventos passados com situações presentes nas quais nos encontramos.

Além de colocar essas dimensões emocionais no cerne da interação social, Hochschild enfatiza a infinidade de formas pelas quais as emoções são mediadas e moldadas por processos mais amplos. A sociedade e a cultura intervêm na economia emocional do indivíduo pela socialização. Por exemplo, através da socialização primária as pessoas aprendem a dar sentido a suas emoções e, tendo mais ou menos sucesso, as manipulam e gerenciam. Hochschild diz que as emoções não são simplesmente coisas que acontecem a atores humanos passivos. Em vez disso, eles estão ativamente envolvidos na produção e na criação de sentimentos e emoções.

Trabalho e regras emocionais

Como indivíduos, diz Hochschild, "fazemos" emoções. Sentir-se emotivo e agir de forma emocional é algo que fazemos de propósito. Ela chama esse processo de "trabalho emocional" e o usa para descrever como as pessoas alteram e intensificam determinados sentimentos ao mesmo tempo que tentam esconder emoções não prazerosas. Ela identifica três principais formas de as pessoas trabalharem para produzir emoções: o trabalho emocional cognitivo, o trabalho emocional corporal e o trabalho emocional expressivo.

No trabalho emocional cognitivo, os indivíduos usam imagens, ideias e pensamentos para invocar ou reprimir as diversas emoções associadas a essas ideias. O trabalho emocional corporal se refere a qualquer tentativa de controlar a reação física que acompanha um determinado estado emocional, como suar ao estar nervoso ou tremer quando se está com raiva. O trabalho emocional expressivo envolve tentar administrar a demonstração pública de emoções particulares, visando perceber um sentimento específico ou um conjunto de sentimentos.

O propósito da tipologia das emoções de Hochschild é enfatizar o quanto os indivíduos estão ativamente envolvidos na formatação e administração de seus estados emocionais internos, de modo a invocar certos sentimentos. Estudos anteriores nessa área focavam os aspectos exteriores: o comportamento físico e as dicas verbais que usamos para comunicar emoções, o que Hochschild chama de "atuação superficial". Ela amplia sua análise para focar a "atuação profunda", referindo-se à "atuação metódica", a saber: "A demonstração é um resultado natural do trabalho sobre os sentimentos. O ator não tenta *parecer* feliz ou triste, mas, em vez disso, expressa espontaneamente, como sugeria o diretor de teatro russo Constantin Stanislavski, um sentimento real que foi autoinduzido".

Não é intenção de Hochschild sugerir que as pessoas conscientemente manipulam ou enganam umas às outras, apesar de

Muitas mulheres trabalham no setor de serviços, onde seus empregadores lhes pedem que exibam emoções reais para satisfazer os clientes. Tudo para, conforme Hochschild, "ser agradável".

isso ser sempre possível. Ela tenta demonstrar as formas e a extensão pelas quais as pessoas interagem e operam juntas a fim de definir uma situação social específica e o modo como, por sua vez, isso produz um retorno a seus estados emocionais — e os molda interiormente.

Para Hochschild, a racionalização e a marginalização dos aspectos emocionais do comportamento humano significavam que as regras, quase sempre tácitas em sustentar a conduta interpessoal, começaram a se desenvolver em novas direções. Para explicar isso, apresentou o conceito de "regras de sentimentos". Trata-se de normas socialmente aprendidas e culturalmente específicas sobre as quais os indivíduos se baseiam para negociar e guiar a demonstração e a experiência de emoções e sentimentos. Nas modernas sociedades capitalistas, existem dois tipos: as regras de demonstração e as regras emocionais. As regras de demonstração são, assim como a "atuação superficial", as efetivas regras verbais e não verbais que as pessoas

… a ação está na linguagem corporal, no sorriso de desprezo, nos ombros contraídos, no suspiro controlado. Isso é a atuação superficial.
Arlie Russell Hochschild

usam para se comunicar umas com as outras. As regras emocionais se referem ao nível das emoções das pessoas, às direções que elas tomam e ao tempo de sua duração. Por exemplo, se alguém que amamos morre, existe uma forte expectativa social de que o processo de luto demorará certo tempo. Na essência, as regras emocionais existem para influenciar o que constitui uma resposta apropriada para a morte, quão poderosa ela deve ser e quanto tempo deve durar.

Delta Airlines

As noções interconectadas de trabalho emocional e emprego emocional foram exploradas por Hochschild em sua obra mais famosa, *The Managed Heart: Commercialization of Human Feelings* (1983). O estudo focava a companhia americana Delta Airlines. Ela demonstra que a companhia aérea contratava, de forma consistente, as pessoas que achava que poderiam ser controladas física — em termos da aparência pessoal — e emocionalmente. Disposta a aumentar o número de passageiros, a Delta contratava mulheres jovens, atraentes e solteiras, apesar de também haver um pequeno número de homens. As mulheres deveriam corporificar, na forma mais literal possível, os ideais e a imagem que a corporação queria projetar para seus clientes, por isso o apelo a elas. De grande importância era que os comissários de bordo não usassem uma atuação superficial ao demonstrar emoções. Para garantir que os passageiros achassem que a experiência emocional pela qual estavam passando fosse autêntica, as comissárias eram ensinadas a praticar a "atuação profunda" para que produzissem dentro de si demonstrações emocionais sinceras e genuínas. A Delta Airlines reconhecia que a demonstração de emoções e a performance emocional eram mais fáceis de ser sustentadas "quando os sentimentos estivessem verdadeiramente presentes". Os manuais de treinamento e as regras operacionais eram desenvolvidos de

No caso dos comissários de bordo, o estilo emocional… é… o serviço.
Arlie Russell Hochschild

modo que as comissárias pudessem fazer um trabalho emocional e produzir performances autênticas. Eles ensinavam um leque de estratégias sofisticadas com as quais se produziriam estados emocionais calculados pela empresa, bem como um repertório de sentimentos. Se eles fossem genuínos, os passageiros se sentiriam confiantes, »

Atuação superficial — Estou cansada, de saco cheio e quero ir para casa. / Champanhe, senhor?

Atuação profunda — Você é meu convidado, e estou feliz em ajudar como puder.

O trabalho emocional é, de acordo com Hochschild, a "comercialização do sentimento humano". A Delta Airlines, diz a socióloga, treinava seus recém-contratados para que pudessem transcender a "atuação superficial", na qual as posturas e expressões são enganosas e soam falsas. A companhia os treinava para que imaginassem a cabine como seu lar, onde eles dariam as boas-vindas aos clientes como se fossem "convidados pessoais". Assim que a equipe dominasse a arte da "atuação profunda", fingir sinceridade não seria mais necessário, já que sentimentos reais teriam sido autoinduzidos.

felizes e à vontade. Ao evocar nos passageiros estados emocionais positivos e sentimentos de conforto e segurança, a Delta acreditava que conseguiria assegurar a lealdade e a fidelidade de seus passageiros.

Apesar da criatividade e da inovação que essa filosofia corporativa possa aparentar a princípio, para Hochschild a atuação profunda e o trabalho emocional exigidos dos comissários de bordo eram prejudiciais ao seu bem-estar psicológico. O fato de eles terem que constantemente controlar, administrar e subverter seus próprios sentimentos e, ao mesmo tempo, trabalhar para produzir e demonstrar um leque de emoções positivamente autêntico se mostrou danoso.

Ela identificou duas consequências especialmente negativas que surgiam do trabalho emocional no longo prazo. Primeiro, a fusão do sentimento individual de identidade dos comissários de bordo com o seu "eu" público — o papel que desempenhavam como comissários de bordo — poderia levar a um desgaste emocional e psicológico. Segundo, quase sempre ocorria um sentimento de autoestranhamento: ao tentarem administrar a verdadeira disparidade entre seus sentimentos pessoais e os estados emocionais que deveriam invocar nos passageiros, quase sempre chegavam a dois possíveis resultados: ou começavam a se ressentir das emoções que sentiam ou desenvolviam um ressentimento do trabalho.

Hochschild alega que, ainda que os indivíduos desenvolvessem ativamente estratégias buscando a autopreservação, ressentindo-se do trabalho e não de eles próprios, o resultado final seria o mesmo. O bem-estar emocional e psicológico dos indivíduos era afetado, fazendo com que se sentissem cada vez mais alienados de seu "eu" mais profundo, bem como de suas emoções.

Desigualdade de gênero

Como socióloga feminista, o estudo de Hochschild sobre a Delta também abre uma janela para as formas pelas quais as desigualdades de gênero são mantidas e reproduzidas dentro da sociedade americana. Desde os anos

As mulheres criam recursos a partir de seus sentimentos e os oferecem aos homens.
Arlie Russell Hochschild

1960, um crescente número de mulheres entrou na força de trabalho, muitas delas no florescente setor de serviços. Para Hochschild isso não é necessariamente positivo, porque serve para empurrar a enorme diferença das características de trabalho emocional da moderna sociedade capitalista cada vez mais em direção às mulheres. Ao defender esse argumento, Hochschild alega que as mulheres estão mais inclinadas a criar um recurso a partir de seus sentimentos, o qual acabam vendendo de volta para os homens. Apesar de o crescente número de mulheres trabalhadoras confirmar uma mudança do status ocupacional das mulheres na sociedade moderna, um exame mais próximo das estatísticas mostra que as mulheres estão muito mais propensas que os homens a trabalhar no setor de serviços — a maioria dos funcionários em lojas, call centers, hotéis e bares é de mulheres.

Dentro da moderna sociedade capitalista, cabe às mulheres assumir a maior parte do trabalho emocional total. No longo prazo, isso é uma

Muitas enfermeiras alegam que seu estado emocional é invisível a alguns colegas de trabalho. Elas dão atenção aos pacientes, quase sempre como compensação à insensibilidade dos funcionários mais graduados.

consequência negativa e indesejada do capitalismo, porque faz com que as mulheres estejam mais propensas a se desgastar emocionalmente, ficando mais suscetíveis psicológica e socialmente aos sentimentos de autoestranhamento e alienação.

O capitalismo insaciável

A noção de trabalho emocional de Hochschild e sua análise do trabalho emocional desempenhado pelos comissários de bordo de companhias aéreas marcam um momento-chave na história do pensamento sociológico. Para Marx, o capitalismo leva à degradação física e mental dos trabalhadores à medida que a natureza do trabalho se torna cada vez mais repetitiva, subalterna e especializada. O pensador social Harry Braverman argumentava que a automação do local de trabalho leva a uma crescente desconstrução de uma força de trabalho que já foi altamente qualificada. Seguindo a tradição marxista, Hochschild demonstra que até mesmo os aspectos mais pessoais da identidade individual — emoções, sentimentos e vida afetiva — são transformados em mercadorias e explorados pelo mercado capitalista a fim de produzir lucro. Suas ideias foram desenvolvidas por muitos outros

... quando uma mulher abandona o seu sorriso no trabalho, que tipo de laço ainda se mantém entre seu sorriso e ela?
Arlie Russell Hochschild

Os atendentes de call center experimentam altos níveis de estresse induzidos pelo seu trabalho emocional, de acordo com a pesquisa da socióloga holandesa Danielle van Jaarsveld.

acadêmicos da sociologia do trabalho e das emoções e aplicadas a um número de ocupações, de enfermeiras e cuidadoras a garçonetes e atendentes de telemarketing e de call centers.

Hochschild dá crédito especial ao estudo transcultural de gestão de emoções entre o Japão e os EUA, por Aviad Raz, em seu livro *Emotions at Work* (2002). Ela relata o estudo sobre o "treinamento para sorrir", no qual os gerentes japoneses na Tokyo Dome Corporation não estavam felizes com os "sorrisos fracos, melancólicos e impostos de fora para dentro" com os quais eles achavam que os gerentes americanos haviam se acostumado. Em vez deles, os japoneses achavam ser necessário apelar para o *chi* ("espírito") dos trabalhadores. E conseguiam isso de seus empregados através da poderosa força cultural da vergonha. Instalavam câmeras nas caixas registradoras de vendedores insatisfeitos e depois mostravam os vídeos de seu comportamento para outros colegas de trabalho.

O sorriso talvez agora seja uma moda, mas Raz confirma a percepção de Hochschild de que o capitalismo explora os aspectos emocionais da cultura. ∎

Arlie Russell Hochschild

Arlie Russell Hochschild nasceu em 1940 e é feminista e socióloga do trabalho e da emoção. Seus pais eram diplomatas. Hochschild alega que crescer num meio social definido pela necessidade de as pessoas controlarem e administrarem suas emoções de forma sutil e convincente criou nela uma fascinação pela dimensão emocional da vida social moderna.

Hochschild terminou mestrado e doutorado na Universidade da Califórnia, em Berkeley. Nessa época, tornou-se uma feminista e desenvolveu um interesse crescente pelo duplo papel desempenhado pelas mulheres como trabalhadoras e cuidadoras na sociedade capitalista.

O tom abertamente político da obra de Hochschild influenciou profundamente o pensamento feminista nos EUA e na Europa Ocidental. Ele também levou a um constante debate entre os principais líderes empresariais e os políticos em altos cargos.

A obra de Hochschild moldou a política social em diversos níveis, incluindo as diretrizes do Child Development Policy Board do estado da Califórnia, bem como as políticas familiares do ex-vice presidente dos EUA Al Gore.

Principais obras

1983 *The Managed Heart: Commercialization of Human Feelings*
2003 *The Commercialization of Intimate Life: Notes from Home and Work*
2012 *The Outsourced Self: Intimate Life in Market Times*

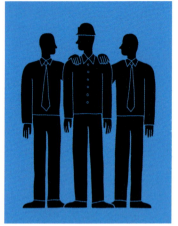

O CONSENTIMENTO ESPONTÂNEO COMBINA COM A COERÇÃO

MICHAEL BURAWOY (1947-)

EM CONTEXTO

FOCO
Consentimento fabricado

DATAS IMPORTANTES
1979 Os efeitos da recessão petrolífera global têm impactado as fábricas americanas, causando tensão entre os empregados e a gerência.

1981 O sociólogo britânico Anthony Giddens se refere ao livro de Michael Burawoy *Manufacturing Consent: Changes in the Labour Process under Monopoly Capitalism* como "uma das maiores contribuições à sociologia industrial".

1998 Em "Manufacturing Dissent? Burawoy in a Franco-Japanese Workshop", o sociólogo francês Jean-Pierre Durand e o sociólogo britânico Paul Stewart aplicam o conceito de consentimento fabricado de Burawoy a uma fábrica automobilística da Nissan.

A gerência pacifica os trabalhadores com a **ilusão da escolha**, ao praticar **"jogos"** no local de trabalho, tais como…

↓ ↓ ↓

… a "negociação coletiva", que **coopta em vez de alienar** os trabalhadores.

… um mercado de trabalho interno, que **reduz o conflito** ao possibilitar a mobilidade.

… um "sistema de pagamento por peça", no qual os **trabalhadores competem** para aumentar a produção.

↓ ↓ ↓

Os trabalhadores topam participar desses "jogos" para criar **relações de trabalho consensuais**.

↓

O consentimento combina-se com a coerção para garantir que os trabalhadores estejam sob controle.

Por que os trabalhadores no sistema capitalista trabalham tanto e como os interesses dos trabalhadores e da gerência são negociados são questões que o sociólogo anglo-americano Michael Burawoy analisa com base num arcabouço teórico marxista. A partir dessa perspectiva, os interesses do trabalho e do capital são vistos como estando em oposição ferrenha. Burawoy defende que a gerência

TRABALHO E CONSUMISMO

Veja também: Karl Marx 28-31 ▪ Michel Foucault 52-55 ▪ Pierre Bourdieu 76-79 ▪ Anthony Giddens 148-149 ▪ Harry Braverman 226-231 ▪ Robert Blauner 232-233

moderna produz e canaliza o consentimento dos trabalhadores para que trabalhem mais.

Ele rejeita a explicação de Marx de que os trabalhadores são simplesmente explorados e coagidos a trabalhar o máximo que puderem. O crescimento do poder dos sindicatos e dos coletivos de trabalho já fez bastante para diminuir o uso do poder pelos gerentes, outrora exercido através do assédio moral aos trabalhadores. Burawoy reconhece que em qualquer organização existe sempre a coerção e o consentimento, mas suas proporções relativas e modo de expressão mudaram.

A gerência, alega ele, agora busca controlar os trabalhadores criando relações sociais restritivas e estruturas organizacionais que lhes dão a "ilusão da escolha", mas que no fim das contas servem para mascarar e manter relações de poder desiguais.

"Jogos" no local de trabalho

Burawoy trabalhou numa fábrica chamada Allied Corporation, onde aplicou suas ideias sobre os "jogos" praticados no local de trabalho, como a negociação coletiva (negociação de salários e condições de trabalho), a garantia de mobilidade interna de trabalho para os empregados e o sistema de pagamento por peça, no qual os trabalhadores recebem mais se produzirem acima da meta. Esse sistema, diz ele, dá a ilusão de que o trabalho é um jogo. Os trabalhadores são os jogadores e competem entre si para "vencer" — ultrapassar suas metas de produção esperadas. A satisfação no trabalho é alcançada ao se controlarem as estratégias informais intricadas e quase sempre desonestas usadas pelos trabalhadores para "vencer" sob várias condições de produção diferentes. Burawoy alega que esses jogos não são tentativas de reduzir o descontentamento com o trabalho ou se opor à gerência, já que com frequência a baixa gerência participa dos jogos e do cumprimento das regras. Jogar cria consentimento entre os trabalhadores sobre as regras que governam o jogo do local de trabalho — e, de forma importante, o arranjo das relações sociais (donos-gerentes-trabalhadores) que definem as regras.

Além disso, já que tanto os gerentes quanto os trabalhadores estão envolvidos em jogar, os diversos interesses opostos que definem as relações sociais entre os dois grupos ficam obscurecidos, garantindo que o conflito gerência-trabalhadores seja minimamente mantido. Burawoy alega que tais métodos de fabricação e de obtenção de cooperação e consentimento são mais efetivos que as medidas coercitivas do começo do capitalismo.

A obra de Burawoy é uma contribuição importantíssima para a sociologia das relações industriais e inspirou estudos posteriores, incluindo os dos pensadores sociais britânicos Paul Blyton e Stephen Ackroyd, focados na resistência e na coerção no local de trabalho. ■

Conflito e consentimento não são condições primordiais, mas produtos da organização do trabalho.
Michael Burawoy

Michael Burawoy

Michael Burawoy é um sociólogo marxista anglo-americano da Universidade da Califórnia, em Berkeley, EUA. Graduou-se pela primeira vez em 1968, em matemática, pela Universidade de Cambridge, Inglaterra, antes de terminar seu doutorado em sociologia na Universidade de Chicago, EUA, em 1976.

A carreira acadêmica de Burawoy mudou de direção e foco com o passar do tempo. Sua obra inicial era a respeito de vários estudos etnográficos dos locais de trabalho nos EUA, bem como na Hungria e na Rússia pós-soviética. Depois ele se afastou do chão de fábrica para focar a melhoria do perfil público da sociologia ao usar teorias sociológicas para lidar com questões sociais importantes.

Em 2010, em reconhecimento por sua considerável contribuição para a disciplina, e em especial por promover a divulgação da sociologia para um público mais amplo, Burawoy foi eleito presidente da Associação Sociológica Internacional no XVII Congresso Mundial de Sociologia. É editor do *Global Magazine*, o periódico da associação.

Principais obras

1979 *Manufacturing Consent: Changes in the Labour Process under Monopoly Capitalism*
1985 *The Politics of Production: Factory Regimes under Capitalism and Socialism*
2010 *O marxismo encontra Bourdieu*

AS COISAS NOS FAZEM TANTO QUANTO NÓS AS FAZEMOS
DANIEL MILLER (1954-)

EM CONTEXTO

FOCO
Cultura material

DATAS IMPORTANTES
1807 Em *A fenomenologia do espírito*, o filósofo alemão Georg Hegel esboça sua teoria da "objetificação", que descreve como as pessoas transformam seu trabalho em objetos materiais (uma casa, por exemplo, é o resultado de um trabalho coletivo considerável).

1867 Karl Marx apresenta sua ideia sobre o fetiche da mercadoria em *O capital*.

1972 O sociólogo francês Pierre Bourdieu publica *Esboço de uma teoria da prática*, que examina a vida e a cultura material do povo berbere na Argélia.

2004 O sociólogo finlandês Kaj Ilmonen analisa como as pessoas externam uma parte de si nos objetos materiais que possuem.

As sociedades modernas são **materialistas e consumistas**.

O consumismo é com frequência visto de forma negativa — como um significante do **desperdício** e da **superficialidade**, por exemplo.

Mas os **objetos materiais** e a propriedade podem ajudar a **moldar e fortalecer a autoidentidade** das pessoas e suas interações e **relações com os outros**.

As coisas nos fazem tanto quanto nós as fazemos.

Os sociólogos, com base no trabalho pioneiro de Thorstein Veblen no final do século XIX, conceberam, por tradição, os bens de consumo simbolicamente como objetos que as pessoas adquirem para comunicar significados específicos uns aos outros — por exemplo, o tipo de estilo de vida que levam e quanto de status social possuem.

Mas o sociólogo britânico Daniel Miller, em seu livro *Trecos, troços e coisas*, publicado em 2010, indica que as inúmeras maneiras pelas quais os bens de consumo formam a identidade pessoal, a individualidade e as interações com os outros têm sido entendidas, a princípio, em termos negativos. O consumismo, diz ele, é tido pela maioria dos estudiosos como destrutivo e mau. Desejar bens de consumo é considerado superficial e repreensível moralmente. E o consumismo, além de ser alienante, é um divisor social — ele separa os que "têm" dos que "não têm" — que pode levar a sérios problemas sociais, incluindo o roubo.

Miller vê as coisas de um ponto de vista diferente ao enfatizar as diversas formas positivas pelas quais os artefatos materiais

TRABALHO E CONSUMISMO   247

Veja também: Karl Marx 28-31 ▪ Pierre Bourdieu 76-79 ▪ Herbert Marcuse 182-187 ▪ Thorstein Veblen 214-219 ▪ Colin Campbell 234-235 ▪ Theodor W. Adorno 335

contribuem para nos fazer quem somos e o modo como eles medeiam nossas relações e interações com os outros.

Repensando a casa

Miller usa o exemplo de sua própria casa. O estilo arquitetônico e o design físico, diz ele, alimentam e moldam sua identidade em relação à propriedade, mas eles também afetam as interações com e entre os membros da família.

Sua propriedade mantém "muitos dos traços originais", incluindo a escada de carvalho, as lareiras e as molduras das janelas. Esses aspectos físicos e estéticos moldam sua experiência e sua relação com a casa, diz ele. Por exemplo, sua preferência pelo design dos móveis da famosa loja de móveis sueca IKEA cria uma tensão dentro dele: ele sente que seu gosto pelas linhas modernas e clean, características desse tipo de marca, implicam que ele "desprezou" e traiu sua casa e que ela merece alguém com um gosto melhor. Para resolver essa tensão, descreve como as constantes discussões com os membros da família lhe permitiram chegar a um acordo quanto aos móveis e à decoração.

Miller alega que ele e seus parentes imaginam e se relacionam com a casa como se ela fosse um membro da família, com uma identidade única e com suas próprias necessidades. Seu argumento é que a materialidade da casa não é necessariamente opressiva, alienante ou controversa. Pelo contrário, ela não apenas molda positivamente as relações dos familiares com a casa, como também facilita a interação e uma maior solidariedade entre os membros da família.

Um contrapeso

A obra de Miller é desenvolvida para servir de alternativa à visão de consumismo dada pelos pensadores da Escola de Frankfurt, como Herbert Marcuse e Theodor W. Adorno, que veem a cultura de massa como "sintomática de uma perda de profundidade no mundo". Numa época em que crises globais econômicas e ambientais lançaram sérias dúvidas sobre a sustentabilidade de uma cultura de consumo materialista, a obra de Miller é vista por muitos, incluindo os sociólogos Fernando Dominguez Rubio e Elizabeth B. Silva, como uma resposta inteligente e provocativa às visões que desabonam a cultura material na sociedade. As ideias de Miller permeiam a análise sociológica e expõem parte do crescente interesse pelo exame de objetos materiais (a "materialidade das formas culturais"), liderado pelo sociólogo francês Bruno Latour. ∎

> As coisas... alcançam seu domínio sobre nós exatamente porque sempre fracassamos em notar o que elas fazem.
> **Daniel Miller**

O fenômeno do jeans

Desde 2007, a socióloga britânica Sophie Woodward, junto com Miller e outros sociólogos, tem se interessado pelo jeans como fenômeno de consumo. Ela sugere que, apesar de estarem disponíveis em quase todos os lugares, as roupas de jeans são quase sempre reverenciadas como itens bastante pessoais, com os quais os seus donos têm uma relação íntima — uma jaqueta ou uma calça jeans, por exemplo.

Com base em estudos etnográficos do jeans como item de moda em todo o mundo, Woodward descobriu que o apelo do jeans está inextricavelmente ligado a costumes e sentidos específicos em lugares particulares. Em Londres, Inglaterra, por exemplo, o jeans é usado com frequência por muitas pessoas para resolver uma ansiedade sobre o que usar — seu anonimato e sua onipresença protegem quem o usa de julgamentos negativos. No Brasil, no entanto, o jeans é usado por mulheres para enfatizar sua sensualidade.

Os jeans apertados são populares no Brasil porque se pensa que eles melhoram a curvatura natural das nádegas de uma mulher.

A FEMINIZAÇÃO TEVE APENAS UM IMPACTO MODESTO NA REDUÇÃO DAS DESIGUALDADES DE GÊNERO
TERI LYNN CARAWAY

EM CONTEXTO

FOCO
Feminização do trabalho

DATAS IMPORTANTES
A partir dos anos 1960
O aumento da globalização e da industrialização no mundo em desenvolvimento atrai a atenção de acadêmicas feministas para o trabalho.

1976 *A história da sexualidade*, de Michel Foucault, alega que os papéis e as relações de gênero são discursos socialmente construídos.

1986 Sylvia Walby publica *Patriarchy at Work: Patriarchal and Capitalist Relations in Employment*.

1995 R. W. Connell articula o conceito fluido de categorias de gênero como coisas flexíveis e abertas a mudanças em seu livro *Masculinities*.

Mais mulheres estão entrando na força de trabalho — e a **feminizando**.

↓

Embora a globalização tenha ajudado a diminuir **a dominação dos homens na economia**, ainda persiste uma **divisão de trabalho desigual em termos de gênero**.

↓

Uma **feminização significativa** da economia industrializada pode acontecer apenas se…

↓

… a **demanda por trabalho** ultrapassar a capacidade da força de trabalho masculina disponível.

… as mulheres estiverem mais disponíveis para trabalhar através do **acesso à educação superior e do aumento das creches**.

… os sindicatos apoiarem o acesso das mulheres ou **não conseguirem excluí-las** das ocupações "masculinas".

TRABALHO E CONSUMISMO 249

Veja também: Karl Marx 28-31 ▪ Michel Foucault 52-55 ▪ R. W. Connell 88-89 ▪ Roland Robertson 146-147 ▪ Robert Blauner 232-233 ▪ Jeffrey Weeks 324-325

Globalização e bem-estar de gênero

Nas últimas décadas, apesar do grande aumento na participação das mulheres na força de trabalho no Sudeste Asiático, a divisão de gênero no trabalho foi reestruturada em vez de eliminada. A feminista e socióloga americana Teri Lynn Caraway estudou algumas fábricas na Indonésia em seu livro *Assembling Women: The Feminization of Global Manufacturing*. Desenvolvendo a obra de Michel Foucault, ela diz que o gênero no local de trabalho é fluido e está em constante negociação, sendo até mesmo influenciado pelas ideias de feminilidade e masculinidade dos gerentes de fábrica, que podem determinar se a operação de máquinas seria melhor para trabalhadores homens ou mulheres.

Caraway rejeita a teoria econômica dominante, que vê os indivíduos como racionais e sem gênero, refletindo as características masculinas e de classe média daqueles que a desenvolveram. Ela também descarta as análises marxistas porque priorizam a classe social, e não o gênero. Considerando a sabedoria convencional, que diz que os empregadores pagam salários menores para as mulheres, o que levou mais mulheres a entrar na força de trabalho, Caraway alega que isso subestima o poder do gênero nos mercados de trabalho. Em vez disso, as ideias e práticas a respeito dos homens e das mulheres com formas distintas de trabalho — o que ela chama de "discursos de gênero" — desempenham um papel-chave no processo de feminização.

Condições para a feminização

Caraway diz que são necessárias três condições para que ocorra a feminização do trabalho industrial. Primeiro, quando a demanda por trabalho supera a oferta (por exemplo, quando não há trabalhadores homens suficientes), as fábricas se voltam para as mulheres. Segundo, quando o planejamento familiar e a educação em massa estiverem disponíveis. E terceiro, quando as barreiras como os sindicatos — que protegem locais de trabalho dominados pelos homens de serem invadidos pelo trabalho feminino mais barato — não forem mais eficientes. Na Indonésia, isso aconteceu quando o Estado enfraqueceu as organizações islâmicas e os sindicatos, ambos contrários ao trabalho feminino.

Caraway enfatiza a premissa geral de que alguns empregadores pagam mais para os homens porque acham que seu trabalho é superior, enquanto outros consideram as mulheres não confiáveis no longo prazo (devido à maternidade ou ao casamento). De fato, argumenta Caraway, essas duas ideias são exemplos de "análises de custo--benefício de gênero" complexas. A forma como as trabalhadoras são vistas e tratadas e o porquê de as mulheres serem vistas como melhores para certos tipos de emprego podem ser explicados por ideais, valores e crenças culturais mais amplos a respeito do papel do gênero dentro de uma sociedade. ∎

As mudanças econômicas criadas pela globalização e pelas novas e flexíveis exigências dos mercados de trabalho parecem beneficiar as mulheres. Apesar de a feminização "abrir a porta da oportunidade de trabalho para as mulheres", como Teri Lynn Caraway diz, o resultado é dúbio. Caraway, Sylvia Walby e Valentine Moghadam mostraram que as trabalhadoras têm uma probabilidade muito maior de sofrer de doenças. Além disso, o peso desproporcional do trabalho doméstico sobre as mulheres implica que o emprego fora de casa acaba exercendo uma pressão maior sobre elas.

A socióloga alemã Christa Wichterich argumenta, em *The Globalized Woman* (2007), que, em vez de liberar as mulheres no local de trabalho, a globalização criou uma nova classe subalterna. Ela mostra como, de Phnom Penh até Nova York, a vida das mulheres tem sido devastada por terem que responder às demandas das corporações multinacionais, sobrevivendo em empregos mal pagos e tendo que lidar com a piora dos serviços públicos.

Trabalhadoras em fábricas na Indonésia, como estas do setor têxtil em Sukoharjo, recebem salários iguais aos dos homens. De acordo com a pesquisa de Caraway, não é assim no Leste Asiático.

Os empregadores feminizam sua força de trabalho apenas quando imaginam que as mulheres são mais produtivas que os homens.
Teri Lynn Caraway

O PAPEL
INSTITU

DAS
çõES

252 INTRODUÇÃO

Karl Marx diz que a religião é **"o suspiro da criatura oprimida... o ópio do povo"** em seu ensaio "Uma contribuição à crítica da filosofia do direito de Hegel".

↑

1844

Max Weber explica o processo de **secularização e racionalização** da sociedade moderna em *A ética protestante e o espírito do capitalismo*.

↑

1904-1905

Antonio Gramsci usa o termo **"hegemonia"** para explicar como as visões da classe dominante passam a ser avaliadas pelo resto da sociedade como "senso comum" e indiscutíveis.

↑

DÉCADA DE 1930

Em *Manicômios*, Erving Goffman descreve como **"instituições totais"** reordenam a **personalidade e a identidade das pessoas**.

↑

1961

1897

↓

Em *O suicídio*, Émile Durkheim apresenta a ideia de **"anomia"** para dar conta de diferentes taxas de suicídio, revelando que esse ato pessoal é um fenômeno social.

1911

↓

Em *Os partidos políticos*, Robert Michels argumenta que as burocracias fazem do **governo democrático algo impossível de alcançar**.

1949

↓

Em *Sociologia: teoria e estrutura*, Robert K. Merton propõe que a **"anomia"** está na **raiz do comportamento desviante**.

1963

↓

Em *Outsiders*, Howard S. Becker sugere que **qualquer comportamento pode ser considerado desviante** se a sociedade o rotula como tal.

Por séculos, as instituições dominantes na Europa foram a Igreja e a classe dirigente dos monarcas e aristocratas. Só no Renascimento a autoridade da Igreja foi desafiada pelas ideias humanistas e pela descoberta científica, e a democracia republicana começou a ameaçar o direito de governar dado por Deus e herdado. A era do pensamento iluminista enfraqueceu ainda mais essas instituições, e no século XVIII a velha ordem foi derrubada pelas revoluções políticas nos EUA e na França, e a Revolução Industrial se espalhou a partir da Grã-Bretanha.

Secularismo e racionalismo

Uma sociedade moderna claramente reconhecível surgiu de forma rápida, moldada pelas ideias racionais do Iluminismo e das demandas econômicas da indústria. A coesão social baseada em valores comunitários e crenças compartilhadas deu lugar a novas instituições seculares, e o governo da sociedade foi transferido para os representantes do povo. Junto com a secularização veio uma racionalização que tinha tudo a ver com a crescente natureza material da sociedade moderna. A industrialização e o capitalismo que brotou dela exigiam um grau de administração muito maior, e a ideia de burocracia se espalhou da esfera do comércio para a do governo.

As instituições da sociedade moderna se desenvolveram a partir dessas burocracias: instituições financeiras e empresariais, departamentos de governo, hospitais, educação, a mídia, a polícia, as forças armadas etc. As novas instituições formaram uma parte proeminente da estrutura social da sociedade moderna, e os sociólogos buscam identificar os papéis que elas desempenham na criação e manutenção da ordem social.

As burocracias, no entanto, são organizadas para a eficiência e consequentemente tendem a seguir a estrutura hierárquica. Conforme apontou Robert Michels, isso faz com que sejam controladas por uma pequena elite, uma oligarquia, que, longe de promover um governo democrático, na verdade tenta evitá-lo. Como resultado, as pessoas se sentem tão subjugadas pelo controle das novas instituições quanto se sentiam sob o domínio religioso e monárquico. Michel Foucault, mais tarde, analisa a natureza do (quase sempre despercebido) poder das instituições para moldar a sociedade e o comportamento dos cidadãos individuais — impondo normas sociais

O PAPEL DAS INSTITUIÇÕES

Bryan Wilson discute o **decrescente papel social da religião** em *Religion in Secular Society*.

1966

Stanley Cohen, em seu livro *Folk Devils and Moral Panics*, é inspirado pela **cobertura da mídia** sobre os violentos confrontos entre os mods e os rockers em 1964.

1972

Ivan Illich, em *A expropriação da saúde: nêmesis da medicina*, alega que o establishment médico constitui uma **"grande ameaça à saúde"**.

1975

Aprendendo a ser trabalhador, de Paul Willis, descreve como a **educação** reproduz e **perpetua as distinções de classe**.

1977

1970-1984

Michel Foucault discute como o governo usa a política para **moldar os cidadãos e a sociedade**.

1973

Jürgen Habermas, em *A crise de legitimação*, explica como as instituições podem **perder o direito de exercer o controle social** se não tiverem a confiança das pessoas.

1976

Em *Schooling in Capitalist America*, Samuel Bowles e Herbert Gintis dizem que a educação instila atitudes e disposições com um **"currículo oculto"**.

1988

Em *O tempo das tribos*, Michel Maffesoli afirma que o individualismo declina à medida que as pessoas tentam criar **grupos sociais**.

---

e sufocando a individualidade. Jürgen Habermas também foi crítico do poder institucional, mas argumentou que ele só pode ser exercido se as instituições tiverem a confiança das pessoas. Mais recentemente (e de forma controversa), Michel Maffesoli sugeriu que, à medida que as pessoas ficam desiludidas com as instituições, elas formam novos grupos sociais parecidos com tribos, com suas respectivas novas instituições.

A influência social das instituições religiosas, descrita pela famosa expressão de Marx, "o ópio do povo", declinou com o crescimento das burocracias, e durante o século XX a maioria dos países tinha (pelo menos nominalmente) uma forma de governo secular. Hoje, no entanto, cerca de 75% da população mundial ainda se identifica como pertencendo a alguma comunidade de fé reconhecida, e em muitos lugares a religião vem cada vez mais se tornando uma força social.

Individualismo e sociedade

Além de estudar a natureza e o escopo das instituições na sociedade, os sociólogos no final do século XX passaram a ter uma abordagem mais interpretativa, examinando os efeitos dessas instituições nos membros individuais da sociedade. Max Weber chamou a atenção para os efeitos entorpecedores da burocracia, prendendo as pessoas na "jaula de ferro" da racionalização; e mais tarde Erving Goffman descreveu os efeitos da institucionalização, quando os indivíduos ficam tão acostumados a viver numa instituição que não conseguem mais se imaginar fora dela. Um exemplo disso está na nossa crescente confiança na medicina como meio de curar todas as doenças, conforme descrito por Ivan Illich. A educação também passou a ser analisada como meio institucional de estimular atitudes sociais e manter uma ordem social desejada.

Mas foi Émile Durkheim quem reconheceu o conflito entre o individualismo e as expectativas institucionais da conformidade. Seu conceito de "anomia", uma incompatibilidade entre as crenças do indivíduo e as da sociedade, foi encampado por Robert K. Merton em sua explicação do que era considerado um comportamento desviante. Howard S. Becker desenvolveu isso, sugerindo que qualquer comportamento poderia ser considerado desviante se uma instituição assim o rotulasse, e, de acordo com Stanley Cohen, a mídia moderna demoniza as coisas exatamente desse modo. ■

A RELIGIÃO É O O SUSPIRO DA CRIATURA OPRIMIDA

KARL MARX (1818-1883)

256 KARL MARX

EM CONTEXTO

FOCO
Religião

DATAS IMPORTANTES
1807 A obra do filósofo alemão Georg Hegel *A fenomenologia do espírito* apresenta o conceito de alienação.

1841 *A essência do cristianismo*, do filósofo alemão Ludwig Feuerbach, se baseia na ideia de alienação de Hegel e a aplica criticamente ao cristianismo.

1966 A religião perdeu sua autoridade, de acordo com o sociólogo britânico Bryan Wilson em *Religion in Secular Society*.

2010 O sociólogo alemão Jürgen Habermas, em *Ein Bewußtsein von dem, was fehlt*, reflete sobre o porquê de a religião custar a desaparecer.

As **dificuldades econômicas** impedem a maioria das pessoas de alcançar **conforto e felicidade** verdadeira neste mundo.

A religião distorce essa realidade e encoraja as pessoas a **trabalhar duro, aceitando passivamente sua sorte e suportando o sofrimento**.

A religião oferece **falsas esperanças** e diz que a verdadeira felicidade só pode ser obtida na vida celestial, **depois da morte**.

Apesar de oferecer conforto, a religião é o suspiro da criatura oprimida, o coração de um mundo sem coração.

D e acordo com o filósofo alemão Georg Hegel, a liberdade em seu sentido pleno consiste na participação em certas instituições éticas. De forma mais infame ainda, ele também dizia que só no Estado é que "o homem tem uma existência racional". Ele acreditava que o cristianismo era uma religião perfeita ("consumada") para a era ascendente da modernidade porque refletia seu espírito ou *geist* — a fé na razão e na verdade. Mas, por causa do processo de contradição conhecido como "dialética" (no qual, por sua própria natureza, algo pode conter o seu oposto), as

estruturas e as instituições sociais que as pessoas criam para servi-las podem, em vez disso, vir a controlá-las ou até mesmo escravizá-las. O processo de autodescoberta racional pode levar à "alienação" — um conceito de estranhamento que passou a ter uma profunda influência nas ciências sociais.

Ludwig Feuerbach, filósofo alemão e ex-aluno de Hegel, usava o conceito de alienação para criticar a religião. Feuerbach argumenta que as pessoas dotam Deus de qualidades humanas e depois o adoram por essas qualidades, de modo que acabam,

inconscientemente, adorando a si mesmas. Isso as impede de perceber plenamente o seu próprio potencial. O divino não é mais que uma projeção da consciência humana alienada. O colaborador de Karl Marx, Friedrich Engels, reconheceu que *A essência do cristianismo* de Feuerbach teve um efeito profundamente libertador sobre eles nos anos 1840.

O homem cria a religião
O pai de Karl Marx se converteu do judaísmo para o cristianismo só para garantir seu emprego, mas ainda assim instilou no filho uma crença de que a

O PAPEL DAS INSTITUIÇÕES 257

Veja também: Auguste Comte 22-25 ▪ Karl Marx 28-31 ▪ Friedrich Engels 66-67 ▪ Sylvia Walby 96-99 ▪ Max Weber 220-223 ▪ Bryan Wilson 278-279 ▪ Jürgen Habermas 286-287

A religião é usada por aqueles com poder temporal para investi-los de autoridade.
Christopher Hitchens
Escritor anglo-americano (1949-2011)

religião é indispensável para a moralidade. Mas desde sua juventude Karl Marx criticava a ideia de que uma esfera espiritual era necessária para manter a ordem social. Mais tarde, se convenceu de que a secularização (o declínio da importância social da religião) libertaria as pessoas das formas místicas de opressão social. Ele esboçou várias de suas ideias sobre a religião em "Contribuição à crítica da filosofia do direito de Hegel" (1844).

Expandindo a ideia de alienação, Marx argumenta que "o homem faz a religião, a religião não faz o homem". As pessoas, diz ele, se esqueceram de que inventaram Deus, que passou a ter vida própria e agora controla as pessoas. O que as pessoas criaram, elas podem destruir. A classe trabalhadora revolucionária, acredita ele, perceberá que as ideologias e as instituições da sociedade capitalista, que a escravizam, não são naturais nem inevitáveis e podem ser derrubadas.

A riqueza da Igreja Católica foi criticada por muitos. Para Marx, a religião serve aos interesses capitalistas e é uma ferramenta usada pelas elites ricas para controlar e oprimir a classe trabalhadora.

Até lá, a religião seguirá como um sintoma da doença causada pela privação material e pela alienação humana, que cria essa dor para que os sofredores precisem do conforto oferecido pela religião.

Assim como o filósofo francês Auguste Comte, para quem a crença religiosa é um estado infantil da razão, Marx acredita numa sociedade que progride cientificamente em direção ao secularismo. No entanto, Marx é mais crítico da religião como um reflexo da sociedade, e não como um conjunto de crenças. Sua meta é libertar a classe trabalhadora da opressão do capitalismo, e ele argumenta que as ideias da classe dominante são as que dominam a sociedade — e um dos aparatos que transmitem tais ideias é a Igreja.

A Igreja e o Estado

Na Inglaterra do século XVIII, um esperto desconhecido descreveu a Igreja Anglicana como um partido político "em oração". Para Marx, qualquer instituição que serve aos interesses capitalistas, incluindo a religião, tem de ser contestada e, por fim, liquidada. O substituto será uma sociedade humanista baseada no socialismo e no comunismo.

De acordo com Marx, a religião é "consolo e justificação" para o Estado e a sociedade existentes. A Igreja proclama que a autoridade da classe dominante é ordenada por uma autoridade sobrenatural, logo a posição inferior dos trabalhadores é inevitável e justa. Quando uma sociedade é rachada pela desigualdade, a injustiça é perpetuada em vez de diminuída. Marx declarou: "A luta contra a religião é, indiretamente, a luta contra aquele mundo que tem na religião seu aroma espiritual". Tal sentimento encontrou eco nos anos 1960 no sociólogo britânico Bryan Wilson, que alega que o papel da Igreja é fazer com que cada nova geração aceite a sua sorte.

Marx pretende expor a natureza ilusória da religião e revelá-la como uma ferramenta ideológica da classe dominante. Já que a crença no pós-vida serve de conforto para pobres e oprimidos, Marx descreve a religião como o "ópio do povo". O revolucionário »

Karl Marx argumenta que a religião é um sistema de crenças que capacita a classe dominante a manter seu poder no presente ao prometer à classe trabalhadora que as coisas serão melhores no além. O pobre encontra consolo nos ensinamentos morais porque, no fim das contas, colherá uma recompensa por seu sofrimento. Evita-se a mudança social porque a religião estabiliza a sociedade e mantém o *statu quo*.

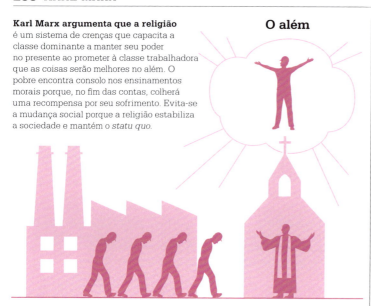

russo Vladimir Ilitch Lênin disse que ela é um "gim espiritual": a religião amortece a dura realidade da vida da classe trabalhadora, e através dela as pessoas são drogadas para aceitar suas próprias posições inferiores em troca de uma vida melhor no além. Com efeito, a religião pode ser entendida como uma potente forma de controle social que mantém os pobres em seu lugar e obstrui a mudança social.

Religião e radicalismo

Marx não desconsidera o fato de que o cristianismo é uma religião que cresceu em meio à opressão e sustenta e conforta aqueles que sofrem sem esperança. O sofrimento religioso é tanto uma "expressão do sofrimento real como um protesto contra o sofrimento real" — é o suspiro do povo oprimido, o que sugere que a religião tem um aspecto radical ou potencialmente revolucionário. No século XVII na Inglaterra, por exemplo, o puritanismo levou à execução do rei e à implantação de uma república. Mas Marx diz que a religião é a "felicidade *ilusória* de um ser", quando a situação exige uma felicidade *real*: "Convocá-los a desistir de suas ilusões a respeito de suas condições é convocá-los a desistir de uma condição que exige ilusões". A tarefa da história e da filosofia, declara,

é "desmascarar a autoalienação humana nas suas formas não sagradas, agora que ela foi desmascarada na sua forma sagrada".

Marx concordava com a premissa do sociólogo alemão Max Weber de que o protestantismo desempenhou um enorme papel no estabelecimento do capitalismo porque satisfazia melhor as necessidades comerciais dos mercadores do século XVI e dos industrialistas posteriores. O trabalho duro acompanhado de recompensa estava no cerne da filosofia protestante, e os calvinistas, em especial, viam o sucesso material como um sinal do favor de Deus.

Marx descreve a Reforma como um passado revolucionário da Alemanha — uma revolução que começou no cérebro de um monge, segundo ele. Lutero, diz ele, derrotou "as amarras advindas da *devoção* pelas amarras advindas da *convicção*". Lutero transformou padres em leigos porque ele transformou leigos em padres. Na visão de Marx, o protestantismo não ofereceu uma verdadeira solução para o problema, mas um "contexto verdadeiro" em que a luta de um homem não era mais contra o clero fora dele, mas contra a "natureza clerical" dentro de si mesmo.

Feminismo e religião

Elizabeth Cady Stanton, autora americana no século XIX de *The Women's Bible*, disse que a Palavra de Deus na verdade era a palavra do homem e foi usada para subjugar a mulher. As teorias feministas da religião desde então têm, quase sempre, ecoado esse tema sexista e de desigualdade de gêneros.

As mulheres tendem a participar mais que os homens do cumprimento das determinações religiosas, mas são quase sempre marginalizadas e discriminadas. A escritora egípcia Nawal El Saadawi diz que a religião pode ser usada para oprimir as mulheres, mas a causa é a forma patriarcal da sociedade, que mudou a religião. Muitas mulheres muçulmanas usam a religião e o vestuário para simbolizar sua liberação, diz a socióloga britânica Linda Woodhead.

Em algumas religiões, a posição da mulher está mudando significativamente. Desde que a Igreja Anglicana permitiu a ordenação de mulheres, em 1992, elas hoje já são um quinto do clero.

Enquanto isso, o *statu quo* social oferecia um obstáculo adicional para a verdadeira emancipação humana. Enquanto os proprietários de terras e capitalistas ficavam ricos neste mundo, a recompensa para a classe trabalhadora por trabalhar sem cessar por longas horas em troca de um salário baixo estava no céu. O sofrimento virou virtude. Marx está preocupado com o papel da Igreja como latifundiária e empregadora no século XIX e vê tal situação como uma evidência adicional de que a religião é uma ferramenta ideológica a mais para ser usada pelas classes dominantes para controlar os trabalhadores.

Uma força não religiosa

Na Grã-Bretanha, o establishment temia que os trabalhadores estivessem perdendo contato com a religião organizada e, em vez disso, estivessem se voltando para outros grupos religiosos ou movimentos políticos da classe trabalhadora, como o cartismo. Por essa razão, um Censo de Adoração Religiosa foi criado em 1851. Ele revelou a apatia da classe trabalhadora, bem como a divisão na sociedade entre a Igreja Anglicana conservadora, já estabelecida, e as igrejas e capelas onde se reuniam os seguidores de religiões novas e populares, como o quakerismo e o unitarismo.

O metodismo — uma denominação protestante focada em ajudar o próximo — era extremamente popular cm muitas vizinhanças de trabalhadores nos centros manufatureiros da Grã-Bretanha. Ele também atraía os novos donos de fábricas, que estavam tanto perturbados pela natureza aparentemente não religiosa de seus

Grupos cristãos como os quakers eram vistos como ameaça ao *statu quo* religioso-político. Contrários à guerra e à escravidão e se recusando a prestar juramento a outros, eles rejeitaram a ideia de hierarquia da Igreja.

A raiz mais profunda da religião em nossos tempos é a opressão social das massas trabalhadoras.
Vladimir Ilitch Lênin
Político russo (1870-1924)

trabalhadores quanto chocados pelos seus vícios, como o alcoolismo. Oferecendo aos marxistas mais evidências da religião sendo usada como ferramenta ideológica pelas classes dominantes, alguns proprietários coagiam os trabalhadores a participar de cultos, aulas de estudos bíblicos, discussões educacionais e passatempos numa tentativa de "educá-los" para uma existência sóbria e "decente" — aquela que os capacitaria a trabalhar mais eficientemente. Tirando-lhes assim a energia, eles também contrariavam seu potencial revolucionário e garantiam que se tornassem burros de carga obedientes para a indústria.

Intelectuais ocidentais como A. C. Grayling, Richard Dawkins e o falecido Christopher Hitchens, às vezes rotulados de "neoateus", compartilhavam muitos dos sentimentos de Marx em relação à religião, a saber: como primeira tentativa na filosofia, a religião é interessante mas é uma forma de alienação, tanto emocional quanto intelectual, e uma pobre substituta para a justiça social e a felicidade. O próprio Marx — em suas observações sobre a Reforma — reconheceu o potencial da religião para o pensamento radical e a ação social. O papel que as religiões não conformistas desempenharam na Grã-Bretanha por mais de um século de reforma social progressista demonstrou isso mais tarde. Ao buscar a resposta de por que as religiões não se enfraqueceram no limiar do século XXI, Jürgen Habermas reconhece o importante papel público das comunidades religiosas em várias partes do mundo. Hoje, a despeito da disseminação da secularização, ninguém fala da extinção das religiões ou dos religiosos. ∎

A LEI DE FERRO DA OLIGARQUIA
ROBERT MICHELS (1876-1936)

EM CONTEXTO

FOCO
Oligarquia

DATAS IMPORTANTES
1904-1905 *A ética protestante e o espírito do capitalismo,* de Max Weber, vê a racionalização que resulta da burocracia como um elemento inevitável da modernidade.

1911 Em *Partidos políticos,* o teórico político e social alemão Robert Michels defende que a democracia organizacional é uma impossibilidade.

1916 O sociólogo italiano Vilfredo Pareto argumenta que a democracia é uma ilusão. A elite sempre servirá a si mesma.

2009 O lançamento da consulta pública sobre a invasão do Iraque pelo Reino Unido em 2003 mostra quanto as autoridades, como o ex-primeiro-ministro Tony Blair, estão protegidas de ser responsabilizadas publicamente por suas ações. Muitos alegam que Blair deveria ser julgado por crimes de guerra.

A burocracia é inimiga da liberdade individual, segundo Robert Michels. No começo do século xx, ele mostrou a relação entre a burocracia e a oligarquia política (o governo de poucos sobre muitos). Em suas observações dos partidos políticos e dos sindicatos, ele viu que o tamanho e a complexidade das democracias exigiam hierarquia. Uma liderança, com uma clara linha de comando, separada das massas, é necessária — resultando numa estrutura em forma de pirâmide que coloca uns poucos líderes no comando de vastas e poderosas organizações.

Michels aplicou a ideia de Max Weber de que uma hierarquia de responsabilidades aumenta a eficiência, mas argumenta que isso concentra poder e põe em risco a democracia. Os interesses das elites das organizações, em vez das necessidades do povo, se tornam o seu principal foco, a despeito dos propagados ideais democráticos. Michels enfatiza que o autointeresse daqueles que estão no topo das organizações sempre vem em primeiro lugar.

Preservar suas posições de poder se torna um importante papel das burocracias, como os partidos políticos, e manter um ar de mistério e superioridade através de complexos sistemas de votação, do uso de linguagem obscura e da existência de subcomitês ajuda a garantir isso. As autoridades tendem a ser isoladas das consequências de suas decisões — a burocracia as protege de prestar contas ao público. A oligarquia cresce na estrutura hierárquica da burocracia e quase sempre mina o controle do povo sobre os líderes que elegeram. ■

Quem diz organização diz oligarquia.
Robert Michels

Veja também: Karl Marx 28-31 ▪ Max Weber 38-45 ▪ Friedrich Engels 66-67 ▪ Michel Foucault 270-277 ▪ Jürgen Habermas 286-287

O PAPEL DAS INSTITUIÇÕES 261

AS PESSOAS SAUDÁVEIS NÃO PRECISAM DA BUROCRACIA PARA SE REPRODUZIR, DAR À LUZ E MORRER
IVAN ILLICH (1926-2002)

EM CONTEXTO

FOCO
Iatrogenia

DATAS IMPORTANTES
c. 460-370 a.C. Hipócrates, um médico na Grécia antiga, acredita que os médicos não deveriam prejudicar seus pacientes. A iatrogenia se torna uma contravenção passível de pena.

1847 O físico húngaro Ignaz Semmelweis recomenda que os cirurgiões lavem as mãos para reduzir as mortes relacionadas às infecções.

1975 Ivan Illich, em *Apropriações da saúde*, alega que o establishment médico constitui uma enorme ameaça à saúde humana.

2002 David Clark, professor de sociologia médica, argumenta que os pacientes com câncer terminal que recebem tratamentos pesados de quimioterapia estão sendo tratados com falsas esperanças.

A sociedade tornou-se bastante consciente dos perigos inerentes à medicina. O uso abusivo de raios X durante a gravidez, que pode levar a criança a desenvolver câncer, e as interações com remédios de prescrição perigosa são exemplos disso. A palavra grega "iatrogenia" — "causada por um curador" — é usada para descrever tais problemas. O pensador radical austríaco Ivan Illich argumenta que o establishment médico se tornou uma séria ameaça à vida humana porque, junto com o capitalismo, é uma instituição que serve a si mesma mais do que às pessoas às quais cura.

Illich sugere que existem três tipos principais de iatrogenia. A iatrogenia clínica ocorre quando surge um dano que não teria acontecido se não tivesse havido uma intervenção médica: por exemplo, uma resistência menor a bactérias em caso de receitas excessivas de antibióticos. A iatrogenia social é a medicalização da vida: cada vez mais problemas são passíveis de intervenção médica, com tratamentos caros sendo desenvolvidos para casos onde não há doenças. Pequenas depressões, por exemplo, são tratadas com remédios que acabam criando hábitos. Os atores envolvidos, como as farmacêuticas, lucram com o tratamento quando as pessoas são tratadas assim.

Pior ainda, para Illich, é a iatrogenia cultural — a destruição de formas tradicionais de lidar com doenças, dor e morte. O excesso de medicalização em nossa vida implica que nos tornamos cada vez menos dispostos a enfrentar as realidades da morte e das doenças: os doutores assumiram o papel de sacerdotes. ■

Nascimentos em hospitais, incomuns antes do século XX, são citados por alguns como exemplo de iatrogenia — a crescente e desnecessária medicalização da vida.

Veja também: George Ritzer 120-123 ▪ Robert D. Putnam 124-125 ▪ Ulrich Beck 156-161 ▪ Erving Goffman 264-269 ▪ Michel Foucault 270-277; 302-303

ALGUMAS PESSOAS COMETEM CRIMES PORQUE ESTÃO RESPONDENDO A UMA SITUAÇÃO SOCIAL
ROBERT K. MERTON (1910-2003)

EM CONTEXTO

FOCO
Anomia ou teoria da tensão

DATAS IMPORTANTES
1897 Em *Suicídio*, Émile Durkheim usa o conceito de anomia para dar conta de diferentes taxas de suicídio entre protestantes e católicos.

1955 O criminologista americano Albert Cohen, ex-aluno de Talcott Parsons, diz que as desvantagens enfrentadas por homens da classe baixa causam frustração (ou tensão) quanto ao status, levando à delinquência, vista como uma forma de exigir respeito.

1983 O criminologista britânico Steven Box afirma que alguns relatos de delinquência, como os de Albert Cohen, falham em explicar os crimes dos poderosos na sociedade.

1992 O sociólogo americano Robert Agnew insiste que a anomia, ou teoria da tensão, pode ser usada para explicar o crime e o desvio, mas não deve se ater a classes.

As sociedades oferecem às pessoas **metas claras de vida**.

↓

Nem todos têm os meios para **alcançar tais metas**.

↓

A **pressão para se conformar** e "obter sucesso" leva a **atos desviantes**.

↓

Algumas pessoas cometem crimes porque estão respondendo a uma situação social.

O desvio é universal, normal e funcional, de acordo com o teórico francês Émile Durkheim. Ele argumenta que, quando as pessoas não se sentem mais integradas à sociedade e não têm certeza de suas normas e regras — por exemplo, durante épocas de rápidas mudanças sociais —, elas se tornam mais propensas a atos desviantes ou suicídio. Essa condição é conhecida como *anomia*, uma palavra de origem grega que quer dizer "sem lei". Em seu artigo "Social Structure and Anomie", publicado em 1938, o sociólogo americano Robert K. Merton adapta a análise de Durkheim sobre o desvio, aplicando-a à sociedade americana contemporânea e argumentando que tal comportamento ocorre como resultado direto da tensão.

O sonho americano

Merton sugere que os ideais e as aspirações ligados ao "sucesso" individual nos EUA — o "sonho americano" de, por exemplo, prosperidade material, como uma casa e um automóvel próprios — são produzidos socialmente. Nem todos podem alcançar tais metas através de meios legítimos, porque algumas restrições, como a classe social, atuam como barreiras para alcançá-las. De

O PAPEL DAS INSTITUIÇÕES

Veja também: Richard Sennett 84-87 ▪ Robert D. Putnam 124-125 ▪ Max Weber 220-223 ▪ Howard S. Becker 280-285 ▪ Talcott Parsons 300-301

O sonho americano de levar uma vida encantada, tendo uma casa e um carro, acumulando riqueza, é uma fantasia para muitos, especialmente para aqueles presos nas engrenagens da pobreza e do desemprego.

acordo com Merton, o desvio (que também é socialmente construído) é mais provável de acontecer quando existe uma tensão ou discrepância óbvia entre as expectativas sociais e a habilidade ou desejo de alcançá-las. A "teoria da tensão", para Merton, explica a correlação direta entre desemprego e crime: por exemplo, a falta de dinheiro implica que caminhos honestos para comprar um carro, uma casa ou outros itens não são acessíveis, mas a pressão para se conformar àquilo que é esperado pode levar uma pessoa a roubar.

Rebelde ou conformista

Merton amplia sua teoria ao dividir pessoas em cinco categorias de acordo com sua relação com metas culturalmente aceitas, bem como os meios para alcançá-las. Os "conformistas", sugere, investiram no sonho americano e, através de caminhos aceitos, como a educação e o emprego remunerado, conseguem alcançá-lo. Os "ritualistas" não aspiram às metas culturais da sociedade, mas a despeito disso respeitam e reconhecem os meios de alcançá-las. Eles podem, por exemplo, ir trabalhar todos os dias e desempenhar suas funções diligentemente, mas não tentam subir a escada do "sucesso" corporativo.

Os "inovadores" (com frequência vistos como criminosos) são aqueles que acreditam nas metas da sociedade mas escolhem meios menos legítimos ou tradicionais para alcançá-las. Os "retraídos" são os que desistem da sociedade — eles rejeitam não apenas as metas convencionais como também os meios tradicionais de alcançá-las. Finalmente, os "rebeldes" são parecidos com os retraídos, mas criam objetivos e meios alternativos para alcançá-las, tentando levar adiante uma contracultura. É esse grupo (que com frequência inclui terroristas e revolucionários) que, de acordo com Merton, consegue fazer mudanças sociais.

A teoria da tensão de Merton tem sido criticada por focar o desvio individual à custa do comportamento do grupo. Também se diz que a teoria se baseia demais nas estatísticas criminais, que, com frequência, ocultam crimes da classe média. ■

Robert K. Merton

Robert K. Merton nasceu Meyer R. Schkolnick em 1910, na Filadélfia, EUA. Seus pais eram imigrantes russo-judeus da classe operária. Os primeiros anos de sua vida se passaram em cima de sua loja de laticínios (que acabou incendiada mais tarde). Ele adotou o nome artístico de Robert Merlin aos catorze anos como parte de uma performance de mágica, mas mudou-o para Robert K. Merton quando ganhou uma bolsa na Universidade Temple.

Merton recebeu o crédito por cunhar as frases "profecia autorrealizável" e "modelo de comportamento", e diz-se que foi o pioneiro do método de pesquisa com grupos focais. Foi eleito presidente da Associação Sociológica Americana em 1957.

Principais obras

1938 *"Social Structure and Anomie"*
1949 *Sociologia: teoria e estrutura*
1985 *On the Shoulder of Giants: A Shandean Postscript*

O comportamento antissocial é… invocado… pelo acesso diferencial às oportunidades aceitas para a legítima… busca… de metas culturais.
Robert K. Merton

AS INSTITUIÇÕES TOTAIS TIRAM DAS PESSOAS O SEU SISTEMA DE APOIO E SEU SENSO DE IDENTIDADE

ERVING GOFFMAN (1922-1982)

EM CONTEXTO

FOCO
Institucionalização

DATAS IMPORTANTES
1871 Henry Maudsley, psiquiatra britânico, argumenta que os manicômios afetam negativamente o senso de identidade dos indivíduos.

1972 O estudo *Psychological Survival*, de Stanley Cohen e Laurie Taylor, sobre uma prisão masculina em Durham, Reino Unido, revela que os presidiários adaptam seu comportamento e identidade para sobreviver.

1975 O pensador francês Michel Foucault, em seu livro *Vigiar e punir: nascimento da prisão*, considera as formas pelas quais as prisões e os manicômios mantêm a ordem social e a conformidade.

1977 Em *Decarceration*, o sociólogo americano Andrew T. Scull afirma que a tendência a reduzir o número de instituições para os doentes mentais e prisioneiros leva a uma falta no cuidado deles.

Quando lidamos com procedimentos burocráticos que tipificam o mundo moderno — e as frustrações que eles criam —, a maioria de nós pode escapar para nossa vida privada para manter um senso de equilíbrio. Mas existem pessoas para as quais isso não é uma opção, porque passam todo o seu tempo em instituições estruturadas, como prisões e manicômios.

O sociólogo americano Erving Goffman estava interessado em como as pessoas lidavam com as coisas quando não conseguiam escapar de regras e regulamentos cotidianos. Para sua obra seminal *Manicômios*, publicada em 1961, investigou como o "eu" se ajusta à vida na burocracia permanente e onipresente. Ele afirmava que o fator mais importante para um paciente num hospital mental não era a doença, mas a instituição — e dizia que as reações e os ajustes feitos por esses sujeitos também podem ser encontrados em pessoas internadas em outros tipos de instituição.

Instituições totais

As instituições que estão fechadas ao mundo exterior — quase sempre com muros, cercas e portas trancadas —

Essas instituições são estufas para mudar pessoas: cada uma é um experimento natural sobre o que se pode fazer ao eu.
Erving Goffman

são o que Goffman chama de "instituições totais". Manicômios, prisões e campos de concentração, e até mesmo internatos e mosteiros, são exemplos dessa forma extrema de organização.

Nas "instituições totais" os internos não são apenas separados fisicamente do mundo exterior, mas costumam ficar em isolamento por longos períodos de tempo, às vezes involuntariamente. Devido a essas circunstâncias peculiares, tais organizações desenvolvem formas específicas de

---

A meta das "instituições totais" é **influenciar a vida dos indivíduos** como um todo.

→ A antiga identidade de uma pessoa e o seu **senso do "eu" são quebrantados**...

↓

As instituições totais tiram das pessoas o seu sistema de apoio e seu senso de identidade. ← ... e **forçados a se adaptar e ajustar** às metas da instituição.

O PAPEL DAS INSTITUIÇÕES 267

Veja também: Émile Durkheim 34-37 ▪ Michel Foucault 52-55; 270-277 ▪ G. H. Mead 176-177 ▪ Ivan Illich 261 ▪ Howard S. Becker 280-285

operação. Nesses lugares, diz Goffman, um número razoavelmente pequeno de funcionários supervisiona um grande grupo de internos. Eles fazem isso usando técnicas de vigilância para obrigar o cumprimento das regras — uma observação feita por Michel Foucault em seu estudo de 1975, que mostra as prisões como máquinas poderosas com olhos em todo lugar. Uma ideia original de Goffman é que os internos respondem às "instituições totais" ao assumir um novo modo de vida.

A teoria funcionalista diz que a sociedade é mantida unida por consenso social — um senso compartilhado de propósito. Uma "instituição total" funciona porque tem metas, e tudo dentro delas é voltado para isso. Goffman, que trabalhou num manicômio americano entre 1955 e 1956, argumenta que, junto com os objetivos oficiais da organização, existem outras metas e práticas invisíveis que constituem uma parte muito importante de seu funcionamento. Goffman chama isso de "vida secreta" ("underlife") das instituições públicas", e ele se concentra no mundo dos pacientes manicomiais para entender essa "vida secreta". Usando suas próprias observações e se baseando em diversos materiais publicados, como autobiografias e romances sobre as mesmas instituições, Goffman conclui que a identidade é moldada e ajustada pela interação com os outros. Ele diz que para o cumprimento dessas metas é às vezes necessário deixar de lado práticas e ideais oficiais, dando a impressão de que estão sendo cumpridos.

Goffman defende que as relações sociais e identidades que os pacientes possuíam antes de entrar numa instituição de saúde mental dão lugar a identidades totalmente novas, que são construídas em torno das formas usadas para se adaptarem à vida em seu novo lar institucional.

Quebrantando o eu

O processo começa com o "quebrantamento" do velho eu. Os pacientes às vezes são internados involuntariamente ou enganados pela família ou por profissionais de saúde para se internarem nas instituições, e descobrem que essas mesmas pessoas estão lhes roubando os direitos. Dessa forma, perdem a autonomia e experimentam humilhação e desafios à sua identidade, talvez por serem questionados quanto aos seus atos ou sua sanidade.

A admissão no hospital dá prosseguimento a esse processo de quebrantamento: são fotografados, têm seus bens pessoais confiscados, tiram-lhe suas digitais e suas roupas — todos esses procedimentos descascam o "velho eu". Goffman argumenta que nosso senso de nós mesmos está, em parte, presente em nossa aparência, nas coisas que temos e nas roupas que vestimos. Caso isso seja tirado ou trocado, passa-se a mensagem para as pessoas de que elas não são as mesmas de antes. Uma vez internadas, tal sentimento é »

A prisão de Alcatraz, EUA, é um símbolo da dominância institucional. Foucault via as prisões como onipotentes, mas Goffman argumenta que os internos tentam mudar a vida para satisfazer suas necessidades.

O Bethlem Royal Hospital, o caótico manicômio londrino, do qual deriva a palavra inglesa "bedlam" (similar ao "pinel" em português), foi fundado em 1247. Hoje é uma instituição psiquiátrica moderna.

A **"mortificação do eu"** é o termo de Goffman para um processo institucional em que o indivíduo é destituído de um senso do eu. A identidade de uma pessoa é transformada na identidade organizacional — como um "paciente" ou "interno". No começo, o "velho eu" é parcialmente definido por coisas externas, como roupas ou coisas que possui. Dentro do labirinto da instituição, ao se tornar um número, com o cabelo cortado e de uniforme, tendo a liberdade limitada por restrições físicas e mudando o comportamento pelas regras ou até pela medicação, forja-se um "novo eu" obediente.

Roupas e outros pertences são retirados

Há restrição de movimentos

Velho eu

O cabelo é cortado

Novo eu

O indivíduo é medicado

enfatizado o tempo todo, como, por exemplo, quando têm que pedir autorização para ir ao banheiro. Isso tudo se soma àquilo que Goffman chama de "mortificação do eu", trazido por humilhações e degradações de uma vida assim.

Formas tradicionais de lidar com essas situações, como o sarcasmo ou o uso de palavrões, não são permitidas em "instituições totais", porque serão punidas. Os internos têm que fazer um ajuste inicial a essas exigências organizacionais e, quase sempre, acabam num estado pacífico, podendo ser facilmente controlados e permitindo à instituição agir de modo eficiente. O sistema de privilégios e recompensas usado pela instituição, em troca de trabalho na cozinha ou em outro lugar, pode ajudar a concentrar a energia e a atenção dos internos, dando um senso de propósito e sentido, ao mesmo tempo que os mantém obedientes.

Em alguns casos, a instituição pode subjugar o interno, resultando em sua "conversão" ou "colonização". Num manicômio, a conversão ocorre quando um paciente aceita a definição que hospital lhe dá — por exemplo, como alguém "perturbado emocionalmente" — e tenta, então, se conformar ao que se espera de um paciente ideal. A colonização, de acordo com Goffman, é quando o regime da instituição engolfa o interno, de modo que o mundo "lá dentro" parece melhor que o de fora e o interno não seria capaz de atuar no mundo fora da instituição.

Salvando a identidade

O segundo estágio do progresso de um paciente mental é o salvamento de algum traço de identidade. Apesar de as "instituições totais" estarem voltadas à produção de comportamento

Muitas instituições totais… parecem funcionar meramente como depósitos para os internos, mas… quase sempre se mostram ao público como organizações racionais.
Erving Goffman

padronizado, muitos internos encontram uma forma de se ajustar. Goffman sugere que os humanos podem desenvolver respostas complexas aos tipos de demanda feitos por tais instituições. Ele defende que um processo secundário de ajuste capacita os indivíduos a criar um novo eu, centrado na organização, que habita os espaços não ocupados pelas regras e normas.

Esses ajustes secundários compõem a "vida secreta" da instituição e são um meio para que os internos consigam se virar em seu cotidiano, produzindo um grau de autonomia e mantendo alguma personalidade. O jeito mais comum de fazer isso, de acordo com Goffman, é "ficando frio", dando-se bem com os funcionários enquanto se forma uma identidade e "lidando" com o sistema sem afrontar abertamente as regras. Os internos conseguem encontrar e usar aquilo a que ele se refere como "recantos" na organização — lugares como cozinha, oficina ou enfermaria —, que oferecem uma oportunidade para que exerçam um controle sobre si mesmos e a situação em geral. Em tais lugares, os internos podem criar "moedas" — por exemplo, usando

O PAPEL DAS INSTITUIÇÕES

cigarro ou doces como dinheiro — ou desenvolver formas específicas de comunicação através do uso de linguagens criativas. Alguns podem querer manter uma sensação rebelde de independência ao urinar discretamente nos aquecedores, deixando a urina evaporar e sumir com a prova de algo errado, em vez de pedir permissão para ir ao banheiro. As instituições costumam fazer vista grossa a esses comportamentos, sabendo que isso faz com que o interno se sujeite ao tratamento na maior parte do tempo.

Nem todos conseguem socializar com sucesso seguindo as regras das "instituições totais". Apesar de Goffman não focar muito esses detalhes, alguns internos mantêm um espírito de resistência e rebeldia ao sabotar encanamentos, organizar protestos contra alguns tipos de comida ou até mesmo fazer com que um funcionário sofra "um acidente".

Instituições de autosserviço

Embora escreva num tom leve e coloquial, Goffman é acusado por alguns de se identificar com os pacientes que observou. Outros, como o sociólogo e criminalista americano John Irwin, sugeriram que o estudo de Goffman era um pouco restrito em seu foco, limitado a observar os internos ainda dentro das instituições.

No entanto, ao ver as "instituições totais" como lugares que, em vez de atuar no melhor interesse dos internos, na prática os desumanizavam, a obra de Goffman é citada como responsável por antecipar mudanças no tratamento de pacientes com doenças mentais. Ele escancara as formas que fazem das "instituições totais" organizações que se autolegitimam — ao definir suas metas, elas legitimam sua atividade, que por sua vez legitima as medidas que tomam para atingir tais metas.

Sua obra também é importante para a sociologia da identidade porque alega que nomes, pertences e roupas são símbolos imbuídos de sentido e importância para a formação da identidade. Ele enfatiza a clara lacuna entre as definições oficialmente impostas do eu e o eu que o indivíduo busca apresentar.

Os estudos de Goffman continuam tendo relevância social. A despeito do fato de muitas instituições de saúde mental na Grã-Bretanha terem sido fechadas a partir dos anos 1960

Um estranho no ninho, romance de Ken Kesey, se passa num manicômio. Ele trata de pacientes que adotam estratégias de enfrentamento, e mostra como as instituições esmagam qualquer afronta à sua autoridade.

como parte de um processo de desinstitucionalização, sendo substituídas por atendimentos domiciliares ("na comunidade"), uma proporção significativa das pessoas ainda acabará seus dias numa instituição. Uma população cada vez mais velha implica que muitos cidadãos talvez não consigam viver uma vida independente e precisem ir para asilos ou casas de repouso, que podem exibir alguns dos traços negativos das "instituições totais". ■

As cadeias americanas mantêm confinados os que ainda não foram condenados. Diz-se que tais instituições expõem um cidadão normal à cultura dos presos.

Uma crise de encarceramento

John Keith Irwin teve uma experiência de primeira mão diferente das "instituições totais" de Goffman: em 1952, foi condenado a cinco anos de prisão por roubo. Ele aproveitou aquele tempo para estudar e, mais tarde, concluiu um doutorado em sociologia e se tornou um especialista no sistema prisional americano e nas formas de controle social exigidas pela sociedade.

Com base em suas próprias ideias e entrevistas com prisioneiros, Irwin escreveu *The Jail: Managing the Underclass in American Society* (1985), que dedicou a Erving Goffman. Irwin argumentava que as cadeias públicas, que confinam os presos ainda não acusados ou condenados, degradam e desumanizam as pessoas.

Ele alega que essas cadeias são desenhadas para lidar com a "ralé", tida como ameaça aos valores da classe média. As cadeias são vistas como depósitos para ladrõezinhos, viciados e desviantes sexuais, confirmando seu status de marginais.

O GOVERNO É A DISPOSIÇÃO CERTA DAS COISAS

MICHEL FOUCAULT (1926-1984)

272 MICHEL FOUCAULT

EM CONTEXTO

FOCO
Governamentalidade

DATAS IMPORTANTES
1513 Em *O príncipe*, o teórico político florentino Nicolau Maquiavel dá conselhos sobre como manter o poder.

1567 O escritor francês Guillaume de la Perrière argumenta em *Le Miroir politique* que a palavra "governante" pode ser aplicada a um grande leque de pessoas e grupos.

1979 Michel Foucault publica um artigo intitulado "On Governamentality".

1996 O sociólogo britânico Nikolas Rose examina de que forma as instituições como as prisões e as escolas moldam o comportamento dos cidadãos.

2002 O sociólogo alemão Thomas Lemke aplica o conceito de governamentalidade a sociedades neoliberais modernas.

Na Idade Média, havia **dois tipos de "governante"** para cada pessoa na Europa…

↓ ↓

… **o monarca**, que governava por direito divino e mantinha **a segurança e a paz em suas terras**.

… **a Igreja**, que "governava" **a alma das pessoas**.

↓ ↓

Esses papéis foram, então, combinados no **governo secular**, que cuidava da terra (agora o "Estado") e de seu povo.

↓

Governar, cada vez mais, se tornou **a arte de administrar "coisas"** de forma racional ("governamentalidade").

↓

O papel do governo é maximizar o bem-estar de seu povo — administrar a disposição certa das coisas.

Por toda a história, as pessoas se preocuparam com a natureza do governo, onde e como ele é necessário e a questão de quem deveria governar outras pessoas. O filósofo francês Michel Foucault estudou o funcionamento do poder, tendo se interessado em particular pelos processos e pela legitimidade do governo na Europa Ocidental a partir do século XVI até o XX.

Como professor do prestigioso Collège de France em Paris entre 1970 e 1975, Foucault deu uma série de palestras que se tornaram um importante aspecto da vida intelectual da cidade. Uma dessas palestras foi mais tarde publicada no influente periódico *Ideology and Consciousness*, em 1979, sob o título de "On Governamentality" ("Governamentalidade"). Nesse texto, Foucault argumenta que é impossível estudar a formação do poder sem também olhar para as práticas — as técnicas e a racionalidade — através das quais as pessoas são governadas. Essa racionalidade não é um absoluto que pode ser alcançado pela razão pura, conforme sugeriram muitos filósofos, mas algo mutante que depende tanto do tempo quanto do espaço. O que é "racional" num espaço e num tempo pode ser considerado irracional em outros. Para resumir seu conceito, Foucault juntou as palavras francesas "governeur" (governante) e "mentalité" (mentalidade) para criar um novo termo — "governamentalidade" — a fim de descrever a maneira como um governo pensa sobre si mesmo e sobre seu papel (sua "racionalidade").

A abordagem de Foucault da análise filosófica foca a "genealogia do sujeito". Assim, em vez de se debruçar sobre a abordagem tradicional da investigação, em que os filósofos olham

O PAPEL DAS INSTITUIÇÕES 273

Veja também: Michel Foucault 52-55; 302-303 ▪ David McCrone 163 ▪ Norbert Elias 180-181 ▪ Max Weber 220-223 ▪ Robert Michels 260

para as fundações universais e invariáveis do conhecimento, Foucault olha para como o sujeito é constituído pela história e como isso leva à sua aparência moderna.

A série de palestras de Foucault sobre a governamentalidade examinou as formas como a ideia moderna de um eu individual e autônomo se desenvolveu junto com a de estado-nação. Ele estava interessado em especial em ver como esses dois conceitos codeterminavam suas existências e como mudavam com a racionalidade política de seu tempo.

Governança medieval

As investigações de Foucault traçam as mudanças nas formas de governar que vigoraram em diferentes épocas e lugares. Olhando para a Europa na Idade Média (c. 500-1500), ele diz que o moderno estado-nação que conhecemos não existia, nem a governamentalidade. As pessoas viviam num "estado de justiça", que impunha duras leis e costumes, como empalar os que faziam coisas erradas, de modo a integrar as pessoas à sua comunidade. Essa foi a era do feudalismo, quando os monarcas, vistos como os representantes divinos de Deus na Terra, dependiam de vários senhores para manter os povos locais sob controle. A rede de senhores aliados ao rei oferecia uma forma de manter a ordem através de uma enorme extensão de terra.

Os senhores ganhavam títulos, castelos e direitos sobre a terra ao oferecer serviço militar e apoio ao monarca. Por fim, esses privilégios se tornaram hereditários. Os camponeses, ou servos, eram obrigados a trabalhar a terra, dando grandes lucros a seus senhores. Tal sistema, no qual havia um óbvio e claro exercício de poder pelos indivíduos, implicava que não fazia muito sentido a ideia de governo coerente: os diversos nobres quase sempre governavam de formas diferentes. Conflitos e guerras internas também eram comuns. Os súditos dos monarcas não pensavam sobre si mesmos como unidos por uma identidade nacional, mas ligados à sua localidade e alinhados com seu senhor feudal.

Uma nova forma de governar

De acordo com Foucault, a questão do

Os camponeses trabalhavam a terra durante a Idade Média dando um enorme lucro a seus senhores. Os sistemas feudais impunham controle sobre as pessoas.

governo tornou-se um problema muito maior no século XVI, quando o feudalismo medieval entrou em declínio. Conforme as ideias de império e de expansão territorial começaram a surgir, a questão de como governar o indivíduo, a família e o Estado tornou-se central. Aí nasce a governamentalidade.

O rompimento com o sistema feudal também levou ao crescimento do conflito entre os Estados. Como resultado, tornou-se cada vez mais importante que o Estado conhecesse tanto sua própria capacidade e força quanto a força de seus rivais. Foucault alega que é por isso que o fenômeno da "polícia" surgiu no século XVI. Essas forças não somente garantiam a segurança do governo como também eram capazes de medir e avaliar a força do Estado. A polícia capacitava a fácil governança dos cidadãos, garantindo que os indivíduos sob vigilância continuassem produtivos e obedientes. »

Quis estudar a arte de governar, isto é, a maneira pensada de governar o melhor possível, e, ao mesmo tempo, a reflexão sobre a melhor maneira de governar.
Michel Foucault

O padre alemão Martinho Lutero liderou a Reforma Protestante, que desafiou o poder da Igreja Católica e, argumenta Foucault, marcou o começo de uma transformação na governança.

O século XVI também viu uma mudança significativa na prática religiosa na Europa. A Reforma Protestante, que começou em 1517, foi um grande desafio para a Igreja Católica e seu poder. De acordo com Foucault, o conflito que aconteceu entre as igrejas protestante e católica, junto com a ascensão dos Estados territoriais, levou os primeiros teóricos modernos sobre o governo a combinar duas formas muito diferentes de pensar. Os teólogos sempre lidaram com a governança a partir de uma perspectiva espiritual: a obrigação definitiva de um líder pastoral era salvar as almas ao vigiar seu "rebanho", como um pastor cuida de suas ovelhas. Os estadistas seculares abordaram a arte do governo em termos muito mais mundanos — vendo seu papel como gestores de conflitos, protegendo o território e garantindo a paz. Esses dois modos de pensar, argumenta Foucault, se juntaram para formar uma nova arte híbrida de governança em fins do século XVI e começo do XVII.

A morte do príncipe

Pela primeira vez, parecia possível que os cidadãos e seus governantes se unissem num sistema que seria benéfico para ambos. O interesse pessoal do governante não era mais o único princípio norteador para governar. Com essa alteração, a ideia de "reinar" foi transformada em "governar". Foucault traça a mudança de uma noção de soberania do poder para o governo como um modo eficiente de operação através do estudo do tratado político *O príncipe* (1513), do diplomata florentino Nicolau Maquiavel. Nessa pequena obra, o príncipe é visto

como alguém fundamentalmente preocupado em manter e expandir territórios. Os súditos que vivem nessas terras eram de pouco interesse, desde que se comportassem. O príncipe continua moralmente isolado de seu território — ele não deve nenhuma obrigação a ninguém. Esse raciocínio chegou ao fim à medida que os monarcas perderam seus direitos soberanos, a Igreja perdeu seu poder e as novas tecnologias (como a invenção da prensa móvel) permitiram a disseminação de ideias revolucionárias.

Do final da Idade Média até o século XVII, o Renascimento conduziu a volta às ideias clássicas de liberdade e democracia, seguido por pensamentos mais revolucionários que ameaçavam a segurança física dos monarcas, bem como seu direito a governar. Na Inglaterra, por exemplo, a crença do Rei Charles I de que tinha um direito divino de governar o colocou em conflito armado com as forças parlamentares na Guerra Civil inglesa. Charles foi julgado, condenado por alta traição e executado em 1649.

Governo benevolente?

Foucault chama a atenção para a definição de governo do escritor renascentista Guillaume de la Perrière em 1567, importante pela ausência de menção ao "território". Em vez disso, o governo era descrito como uma disposição correta das coisas, organizado para liderar, visando a um fim conveniente. Sob uma ideologia de benevolência, as responsabilidades dos governos foram expandidas para incluir o bem-estar de seus cidadãos, embora, na verdade, essa forma de governança estivesse ocupada em administrar a vida das pessoas — e o produto material de seus esforços — para maximizar a força de uma nação. Garantir o aumento da riqueza era visto como algo crucial ao governo, mas também era importante ter um povo saudável, que se multiplicasse para que o governo pudesse assegurar a prosperidade e a produtividade no longo prazo. Foucault diz que, a partir desse ponto, "os homens e as coisas" (a relação que as pessoas têm com a riqueza, o ambiente, a fome, a fertilidade, o clima etc.), em vez dos territórios, precisavam ser

O PAPEL DAS INSTITUIÇÕES

administrados de forma eficiente. A governança passou a ser uma "arte".

Cidadãos ou súditos?

Foucault afirma que ideias liberais originais sobre a sociedade civil, como as defendidas por John Locke e Adam Ferguson no século XVIII, tornaram um governo social possível. A arte liberal do governo tem como princípio organizacional "a base lógica do governo mínimo". Em outras palavras, ela defende menor intervenção estatal e um foco crescente no papel da população. Naquela época, o conceito de "população" e sua centralidade para o sucesso do Estado tornou-se supremo e levou à ideia de "um membro individual da população" como um ser vivo, trabalhador e social. A nova ideia de um indivíduo autônomo conduziu a muitas novas questões políticas, incluindo direitos e responsabilidades do indivíduo e do Estado. Como um indivíduo pode ser livre se é governado pelo Estado? A relação entre o autocontrole de um indivíduo "autônomo" e o controle político passou a ser uma questão importante, assim como a possibilidade de dominação e exploração econômica.

Ao examinar esse período, Foucault revisitou sua obra sobre "corpos passivos". Em *Vigiar e punir*, ele mostrou como o corpo era visto como um alvo (para ser usado e melhorado) por aqueles que estavam no poder durante os séculos XVII e XVIII. Ele também examinou como as técnicas de vigilância desenvolvidas nos mosteiros e no exército foram usadas para controlar o corpo das pessoas, produzindo sujeitos passivos, incapazes de se revoltar.

Em sua obra inicial, Foucault afirma que a disciplina cria docilidade, mas, ao tratar da governamentalidade, começou a pensar que isso dava muita ênfase à dominação e era um argumento simplista demais. Os indivíduos, passou a dizer, têm mais oportunidades para modificar e construir a si mesmos do que ele achava anteriormente. A governamentalidade se refere às formas pelas quais as sociedades deixam de ser o centro e os cidadãos passam a desempenhar um papel ativo em sua própria autogovernança. É a relação entre o poder público e a liberdade privada que passa a ser central.

A arte de governar

Foucault alega que a governamentalidade é importante porque oferece uma relação entre o que

> Perguntemo-nos não por que certas pessoas querem dominar... mas, em vez disso como as coisas acontecem... no nível dos... processos que sujeitam nosso corpo, dirigem nossos gestos, regem nossos comportamentos.
> **Michel Foucault**

ele chama de "tecnologias do eu" (a criação do sujeito individual) e as "tecnologias de dominação" (a formação do Estado). Isso se dá, segundo Foucault, porque o "governo" não tem um significado puramente político. Desde o século XVIII até bem recentemente, o governo era um conceito amplo que incluía a liderança da família, a administração do lar, a orientação da alma, além das questões políticas convencionais. Foucault descreve essa forma abrangente de governo como a "conduta da »

Os magros regulam e disciplinam a si mesmos de acordo com padrões de peso e exigências culturais, não através de escolhas individuais.

Governando o corpo

Organizações de controle de peso, como os Vigilantes do Peso, ilustram a noção de Foucault sobre a governança do eu em linha com as ideias "normais" da época. Conforme essas organizações desenvolvem nas pessoas um senso de si mesmas e de seu valor, elas também as envolvem numa rede de poder que acaba beneficiando as grandes corporações.

Muitas feministas, como a escritora americana Kim Chernin, argumentavam que a busca do corpo perfeito coloca as mulheres sob a "tirania da magreza". Academias e dietas constituem práticas disciplinares que prometem um "eu melhorado", mas ao mesmo tempo sujeitam as mulheres às ideias patriarcais (dominadas pelos homens) sobre como as mulheres "deveriam" parecer e se comportar. Essa necessidade de se conformar aos padrões correntes de "normalidade" transforma as dietas em um imperativo moral. As feministas americanas Sandra Bartky e Susan Bordo argumentam que isso é uma indicação das formas pelas quais as mulheres se tornam, ao mesmo tempo, tanto sujeitas quanto sujeitadas.

Se quisermos analisar a genealogia do sujeito na civilização ocidental, é preciso considerar não apenas as técnicas de dominação, mas também as técnicas do eu.
Michel Foucault

O sonho ou pesadelo de uma sociedade programada... pelo 'frio monstro' do Estado é profundamente limitante como um modo de tornar inteligível a forma como somos governados.
Nikolas Rose
Sociólogo britânico (1947-)

conduta". No mundo moderno, governar é mais do que simples relações de poder de cima para baixo, diz Foucault; trata-se de uma rede de várias camadas. Se antes o governo se baseava na violência — ou na ameaça de violência —, agora isso é apenas um elemento de controle. Outros sistemas que hoje dominam as atuais formas de governo são as estratégias coercitivas e aquelas que estruturam e moldam as formas possíveis de ação que um indivíduo possa tomar. Governar pelo medo e pela violência é muito menos efetivo que empregar formas mais sutis de controle, como definir escolhas limitadas ou usar instituições disciplinadoras, como as escolas que servem para guiar o comportamento dos indivíduos. Desse modo, o autocontrole se torna conectado ao governo político e à exploração econômica. O que parece ser uma escolha individual apenas "é" também um benefício do Estado. Assim, Foucault sugere que os modernos estados-nações e os modernos indivíduos autônomos se baseiam um no outro para sua existência.

A governamentalidade em ação

A visão de Foucault sobre a governamentalidade como o esforço de moldar e guiar as escolhas e os estilos de vida de grupos e indivíduos foi desenvolvida, posteriormente, por muitos estudiosos contemporâneos. Por exemplo, o antropólogo americano Matthew Khorman considerou a governamentalidade em sua relação com o fumo entre os médicos chineses. Seu trabalho de 2008, "Smoking among Doctors: Governmentality, Embodiment and the Diversion of Blame in Contemporary China" ("Médicos fumantes: governamentalidade e atribuição de culpa na China"), observa as formas como o hábito de fumar entre os profissionais de saúde poderia ser considerado a causa das altas taxas de tabagismo no público em geral. As campanhas de saúde pública se voltaram para esses médicos, culpando-os pelas doenças relacionadas ao fumo na China e convocando-os a governar seu próprio corpo e parar de fumar.

A visão de Foucault sobre o moderno estado-nação como um todo governamentalizado tem também os seus críticos. Ele foi, por exemplo, acusado de ser vago e inconsistente em sua definição de governamentalidade. O filósofo Derek

Os indivíduos e o Estado

O indivíduo passou a ser reconhecido como importante na política, alega Foucault, quando as ideias do direito divino dos reis e da infalibilidade da Igreja Católica foram desafiadas. A tarefa para qualquer governo então passou a ser encontrar uma forma de agir de modo conspícuo para o povo e, ao mesmo tempo, continuar a edificar sua própria força.

Dominação pela monarquia e pela Igreja (c. séculos VI-XVI).

A ascensão do indivíduo (final do século XVI-começo do XVII).

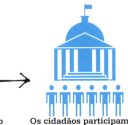

Os cidadãos participam de sua própria governança (a partir do século XVIII).

Kerr argumentou que a definição de Foucault "despreza a subjetividade social" ao aparentemente desconsiderar a escolha livre e subjetiva. Os sociólogos canadenses Danica Dupont e Frank Pearce acusam Foucault de ter uma leitura um tanto simplista e idealista da história política ocidental, vendo-a como "o crescimento de uma planta a partir de sua raiz", o que supera os obstáculos de perceber seu verdadeiro potencial (apesar de eles sempre estarem implícitos, de uma forma ou de outra).

Neoliberalismo

No entanto, a ideia de governamentalidade de Foucault continua sendo uma poderosa ferramenta conceitual com a qual se pode destrinchar e criticar o neoliberalismo. Este é a política e a economia do pós-guerra e do pós--Estado de bem-estar social do final do século XX, em que o Estado, em muitos aspectos, devolveu suas responsabilidades para com os cidadãos. Em suas palestras, Foucault discutiu o neoliberalismo em três Estados no pós-guerra: a Alemanha, a França e os EUA. Essa forma de governança tem sido descrita como o triunfo do capitalismo sobre o Estado, ou como um "anti-humanismo", devido à sua ênfase no indivíduo e na destruição dos laços comunitários. No pensamento neoliberal, o trabalhador é visto como uma empresa autônoma, e dele se exige que seja competitivo.

O neoliberalismo se baseia na noção de indivíduos responsáveis e racionais que são capazes de assumir responsabilidade por si mesmos, sua vida e seu ambiente, sobretudo através de "tecnologias normalizantes" — as metas e os procedimentos acordados numa sociedade, tão "óbvios" que são

vistos como "normais". No século XXI, eles incluem comportamentos como reciclar lixo, perder peso, vigiar coletivamente os bairros e parar de fumar.

Foucault alega que a maneira como pensamos e falamos sobre saúde, trabalho, família etc. nos encoraja a nos comportar de formas particulares. As pessoas governam a si mesmas e aos outros de acordo com o que acreditam ser verdade. Por exemplo, muitas sociedades veem o casamento monogâmico e heterossexual como o ambiente "correto" para educar filhos, e essa "verdade" é estabelecida de diversos modos, desde artefatos culturais a discursos governamentais sobre

A obra de Foucault muda permanentemente o entendimento que se tem sobre como as pessoas são governadas na sociedade moderna.
Brent Pickett
Cientista político americano

A campanha presidencial de Barak Obama em 2008 tinha apoiadores clamando "Sim, podemos!", com a ideia implícita de governo pelo povo. A tática retoma o conceito de Foucault sobre autogoverno.

valores familiares. As políticas públicas também podem ser usadas para dar peso a algumas ideias específicas, como a família, através de incentivos como benefícios fiscais.

O acadêmico britânico Nikolas Rose, com base nas principais ideias de Foucault, tem escrito bastante sobre a "morte do social" e as formas pelas quais os indivíduos no Estado neoliberal têm que governar o seu acesso a serviços públicos com pouca ou nenhuma ajuda. É através de perspectivas como essa, diz Foucault, que podemos ver as maneiras como o poder é repressivo, mesmo quando parece estar atuando no interesse do indivíduo. Foucault argumenta que o controle político — a arte de governar — é mais efetivo quando apresenta tudo o que oferece como um ato de livre escolha. Os modernos governos neoliberais talvez tenham encontrado o modo mais perigoso de governar — ao dar a impressão de que nem estão governando. ■

A RELIGIÃO NÃO É MAIS PLAUSÍVEL E PERDEU SEU SIGNIFICADO SOCIAL
BRYAN WILSON (1926-2004)

EM CONTEXTO

FOCO
Secularização

DATAS IMPORTANTES
1904-1905 Max Weber alega que existe uma forte relação entre racionalização e secularização.

1966 Os sociólogos austro-americanos Peter L. Berger e Thomas Luckmann sugerem que a perda da voz de comando da religião levou a uma crise de legitimidade.

1978 O sociólogo britânico David Martin argumenta que o alegado declínio da religião não pode ser medido em termos estatísticos.

1985 Os sociólogos americanos Rodney Stark e William Bainbridge dizem que a religião está aqui para ficar, porque as pessoas precisam do consolo do sobrenatural.

1992 As religiões tradicionais tiveram que se adaptar e ficar menos "religiosas" para sobreviver, de acordo com o sociólogo britânico Steve Bruce.

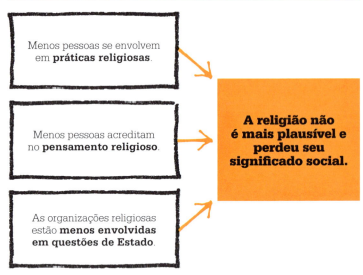

Menos pessoas se envolvem em **práticas religiosas**.

Menos pessoas acreditam no **pensamento religioso**.

As organizações religiosas estão **menos envolvidas em questões de Estado**.

A religião não é mais plausível e perdeu seu significado social.

Vilas e cidades por toda a Grã-Bretanha têm igrejas e capelas que foram transformadas em pubs, showrooms e apartamentos. O sociólogo britânico Bryan Wilson, escrevendo entre os anos 1960 e 1990, argumenta que está acontecendo um processo de secularização. Com isso ele quer dizer que a importância do sobrenatural e do sagrado vem diminuindo: a religião, sugere ele, está menos influente na vida social, nas instituições e nos indivíduos. Usando dados estatísticos sobre vários aspectos da vida religiosa, ele percebe que, de acordo com as pesquisas, menos crianças são batizadas na Igreja Anglicana, menos pessoas participam dos serviços religiosos na Páscoa, e mais pessoas dizem que não acreditam em Deus.

Wilson cita a modernidade — a industrialização, o desenvolvimento do Estado e os avanços da ciência e da

O PAPEL DAS INSTITUIÇÕES   279

Veja também: Auguste Comte 22-25 ▪ Karl Marx 28-31; 254-259 ▪ Émile Durkheim 34-37 ▪ Max Weber 38-45; 220-223 ▪ Jürgen Habermas 286-287 ▪ Michel Maffesoli 291 ▪ Michel Foucault 302-303

tecnologia que os acompanham — como colaboradora desse declínio na importância do pensamento religioso na sociedade.

Inicialmente, sugere ele, a religião não foi derrotada por completo no mundo moderno, passando a competir com outras possibilidades de verdade. Mas, no fim das contas, a ciência se tornou um adversário muito formidável. Tem havido uma consequente separação entre Estado e Igreja em esferas distintas, em contraste com sua proximidade na Idade Média. E o papel da religião nas escolas é negligenciável, assim como no local de trabalho, onde os princípios da organização deixam pouco espaço para os mitos religiosos.

Deus está morto?

Wilson, assim como Karl Marx, acredita que o mundo religioso, como o cristianismo e o judaísmo, desempenha um papel de manter o *statu quo* ao socializar novas gerações para que aceitem as divisões sociais. Mas, com a modernidade, a religião perdeu sua autoridade de instruir as pessoas sobre em que acreditar e como se comportar. Ele diz que as igrejas estão cientes de sua posição marginal e têm que se adaptar aos novos valores morais. Conforme as velhas ordens sucumbem, as pessoas precisam de novas garantias.

A fragmentação social trouxe consigo o pluralismo cultural: crenças alternativas competem por popularidade, e as religiões se tornaram mais privadas. Nesse sentido, para Wilson, a secularização está ligada a um declínio na comunidade. Em vez de serem indicativos da longevidade da religião, ele vê os novos movimentos religiosos, como a cientologia, como "anticulturais": simbolizam a desestruturação da sociedade e não contribuem para a manutenção da ordem e do controle social. Eles são incapazes de canalizar sua expressão religiosa numa forma que possa ter repercussões significativas na sociedade moderna.

Muitos pensadores importantes do século XIX, como Marx, Durkheim e Comte, acreditavam que a religião perderia sua importância com o advento da industrialização. Mas, nos últimos anos, a despeito de ter vários apoiadores, incluindo o sociólogo britânico Steve Bruce, a ideia de secularização tem recebido duras críticas. O jornalista britânico Michael Prowse, por exemplo, diz que essa noção está fora de moda e que há evidência da contínua vitalidade da religião. A popularidade das igrejas nos EUA e o crescimento de religiões não cristãs na Grã-Bretanha, em especial o islamismo, certamente endossam sua visão. ∎

A Igreja da Unificação é um dos diversos e novos movimentos religiosos que, de acordo com Wilson, apontam para a fragmentação e a secularização no mundo moderno.

[O] conteúdo da mensagem que as igrejas buscam promover e as atitudes e valores que tentam encorajar não mais dão forma a grande parte da nossa vida nacional.
Bryan Wilson

Bryan Wilson

Bryan Ronald Wilson nasceu em Leeds, Inglaterra, em 1926. Terminou seu doutorado na London School of Economics e passou a lecionar na Universidade de Leeds, onde trabalhou por sete anos. Em seguida, mudou-se para a Universidade de Oxford, onde ficou por trinta anos, até sua aposentadoria, em 1993. Wilson foi presidente da International Society for the Sociology of Religion de 1971 a 1975. Apesar de ser agnóstico, se interessou a vida toda por novos movimentos e seitas religiosos e foi um ferrenho defensor da liberdade de pensamento religioso. Além de seu fascínio pela religião, escreveu muito sobre a cultura jovem e a educação. Wilson sofreu do mal de Parkinson por muitos anos. Morreu em 2004, aos 78 anos.

Principais obras

1966 *Religion in Secular Society*
1973 *Magic and the Millennium*
1990 *The Social Dimensions of Sectarianism*

NOSSA IDENTIDADE E COMPORTAMENTO SÃO DETERMINADOS PELA FORMA COMO SOMOS DESCRITOS E CLASSIFICADOS

HOWARD S. BECKER (1928-)

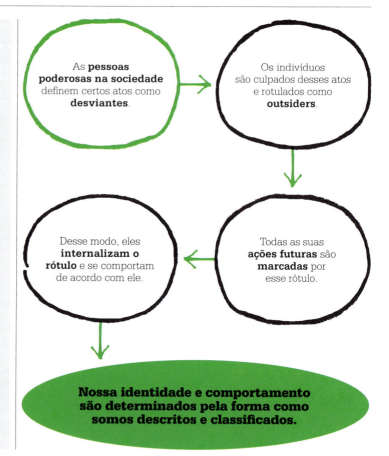

EM CONTEXTO

FOCO
Teoria do rótulo

DATAS IMPORTANTES
1938 O historiador austro-americano Frank Tannenbaum argumenta que o comportamento criminoso é resultado do conflito entre um grupo e a comunidade como um todo.

1951 Em *Social Pathology*, o sociólogo americano Edwin Lemert apresenta a ideia de desvio primário e secundário.

1969 As autoridades criam identidades desviantes, diz o sociólogo americano David Matza em *Becoming Deviant*.

1976 O sociólogo americano Aaron Cicourel sugere que a polícia opera com um estereótipo de que o desviante é um jovem da classe trabalhadora. Tais jovens são, portanto, muito mais propensos a ser sentenciados que os da classe média que cometem crimes.

Apesar de muitas pessoas na sociedade infringirem a lei — por exemplo, ao ultrapassar o limite de velocidade ou roubar material de escritório do trabalho —, somente algumas poucas são consideradas verdadeiras criminosas. A teoria do rótulo, que surgiu da falta de confiança no poder dos governos no pós-guerra na Grã-Bretanha e nos EUA, nos anos 1960 e 1970, analisa por que isso acontece.

Os proponentes da teoria do rótulo argumentam que os criminalistas antes tendiam a conceitualizar os criminosos como tipos de pessoa, perguntando-se por que alguns indivíduos em especial, ou grupos de indivíduos, cometem crimes. Em contraste, a teoria do rótulo questiona por que alguns atos são considerados desviantes e quem tem o poder de rotular o comportamento de algumas pessoas como desviante. Ela também examina o impacto de tal rótulo na sociedade e no indivíduo.

Consideremos este exemplo. Se um grupo de jovens de classe média fica bêbado e causa confusão numa noite de farra no centro da cidade, as autoridades provavelmente atribuirão esse comportamento a um excesso juvenil. Mas, se uma perturbação parecida fosse cometida por jovens da classe trabalhadora, é bem mais provável que fossem rotulados como vândalos ou criminosos.

De acordo com a teoria do rótulo, isso acontece porque os que criam as regras, como juízes e políticos, tendem a ser da classe média ou alta e tratam as infrações dos seus semelhantes de forma mais leniente que os desvios da classe trabalhadora. Nosso conceito de desvio vem, argumentam esses teóricos, não tanto do que as pessoas fazem, mas de como os outros respondem a isso — rotular é um ato político. Essa escola de pensamento

O PAPEL DAS INSTITUIÇÕES

Veja também: Émile Durkheim 34-37 ▪ Ferdinand Tönnies 32-33 ▪ Edward Said 80-81 ▪ Elijah Anderson 82-83 ▪ G. H. Mead 176-177 ▪ Erving Goffman 190-195 ▪ Samuel Bowles e Herbert Gintis 288-289 ▪ Stanley Cohen 290

O comportamento desviante é aquele que as pessoas rotulam como desviante.
Howard S. Becker

— que tem ligações com a obra de Émile Durkheim, G. H. Mead e a Escola de Chicago nos EUA — está particularmente associada à obra dos sociólogos americanos Howard S. Becker e Edwin Lemert.

Tipos de desvio

Lemert faz uma distinção entre a ideia de desvio "primário" e "secundário". De acordo com ele, o desvio primário ocorre quando um crime ou outro ato é cometido mas não é oficialmente rotulado como desviante, seja porque ninguém o percebeu, seja porque quem o fez foi considerado como agindo fora de si. De qualquer modo, isso não fixa o rótulo de "desviante" no indivíduo. O desvio secundário é o efeito que a reação da sociedade tem sobre o indivíduo. Se alguém comete um crime e é pego e rotulado como um criminoso ou um desviante, talvez essa pessoa possa mudar seu comportamento no futuro para condizer com esse rótulo.

Em *Outsiders* (1963), Becker desenvolveu várias ideias de Lemert e lançou as bases daquilo que passou a ser conhecido como a teoria do rótulo. Ele argumentava que não existe algo como um ato desviante: o modo como respondemos a um ato depende da possibilidade de uma forma específica de comportamento ter sido sancionada numa dada sociedade. Por exemplo, "terroristas" são acusados de assassinato, mas o exército pode legalmente matar terroristas. Nos países ocidentais, até os anos 1990, um marido que forçasse a mulher a fazer sexo não seria acusado de estupro de acordo com a lei. Becker alega que não é o ato em si que é desviante. A resposta da sociedade define-o como tal, e, mais importante ainda, as respostas dos poderosos determinam como a sociedade deve ver tais comportamentos. Só aqueles que têm poder podem fazer com que um rótulo seja aceito. Instituições como a justiça penal podem garantir que o rótulo de desviante acompanhe um indivíduo. Em vez de ser universal, o desvio é relativo — ele depende de quem o comete e de quais são as respostas a ele.

Empreendedores morais

Cunhando um rótulo que provou ser extremamente útil nas ciências sociais, Becker identifica os »

Um grupo de estudantes universitários que atacam um restaurante sob o efeito de álcool pode ser acusado de farra estudantil, ao passo que um grupo de jovens da classe trabalhadora mostrando o mesmo comportamento pode ser rotulado de delinquente.

O filme *A porta da loucura* (1936) é uma propaganda mal disfarçada que traça a queda de um respeitável casal do ensino médio que é corrompido pelo uso da maconha.

"empreendedores morais" como as pessoas na sociedade que têm o poder de rotular outras. Eles se atribuem a tarefa de persuadir outros a ver o mundo de um modo que se encaixa em suas próprias crenças morais. Podem ser de dois tipos: os criadores de regras e os executores de regras. A posição e a identidade dos empreendedores morais variam de sociedade para sociedade, mas são sempre pessoas em posição de relativo poder, que o usam para fazer sua vontade, quer seja ao impô-la aos outros, quer seja na sua negociação com eles.

Becker ilustrou as ações dos empreendedores morais através do estudo de caso de uma campanha publicitária feita pelo Federal Bureau of Investigation (FBI) nos EUA em 1937. A meta era banir o uso recreativo da maconha. O desgosto dos empreendedores morais pela demonstração pública de desfrute ou êxtase, junto com uma preocupação protestante com a respeitabilidade e o autocontrole, levou a um esforço pela mudança na lei. O FBI, de acordo com Becker, usou vários meios para alcançar seus objetivos. Valeu-se de propaganda, como no filme *A porta da loucura*, além de debates públicos e lobby político.

"Carreiras" desviantes

Becker estava particularmente interessado nos indivíduos que internalizavam o rótulo de desvio, tornando-o sua característica definidora, e seguiam adiante adotando um estilo de vida em que o desvio era uma característica central. Ele estudou os usuários de maconha, para investigar como passaram por vários estágios de uma "carreira" de desvios, e percebeu que os fumantes estreantes na maconha tinham que aprender como reconhecer e depois desfrutar os efeitos da droga. Sem esse processo de aprendizagem, dizia ele, usar a droga poderia não trazer prazer ou aparentemente não ter nenhum efeito. O aprendizado era crucial para o significado do ato de desvio — as pessoas só aprendiam com disposição aquilo que lhes fazia sentido —, e os indivíduos só viravam "maconheiros" maduros quando aprendiam a esconder o hábito do mundo "careta" ou "quadrado". Se o fumante fosse pego e acusado ou preso, seu status desviante provavelmente seria confirmado. Becker pensou que seguir uma carreira desviante tinha suas recompensas, se bem que não viviam da sociedade em geral. Na verdade, elas viriam da sensação de pertencer a um grupo, que seria unido por sua oposição ao mundo como um todo.

Os críticos da rotulagem

Apesar de sua influência e contínua popularidade, surgiram várias críticas à teoria do rótulo. O sociólogo britânico Jock Young, por exemplo, aponta para

O processo para se fazer um criminoso… é um processo de rotular, definir, identificar, segregar.
Frank Tannenbaum
Historiador austro-americano
(1893-1969)

Quem infringe a lei talvez pense que seus juízes são outsiders.
Howard S. Becker

O PAPEL DAS INSTITUIÇÕES

Os grupos sociais criam desvios ao estabelecer regras cuja infração constitui um desvio.
Howard S. Becker

o fato de que boa parte da teoria do rótulo foca os desvios menores em vez dos crimes "mais sérios", logo ignora o fato de alguns crimes, como o assassinato, serem quase universalmente condenados e não estarem sujeitos a percepções alternativas de desvio. Alvin Gouldner,

Num estudo sobre músicos de jazz, Becker propôs que seu estilo de vida "desviante" os separa da sociedade, o que fez com que desenvolvessem valores que reforçavam tal desvio.

um sociólogo americano, reclamou que os desviantes de Becker passivamente aceitavam os rótulos forçados sobre eles, em vez de reagir. Gouldner desafia a teoria de Becker ao dizer que as pessoas com frequência lutam em defesa própria: o livre-arbítrio é bem mais forte do que a obra de Becker implica.

Acadêmicos como Becker também têm sido acusados de romantizar o inferior. Em resposta, Becker declarou que "a sentimentalidade não convencional… é o menor dos males". Mas a obra de Becker nos força a fazer perguntas fundamentais a respeito das relações de poder e justiça na sociedade e tem sido importante para vários teóricos que focam o desvio. O sociólogo americano David Matza, por exemplo, desenvolveu várias das ideias de Becker, argumentando que o que se torna crime é o resultado das decisões e ações tomadas por governos e agentes do Estado. De acordo com esse processo, tanto os criminosos quanto seus atos são vistos como anormais, ainda que, na perspectiva do desviante, o desvio seja um comportamento absolutamente normal. ■

Howard S. Becker

Nascido em Chicago, EUA, em 1928, o sociólogo Howard Saul Becker se envolveu com o mundo da música ainda na tenra idade. Aos quinze anos, já trabalhava como pianista semiprofissional em bares e clubes e foi exposto regularmente à cultura das drogas, que, mais tarde, tornou-se tema de seus estudos. Depois de cursar sociologia na Universidade de Chicago, a maior parte de sua carreira acadêmica aconteceu na Northwestern University. Becker recebeu vários prêmios durante sua vida acadêmica, incluindo o Award for a Career of Distinguished Scholarship da Associação Sociológica Americana, em 1998. Becker é conhecido por sua generosidade acadêmica — apesar de aposentado, continua a ajudar alunos de doutorado em seu trabalho e os auxilia a publicar suas teses. A música — e o jazz em especial — permanece para ele um assunto de interesse pessoal, sobre o qual ainda pesquisa.

Principais obras

1963 *Outsiders: estudos de sociologia do desvio*
1982 *Art Worlds*
1998 *Tricks of the Trade*

CRISES ECONÔMICAS SE TRANSFORMAM IMEDIATAMENTE EM CRISES SOCIAIS
JÜRGEN HABERMAS (1929-)

EM CONTEXTO

FOCO
Crise de legitimação

DATAS IMPORTANTES
1867 Em *O capital*, Karl Marx sugere que o capitalismo é propenso a crises econômicas.

1929 O crash da bolsa de valores em Wall Street, Nova York, EUA, leva a uma depressão de dez anos que afeta todas as economias ocidentais.

1950-1960 Talcott Parsons discute a legitimação e a ordem social, alegando que através da socialização as pessoas adquirem valores que as levam a se conformar às normas sociais.

2007 A recessão econômica global resulta numa guinada, por toda a Europa, para a direita política.

2009 O sociólogo chileno Rodrigo Cordero Vega argumenta que, diferentemente de Habermas, Marx continua relevante na sociedade contemporânea.

As sociedades de capitalismo tardio experimentam **crises econômicas** periódicas.

↓

As **políticas** para lidar com elas podem parecer **injustas** para a maioria dos eleitores.

↓

Quando isso acontece, os cidadãos **questionam a autoridade** do governo.

↓

Manifestações e protestos ameaçam a legitimidade do Estado.

↓

Crises econômicas se transformam imediatamente em crises sociais.

Karl Marx argumentava que as sociedades capitalistas estão propensas a crises econômicas que piorarão com o tempo, culminando numa revolução dos trabalhadores. Mas por que, quando uma sociedade vive uma crise assim, quase sempre acontece uma mudança um tanto diferente no clima político?

Essa foi a questão proposta pelo sociólogo alemão Jürgen Habermas no começo dos anos 1970. Ele ficou intrigado com a relação entre capitalismo e crises, tendo visto o sistema sobreviver a uma série de eventos extraordinários, como o crash de Wall Street em 1929, nos EUA, a subsequente Grande Depressão, a ascensão e a queda dos movimentos fascistas na Europa, a Segunda Guerra Mundial e a Guerra Fria.

Habermas sugere que as teorias marxistas tradicionais sobre as tendências a crises não se aplicam às sociedades ocidentais de capitalismo tardio. Isso se dá porque essas sociedades se tornaram mais democráticas e mudaram significativamente graças às políticas de bem-estar social, como a garantia gratuita de atendimento à saúde, que compensam as desigualdades sociais. Além disso, diz ele, as identidades sociais se fragmentaram, e há evidência

Veja também: Adam Ferguson 21 ▪ Karl Marx 28-31 ▪ Herbert Marcuse 182-187 ▪ Daniel Bell 224-225 ▪ Michel Foucault 270-277 ▪ Stanley Cohen 290

de uma crescente individualização e menos conflitos baseados em classes.

Crise de legitimação

Apesar da continuação dos ciclos econômicos de prosperidade e recessão, as medidas políticas adotadas pelos estados-nações os capacitaram a evitar crises maiores. Diferentemente das primeiras sociedades capitalistas, sob o capitalismo tardio regulado pelo Estado a arena primária das crises mudou para as esferas culturais e políticas.

A crise da sociedade ocidental moderna é, de acordo com Habermas, uma crise de legitimação. A legitimação se transformou numa preocupação central porque o Estado, como gestor da economia de "livre mercado", tem que simultaneamente resolver os problemas econômicos, garantir a democracia e agradar os eleitores. Se o público acha que as políticas governamentais são injustas, ele tira seu apoio do governo. O Estado, portanto, tem a difícil tarefa de equilibrar a busca por capital com a manutenção do apoio das massas. Em outras palavras, as políticas estatais devem favorecer os negócios e os donos de propriedades, ao mesmo tempo que parecem representar os interesses de todos. Isso quer dizer que existem condições para que as instituições governamentais sofram uma perda de legitimidade em grande escala.

Se os cidadãos sentirem que o governo é justo e benevolente, eles lhe darão apoio. Se, no entanto, sentirem que as políticas não satisfazem seus interesses, as pessoas responderão com apatia política ou até mesmo com descontentamento e protestos em larga escala. Havendo uma ameaça ao *statu quo*, um governo pode tentar apaziguar seus cidadãos com medidas de bem-estar social de vida curta.

Habermas diz que o capitalismo democrático é um "projeto inacabado", o que implica que o sistema social pode ser melhorado ainda mais. As ações dos governos ocidentais desde o começo da crise financeira global em 2007 expuseram muitas tensões sociais entre uns poucos interesses do capital, o interesse público, a democracia de massa e a necessidade de garantir legitimidade institucional. ■

Tropas de choque da polícia em Atenas, Grécia, em 2011, confrontam manifestantes que alegam que as medidas de austeridade do governo para lidar com a dívida soberana favorecem poucos à custa de muitos.

Jürgen Habermas

Nascido em Düsseldorf, Alemanha, em 1929, o despertar político de Jürgen Habermas se deu na adolescência quando, como membro da Juventude Hitlerista, testemunhou o desfecho da Segunda Guerra Mundial e o Holocausto — eventos que moldaram grande parte de sua obra.

Habermas é um dos principais pensadores sociais contemporâneos no mundo. Muitos de seus escritos se ocupam da comunicação do conhecimento e da mudança na natureza das esferas públicas e privadas. Nasceu com uma fissura labiopalatal que afetou sua fala e, por vezes, o deixou socialmente isolado em sua juventude. A experiência influenciou sua obra sobre a comunicação.

Estudou sociologia e filosofia em Frankfurt no Instituto para Pesquisa Social sob a orientação de Max Horkheimer e Theodor Adorno, que ajudaram a criar a teoria crítica. No final dos anos 1960, tornou-se diretor do instituto.

Principais obras

1968 *Conhecimento e interesse*
1973 *A crise de legitimação*
1981 *Theorie des kommunikativen Handelns*

A ESCOLA É ALGO QUE FOI FEITO PARA OS POBRES
SAMUEL BOWLES (1939-) E HERBERT GINTIS (1940-)

EM CONTEXTO

FOCO
O currículo oculto

DATAS IMPORTANTES
1968 Em *Life in the Classrooms*, o sociólogo americano Philip W. Jackson alega que as crianças são socializadas na sala de aula através de um "currículo oculto".

1973 De acordo com Pierre Bourdieu, a reprodução do "capital cultural" (a habilidade de reconhecer referências culturais, saber como agir adequadamente em diversas situações sociais etc.) explica o sucesso da classe média.

1978 Os estudos britânicos de Kathleen Clarricoates indicam que a desigualdade de gênero, em desvantagem para as meninas, forma parte de um currículo implícito.

1983 Henry Giroux, crítico cultural americano, sugere que os currículos ocultos são plurais, agindo em conjunto com o gênero e a etnia, bem como em relação às classes sociais.

As escolas preparam os pobres para que **ajam bem e sem reclamar** na estrutura hierárquica do moderno local de trabalho.

As escolas para os pobres são abertas como parte de um programa popular de **educação gratuita** para alcançar **igualdade social**.

A escola é algo que foi feito para os pobres.

As escolas existem para preparar as crianças para a fase adulta e a sociedade, mas nos anos 1960 o consenso positivo a respeito desse fato começou a se fragmentar. No final daquela década, o termo "currículo oculto" foi cunhado por Philip W. Jackson, que alegava existirem elementos de socialização nas escolas que não são parte do currículo educacional formal. Apesar de Émile Durkheim ter observado essa transmissão de valores décadas antes, agora ela passava a ter uma interpretação menos favorável, e desde então várias abordagens sociológicas foram desenvolvidas.

A perspectiva mais radical veio dos economistas americanos Samuel Bowles e Herbet Gintis, que em *Schooling in Capitalist America* (1976) argumentam que a educação não é uma esfera neutra, mas um lugar onde as necessidades do capitalismo são reproduzidas ao criar, implicitamente, atitudes entre os jovens que os preparam para o trabalho que os alienará em sua vida futura.

O PAPEL DAS INSTITUIÇÕES

Veja também: Émile Durkheim 34-37 ▪ Pierre Bourdieu 76-79 ▪ Erving Goffman 264-269 ▪ Paul Willis 292-293 ▪ Talcott Parsons 300-301

De acordo com Bowles e Gintis, as escolas existem para reproduzir desigualdades sociais. Portanto, a melhor previsão para o futuro de uma criança é o status econômico de seus pais, em vez de seu desempenho acadêmico ou inteligência. Apesar de o currículo explícito tratar de igualdade e oportunidade, o principal papel da educação não é ensinar as habilidades necessárias ao mundo do trabalho, mas instilar nas crianças o "currículo oculto".

As crianças da classe trabalhadora são ensinadas sobre o seu lugar na sociedade e aprendem que qualidades como trabalho duro, respeito, pontualidade e obediência são valorizadas. Esses traços são recompensados, enquanto a criatividade e o pensamento independente não são valorizados. Isso mantém o *statu quo*, que precisa de empregados trabalhadores e não críticos.

Bowles e Gintis alegam que as escolas do começo do século XIX nos EUA serviam para assimilar os imigrantes à ética de trabalho "americana". Decisivamente, existe uma "correspondência" entre as relações sociais hierárquicas no sistema educacional e aquelas encontradas no sistema econômico. A natureza do trabalho também tem suas similaridades: os alunos têm pouco controle sobre o que estudam e não estudam pelo valor inerente do conhecimento. Assim como os trabalhadores, eles são "alienados". As escolas ensinam às crianças que as desigualdades sociais são justas e inevitáveis, logo a educação pode ser vista como forma de controle social.

A classe importa

Na França, Pierre Bourdieu adotou uma visão diferente e sugeriu que se consegue um currículo oculto através da reprodução cultural do conhecimento. A classe dominante é capaz de definir sua cultura e

> A estrutura das relações sociais na educação... faz com que os alunos se acostumem com a disciplina no local de trabalho.
> **Samuel Bowles e Herbert Gintis**

seus valores como superiores, e isso molda o que é ensinado, logo as pessoas aprendem a respeitar as coisas entendidas como da classe alta e zombam das que são consideradas da classe trabalhadora. Por exemplo, pode-se ensinar às crianças da classe trabalhadora que a música clássica é superior à popular e que é muito difícil para elas a entenderem, enquanto as crianças da classe média são ensinadas a apreciá-la. De forma parecida, às crianças da classe média são ensinadas as qualidades que as capacitarão para ser líderes. Assim, as crianças da classe baixa enfrentam um preconceito recorrente nesse sistema.

Muitos sociólogos, como a acadêmica britânica Diane Reay, afirmam que as escolas não se tornaram veículos para a oportunidade econômica. A obra de Bowles e Gintis ainda tem muita ressonância, porque houve pouco progresso para as classes trabalhadoras no último século. Os pobres têm, simplesmente, uma educação melhor que no passado. Por toda a sociedade ocidental, a renda "real" dos mais pobres tem diminuído, a desigualdade tem aumentado, e é comum encontrar pessoas com curso superior ganhando salários baixos. ■

Samuel Bowles e Herbert Gintis

Tanto Samuel Bowles, nascido em New Have, Connecticut, quanto Herbert Gintis, nascido na Filadélfia, Pensilvânia, fizeram doutorado na Universidade Harvard e têm trabalhado bastante juntos desde então. Foram convidados pelo líder de direitos civis americano Martin Luther King para escrever artigos sobre a educação como apoio à Marcha dos Pobres, em 1968. Muito de sua obra, descrita como marxista, argumenta que diversas instituições sociais, como as escolas, são caracterizadas pelo exercício disciplinador do poder.

Foram ambos contratados em 1973 para trabalhar na Universidade de Massachusetts. Gintis ainda trabalha lá, mas Bowles saiu em 2001 para ir para o Santa Fe Institute como professor pesquisador e diretor de ciências do comportamento, sendo também professor de economia na Universidade de Siena. Sua colaboração recente tem focado a evolução cultural e genética, questionando por que grandes grupos de indivíduos sem relação entre si se juntam para cooperar.

Principais obras

1976 *Schooling in Capitalist America: Educational Reform and the Contradictions of Economic Life*
1986 *Democracy and Capitalism: Property, Community, and the Contradictions of Modern Social Thought*
2005 *Unequal Chances: Family Background and Economic Success* (orgs.)

AS SOCIEDADES ESTÃO SUJEITAS, DE VEZ EM QUANDO, A PERÍODOS DE PÂNICO MORAL
STANLEY COHEN (1942-2013)

EM CONTEXTO

FOCO
Pânicos morais

DATAS IMPORTANTES

1963 *Outsiders: estudos de sociologia do desvio*, trabalho de Howard S. Becker sobre o rótulo, lança os fundamentos da teoria do pânico moral ao discutir como o comportamento das pessoas pode entrar em conflito com as normas da sociedade.

1964 O exagero, pela mídia, da disputa entre as subculturas jovens "mods" e "rockers" no Reino Unido dispara um pânico moral.

1971 Em *Drug Takers: The Social Meaning of Drug Use*, o acadêmico escocês Jock Young, amigo de Stanley Cohen, discute a ideia de pânico moral em relação ao sentido social do uso de drogas.

1994 O sociólogo americano Erich Goode e o acadêmico israelense Nachman Ben-Yehuda desenvolvem a ideia de Cohen em seu livro *Moral Panics: The Social Construction of Deviance*.

O conceito sociológico de "pânico moral" é tão importante que tem sido usado amplamente por jornalistas e políticos. A ideia surgiu nos anos 1970, em parte por causa do livro do sociólogo sul-africano Stanley Cohen *Folk Devils and Moral Panics* (1972), inspirado pelos conflitos agravados pela mídia no Reino Unido em 1964 entre os grupos jovens chamados mods e rockers.

Cohen examina como os grupos e os indivíduos são identificados como uma ameaça aos valores sociais dominantes e como a mídia desempenha um papel central em amplificar isso, apresentando-os em termos negativos e estereotipados, criando, assim, um pânico nacional. A mídia é uma instituição influente que com frequência reflete os valores dos poderosos e representa problemas de uma forma que o público tende a concordar com os "especialistas" (os políticos e a polícia, por exemplo) sobre como lidar melhor com a questão.

Os que são vistos como culpados se tornam bodes expiatórios ou, como os chama Cohen, "diabos folclóricos", por problemas que geralmente são do Estado. Os pânicos morais refletem ansiedades profundas e ocultas. A atenção da mídia pode criar uma "profecia autorrealizável" ao encorajar os comportamentos que ela reporta. Os pânicos morais podem ter vida curta e morrer, caso se veja que estão resolvidos, ou podem fazer parte de um pânico mais duradouro e maior.

O conceito de pânicos morais continua a ser usado por acadêmicos como a socióloga britânica Angela McRobbie, para descrever o papel que a mídia desempenha ao criar atos desviantes e justificar um controle social maior sobre grupos marginalizados. ■

Os ataques do Onze de Setembro em Nova York espalharam pânicos morais sobre o "terrorismo", levando a uma disseminada islamofobia — preconceito contra os muçulmanos ou aqueles que parecem muçulmanos.

Veja também: Harold Garfinkel 50-51 ▪ Edward Said 80-81 ▪ Herbert Marcuse 182-187 ▪ Stuart Hall 200-201 ▪ Howard S. Becker 280-285

O PAPEL DAS INSTITUIÇÕES 291

O TEMPO DAS TRIBOS
MICHEL MAFFESOLI (1944-)

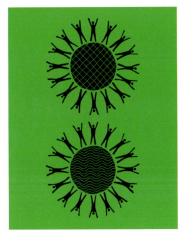

EM CONTEXTO

FOCO
Neotribalismo

DATAS IMPORTANTES
1887 Ferdinand Tönnies identifica uma importante mudança nos laços sociais da *Gemeinschaft* (comunidade) para a *Gesellschaft* (sociedade).

1970-1980 A partir da obra do sociólogo americano Robert K. Merton, teóricos subculturais argumentam que os jovens criam laços com base em classe e gênero.

1988 É publicado o livro do sociólogo francês Michel Maffesoli, *O tempo das tribos: o declínio do individualismo nas sociedades de massa*.

1998 O sociólogo britânico Kevin Hetherington expande o conceito de Maffesoli e argumenta que as novas tribos, uma reação à fragmentação da sociedade pós-moderna, são comunidades de sentimentos.

Vivemos no "tempo das tribos", segundo o sociólogo francês Michel Maffesoli. Num mundo de rápidas mudanças, caracterizado pelo risco e pela imprevisibilidade, os indivíduos precisam de novas formas para encontrar sentido em sua vida. Novos coletivos, ou tribos, surgiram, diz Maffesoli: eles são dinâmicos, transitórios e "dionisíacos" (conforme o deus grego Dionísio: sensual, espontâneo). Uma experiência social compartilhada, ou sensibilidade estética coletiva, é muito mais importante para as tribos que a individualidade, e a repetição de rituais compartilhados é a forma de forjar uma forte solidariedade de grupo.

O movimento das raves dos anos 1980 e começo dos 1990, com "raves" (festas com música rítmica e um estilo específico de dança), foi caracterizado menos por uma identidade comum e mais por uma consciência compartilhada (o amor pela música e pela dança rave). Não tão fixo como as subculturas baseadas em classe, como os punks, o movimento exemplifica as formas tribais de solidariedade descritas por Maffesoli. Diferentemente dos laços e instituições tradicionais, essas novas formas de pertencimento e comunidade são produzidas ativamente, em vez serem algo que vem de berço.

Maffesoli vê as tribos modernas com vida curta, flexíveis e fluidas, em vez de fixas, de modo que as pessoas podem se mover entre diferentes grupos na vida cotidiana e alcançar uma existência plural satisfatória. Pertencer a uma tribo, diz Maffesoli, deve ser fruto de esforço e exige uma crença ou uma consciência compartilhada para manter sua coerência. ■

A metáfora da tribo… nos permite explicar… o *papel* que… cada pessoa é chamada… a desempenhar dentro da tribo.
Michel Maffesoli

Veja também: Ferdinand Tönnies 32-33 ▪ Pierre Bourdieu 76-79 ▪ Zygmunt Bauman 136-143 ▪ Benedict Anderson 202-203

COMO AS CRIANÇAS DA CLASSE TRABALHADORA CONSEGUEM EMPREGOS DE CLASSE TRABALHADORA
PAUL WILLIS (1950-)

EM CONTEXTO

FOCO
Reprodução cultural e educação

DATAS IMPORTANTES
1971 Uma relevante pesquisa feita pelo sociólogo britânico Basil Bernstein sugere que as crianças da classe trabalhadora têm desvantagens no sistema educacional.

1976 Os acadêmicos americanos Samuel Bowles e Herbert Gintis defendem que as escolas são instituições que ensinam às pessoas seu lugar na sociedade.

1979 O livro do jornalista britânico Paul Corrigan *Schooling the Smash Street Kids* argumenta que os meninos da classe trabalhadora rejeitam o entendimento de sucesso através do trabalho árduo.

1994 Um estudo do sociólogo britânico Máirtín Mac an Ghaill, *The Making of Men*, reflete sobre as descobertas de Paul Willis, mostrando como os "machões" reagem contra a escola.

A cultura da classe trabalhadora contra as escolas **rejeita os valores da classe média**.

↓

O **conhecimento acadêmico** formal é ridicularizado como sendo **feminino**.

Os **empregos práticos** são vistos como sendo **masculinos**.

↓

Essas crenças são úteis no **chão de fábrica** e nos **trabalhos de baixa remuneração**.

↓

As crianças da classe trabalhadora conseguem empregos de classe trabalhadora.

Existe um argumento recorrente de que a sociedade é meritocrática: as pessoas podem alcançar o nível de suas habilidades. Mas Paul Willis, em seu estudo sobre os jovens da classe trabalhadora numa cidade industrial da Inglaterra nos anos 1970, pergunta por que, então, os jovens da classe trabalhadora acabam em empregos de classe trabalhadora. Seguindo doze meninos, ou "caras", como se refere a eles, nos seus dois últimos anos de escola e no primeiro ano de emprego, Willis observa que são a cultura e os valores que cercam esses jovens que definem suas escolhas de vida. Eles desenvolvem uma contracultura que resiste à filosofia da escola, a de

O PAPEL DAS INSTITUIÇÕES

Veja também: Michel Foucault 52-55 ▪ Friedrich Engels 66-67 ▪ Pierre Bourdieu 76-79 ▪ R. W. Connell 88-89 ▪ Stuart Hall 200-201 ▪ Samuel Bowles e Herbert Gintis 288-289

que o esforço acadêmico levará ao progresso. Através de linguagem, roupas e práticas como fumar e beber, deixam clara sua rejeição aos ideais da classe média e enfatizam, por outro lado, sua crença em habilidades práticas e experiência de vida, desenvolvendo o que Willis vê como "uma atitude chauvinista e patriarcal".

Abaixo a escola

Os meninos veem o conhecimento acadêmico como "feminino", e os colegas que querem chegar lá — os conformistas —, como "mulherzinhas" e inferiores. O trabalho de fábrica e outros similares são vistos, diz Willis, como mais adequados aos homens. Muitos dos meninos trabalham meio período, por exemplo, como repositores ou chaveiros, e aprendem os valores da cultura ligada a tais empregos.

Suas atitudes em relação às meninas são exploradoras e hipócritas (as garotas "sexy" são desejadas, mas também tratadas com desdém) e baseadas, alega Willis, numa crença na divisão do trabalho por gênero. Outro aspecto desafiador de sua cultura é o racismo, que serve para distinguir sua identidade de grupo de classe trabalhadora branca. A cultura de fábricas ou oficinas espelha a experiência desses meninos na escola — em ambos os lugares há uma ênfase no riso ou na resistência a ter que trabalhar muito.

Forragem de fábrica?

Willis argumenta que, na verdade, o fato de os meninos terem uma "performance" de masculinidade de classe trabalhadora apoia tanto o patriarcado — sobretudo segundo uma abordagem marxista — quanto o capitalismo, ao oferecer uma força de trabalho masculina de baixa remuneração. Os caras, no entanto, veem seu emprego como uma questão de livre escolha em vez de uma exploração.

Willis diz que isso não é apenas um exemplo da "falsa consciência" de Friedrich Engels, segundo a qual a ideologia dominante é imposta de cima. Em vez disso, ideias de classe, gênero e etnia também surgem de sua cultura: eles têm consciência de que teriam sacrificar sua identidade de classe para subir a pirâmide social. Os professores quase sempre têm poucas expectativas em relação aos meninos, o que os leva gradualmente a abandonar a ideia de ensiná-los. As escolas, assim, desempenham um papel crucial na reprodução de valores culturais, divisões econômicas e trajetórias da classe trabalhadora.

Novas questões

A obra de Willis tem sido criticada, por exemplo, pelos sociólogos britânicos David Blackledge e Barry Hunt, por estar baseada em uma amostra insuficiente. Mas, nos anos 1990, a socióloga britânica Inge Bates reutilizou a pergunta de Willis para se questionar por que as garotas da classe trabalhadora acabam em empregos de classe trabalhadora ou em empregos que cumprem estereótipos de gênero. Um de seus estudos mostrou que as garotas que queriam trabalhar em creches acabavam

A violenta oposição dos meninos da classe trabalhadora no Reino Unido é evidente, de acordo com Willis, em sua "luta para garantir espaços simbólicos e físicos a partir de suas regras".

sendo treinadas para cuidar de idosos. Outro estudo focava as garotas que desejavam entrar no mundo estereotipado por gênero da moda. Tais aspirações confirmam, diz Bates, que as garotas da classe trabalhadora têm horizontes limitados. Acima de tudo, Bates sugere que um mercado de trabalho limitado, pouca qualificação e socialização na "escolha" de empregos definidos por gênero implicam que existe pouca evidência de mobilidade social. ■

Paul Willis

Teórico cultural, sociólogo e etnógrafo, Paul Willis nasceu em Woverhampton, Reino Unido. Depois de se formar na Universidade de Cambridge em crítica literária, fez seu doutorado no Centre for Contemporary Cultural Studies na Universidade de Birmingham.

De 1989 a 1990, Willis foi membro do Grupo de Trabalho para Políticas Juvenis do Partido Trabalhista. Muitos dos seus recentes trabalhos têm focado os estudos etnográficos da cultura. Em 2000, ele foi cofundador do periódico *Ethnography*. Tendo lecionado etnografia social e cultural na Universidade Keele, agora é professor no departamento de sociologia da Universidade de Princeton, EUA.

Principais obras

1977 *Aprendendo a ser trabalhador: escola, resistência e reprodução social*
1978 *Profane Culture*
2000 *The Ethnographic Imagination*

FAMÍLIAS
INTIMIDA

E

DES

INTRODUÇÃO

Os estudos transculturais de Margaret Mead **desafiam os conceitos ocidentais tradicionais de papéis de gênero e sexualidade**.

1930-1940

O livro *Sociology of Housework*, de Ann Oakley, mostra como as **mulheres são alienadas pelo trabalho doméstico**.

1974

O artigo de Adrienne Rich "Heterossexualidade compulsória e existência lésbica" descreve a **opressão das mulheres** numa sociedade em que a **heterossexualidade é considerada norma**.

1980

1955

Em *Family, Socialization and Interaction Process*, Talcott Parsons argumenta que a família serve à função social de instilar **as regras culturais da sociedade nas crianças**.

1976

Michel Foucault publica o primeiro volume de *A história da sexualidade*, que examina as **relações de poder que regulam as normas sociais**.

1984

Christine Delphy investiga o **papel do capitalismo** no tratamento das mulheres como **cidadãs de segunda categoria** em *Close to Home: A Materialist Analysis of Women's Oppression*.

Por muitos anos, os sociólogos usaram métodos científicos para estudar as instituições e a estrutura da sociedade como um todo. Mas, em meados do século XX, houve uma mudança na ênfase em direção ao entendimento das ações sociais dos indivíduos — um estudo dos mecanismos causais e seus significados em vez de meras correlações estatísticas (várias delas pouco plausíveis). Isso passou a ser conhecido pelos sociólogos como "abordagem interpretativa".

A partir dos anos 1950, o escopo do método interpretativo se ampliou um pouco mais para incluir o estudo das famílias, que talvez pudessem ser vistas como uma unidade social em algum lugar entre o indivíduo e as instituições. Dessa forma, foi possível identificar não apenas as relações entre indivíduos e suas famílias, mas também as conexões entre as famílias e a sociedade em geral. Essa área de estudo progrediu para investigar as relações interpessoais e a forma como são moldadas pela sociedade.

Os papéis da família

Entre os primeiros sociólogos a examinar a família desse jeito estava o acadêmico americano Talcott Parsons, que combinou a abordagem interpretativa do teórico social alemão Max Weber com o conceito de funcionalismo. Para Parsons, a família é um dos "tijolos" da sociedade e tem uma função específica no funcionamento da sociedade como um todo. Seu papel primordial, argumentava ele, era oferecer um ambiente no qual as crianças podiam ser preparadas para os papéis que teriam de desempenhar mais tarde na sociedade, ao instilar nelas suas regras e normas sociais. Para ele, os adultos também se beneficiavam de outra função da unidade familiar: oferecer uma estrutura na qual podiam desenvolver relações estáveis.

Outros eram mais críticos das noções convencionais de família. Tradicionalmente, as famílias refletiam as normas da sociedade em geral — patriarcal em sua estrutura, com um homem provedor e uma mulher cuidadora e responsável pelos trabalhos domésticos. Mas as atitudes mudaram rapidamente depois da Segunda Guerra Mundial. A ideia de uma mãe "do lar" foi cada vez mais considerada uma forma de opressão, e sociólogas feministas como Ann Oakley e Christine Delphy descreveram a alienação que essas mulheres experimentavam.

Os papéis de gênero na família e, por extensão, na sociedade como um todo começaram a ser desafiados, assim como a ideia de que existe algo como uma família "típica" ou "normal".

FAMÍLIAS E INTIMIDADES 297

Jeffrey Weeks sugere em *Sex, Politics and Society* que a **sexualidade** é tanto **construída socialmente** quanto determinada biologicamente.

A pesquisa de Judith Stacey apresenta **alternativas** radicais ao entendimento ocidental convencional de uma **família estereotipada "normal"**.

Steven Seidman **rejeita a ideia de comportamento e identidade sexual "normal"**, em *Difference Troubles: Queering Social Theory and Sexual Politics*.

1989 **DÉCADA DE 1990** **1997**

1990 **1995**

Judith Butler é pioneira na teoria queer, **desafiando** as noções tradicionais de **estabilidade na identidade sexual e de gênero** em *Problemas de gênero: feminismo e subversão da identidade*.

Ulrich Beck e Elisabeth Beck-Gernsheim examinam os **problemas de manter relações próximas** na sociedade moderna em *Das ganz normale Chaos der Liebe*.

Como resultado do declínio do modelo de família patriarcal tradicional, as pressões conflituosas entre o lar e o trabalho agora afetam ambas as partes em muitos casais, sendo um peso adicional na relação. A natureza das famílias, de acordo com Judith Stacey, é continuamente desafiada para satisfazer as demandas do mundo moderno, bem como responder e moldar as normas sociais de modo que, por exemplo, famílias com um único genitor e casais do mesmo sexo não são mais considerados incomuns nas sociedades ocidentais.

Relações interpessoais

A atitude mais liberal quanto às relações sexuais e à sexualidade no Ocidente, no entanto, demorou para chegar. Nos anos 1930 e 1940, a antropóloga Margaret Mead ajudou a abrir caminho com seu estudo de papéis de gênero e sexualidade em várias culturas ao redor do mundo, mostrando que as ideias de comportamento sexual são mais uma construção social que um fato biológico. No Ocidente, a despeito da crescente secularização, a moralidade religiosa continua a influenciar as normas sociais de relacionamentos heterossexuais no casamento.

As atitudes perante as relações mudaram bastante durante os anos 1960. Uma cultura jovem antiestablishment ajudou a quebrar tabus sobre o sexo, advogando o amor livre hedonista e uma visão mais branda sobre a homossexualidade. Essa mudança na cultura ecoou no trabalho acadêmico do intelectual francês Michel Foucault e de outros.

Foucault acreditava que a nova abertura quanto às relações íntimas de todos os tipos foi uma forma de afrontar as normas sexuais impostas pela sociedade, e suas ideias abriram caminho para o estudo sociológico da própria sexualidade.

Nos anos 1980, Jeffrey Weeks aplicou a ideia de normas sexuais como uma construção social ao seu estudo sobre sexualidade, especificamente sobre a homossexualidade, enquanto Christine Delphy descrevia as experiências de lésbicas na sociedade predominantemente heterossexual. Talvez a mais influente socióloga nesse campo de estudo, no entanto, tenha sido Judith Butler, que defendia um desafio não apenas às noções de sexualidade, mas a todo o conceito de gênero e identidade de gênero, abrindo um novo e radical campo de estudo hoje conhecido como teoria queer, que questiona as ideias convencionais daquilo que constitui um comportamento sexual normal. ∎

AS DIFERENÇAS ENTRE OS SEXOS SÃO CRIAÇÕES CULTURAIS
MARGARET MEAD (1901-1978)

> Homens e mulheres **aprendem seus papéis de gênero** através de sistemas de recompensa e punição…
>
> … mas definições de **tendências "naturais"** de homens e mulheres **variam de cultura para cultura**.
>
> As mulheres **não precisam ser cuidadoras** de crianças.
>
> Os homens **não precisam ser** o sexo **dominante**.
>
> **As diferenças entre os sexos são criações culturais.**

EM CONTEXTO

FOCO
Variações no papel dos gêneros em diferentes culturas

DATAS IMPORTANTES
1920 As mulheres nos EUA obtêm o direito de votar.

1939-1945 As mulheres no Reino Unido e, mais tarde, nos EUA provam que são capazes de fazer o "trabalho de homem" durante a Segunda Guerra Mundial. A operária Rosie, a rebitadeira, se torna um ícone americano de capacidade feminina e potencial econômico.

1972 A socióloga britânica Ann Oakley argumenta em *Sex, Gender and Society* que o gênero é uma questão de cultura.

1975 Em seu artigo "The Traffic in Women: Notes on the 'Political Economy' of Sex", a antropóloga cultural americana Gayle Rubin alega que os arranjos da família heterossexual dão aos homens poder e oprimem as mulheres.

Na sociedade americana do começo do século XX, o papel do homem era ser o provedor da família, enquanto o da mulher estava relegado à esfera privada, sendo ela responsável por cuidar das crianças e do trabalho doméstico porque se pensava que as mulheres eram mais naturalmente propensas a tais papéis. Margaret Mead, no entanto, acreditava que o gênero não é baseado nas diferenças biológicas entre os sexos, mas reflete as condições culturais de sociedades distintas.

As investigações de Mead sobre a vida privada de povos não ocidentais nos anos 1930 e 1940 cristalizaram a crítica de sua própria sociedade: ela alegava que as formas pelas quais a sociedade americana expressava o gênero e a sexualidade

Veja também: Judith Butler 56-61 ▪ R. W. Connell 88-89 ▪ Talcott Parsons 300-301 ▪ Ann Oakley 318-319 ▪ Jeffrey Weeks 324-325

restringiam as possibilidades tanto para os homens quanto para as mulheres. Para Mead, homens e mulheres são punidos e recompensados para encorajar a conformidade sexual, e o que é considerado masculino também é visto como superior.

Comparando culturas

Mead assume uma abordagem comparativa quanto ao gênero em seus estudos de três tribos na Nova Guiné. Suas descobertas desafiam as ideias convencionais ocidentais sobre como o comportamento humano é determinado. Os homens e as mulheres arapesh eram "gentis, disponíveis e cooperativos", e ambos cuidavam das crianças — traços que no Ocidente seriam vistos como "femininos".

De modo parecido, era norma para as mulheres mundugumores agir de forma "masculina", sendo violentas e agressivas como os homens. E, numa reversão ainda maior dos papéis tradicionais ocidentais, as mulheres na sociedade tchambuli eram dominantes, enquanto os homens eram dependentes.

O fato de tais comportamentos serem codificados como masculinos numa sociedade e femininos em outra leva Mead a argumentar que as atitudes temperamentais não podem mais ser consideradas como ligadas ao sexo.

Sua teoria de que os papéis de gênero não são naturais, mas criados pela sociedade, estabeleceu o gênero como um conceito crítico. Ela nos permite ver as formas históricas e transculturais pelas quais a masculinidade, a feminilidade e a sexualidade são construídas ideologicamente.

A mudança é possível

A obra de Mead lançou os fundamentos para o movimento de liberação das mulheres e moldou a chamada "revolução sexual", dos anos 1960 em diante. Suas ideias criaram um desafio fundamental ao rígido entendimento da sociedade sobre os papéis de gênero e a sexualidade.

Depois de Mead, feministas como a antropóloga cultural Gayle Rubin concordaram que se o gênero, diferentemente do sexo, é uma construção social, não há razão para que as mulheres continuem a ser tratadas como desiguais. Considerar o gênero como algo determinado culturalmente

Papéis de gênero são criações culturais, de acordo com Mead. Não há evidências de que mulheres são naturalmente melhores que homens no trabalho doméstico.

nos permite ver e, portanto, desafiar os modos como as estruturas sociais, como o direito, o casamento e a mídia, encorajam formas estereotipadas de conduzir nossa vida íntima.

Em comparação com o começo do século XX, os papéis de gênero tanto para homens como para mulheres no século XXI se tornaram menos restritivos, e as mulheres participam mais da esfera pública. ■

Margaret Mead

Margaret Mead nasceu na Filadélfia, EUA, em 1901. Filha de um professor de finanças e uma socióloga, tornou-se curadora emérita do Museu Americano de História Natural em Nova York.

Mead terminou seu doutorado na Universidade Columbia, em 1929, e consolidou-se como uma importante antropóloga cultural, mais conhecida por seus estudos dos povos da Oceania. Seus primeiros trabalhos sobre gênero e sexualidade foram rotulados de escandalosos, e ela chegou a ser denunciada como uma "velha suja". Mead, no entanto, se tornou uma figura popular, dando palestras sobre questões sociais importantes, como os direitos das mulheres, o comportamento sexual e a família. Escreveu mais de vinte livros, muitos dos quais fizeram parte de sua missão de transformar a antropologia em algo mais próximo das pessoas. Morreu em Nova York, em 1978.

Principais obras

1928 *Coming of Age in Samoa*
1935 *Sexo e temperamento*
1949 *Macho e fêmea*

AS FAMÍLIAS SÃO FÁBRICAS QUE PRODUZEM PERSONALIDADES HUMANAS
TALCOTT PARSONS (1902-1979)

EM CONTEXTO

FOCO
Socialização das crianças e estabilização dos adultos

DATAS IMPORTANTES
1893 Em *Da divisão do trabalho social*, Émile Durkheim sugere que as divisões no trabalho são essenciais para manter a ordem econômica, moral e social.

1938 O sociólogo americano Louis Wirth alega que a industrialização está destruindo muitas famílias e comunidades.

1975 O sociólogo britânico David Morgan, influenciado pela teoria feminista, argumenta em *Social Theory and the Family* que privilegiar o núcleo familiar é potencialmente danoso.

1988 Em *O contrato sexual*, a cientista política britânica Carole Pateman revela que a noção de "separado mas igual" esconde o poder que os homens têm tanto na esfera privada quanto na pública.

Os **adultos** numa família nuclear **desempenham papéis apropriados aos gêneros** que garantem uma sociedade estável.

As **crianças aprendem** seus **papéis de gênero** com os pais.

As famílias são fábricas que produzem personalidades humanas.

Muitos dos escritos do sociólogo Talcott Parsons focavam a sociedade americana dos anos 1940 e 1950. Parsons, influenciado pela obra de Émile Durkheim e Max Weber, alegava que a ordem econômica americana exigia uma unidade familiar menor. A família, acreditava Parsons, é uma das várias instituições, como o sistema educacional e o jurídico, que têm papéis que se sustentam e garantem o estável funcionamento da sociedade como um todo.

A partir da perspectiva de Parsons, a família nuclear moderna — na qual marido, esposa e filhos vivem relativamente isolados de sua família estendida e da comunidade — é o primeiro agente de socialização. As pessoas derivam seu status e papéis a partir de várias posições na família. Embora durante a Segunda Guerra Mundial as mulheres tenham mostrado

FAMÍLIAS E INTIMIDADES

Veja também: Émile Durkheim 34-37 ▪ Max Weber 38-45 ▪ Margaret Mead 298-299 ▪ Judith Stacey 310-311 ▪ Ulrich Beck e Elisabeth Beck-Gernsheim 320-323

que são perfeitamente capazes de fazer o trabalho antes considerado "de homens", muitos autores não feministas assumiam como típica e natural a divisão de trabalho entre os homens e as mulheres, e Parsons não era exceção à regra.

Famílias felizes

A separação da vida no lar e no emprego assalariado, com as mulheres ficando em casa, é lógica, segundo Parsons, porque as mulheres são cuidadoras naturais. Os homens são, assim, capazes de assumir a liderança no papel de provedores. Essa divisão é considerada eficiente porque existe menor concorrência pelo salário da família. Ficar fora do emprego assalariado permite às mulheres focar seu papel de cuidadoras: apoio às crianças e estabilização das personalidades adultas.

Além de cozinhar e fazer a faxina, esse papel demanda um cuidado psicológico para garantir um lar feliz. Parsons tem a opinião de que a personalidade não nasce com a pessoa, mas é construída, e a família é o primeiro lugar onde isso acontece. Ele argumenta que as mulheres são capazes de usar seu vínculo emocional com as crianças para guiá-las, tornando-as seres humanos socializados. Por exemplo, as crianças aprendem seu papel sexual na identificação com o genitor do mesmo sexo. Esses papéis são internalizados de modo que as garotas se tornem mulheres "femininas" e os meninos se tornem homens apropriadamente "masculinos", prontos para assumir seu lugar numa vida familiar heterossexual. Assim, quase da mesma forma que uma fábrica produz bens, cada unidade familiar produz indivíduos centrados e treinados para contribuir positivamente para a sociedade.

O poder nuclear

Para Parsons, essa clara divisão evita a contaminação do lar pelo mundo racional competitivo exterior, apesar de o pai poder oferecer a ligação entre o mundo exterior e o lar quando a criança estiver pronta. A família nuclear, segundo a perspectiva de Parsons, pode ser vista como um elemento decisivo da civilização, sendo crucial para a saúde moral da sociedade. Essa forma de ver a

A família nuclear já foi considerada a unidade familiar tradicional. Mas hoje se reconhece a existência de vários tipos de família, incluindo famílias de casais do mesmo sexo e de um só genitor.

sociedade continuou dominante nas ciências sociais até os anos 1970 e 1980, quando as feministas, junto com outros grupos, começaram a questioná-la. Argumenta-se que a família nuclear só tinha a ver com as famílias ocidentais brancas de classe média e, assim, as diferentes realidades de muitos outros grupos na sociedade eram ignoradas. Ela também serviu para justificar e perpetuar a desigualdade entre os gêneros. ■

> " A importância da família e de sua função para a sociedade constitui a razão primordial de existir a diferenciação de papéis sexuais.
> **Talcott Parsons**

Talcott Parsons

Talcott Parsons nasceu no Colorado, EUA, em 1920 e pertencia a uma das famílias mais antigas da história do país. Seu pai era um acadêmico liberal e ministro congregacional.

Parsons se formou no Amherst College em filosofia e biologia e passou, depois disso, a estudar na London School of Economics, Reino Unido, e na Universidade de Heidelberg, Alemanha. Era um crítico ferrenho tanto do fascismo como do comunismo e um leal defensor da sociedade americana. A maior parte de sua carreira acadêmica se deu na Universidade Harvard, onde se aposentou em 1973 mas continuou desenvolvendo teorias e dando palestras. Parsons morreu de derrame em 1979 em Munique, Alemanha, onde estava palestrando.

Principais obras

1937 *A estrutura da ação social*
1951 *The Social System*
1955 *Family, Socialization and Interaction Process*

O HOMEM OCIDENTAL SE TORNOU UM ANIMAL QUE CONFESSA
MICHEL FOUCAULT (1926-1984)

EM CONTEXTO

FOCO
A vontade da verdade

DATAS IMPORTANTES
1782 O filósofo político suíço Jean-Jacques Rousseau publica *Confissões*, uma das primeiras autobiografias a focar a vida secular, e não experiências religiosas e sentimentos interiores.

1896 O neurologista Sigmund Freud apresenta o termo "psicanálise".

1992 O sociólogo Anthony Giddens sugere, em *A transformação da intimidade*, que os homens são mais relutantes em demonstrar seus sentimentos publicamente e dependem das mulheres para o trabalho emocional nos relacionamentos.

2003 O livro de Frank Furedi *Therapy Culture: Cultivating Vulnerability in an Uncertain Age* vê a vontade de falar e de se revelar como potencialmente danosa.

Por que as pessoas falam tanto sobre sexo hoje em dia? Essa é uma das questões-chave feitas pelo influente filósofo francês Michel Foucault em *A história da sexualidade 1* (1976). Foucault alega que existe uma importante relação entre a confissão, a verdade e o sexo. Ele sugere que, para entender a sexualidade no Ocidente, devemos considerar como o conhecimento opera e como as formas particulares de conhecimento, como a ciência da sexualidade (*scientia sexualis*) e a psicologia, têm dominado cada vez mais nosso modo de pensar sobre gênero e sexualidade.

Veja também: Michel Foucault 52-55; 270-277 ■ Norbert Elias 180-181 ■ Arlie Russell Hochschild 236-243 ■ Karl Marx 254-259 ■ Jeffrey Weeks 324-325

FAMÍLIAS E INTIMIDADES 303

Cultura terapêutica

O sociólogo húngaro Frank Furedi, professor emérito de sociologia na Universidade de Kent, Reino Unido, argumenta que estamos obcecados pelas emoções na era moderna. Experiências e emoções antes consideradas normais, como a depressão e o tédio, agora são passíveis de tratamento e intervenção médica.

Lemos constantemente a respeito dos vícios de astros esportivos e da vida sexual de celebridades. E, para a cura, os que estão emocionalmente abalados são encorajados a compartilhar sua dor com os outros, ignorando as fronteiras que separam o público do privado. Buscar ajuda publicamente — através de uma autobiografia reveladora, por exemplo — é visto como uma virtude numa cultura terapêutica. As emoções passaram a ser vistas como elementos definidores da identidade, e somos estimulados a entendê-las como indicadoras de doenças. Esse fenômeno, argumenta Furedi, é bastante incapacitante. Ironicamente, a cultura "terapêutica" faz com que a sociedade se sinta vulnerável.

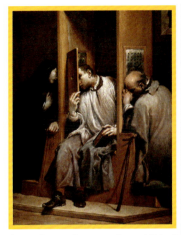

Ao confessar, damos aos "especialistas" (padres, terapeutas, doutores) poder de julgar e punir. O confessor sofre um ciclo sem fim de vergonha, culpa e mais confissões.

Esses conhecimentos são uma forma de "discurso" — modos de construir o conhecimento do mundo que criam suas próprias "verdades". A provocação do discurso, diz Foucault, começou no Ocidente quatro séculos atrás. A ênfase da Igreja cristã nos "pecados da carne" no século XVII levou a uma maior consciência da sexualidade e ao aumento, no século XVIII, de livros "escandalosos" — relatos fictícios de comportamento sexual ilícito. O discurso culminou na ciência do sexo no século XIX, que criou a moderna sexualidade — de um ato, ela foi transformada numa identidade.

A confissão

Com o advento da psiquiatria e da psicologia no final do século XIX, o ritual cristão da confissão — admissão dos pecados e busca da penitência de um padre para reconquistar a graça de Deus — se reconstruiu de um jeito científico. Revelar hábitos e desejos sexuais era visto como forma de desenterrar o eu "autêntico".

De acordo com Foucault, a confissão se tornou uma das formas mais valorizadas de descobrir a "verdade" em nossa sociedade. Não mais um ritual, ela se disseminou e agora é parte da vida familiar, de relacionamentos, do trabalho, da medicina e das políticas públicas. Conforme o sociólogo húngaro Frank Furedi declara, a confissão hoje domina nossa vida pessoal, social e cultural, como se torna evidente nos reality shows da TV e nas plataformas de mídia social, como o Facebook e o Twitter.

Relacionamentos saudáveis, nos garantem o tempo todo, exigem que se diga a verdade. Portanto, um "especialista" (um terapeuta ou doutor, por exemplo) é necessário para revelar nosso eu "autêntico". A atraente promessa da confissão é que, quanto mais detalhada ela for, mais aprenderemos sobre nós mesmos e mais nos libertaremos. Uma pessoa que passou por um trauma quase sempre tem que recontar a experiência para ter um efeito curador. Mas essa "vontade da verdade" é uma tática de poder, diz Foucault, que pode se transformar numa forma de vigilância e regulação. As confissões, alega ele, não revelam a verdade — as produzem.

A obra de Foucault tem tido um impacto imenso no feminismo e nos estudos da sexualidade desde os anos 1980. Em especial, suas ideias influenciaram o sociólogo britânico Jeffrey Weeks, que usa Foucault para desenterrar as formas pelas quais as leis têm servido para regular o gênero e a sexualidade na sociedade. ■

Tudo tem que ser dito… o sexo foi dominado, contido.
Michel Foucault

A HETEROSSEXUALIDADE DEVE SER RECONHECIDA E ESTUDADA COMO UMA INSTITUIÇÃO

ADRIENNE RICH (1929-2012)

EM CONTEXTO

FOCO
Heterossexualidade compulsória

DATAS IMPORTANTES
1864 A Lei das Doenças Contagiosas na Grã-Bretanha pune as prostitutas que são infectadas pelos seus clientes.

1979 O livro *Sexual Harassment of Working Women*, da advogada americana Catherine A. MacKinnon, argumenta que as mulheres claramente ocupam posições inferiores no mercado de trabalho e são objetos sexuais em seus empregos.

1993 O estupro no casamento é finalmente reconhecido como crime em todos os estados dos EUA.

1996 Em *Theorizing Heterosexuality: Telling It Straight*, a socióloga britânica Diane Richardson apresenta uma série de ensaios importantes criticando a heterossexualidade.

E se a heterossexualidade não for inata ou a única sexualidade "normal"? A heterossexualidade é habitualmente vista como um fundamento "natural" da sociedade, mas Adrienne Rich desafia essa ideia em seu importante ensaio "Heterossexualidade compulsória e existência lésbica" (1980). Rich foi influenciada pela intelectual francesa Simone de Beauvoir, que argumenta que se impôs às mulheres que aceitem os papéis que lhes são atribuídos numa sociedade que as vê como inferiores.

Rich sugere que, longe de ser natural, a heterossexualidade é imposta à mulher e deve ser vista como um sistema de poder que encoraja um falso raciocínio binário — heterossexual/homossexual, homem/mulher — no qual "heterossexual" e "homem" têm privilégio sobre "homossexual" e "mulher". A heterossexualidade compulsória, diz ela, nos oferece um "roteiro" que nos diz como devemos conduzir nossas relações e "desempenhar" nosso gênero. Somos, por exemplo, encorajados a pensar que os homens são mais sexualmente ativos e as mulheres, passivas, apesar de não haver nenhum estudo que prove isso. Espera-se das mulheres, de acordo com Rich, que se comportem de forma restrita, sendo passivas e dependentes dos homens, e um comportamento que não se conforme a essas expectativas é considerado desviante e perigoso. Mulheres sexualmente ativas, por exemplo, são rotuladas de anormais ou chamadas de promíscuas. O patriarcado (um sistema de poder que prevê a superioridade masculina) é uma ferramenta conceitual útil para Rich na explicação da opressão das mulheres na história. Ela sugere que é necessário pensar no poder masculino sobre as mulheres como a chave para entender a posição subordinada das mulheres.

A mensagem mais perniciosa transmitida pela pornografia é que as mulheres são uma presa sexual natural para os homens e adoram isso, e que a sexualidade e a violência são congruentes.
Adrienne Rich

A **heterossexualidade** é construída como se fosse **normal**; os homens são vistos como ativos, e as mulheres, como passivas.

A **heterossexualidade é promovida** e mantida pela **ideologia** e pela **força**; o **lesbianismo** é negado e **difamado**.

A **heterossexualidade deve ser reconhecida como uma instituição e um sistema de poder que beneficia os homens e subjuga as mulheres.**

Veja também: Karl Marx 28-31 ▪ Judith Butler 56-61 ▪ R. W. Connell 88-89 ▪ bell hooks 90-95 ▪ Sylvia Walby 96-99 ▪ Steven Seidman 326-331

O poder da ideologia

Rich discute muitas das formas pelas quais a ideologia da heterossexualidade compulsória "força" as mulheres a terem relações sexuais com os homens. As posições desiguais dos homens e das mulheres no mercado de trabalho, por exemplo, podem fazer com que as mulheres fiquem financeiramente dependentes dos homens. E o mito disseminado de que as mulheres correm o risco da violência masculina em lugares públicos, devendo restringir seus movimentos e buscar a proteção dos homens, é outro exemplo de como as mulheres são coagidas a relações heterossexuais. As mulheres são encorajadas a verem a si mesmas como presas sexuais, e os homens como predadores sexuais "naturais" (reforçados por crenças como "o que é estranho é perigoso"), de modo que ter relações heterossexuais oferece às mulheres uma "falsa" sensação de segurança.

A despeito do crescente número de pessoas que optam por adiar o casamento, muitas mulheres ainda o consideram como parte normal e inevitável de sua vida: essa expectativa é um aspecto importante do argumento de Rich sobre a natureza compulsória da heterossexualidade. Uma vez mais, a ideologia ajuda a sustentar a heterossexualidade através da promoção de narrativas românticas em filmes como *Titanic* e em contos de fadas como *Cinderela*.

A ideia de heterossexualidade é tão prevalecente na sociedade que as pessoas se supõem heterossexuais, a não ser que declarem o contrário. A ironia aqui é que, quando as lésbicas ou os gays "saem do armário", são vistos como sendo mais sexuais que aqueles que não precisam fazê-lo. A heterossexualidade, portanto, carrega consigo uma traiçoeira garantia de normalidade.

Táticas opressivas

Karl Marx argumentava que o capitalismo é, em parte, mantido através de ações violentas como conquistas e escravidão. A heterossexualidade, defende Rich, também pode ser vista assim. Sob a condição de heterossexualidade compulsória, homens e mulheres não escolhem ser heterossexuais ou homossexuais, assim como um trabalhador não escolhe o trabalho assalariado.

Junto com a violência simbólica da ideologia, a violência física é com frequência usada para controlar o comportamento das mulheres. Atos como a mutilação genital e as punições por adultério feminino ou lesbianismo negam a sexualidade para a mulher. Filhos e casamentos arranjados, imagens pornográficas que mostram mulheres »

Filmes de Hollywood, como *Instinto selvagem*, que mostram lésbicas como assassinas, dão um endosso ideológico do lesbianismo como ameaçador e desviante, e da heterossexualidade como normal.

O tipo de roupa das mulheres que restringe os seus movimentos é desenhado, argumenta Rich, para inibir a liberdade e evitar que se movam mais facilmente e participem da esfera pública, independentemente dos homens: elas podem, assim, e segundo Rich, ser mantidas sob o controle dos homens dentro da heterossexualidade compulsória.

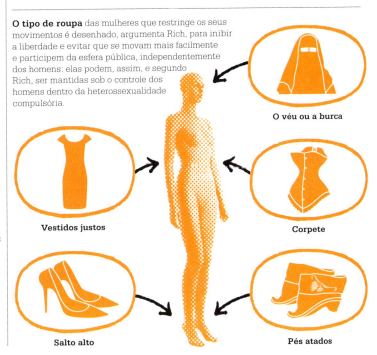

O véu ou a burca

Vestidos justos

Corpete

Salto alto

Pés atados

desfrutando violência e humilhação sexual, abuso sexual de crianças e incesto são todos formas de forçar a sexualidade masculina sobre as mulheres. O estupro é outra tática violenta. O estupro no casamento não era considerado crime em muitas nações ocidentais até os anos 1990 — um reflexo da crença de que as mulheres devem ser sexualmente submissas a seus maridos. E Rich diz que "usar mulheres como objetos em transações masculinas" é outra tática opressiva da heterossexualidade compulsória — como revelada, por exemplo, no tráfico de mulheres para exploração sexual e no uso de prostitutas para prazer sexual.

A visão, comum em algumas culturas, de que é preferível mandar o filho para a escola porque ele fica na família enquanto as meninas a deixam para se juntar à família do marido depois do casamento implica que no mundo apenas 30% das meninas terminam o correspondente ao ensino médio. Uma educação fraca quase sempre quer dizer uma perspectiva pior de emprego.

Outro método no qual se mantém o poder masculino é através da exclusão de mulheres de certos clubes e de certas formas de lazer, como o golfe, onde é possível fechar negócios importantes.

[A heterossexualidade] teve que ser imposta, administrada, organizada, propagandeada e mantida pela força.
Adrienne Rich

É nessas várias formas que a heterossexualidade pode ser entendida como uma instituição que opera através de rígidas construções sociais de gênero e sexualidade. Um controle social considerável, incluindo a violência, é usado para impor essas ideias de gênero. O efeito é manter as mulheres dentro da heterossexualidade e garantir que continuem submissas assim. Uma consequência direta da heterossexualidade, para Rich, é a opressão da mulher. A ocultação e a negação do lesbianismo na história e na cultura são algumas das formas pelas quais a heterossexualidade é mantida. Rich defende que a sociedade é identificada masculinamente, o que quer dizer que ela é um lugar onde os homens e suas necessidades são colocados acima das carências das mulheres. As mulheres sentem a necessidade de olhar para homens bonitos e dar maior valor às relações românticas com os homens do que às suas amizades com mulheres. Rich convoca as mulheres a tentar redefinir sua vida em torno de outras mulheres — ou seja, a ser identificadas femininamente. Isso não quer dizer que ela esteja sugerindo que todas as mulheres abandonem os homens e durmam com mulheres, mas, em vez disso, que todas as mulheres experimentem aquilo que, de certa forma, só está disponível às comunidades lésbicas, a saber: amar outras mulheres.

O continuum lésbico

Rich desafia os preconceitos sobre o que é uma lésbica — não é alguém que odeia os homens ou dorme com mulheres, mas simplesmente uma mulher que ama mulheres. Essa ideia é conhecida como "lesbianismo político": Rich e outras a viam como forma de resistência ao patriarcado em vez de simplesmente uma preferência sexual. O lesbianismo pode ser, portanto, colocado num continuum que inclui

Adrienne Rich

Feminista, poeta e ensaísta, Adrienne Rich nasceu em 1929 em Maryland, EUA. Sua vida doméstica foi tensa, devido a divisões religiosas e culturais entre seus pais.

A despeito de mais tarde ter se identificado como lésbica, Rich se casou com um homem, em parte para se afastar de sua família. Nessa época lecionou na Universidade Columbia. Suas experiências como mãe e esposa restringiram seu potencial intelectual e radicalizaram sua visão política. Ela se juntou aos protestos antiguerra e se envolveu ativamente na política feminista e no movimento civil. Em 1997, num protesto contra as desigualdades nos EUA, ela recusou a National Medal of Arts do presidente Bill Clinton.

Principais obras

1976 *Of Woman Born: Motherhood as Experience and Institution*
1979 *On Lies, Secrets and Silence: Selected Prose, 1966-1978*
1980 "Heterossexualidade compulsória e existência lésbica"

As bruxas eram com frequência temidas e perseguidas por sua "alteridade". No final do século XV, acreditava-se que elas possuíam o poder de causar impotência e infertilidade nos homens.

aquelas que são atraídas sexualmente por mulheres e aquelas que podem ser heterossexuais mas estão politicamente ligadas a outras mulheres. Isso não quer dizer que existam graus de experiências lésbicas, em que aquelas que são "menos" lésbicas são mais socialmente aceitas. Em vez disso, Rich sugere que sempre houve mulheres que resistiram à forma compulsória da vida e existiram dentro e fora desse continuum por centenas de anos — das muitas mulheres na Europa, em especial nos séculos XVI e XVII, que foram enforcadas ou queimadas como bruxas, quase sempre por viverem fora do patriarcado, até as "Wigan Pit Brow Lasses" do final do século XIX, as trabalhadoras nas minas de carvão que causaram escândalo na Grã-Bretanha por insistir em usar calça comprida.

A ideia de Rich sobre um continuum lésbico causou um debate considerável, em parte porque pode ser visto como dessexualizando o lesbianismo e permitindo às feministas alegar ser parte de um continuum, sem examinar sua heterossexualidade. Sheila Jeffreys, uma feminista radical britânica, argumentou que ela permitia às mulheres heterossexuais continuar suas relações com homens ao mesmo tempo que se sentiam politicamente justificadas. Mas a força da obra de Rich é que, mais do que criticar as mulheres heterossexuais, ela critica a heterossexualidade como uma instituição.

As ideias de Rich também desafiam o binário hetero/homo, antecipando os teóricos queers, como a acadêmica americana Eve Kosofsky Sedgwick, que argumentam que a identidade sexual é uma construção da cultura ocidental. Sedgwick também se opõe à premissa de que essas construções de sexualidade são apenas uma questão para grupos "minoritários" como as lésbicas e os homens gays.

Uma mudança conceitual

Pode-se dizer que as ideias expostas no artigo de Rich de 1980 causaram a mais importante mudança conceitual nos estudos da sexualidade ao propor um exame da heterossexualidade como uma instituição. Isso jamais havia sido feito porque, conforme argumenta a socióloga britânica Carol Smart, a identidade heterossexual, assim como a identidade branca colonial, manteve uma superioridade sem esforço e uma habilidade de permanecer invisível, por construir a si mesma como norma. As feministas heterossexuais, como a socióloga britânica Stevi Jackson, puderam destrinchar a heterossexualidade como resultado direto da obra de Rich. A feminista francesa Monique Wittig argumentou, em 1992, que a heterossexualidade é um regime político que se baseia na subordinação e na apropriação das mulheres.

A recente revelação, no Reino Unido, do abuso sexual de meninas por celebridades e o sequestro de mais de duzentas estudantes na Nigéria, África, pelo grupo militante islâmico Boko Haram são claros exemplos de como a heterossexualidade ainda é imposta à força a mulheres e meninas. Os argumentos desenvolvidos por Rich, portanto, continuam a dar corpo a importantes explorações da heterossexualidade como estrutura social e política. ∎

A instituição patriarcal da maternidade não é a 'condição humana', assim como não o são o estupro, a prostituição e a escravidão.
Adrienne Rich

OS ARRANJOS FAMILIARES OCIDENTAIS SÃO DIVERSOS, FLUIDOS E NÃO RESOLVIDOS
JUDITH STACEY

EM CONTEXTO

FOCO
A família pós-moderna

DATAS IMPORTANTES
1970 A feminista radical americana Kate Millet argumenta que a família nuclear é um fórum de subordinação das mulheres.

1977 Em *Refúgio num mundo sem coração. A família: Santuário ou instituição sitiada?*, o crítico social americano Christopher Lasch faz um relato antifeminista de como os valores familiares tradicionais estão corroídos no mundo moderno.

1997 Em *Lesbian Lifestyles: Women's Work and the Politics of Sexuality*, a acadêmica britânica Gillian Dunne argumenta que as relações lésbicas são mais igualitárias que as parcerias heterossexuais.

2001 Em *Same Sex Intimacies: Families of Choice and Other Life Experiments*, Jeffrey Weeks e outros declaram que as famílias estão se tornando, cada vez mais, uma questão de escolha.

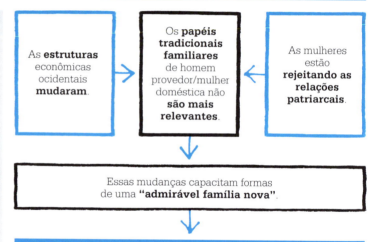

A "moderna" unidade familiar americana, louvada por pessoas como Talcott Parsons, é uma instituição datada e potencialmente opressiva. Essa é a visão de Judith Stacey, professora emérita de análise sociocultural na Universidade de Nova York, EUA, cuja obra focou a família, a teoria queer, a sexualidade e o gênero. Com base em sua detalhada pesquisa com famílias no Vale do Silício, Califórnia, Stacey sugere que, em paralelo com as demandas de uma estrutura econômica em transformação que resultam em pobreza e desemprego, a família também passa por uma mudança radical. O casamento está mais fraco porque as mulheres têm rejeitado as relações patriarcais. Em vez disso,

FAMÍLIAS E INTIMIDADES

Veja também: Sylvia Walby 96-99 ▪ Talcott Parsons 300-301 ▪ Adrienne Rich 304-309 ▪ Ulrich Beck e Elisabeth Beck-Gernsheim 320-323 ▪ Jeffrey Weeks 324-325

existe uma mudança em direção às famílias mistas, famílias lésbicas e gays, casais coabitando e pais solteiros — todas elas partem do que Stacey chama de família "pós-moderna" (apesar de muitos terem argumentado que essas formas sempre existiram e que a família nuclear de Parsons só foi relevante para umas poucas famílias de classe média privilegiadas). Para refletir essa nova realidade, Stacey insiste que a estrutura de trabalho tem que garantir salários iguais para homens e mulheres e que deve haver plano de saúde e creche para todos.

Um espírito pioneiro

O papel econômico da família diminuiu, argumenta Stacey, e, como resultado, a intimidade e o amor se tornaram mais importantes. A despeito do declínio do casamento, Stacey não acredita que os indivíduos não formem mais laços sociais significativos, mas, em vez disso, que laços complexos continuam a ser formados como resultado do divórcio e dos que se casam de novo.

Já que os papéis tradicionais e jurídicos e os laços de sangue dentro da família estão menos relevantes hoje do que eram no passado, os membros da família agora têm uma escolha maior e estão criando, portanto, mais intimidade experimental. Ela sugere que o binário heterossexual/homossexual está ficando menos estável e sendo substituído por relações familiares mais "queers". Essas "admiráveis famílias novas" lutam para encampar plenamente a mudança e a diversidade, bem como para criar relações mais incomuns e igualitárias.

Stacey segue a linha de outros pensadores, como Jeffrey Weeks e a socióloga britânica Gillian Dunne, e sugere que as famílias lésbicas e gays estão na linha de frente da criação de relações mais democráticas e igualitárias. Para ela, essas relações representam um ideal de união pós-moderno para os quais os papéis tradicionais se aplicam menos.

Amor igual?

O sociólogo britânico Anthony Giddens concorda com Stacey quando sugere que as formas familiares contemporâneas trazem maior igualdade às relações e minam os estereótipos dos papéis de gênero tradicionais. Em contraste, estudos recentes na Grã-Bretanha revelam que, em casais heterossexuais, a mulher ainda é a principal responsável pelas tarefas domésticas.

Alguns questionam o quanto as relações de mesmo sexo têm sido mais igualitárias. A pesquisadora canadense Janice Ristock, por exemplo, apontou para a prevalência de abuso doméstico em casais do mesmo sexo. Outros, como os sociólogos Beck e Beck-Gernsheim, enfatizaram as muitas dificuldades de viver uma vida não tradicional. Para Stacey, no entanto, os experimentos sociais sobre laços de amor estão em andamento. ∎

A família, de fato, está morta, se por ela quisermos dizer o sistema familiar moderno.
Judith Stacey

Pais gays

Stacey nota que grupos organizados nos EUA alegam que o país está enfrentando uma crise por falta de pais: homens heterossexuais estão abandonando parceiras grávidas ou optando por não ter filhos. Novas tecnologias e a disponibilidade de contraceptivos separaram o sexo da procriação. E ter um filho não garante mais uma renda futura para os pais. Assim, Stacey argumenta que a paternidade hoje tem mais a ver com emoção que com finanças. Ainda assim, um número crescente de gays está optando pela paternidade, apesar de enfrentarem muitos desafios a mais que os casais lésbicos e heterossexuais, incluindo o acesso a meios de reprodução (óvulos e um útero). Quando casais héteros adotam, geralmente conseguem bebês saudáveis. Costumam-se oferecer aos gays crianças mais velhas ou que não estão bem ou são consideradas meio "difíceis". Assim, são os gays que estão dando lares para algumas das crianças mais necessitadas da sociedade.

Os gays que escolhem ser pais enfrentam muito preconceito da sociedade sobre masculinidade, paternidade e promiscuidade.

O CONTRATO MATRIMONIAL É UM CONTRATO DE TRABALHO

CHRISTINE DELPHY (1941-)

314 CHRISTINE DELPHY

EM CONTEXTO

FOCO
Feminismo materialista

DATAS IMPORTANTES
1974 A socióloga britânica Ann Oakley coloca o trabalho doméstico sob o escrutínio feminista em *The Sociology of Housework*.

1980 A escritora e feminista Adrienne Rich sugere que a heterossexualidade é uma instituição política que continua a dar aos homens poder e controle sobre as mulheres.

1986 De acordo com a socióloga britânica Sylvia Walby, a divisão por gênero no trabalho doméstico é uma das principais estruturas que mantêm o patriarcado na sociedade.

1989 A feminista materialista francesa Monique Wittig publica "On the Social Contract", sugerindo que o contrato heterossexual é um contrato sexual e de trabalho.

Num sistema patriarcal, a **heterossexualidade** é uma instituição **socialmente construída** que **encoraja o casamento**.

O casamento capacita o marido, como cabeça do lar, a **explorar sua mulher**, ao se beneficiar de seu trabalho não remunerado…

… **em casa**.

… **apoiando o trabalho dele**.

… **ao gerar e cuidar dos filhos** (os legítimos herdeiros dele).

O contrato matrimonial é um contrato de trabalho.

Há centenas de anos em muitas sociedades, o casamento tem sido o destino e, com frequência, o sonho de toda menina jovem. Diversos artefatos culturais — como contos de fadas, romances e filmes — reforçaram essa visão. Mas, nos anos 1980, feministas como Ann Oakley e Christine Delphy argumentaram que, na verdade, o casamento é uma instituição extremamente abusiva, sendo fundamental em ajudar na contínua opressão das mulheres pelos homens.

Christine Delphy é uma teórica marxista que alega que a única forma de investigar a opressão de qualquer tipo é através de uma análise segundo o estilo marxista, que olha para os benefícios materiais ganhos por qualquer parte. Mas, enquanto Marx investigou a opressão examinando a estrutura de classe, Delphy investiga a opressão das mulheres através da estrutura de poder do patriarcado (o poder e a autoridade mantidos pelos homens). Ela diz que, no sistema patriarcal, a heterossexualidade (que resulta em casais homem-mulher) não é uma preferência sexual individual, mas uma instituição construída socialmente, que atua na manutenção da dominação masculina. Isso é demonstrado, argumenta ela, na forma como as mulheres são canalizadas para o casamento e a maternidade, de modo que seu trabalho possa ser explorado pelos homens.

Produção doméstica

Delphy argumenta que os conceitos de Marx podem ser aplicados ao ambiente doméstico, que ela vê como um lugar do modo patriarcal de produção. Nesse local de trabalho, os homens sistematicamente se aproveitam do trabalho das mulheres e se beneficiam dele. Sob essas condições, as mulheres

FAMÍLIAS E INTIMIDADES 315

Veja também: Judith Butler 56-61 ▪ Friedrich Engels 66-67 ▪ Sylvia Walby 96-99 ▪ Arlie Russell Hochschild 236-243 ▪ Teri Lynn Caraway 248-249 ▪ Adrienne Rich 304-309 ▪ Ann Oakley 318-319 ▪ Steven Seidman 326-331

A narrativa de filmes como *Orgulho e preconceito*, adaptação do romance de Jane Austen, reforça a ideia de que o que toda mulher quer é encontrar o homem "perfeito" e se casar com ele.

trabalham para o homem, cabeça da família, fazendo um trabalho potencialmente ilimitado. Esse papel, diz ela, não tem descrição de tarefas, não há um salário acordado entre as partes, e não há limites em termos de horas. Em qualquer outra posição de trabalho, tais condições seriam vistas como exploradoras. E, em casamentos nos quais a mulher ainda tem um emprego assalariado fora de casa, ela também é — na maioria dos casos — responsável pelas tarefas domésticas e pelo cuidado com as crianças. De acordo com Delphy, quando a situação doméstica é vista segundo esses termos materialistas, fica óbvio que a mulher casada está trabalhando de graça. Delphy aponta que, para os marxistas, as classes só existem na relação de uma com a outra: não pode haver burguesia (os donos dos meios de produção) sem o proletariado (os trabalhadores). Friedrich Engels

escreveu bastante sobre como o desenvolvimento de uma sociedade de classes é a base para a opressão feminina. Ele disse que, com o crescimento da propriedade privada durante o século XIX, houve um aumento correspondente na desigualdade porque os homens controlavam cada vez mais a esfera pública da produção e, por isso, ficaram cada vez mais ricos e poderosos. Além disso, os homens estavam propensos a garantir que sua propriedade seria herdada por seus herdeiros legítimos, e a forma mais efetiva para conseguir isso era através da instituição da família patriarcal monogâmica. Dessa forma, o casamento se tornou uma relação de propriedade.

Assistente não remunerada
A demanda por trabalho cresceu durante e após a Revolução Industrial. Exigiu-se das mulheres que fizessem mais filhos para satisfazer a demanda. Mas, quanto mais filhos uma mulher tivesse, mais apegada ela ficava ao lar e mais incapaz de trabalhar fora. Delphy sugere ainda que as mulheres solteiras também se tornam "esposas",

no sentido de que seu trabalho é quase sempre apropriado por irmãos, pais e empregadores. Essa visão foi parcialmente influenciada pelo livro *Married to the Job*, da socióloga britânica Janet Finch. Essa obra documenta como as mulheres são cooptadas pelos empregadores para fazer um trabalho típico de homens, sem serem pagas. Isso pode se dar através de ajuda indireta, como acompanhamento (para empresários e políticos); envolvimento direto, atuando como assistente (para comerciantes e acadêmicos); ou para ações de caridade, por exemplo, cozinhando e limpando (para membros do clero).

O feminismo materialista
Delphy vê o capitalismo e o patriarcado como dois sistemas sociais distintos, ambos compartilhando a apropriação do trabalho, influenciando e moldando um ao outro. Sua abordagem feminista materialista da família marca um afastamento das formas anteriores de análise feminista, que não consideravam o papel do capitalismo. Delphy mostrou, no entanto, que a obrigação de uma mulher em »

A exploração da mulher no lar é, diz Delphy, consequência dos efeitos combinados de patriarcado e capitalismo, ambos funcionando para perpetuar a dominação e o controle pelos homens.

Pesquisas feitas nos países da OCDE (Organização para a Cooperação e Desenvolvimento Econômico) entre 2009 e 2011 mostravam uma enorme desigualdade na divisão do trabalho no lar, com as mulheres gastando muito mais tempo que os homens no cuidado com os membros da família (cozinhando, por exemplo) e nas tarefas domésticas.

Cuidado com os membros da família por dia

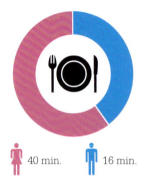

40 min.   16 min.

Tarefas domésticas cotidianas por dia

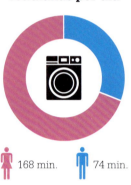

168 min.   74 min.

desempenhar tarefas domésticas é institucionalizada ao contrair o matrimônio, fazendo do casamento um contrato de trabalho.

Essa ideia se mostrou controversa, mas recebeu o apoio de outros acadêmicos, incluindo a teórica política britânica Carole Pateman. Com base nas ideias do filósofo britânico John Locke, segundo o qual existe um contrato social quando os indivíduos agem como bons cidadãos e recebem em troca a proteção do Estado, Pateman via as relações heterossexuais em termos de um contrato sexual. As mulheres podem ser vistas como recebendo proteção dos homens ao estar casadas, mas os maridos adquiriram um direito ao trabalho de suas esposas e ao corpo delas (o "estupro no casamento" ainda não era um crime na Inglaterra quando Pateman escreveu seu livro *O contrato social*, em 1988).

Delphy alega que não se trata simplesmente de o trabalho da mulher ser desvalorizado, conforme defendem algumas feministas. O problema não será resolvido se as mulheres forem melhor remuneradas. Isso se dá — conforme a análise de classe marxista tem mostrado — porque o sistema só funciona se houver um grupo que possa ser explorado. Se não há um grupo explorado, não há lucro. A criação de um grupo explorável, por sua vez, depende da existência de uma ideologia dominante que perpasse toda a sociedade, posicionando continuamente um grupo de pessoas de uma determinada forma. Numa sociedade capitalista patriarcal, essa ideologia é o sexismo (preconceito contra as mulheres por causa do seu sexo).

Uma crítica suscitada contra as ideias de Delphy é que elas não levam em conta o fato de algumas mulheres se beneficiarem do casamento, financeira e/ou sexualmente. Delphy não nega isso. Mas alega que existe uma troca desigual. As mulheres talvez desfrutem de algumas das tarefas que fazem em proveito do casal e porque amam seus maridos, mas isso não mascara o fato de que se espera delas que façam uma enorme quantidade de trabalho não remunerado. Escrevendo com Diana Leonard, Delphy nota que os homens e as mulheres casados talvez se amem — mas "amar as mulheres não evita que os homens as explorem".

Faz-se uma mulher; não se nasce uma

Delphy argumenta que o sexo de uma pessoa está longe de ser autoevidente: a masculinidade não é determinada pela presença de um pênis ou de pelos no peito, por exemplo, nem a feminilidade uma função de ser capaz de dar à luz. O sexo é enfatizado na sociedade porque vivemos num mundo onde a simples divisão binária por gênero dá aos homens prioridade sobre as mulheres e valoriza a heterossexualidade em vez da homossexualidade. Dessa forma, o gênero dita ou "precede" o sexo, e a classificação das pessoas por sexo mantém hierarquias e estruturas de poder.

Delphy defende que usar o sexo como um sistema para classificar as pessoas é enganoso e leva a sérios erros de raciocínio. Por que o sexo de uma pessoa deve ser mais proeminente que seus outros traços físicos, os quais podem ser igualmente distinguíveis? Por que o sexo biológico é o único traço físico que

O fato de o trabalho doméstico não ser pago não é inerente ao tipo específico de serviço feito, já que, quando a mesma tarefa é feita fora do lar, ela é paga.

Christine Delphy e Diana Leonard
Socióloga britânica (1941-2010)

FAMÍLIAS E INTIMIDADES 317

Assinar o contrato nupcial significa entrar numa parceria jurídica. Isso tem implicações diferentes em diversos países, mas Delphy sugere que ele sempre beneficia o homem.

separa a população do mundo em dois grupos, para depois serem carregados de traços e papéis aparentemente "normais"? Essa ideia do sexo como uma classificação totalmente falsa é um conceito crucial na avaliação radical de Delphy sobre o patriarcado, porque mina a noção do sexo sendo usado para diferenciar entre os que dominarão (financeira, social e sexualmente) e os que serão dominados.

Ao desenvolver suas teorias, Delphy foi muito influenciada pelos escritos da feminista francesa Simone de Beauvoir, que argumentava que os homens fizeram das mulheres o "outro" para sustentar um sistema patriarcal desigual. Ao desafiarem as categorias de "homens" e "mulheres" como significativas, as ideias de Delphy podem ser vistas como precursoras da teoria queer, que questiona as ideias previamente aceitas de sexo, sexualidade, gênero e seu papel na definição da identidade.

Feminismo e marxismo

As ideias de Delphy criaram um furor no feminismo quando foram originalmente publicadas. Isso foi numa época em que as feministas estavam interessadas no trabalho doméstico e em entendê-lo, mas houve uma discordância considerável a respeito da relação do feminismo com o marxismo. Algumas feministas marxistas, como as intelectuais britânicas Michèle Barrett e Mary McIntosh, foram extremamente hostis à acusação de que os homens se beneficiam do trabalho de suas esposas e estão, portanto, explorando-as. Outras argumentaram que é impossível dois modos de exploração (o patriarcado e o capitalismo) existirem ao mesmo tempo numa determinada sociedade.

Desigualdade contínua

Delphy e muitas outras feministas desde os anos 1980 levaram essas críticas em consideração e as analisaram a fundo, fazendo com que sua obra continuasse sendo uma influência para as feministas de todo o mundo. A filósofa americana Judith Butler, por exemplo, usou muitos dos conceitos de Delphy em sua obra, em especial o questionamento da distinção entre sexo e gênero. Ao desenvolver as ideias de Delphy, a feminista francesa Monique Wittig argumentou que a divisão da sociedade em dois sexos é o produto, não a causa, da desigualdade. Em *The End of Equality* (2014), a jornalista e ativista Beatrix Campbell compilou as formas pelas quais as mulheres continuam a ser exploradas em suas relações íntimas. Por exemplo, existem pouquíssimas sociedades no mundo onde os homens dividem de maneira igualitária o trabalho de cuidar dos filhos com a mulher. Para Campbell, o capitalismo global contemporâneo serviu para fortalecer e aumentar a dominação dos homens sobre as mulheres.

As opressões materiais em outras formas diferentes da exploração econômica, tal como o debate sobre o aborto em alguns países, também utilizam a análise de Delphy. Se a criação dos filhos for entendida como um trabalho extorquido das mulheres, conforme Delphy sugere, os homens deveriam temer que as mulheres tentassem fugir desse modo de exploração ao limitar novos nascimentos. Dessa maneira, o não direito ao aborto em lugares como a Irlanda do Norte e os ferrenhos debates sobre o aborto nos EUA podem ser vistos como meio de controle masculino sobre a escolha das mulheres, mantendo-as uma classe explorada para sustentar tanto o capitalismo como o patriarcado. ∎

Christine Delphy

Christine Delphy nasceu na França em 1941 e foi educada nas universidades de Paris, França, e da Califórnia, Berkeley, EUA. Inspirada pelos protestos políticos em Paris em 1968, tornou-se uma participante ativa do movimento francês de liberação das mulheres. Em 1977, foi cofundadora do periódico *New Feminist Issues* com a filósofa francesa Simone de Beauvoir.

Delphy foi membro do Gouines Rouge (Dique Vermelho), um grupo que tentou recuperar o termo "dique" ("dyke", em inglês), usado para as lésbicas, por se referir a ele como uma posição revolucionária. Mais recentemente, ela votou contra a lei que proibia as meninas muçulmanas de usarem o *hijab* (véu) nas escolas francesas, acusando-a de racista.

Principais obras

1984 *Close to Home: A Materialist Analysis of Women's Oppression*
1992 *Familiar Exploitation* (com Diana Leonard)
1993 *Rethinking Sex and Gender*

O TRABALHO DOMÉSTICO É O OPOSTO DIRETO DA AUTORREALIZAÇÃO
ANN OAKLEY (1944-)

EM CONTEXTO

FOCO
O trabalho doméstico como alienação

DATAS IMPORTANTES
1844 Karl Marx apresenta sua teoria da alienação dos trabalhadores de seu trabalho.

1955 O sociólogo Talcott Parsons vê o trabalho doméstico como parte integrante do papel feminino.

1985 Em *Contemporary Housework and the Houseworker Role*, a socióloga britânica Mary Maynard revela que as mulheres trabalhadoras fazem muito mais nas tarefas domésticas que os homens trabalhadores.

1986 Os sociólogos britânicos Lorna McKee e Colin Bell alegam que, quando os homens estão desempregados, eles cumprem menos tarefas domésticas: sua identidade masculina é vista como ameaçada, e as esposas não estão dispostas a enfraquecê-la ainda mais pedindo que aceitem uma responsabilidade doméstica maior.

O **trabalho doméstico** nas sociedades capitalistas e patriarcais é **explorador**…

… porque é um trabalho de **baixo status** que se supõe ser naturalmente feminino.

… porque ele **quase não oferece oportunidade** para a criatividade e a autorrealização.

O trabalho doméstico é o oposto direto da autorrealização.

A maioria do trabalho das mulheres ainda é doméstico, em casa. Mais de uma geração atrás, em 1974, a socióloga Ann Oakley desenvolveu um dos primeiros estudos sociológicos feministas sobre o trabalho doméstico ao entrevistar quarenta donas de casa londrinas entre vinte e trinta anos, todas tendo pelo menos um filho com menos de cinco anos. O estudo pioneiro volta-se para o trabalho doméstico segundo as perspectivas dessas mulheres.

Oakley argumenta que o trabalho doméstico deveria ser entendido como um emprego por si só, e não como uma extensão natural do papel da mulher como esposa e mãe. Esse foi um ponto de vista controverso, porque na época o trabalho doméstico não era visto como

FAMÍLIAS E INTIMIDADES 319

Veja também: Sylvia Walby 96-99 ▪ Harry Braverman 226-231 ▪ Robert Blauner 232-233 ▪ Arlie Russell Hochschild 236-243 ▪ Talcott Parsons 300-301 ▪ Christine Delphy 312-317

"trabalho de verdade". As mulheres eram compelidas a realizar tarefas do lar sem receber nenhum salário — uma forma essencial de exploração que capacita o capitalismo a operar e ter sucesso: ao satisfazer as necessidades do homem trabalhador, as donas de casa garantiam que os homens trabalhadores pudessem satisfazer as necessidades da economia.

Um papel feminino?

As tarefas domésticas são consideradas, com frequência, naturais para as mulheres devido à sua capacidade de dar à luz, embora não fique claro qual é a relação disso com fazer o vinco de uma calça ao passá-la. É de esperar que a maioria das mulheres não considere pedir um salário para o trabalho que fazem "de graça".

O argumento de Karl Marx de que os trabalhadores são explorados em seu trabalho assalariado pode ser aplicado à exploração das mulheres no lar. A ideologia serve para disfarçar esse fato ao apresentar o trabalho doméstico como "natural" para as mulheres, não necessitando ser pago. Oakley defende, no entanto, que o gênero e os papéis de gênero deveriam ser vistos como um reflexo de processos culturais e históricos, em vez de algo ligado à biologia.

Alienação

De acordo com Marx, os trabalhadores, num sistema de propriedade privada, experimentam a alienação ou o estranhamento de seu trabalho porque não são os donos dos frutos desse trabalho. De forma similar, Oakley insiste que a maioria das donas de casa está descontente com sua sorte, não achando nada satisfatório em seu trabalho, que é solitário, monótono e tedioso. Elas reclamam do baixo status associado a ser uma dona de casa, assim como os trabalhadores de fábrica acham seu trabalho repetitivo, fragmentado e estritamente cronometrado.

Os estudos de Oakley revelam que as mulheres dizem ter sentimentos de alienação de seu trabalho com uma frequência maior que os trabalhadores de fábrica. Isso se deve, em parte, ao seu senso de isolamento social como donas de casa — muitas delas tinham uma carreira profissional antes do casamento, a qual tiveram de abandonar. Segundo Oakley, essas mulheres não têm autonomia nem

> A mulher no lar fecha um círculo de privação aprendida e subjugação induzida.
> **Ann Oakley**

controle. A responsabilidade pelo trabalho é só delas, e, se ele não for feito, há o risco de o marido ficar bravo ou os filhos, doentes.

Visto assim, o trabalho doméstico impede as mulheres de alcançar seu pleno potencial. As descobertas de Oakley continuam importantes até hoje: uma pesquisa recente feita, entre outros, pela socióloga britânica Caroline Gatrell mostra que, quarenta anos depois, as mulheres ainda fazem a maior parte das tarefas domésticas, a despeito de estarem trabalhando de forma remunerada fora de casa. ■

As propagandas a partir dos anos 1950 estereotipam as mulheres como donas de casa felizes, que têm uma ligação emocional com os produtos de limpeza, os quais passam a ser parte importante de sua vida.

Ann Oakley

A socióloga e feminista Ann Oakley nasceu no Reino Unido em 1944. Foi professora de sociologia e política social na Universidade de Londres. Depois de se formar em Oxford, onde foi uma das primeiras alunas a escolher estudar sociologia, escreveu dois romances, mas não conseguiu encontrar uma editora que os publicasse. Entrou, então, no doutorado, e o seu primeiro livro acadêmico, *Sex, Gender and Society* fez com que o termo "gênero" passasse a ser usado pelo grande público. O primeiro romance de Oakley, *The Men's Room*, foi publicado em 1988, e, em 1991, tornou-se uma série famosa na BBC, estrelada por Bill Nighy. Oakley continua comprometida com o feminismo, e muito de sua obra lida com questões de gênero. Ela também se interessa em desenvolver produtos de beleza sustentáveis.

Principais obras

1972 *Sex, Gender and Society*
1974 *The Sociology of Housework*
1974 *Housewife*

QUANDO O AMOR FINALMENTE VENCE, ELE TEM QUE ENFRENTAR TODA SORTE DE DERROTAS

ULRICH BECK (1944-2015) E ELISABETH BECK-GERNSHEIM (1946-)

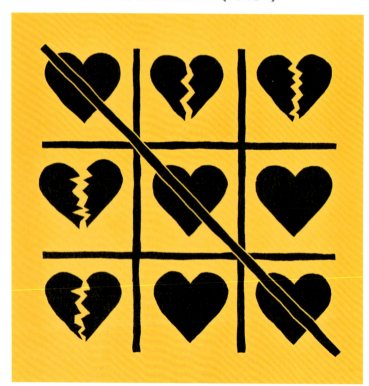

EM CONTEXTO

FOCO
O caos do amor

DATAS IMPORTANTES
1992 *A transformação da intimidade*, de Anthony Giddens, apresenta uma visão otimista dos relacionamentos igualitários numa sociedade reflexiva (autoconsciente).

1994 O pensador de direita Charles Murray declara que os valores da família tradicional precisam ser enfatizados para barrar o colapso da sociedade.

1998 A socióloga britânica Lynn Jamieson sugere que "intimidades" é o termo mais útil para descrever a organização de nossas relações pessoais.

1999 As acadêmicas britânicas Carol Smart e Bren Neale sugerem que as relações de pais e filhos são muito mais duradouras que as frágeis parcerias íntimas.

Manter uma relação feliz, íntima, pode ser algo difícil e cansativo, ao mesmo tempo que é atraente. Em *Das ganz normale Chaos der Liebe* (1995), o casal alemão Ulrich Beck e Elisabeth Beck-Gernsheim tenta explicar o porquê disso. Eles traçam o desenvolvimento de uma nova ordem social que transformou a maneira como conduzimos nossa vida pessoal, argumentando que uma das principais questões dessa nova ordem é "uma colisão de interesses entre o amor, a família e a liberdade pessoal". A família nuclear tradicional — "construída em torno do status de gênero" — está se desintegrando "nas questões de emancipação e direitos iguais". A

FAMÍLIAS E INTIMIDADES 321

Veja também: Ulrich Beck 156-161 ▪ David Held 170-171 ▪ Colin Campbell 234-235
▪ Talcott Parsons 300-301 ▪ Adrienne Rich 304-309 ▪ Judith Stacey 310-311

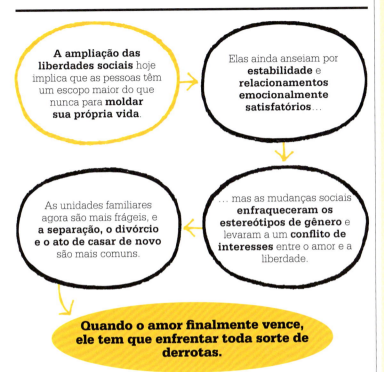

A ampliação das liberdades sociais hoje implica que as pessoas têm um escopo maior do que nunca para **moldar sua própria vida**.

Elas ainda anseiam por **estabilidade** e **relacionamentos emocionalmente satisfatórios**...

... mas as mudanças sociais **enfraqueceram os estereótipos de gênero** e levaram a um **conflito de interesses** entre o amor e a liberdade.

As unidades familiares agora são mais frágeis, e **a separação, o divórcio e o ato de casar de novo** são mais comuns.

Quando o amor finalmente vence, ele tem que enfrentar toda sorte de derrotas.

Elisabeth Beck-Gernsheim

Nascida em Friburgo, Alemanha, em 1946, Elisabeth Beck-Gernsheim é socióloga, filósofa e psicóloga. Sua ascendência em parte judia implicou que muitos membros de sua família fugissem da Alemanha nazista nos anos 1930, e alguns de seus tios se mudaram para Londres, Reino Unido.

Ela escreveu vários livros importantes junto com o marido, Ulrich Beck (que tem seus próprios vínculos com Londres através da London School of Economics), mas também escreveu muito sobre questões que vão de mudanças sociais a biotecnologias. Mais recentemente, desenvolveu interesse por casamento transnacional, migrações e identidades étnicas. Hoje é pesquisadora sênior no Institute for Cosmopolitan Studies, da Universidade de Munique. (Ver pp. 156-161 sobre Ulrich Beck.)

Principais obras

1995 *Das ganz normale Chaos der Liebe* (com Ulrich Beck)
2002 *Individualization* (com Ulrich Beck)
2002 *Was kommt nach der Familie?*

As pessoas se casam por... amor e se divorciam por... amor.
Ulrich Beck e Elisabeth Beck-Gernsheim

dissipação das identidades sociais tradicionais entre homens e mulheres sobre os papéis de gênero nasce "no próprio cerne da esfera privada", resultando em mais casais se divorciando, ou separando, e surgindo novas formas de família. Tudo isso faz parte do "caos um tanto normal chamado amor".

O viver individualizado

Seguindo a trilha do trabalho anterior de Beck, *Sociedade de risco* (1986), que sugere que as mulheres estão divididas entre a "liberação" e a continuação dos papéis de gênero tradicionais, o casal defende que uma nova era de "modernidade reflexiva" produziu novos riscos e oportunidades. As condições sociais e econômicas particulares do capitalismo global levaram a um maior senso de identidade individual. A vida é menos previsível, e as narrativas pessoais têm um maior senso de "faça você mesmo".

O casal explica que a "individualização" é o princípio oposto daquele usado no Código Civil da Alemanha do século XIX, que estabelecia que "o casamento deve ser visto como uma ordem moral e jurídica independentemente da vontade dos esposos". A individualização facilitou novas formas de experimentação pessoal e social. As visões do casal ecoam as de Anthony Giddens, que em *A transformação da intimidade* (1992) argumenta que na sociedade »

A busca do amor e do casamento continua na sociedade moderna, a despeito de as pressões sobre nossa vida implicarem que o casamento seja mais propenso a terminar em divórcio que no passado.

contemporânea fazemos nossa identidade em vez de herdá-la. Tal mudança alterou, diz ele, a forma como experimentamos a família e a sexualidade.

De acordo com Giddens, no passado, quando os casamentos eram parcerias econômicas em vez de combinações amorosas, as expectativas eram menores, assim como os desapontamentos. Agora que homens e mulheres estão cada vez mais compelidos a criar reflexivamente sua identidade através de decisões cotidianas, Giddens argumenta que eles são capazes de escolher seus parceiros com base no entendimento mútuo, levando àquilo que descreve como "relações puras" — nas quais se entra por interesse próprio e as quais só continuam quando ambas as partes estão felizes. Tais parcerias, diz ele, trazem maior igualdade entre os indivíduos e desafiam os papéis de gênero tradicionais.

Íntimo, mas igual

Apesar de Beck e Beck-Gernsheim concordarem com Giddens que existe um escopo muito maior no mundo moderno para homens e mulheres moldarem sua própria vida, enfraquecendo assim os estereótipos de gênero, eles não são totalmente otimistas.

Os indivíduos estão sujeitos a forças além de seu controle. A vida pode ser "faça você mesmo", mas não é "faça do jeito que quiser". Mulheres e homens, diz o casal, estão "compulsivamente na busca da forma certa de viver" — tentando encontrar um modelo de família que ofereça um "refúgio na nossa sociedade afluente e impessoal". A individualização talvez tenha liberado as pessoas dos papéis de gênero prescritos pela sociedade industrial, mas as necessidades materiais da vida moderna são tais que elas são forçadas a constituir uma vida própria que seja adaptada às exigências do mercado de trabalho. No modelo familiar, dizem Beck e Beck-Gernsheim, podem se encaixar "uma biografia no mercado de trabalho com uma biografia de uma vida inteira no lar, mas não duas biografias no mercado de trabalho", porque sua lógica interna exige que "ambos os parceiros se coloquem em primeiro lugar". A desigualdade persistirá até

Para os indivíduos que... inventam... seu ambiente social, o amor se torna... o eixo que dá sentido a sua vida.
Ulrich Beck e Elisabeth Beck-Gernsheim

que os homens aceitem mais a participação das mulheres no local de trabalho e se comprometam mais com o trabalho doméstico.

Frágil, ainda que resiliente

Beck e Beck-Gernsheim defendem que, na maioria dos casos, as relações íntimas não podem ser igualitárias. Se o que se exige é a igualdade, então se devem abandonar os relacionamentos: "O amor se tornou inóspito".

Os homens e as mulheres enfrentam escolhas e restrições muito distintas daquelas enfrentadas por seus semelhantes em eras passadas, por causa da contradição entre as demandas dos relacionamentos de qualquer tipo (família, casamento, maternidade, paternidade) e as demandas do mercado de trabalho para empregados móveis e flexíveis. Essas escolhas e restrições são responsáveis por separar as famílias. Em vez de serem moldadas por regras, tradições e rituais de eras passadas, Beck e Beck-Gernsheim argumentam que as unidades familiares contemporâneas estão experimentando uma mudança da "comunidade da necessidade", em que laços e obrigações nos unem em nossa vida íntima, para as "afinidades eletivas", baseadas na escolha e na inclinação pessoal.

Os indivíduos agora têm um desejo maior por relações emocionalmente satisfatórias, o que estimulou setores como o de terapia de casais e livros de autoajuda. Mas os laços que os unem são frágeis, e as pessoas tendem a seguir adiante se não acharem a perfeição. Como os casais costumam dizer, mesmo que os indivíduos se apaixonem ("quando o amor finalmente vence"), ainda há mais batalhas pela frente — divisão, ressentimento e divórcio, por exemplo.

Beck e Beck-Gernsheim sugerem que cuidar das relações pessoais e satisfazer as demandas de um mundo econômico em rápida transformação exigem um delicado esforço de equilíbrio. Como consequência, aumenta o divórcio. Mas a esperança de felicidade é tão grande que muitos dos que se divorciam acabam se casando novamente.

A importância dos filhos

Enquanto Beck e Beck-Gernsheim argumentam que já fomos longe demais para voltar atrás, e nem os homens nem as mulheres querem isso, as pressões de uma vida individualizada implicam que ela pode ser colorida com uma nostalgia e um desejo por certezas que talvez nunca tenham existido — aqueles "valores familiares" para os quais os governos querem voltar. Quanto mais frágeis são nossos relacionamentos, mais corremos atrás do amor.

Uma forma em que esse desejo pelo passado exerce sua influência é através da crescente importância posta sobre os filhos na sociedade contemporânea. Enquanto o amor entre adultos pode ser visto como temporário e vulnerável, o amor pelos filhos se torna mais importante, e os pais precisam investir emocionalmente nos filhos, que são vistos como fonte incondicional de amor.

A esse respeito, Beck e Beck-Gernsheim sugerem que talvez os homens estejam desafiando as mulheres quanto ao papel de cuidadores emocionais na família. Isso pode ser visto no crescente número de pais que buscam a guarda de seus filhos depois do divórcio e no aumento dos grupos que defendem direitos iguais à paternidade para os pais, como o Fathers4Justice.

A acadêmica feminista Diana Leonard apoia essa visão, dizendo que os pais estão "mimando" seus filhos com presentes para mantê-los perto de si. A conexão com um filho nesse contexto se transforma em algo

O filho... promete um laço... mais... profundo e duradouro que qualquer outro na sociedade.
Ulrich Beck e Elisabeth Beck-Gernsheim

intenso e voltado ao ego, oferecendo um sentimento de permanência não encontrado no caos dos relacionamentos adultos.

Inevitavelmente, os argumentos de Beck e Beck-Gernsheim levantaram críticas. Vários teóricos, incluindo a acadêmica Diana Mulinari, discordaram da afirmação de que as mulheres são responsáveis pela crescente taxa de divórcios. Mas *Das ganz normale Chaos der Liebe* transformou o trabalho acadêmico sobre a família — que não é mais vista como uma instituição que responde às mudanças sociais e passou a ser reconhecida como uma que efetivamente contribui para as mudanças. ∎

As taxas de casamento e divórcio no mundo ocidental mudaram significativamente nos últimos cinquenta anos. Alterações na lei e na sociedade viram o casamento cair e o divórcio aumentar. Apesar de parecer que o padrão se estabilizou, a unidade familiar está muito mais frágil hoje.

* O divórcio não era permitido na Espanha até 1981. As informações mais recentes são de 1990.

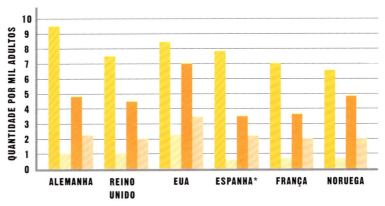

A SEXUALIDADE TEM TANTO A VER COM CRENÇAS E IDEOLOGIAS QUANTO COM O CORPO FÍSICO
JEFFREY WEEKS (1945-)

EM CONTEXTO

FOCO
A construção social da sexualidade

DATAS IMPORTANTES
1885 Uma emenda ao Código Penal aprovada no Reino Unido recriminalizou a homossexualidade masculina e endureceu as leis contra a prostituição.

1968 Um artigo da socióloga britânica Mary McIntosh, "The Homosexual Role", ajuda a promover a visão de que a sexualidade é determinada socialmente, não biologicamente.

1976 *A história da sexualidade 1*, do filósofo francês Michel Foucault, examina o papel dos "especialistas" na classificação da sexualidade.

2002 Casais do mesmo sexo podem juridicamente adotar filhos no Reino Unido.

2014 O casamento entre pessoas do mesmo sexo é legalizado no Reino Unido.

Jeffrey Weeks, que pode ser considerado um dos mais influentes escritores britânicos sobre a sexualidade, oferece um relato histórico detalhado de como a sexualidade foi moldada e regulada pela sociedade. Ele vê a sexualidade não tanto como algo arraigado no corpo, mas como uma construção social determinada ideologicamente. Inspirado na obra da socióloga britânica Mary McIntosh, argumenta que a industrialização e a urbanização consolidaram divisões de gênero e aumentaram o estigma sobre as relações masculinas do mesmo sexo.

Weeks examina como a sociedade vitoriana usou as novas "ciências" da psicologia e da sexologia (o estudo da

A sexologia inventa as categorias **"homossexual"** e **"heterossexual"**.

O casamento é promovido como necessário para uma sociedade saudável e estável.

A lei regula a sexualidade decidindo quem pode fazer o quê.

A **homossexualidade** é construída como **anormal**; a **heterossexualidade** é construída como **normal**.

A sexualidade tem tanto a ver com crenças e ideologias quanto com o corpo físico.

FAMÍLIAS E INTIMIDADES

Veja também: Sylvia Walby 96-99 ▪ Margaret Mead 298-299 ▪ Michel Foucault 302-303 ▪ Adrienne Rich 304-309 ▪ Steven Seidman 326-331

Oscar Wilde foi julgado e condenado no final do século XIX por "indecência bruta" com outros homens. O julgamento do escritor irlandês ajudou a construir a homossexualidade como um problema social.

sexualidade que alegava ser uma ciência, mas que quase sempre era feito por amadores) para condenar os homossexuais.

O crescente interesse em classificar a sexualidade supunha que as mulheres eram, por natureza, sexualmente passivas e os homens, ativos, sem oferecer nenhuma evidência para sustentar tais suposições. Qualquer coisa contrária a essas visões "essencialistas" (de que a sexualidade reflete a biologia) era, com frequência, considerada anormal. As novas ciências sustentavam firmemente as ideias patriarcais existentes.

Weeks observa que houve uma crescente tendência a ver o casamento como essencial para a manutenção de uma sociedade estável, "saudável". Também houve, portanto, uma preocupação em regular a luxúria "natural" dos homens, canalizando-a para o casamento. Ao mesmo tempo que o casamento era defendido como norma e essencial para a sociedade, a "homossexualidade", diz Weeks, foi inventada. Atos homossexuais já haviam sido criminalizados anteriormente, mas pela primeira vez na história os sexólogos identificaram um tipo de pessoa: os "homossexuais" (a categoria da "heterossexualidade" foi inventada logo depois). Muitos dos estudos sobre sexualidade foram influenciados pelos ensinamentos da Igreja cristã.

Sexualidade e controle social

A homossexualidade era vista como uma perversão e, cada vez mais, como um problema social, o que levou a controles jurídicos e sociais mais rígidos. A emenda ao Código Penal de 1885, por exemplo, ampliou e redefiniu juridicamente os atos homossexuais. A construção da homossexualidade como anormal, junto com as ideias essencialistas de feminilidade e masculinidade, serviu para apoiar a crença de que a heterossexualidade era normal e a única forma legítima de comportamento sexual.

É possível, sugere Weeks, ver essa definição de sexualidade como construída socialmente, além de ser um meio de controle social. A lei pode decidir quem pode casar, adotar filhos, fazer sexo, e em qual idade. A religião pode instruir a sociedade de que qualquer sexo que não leve à procriação é pecaminoso.

Mas os ideais culturais a respeito de quem pode fazer sexo, e quem não, podem ter um impacto significativamente negativo. Houve, por exemplo, um sensível aumento nas doenças sexualmente transmissíveis entre as pessoas com mais de cinquenta anos no Reino Unido porque as ideias de que o sexo entre pessoas mais velhas é, entre outras coisas, repugnante as fizeram não procurar ajuda médica. ∎

Jeffrey Weeks

O historiador social Jeffrey Weeks nasceu em Rhondda, no País de Gales, Reino Unido, em 1945. Sua obra foi influenciada por sua participação como ativista gay na Gay Liberation Front (GLF).

Weeks foi membro fundador e editor do periódico *Gay Left*, e sua obra continua a ser influenciada por ideias de políticos gays e lésbicas, pelo socialismo e pelo feminismo. Já publicou mais de vinte livros e diversos artigos sobre sexualidade e vida íntima, e hoje é professor e pesquisador no epônimo Weeks Centre for Social and Policy Research na South Bank University em Londres, Inglaterra. Em 2012, ganhou o prêmio OBE por seu serviço às ciências sociais.

Principais obras

1977 *Coming Out: Homosexual Politics in Britain*
1989 *Sex, Politics and Society*
2001 *Same Sex Intimacies: Families of Choice and Other Life Experiments*

Os processos sociais constroem subjetividades não apenas como categorias, mas no nível de desejos individuais.
Jeffrey Weeks

A TEORIA QUEER QUESTIONA A PRÓPRIA BASE DA IDENTIDADE

STEVEN SEIDMAN (1950-)

EM CONTEXTO

FOCO
Teoria queer

DATAS IMPORTANTES
1976 A obra de Michel Foucault *A história da sexualidade 1* acompanha a construção social da sexualidade. Ele vê as identidades sexuais surgindo a partir da história e sendo produzidas pelo poder, logo não são baseadas na natureza ou na biologia.

1987 O ACT UP (Aids Coalition to Unleash Power) é formado em Nova York, como resposta às campanhas homofóbicas sobre a aids.

1990 Em *Problemas de gênero*, Judith Butler argumenta que o gênero é socialmente construído e produzido a partir de ações e comportamentos que são constantemente repetidos.

1998 A acadêmica americana Judith ("Jack") Halberstam examina a masculinidade sem homens em *Female Masculinity*.

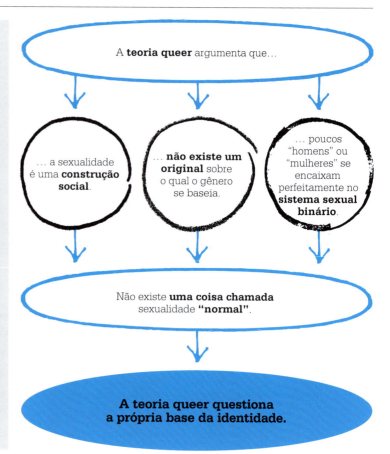

No começo dos anos 1980, a crise da aids foi erroneamente identificada na mente do público como uma epidemia que afetava principalmente os gays. O pânico sanitário resultante e o crescimento da homofobia fizeram com que as comunidades lésbicas e gays se sentissem isoladas e marginalizadas.

Gays e lésbicas politicamente ativos responderam a isso ao criar a política e a teoria "queer", tentando tirar do termo "queer" ("estranho", no inglês) o seu poder depreciativo. Como a afirmação reversa de uma palavra pejorativa, "queer" ainda é um termo controverso para alguns. No seu sentido mais amplo, inclui qualquer categoria que expõe o modelo "natural" heterossexual masculino-feminino — não só os gays e as lésbicas, mas também os transgêneros, os cross-dressers e outros, incluindo os heterossexuais que rejeitam a "norma".

A teoria queer e sua abordagem política surgiram do feminismo e da teoria gay e lésbica. Influenciados por Michel Foucault e Judith Butler, os principais teóricos queers, como Eve Kosofsky Sedgwick, Gayle Rubin e Steven Seidman, romperam as categorias de identidade unitária tradicional — ou social —, acreditando que as diferenças dentro de categorias como "mulher" e "gay" minam a sua utilidade. A teoria queer, assim como algumas teorias feministas, também foi inicialmente criticada pelas comunidades lésbicas e gays como sendo assimilacionista — buscando entrar na corrente dominante ao fazer campanhas por coisas como o direito ao casamento.

Sexualidade construída

Steven Seidman é uma figura importante na história do pensamento queer por causa de sua interpretação e

FAMÍLIAS E INTIMIDADES

Veja também: Judith Butler 56-61 ▪ R. W. Connell 88-89 ▪ Michel Foucault 302-303 ▪ Adrienne Rich 304-309 ▪ Christine Delphy 312-317 ▪ Jeffrey Weeks 324-325

---

sua crítica a outros teóricos queers. Seidman argumenta, como Foucault e o sociólogo britânico Jeffrey Weeks, que a sexualidade é "construída". A industrialização e a urbanização, que geraram o espaço social ao criar o mundo público masculino do trabalho e o mundo feminino privado no lar, produziram mudanças significativas em como entendemos a masculinidade, a feminilidade e a regulação da sexualidade. Muitas das qualidades de gênero e sexualidade que hoje vemos como naturais ("heteronormativa", que significa que a heterossexualidade é considerada uma orientação sexual normal) foram estabelecidas nessa época, como as mulheres serem consideradas acolhedoras e cuidadoras, os homens serem tidos como sexualmente ativos e a homossexualidade ser vista como uma perversão.

Seidman sugere que, até o final do século XX, o estudo da sexualidade pode ser visto como a história da homossexualidade. Para as ciências do século XIX, bem como para a sexologia e a psicologia freudiana, a heterossexualidade era normal e não sujeita a exame. Na verdade, esse momento da história criou muitas das desigualdades sociais que persistem até hoje, como as divisões entre homens e mulheres.

Questões de identidade

Já que teóricos queers como Seidman consideram a identidade como construída socialmente, ela é vista como instável e sem coerência. Até mesmo algo aparentemente estável como o sexo biológico é questionado. Poucos indivíduos se encaixam perfeitamente nas categorias "homem" ou "mulher" — quando testados em termos de cromossomos, hormônios, genes ou anatomia, a maioria se encaixaria em algum ponto de um continuum. Alguns homens podem parecer muito masculinos, mas têm um alto grau de hormônios "femininos", ou um micropênis, ao passo que algumas mulheres podem ser muito altas ou peludas, qualidades que somos encorajados a ver como masculinas.

Quando bebês nascem com um sexo ambíguo, os cirurgiões normalmente intervêm, removendo o pequeno pênis de um menino e sugerindo que ele seja criado como uma menina: uma resposta paradoxal que é ao mesmo tempo essencialista, ao supor que uma característica de homens "reais" é que eles têm pênis grande, e construcionista, ao supor que a identidade é, na verdade, um condicionamento social. Ao desafiar a ideia de identidade unitária, como um hétero, e rejeitar as formas binárias de pensamento como homem/mulher, Seidman está fundamentalmente criticando a teoria e a política baseadas em identidade.

O feminismo e os movimentos lésbicos e gays surgiram como formas de políticas de identidade para desafiar a sociedade patriarcal e heteronormativa. No entanto, os críticos argumentam que esses movimentos foram rapidamente dominados pela classe média branca (e masculina, no caso das políticas gays e lésbicas). Às vezes, tais grupos também assumiram abordagens essencialistas quanto à identidade, vendo as identidades como arraigadas na biologia, logo naturais ou normais. Conforme Butler argumenta, nesse contexto as próprias identidades marginalizadas, ao produzir significados fixos, se tornam cúmplices ao reafirmar os regimes binários. Seidman alega que a teoria queer oferece um questionamento necessário às políticas normativas gays e lésbicas, porque essas identidades sexuais reproduzem os processos de poder que buscam confrontar.

Desafiando a norma

Em seu influente texto "The Trouble with Normal: Sex, Politics, and the Ethics of Queer Life" (1999), Michael Warner argumenta que o conceito de "queer" não tem a ver somente com resistir à norma, mas também desafiar a própria ideia de comportamento normal. Já que "queer" tem a ver com a atitude, e não com identidade, qualquer um que desafie a norma ou o que é esperado pode ser "queer" — por »

> Declaremos guerra contra o centro, contra todos os centros, todas as autoridades, em nome da diferença.
> **Steven Seidman**

Na Índia, em 2014, a Suprema Corte garantiu o direito de indivíduos transgêneros, um antigo grupo chamado *hijra*, de autoidentificar seu sexo, criando assim um terceiro status de gênero na lei.

exemplo, casais que não querem ter filhos. Seidman, em *Difference Troubles: Queering Social Theory and Sexual Politics* (1997), por um lado reconhece a importante contribuição que a teoria queer fez para a cultura e a política moderna, mas por outro explora as dificuldades que podem surgir para aqueles que defendem a política da diferença. Como os pensadores sociais conceitualizam as diferenças, como sexualidade ou raça, sem cair na armadilha de reduzi-las a um status inferior?

Sua resposta pragmática é argumentar a favor daquilo que ele chama de "visões menos repressivas da diferença" — um pós-modernismo social no qual "queer" é um verbo, descrevendo ações, não mais um substantivo. Sua meta é desafiar todas as normas ao reconhecer a diferença e ter "uma política afirmativa da diferença" em vez de um "tipo não liberal de política de identidade", de modo que "a diferença e a democracia possam coexistir". Seidman insiste que os teóricos queers devem, assim como os outros teóricos sociais, levar em conta outras formas de teoria social e continuar criticando importantes instituições sociais e examinando como as pessoas vivem sua vida.

Existem muitas críticas ao conceito "queer" e a sua abordagem teórica. Apesar de ser contra o conceito de identidade, ele nunca se tornou um termo includente que se refere a pessoas gays, lésbicas, bissexuais e transgêneros. Em essência, "queer" pode ser visto como um novo rótulo para um velho conceito. Dessa forma, essa teoria pode ser usada para unificar muitas e diversas categorias de pessoas que têm sido acusadas de ignorar importantes diferenças e desigualdades.

> Queer é, por definição, qualquer coisa que não concorde com o normal, o legítimo, o dominante.
> **David Halperin**
> Acadêmico americano (1952-)

Uma abordagem falha?

Uma vez que teóricos queers, como o americano David Halperin, entenderam "queer" como uma posição que pode ser assumida por qualquer um que sinta que foi marginalizado por causa de suas preferências sexuais, a acadêmica australiana Elizabeth Grosz adverte que ele pode ser usado para validar práticas eticamente questionáveis, como as dos "sádicos, pederastas… cafetões".

A teoria queer tem sido acusada de focar a sexualidade e excluir outras categorias: quando Warner argumenta que a pornografia é "queer" porque — como resultado de suas representações de fantasias sexuais — ela é o oposto do "normal", ele ignora que as formas do uso de mulheres na maior parte da pornografia se baseiam na premissa da masculinidade "normal". Em *Queer*

Grupos que defendem a sexualidade autoidentificada têm, nos últimos anos, desafiado a premissa da heterossexualidade masculina-feminina como a orientação sexual normal. Os símbolos abaixo são apenas alguns dos muitos usados agora para declarar à visão dominante que existem diferentes identidades sexuais.

Símbolos de autoidentificação

Símbolo	Orientação	Inspiração
⚢	Casais femininos	Pares espelhados dos signos astrológicos e alquímicos de Vênus, tradicionalmente usados para denotar um organismo do gênero feminino.
⚣	Casais masculinos	Pares de escudos e lanças dos signos astrológicos e alquímicos de Marte, tradicionalmente usados para denotar um organismo do gênero masculino.
◯	Uma pessoa intersexo ou uma pessoa sem gênero	O elemento circular dos signos de Vênus e Marte, sem os elementos definidores de gênero.
⚧	Uma pessoa transgênero	Uma combinação dos signos de gêneros masculino e feminino.
☾☽	Uma pessoa bissexual	O símbolo da Lua dupla é amplamente usado no norte da Europa, em vez do triângulo rosa "recuperado" da era nazista e usado em alguns países.

FAMÍLIAS E INTIMIDADES 331

Race, o acadêmico sul-africano Ian Barnard defende que a teoria queer criou uma versão camuflada ocidental de "queer", que ignora a raça. O historiador britânico Jeffrey Weeks o acusou de ignorar as restrições materiais, como a falta de dinheiro, que implicam que a decisão de ser transgressor não está disponível para todos. Seria possível, então, argumentar que a teoria queer se tornou uma posição branca, de classe média e gay.

A teoria queer também alega ter sido a primeira teoria social a desafiar a distinção de sexo/gênero. Mas, como a socióloga britânica Diane Richardson aponta, essa alegação é exagerada: feministas radicais como Christine Delphy, autora de *The Main Enemy* (1970), já têm feito isso desde o começo dos anos 1970.

A despeito de tais críticas, a teoria queer influenciou várias áreas acadêmicas, especialmente os estudos da masculinidade. Por exemplo, a obra da acadêmica americana Judith Halberstam assumiu uma linha "queer" ao argumentar que, se quisermos entender a masculinidade, é imprescindível considerar formas marginalizadas e subordinadas, como a masculinidade feminina. Seidman

afirma que a abordagem da teoria queer também é importante quando aplicada a romances e filmes. Ele argumenta que a meta da crítica literária contemporânea tem sido desconstruir o que há de binário em boa parte da literatura — e o "queer" torna isso possível.

Para aqueles cuja sexualidade é marginalizada ou que, com frequência, acham que sua representatividade é limitada, uma leitura "queer" que reinterpreta a narrativa abre possibilidades que o autor ou criador pode não ter previsto — por exemplo: os livros de *Sherlock Holmes* de Conan

Interpretações "queer" podem ser vistas em muitos filmes. Em *Alien — A Ressurreição*, Ellen Ripley — parte humana, parte alienígena — tem uma ligação com uma androide feminina.

Doyle podem sugerir uma amizade romântica entre Holmes e Watson; o cross-dressing nas peças de Shakespeare pode também ser visto como uma interpretação "queer"; e filmes como os da série *Alien* estão abertos a uma nova visão da retórica da "fêmea predadora". "Queer" também conseguiu se infiltrar na TV, como no reality show *Queer Eye*. ∎

O drag king americano Murray Hill (na foto) é descrito por Halberstam como o que "transforma a masculinidade e expõe sua teatralidade".

Masculinidade feminina

Judith ("Jack") Halberstam defende que a masculinidade pode existir sem os homens e desafia as formas nas quais as mulheres "masculinas" são depreciadas. A "feminice" não produz necessariamente a feminilidade; a "machice" nem sempre leva à masculinidade.

Essa ideia põe em xeque a distinção fundamental de gênero/sexo, em que um gênero socialmente construído (a masculinidade) é aceito como a expressão natural do sexo biológico (homem). Halberstam, cuja obra é vista como "queer", argumenta que tem havido uma tendência de juntar todas as mulheres do gênero "queer" sob um só termo guarda-chuva de lésbica. Mas palavras como "lésbica" e "gay" não são suficientes para explicar o amplo leque de atividade erótica não heterossexual por convenção. A masculinidade feminina se torna um gênero em vez de uma imitação.

"Drag kings" (mulheres que se vestem como homens) chamam a atenção para a forma como a masculinidade dos homens não é baseada numa essência autêntica, mas produzida por ações repetidas no cotidiano.

DIRETÓR

10

DIRETÓRIO

A pesar de a sociologia ter sido reconhecida como uma ciência social há pouco tempo, suas raízes estão nos filósofos antigos, como Platão, que refletiram sobre a sociedade "ideal". Desde então seus principais temas têm sido o interesse de governantes, que têm muito a ganhar com o entendimento do modo como as pessoas formam grandes grupos (sociedades) e como compartilham informação, valores culturais, riquezas e poder. Os reformadores sociais perceberam que tais teorias poderiam ser usadas para mudar a sociedade, e suas vozes ficaram ainda mais altas conforme a sociologia amadureceu e virou uma "ciência". Os principais da área já foram descritos no corpo deste livro. Esta seção inclui outros pensadores que também ofereceram contribuições importantes para a disciplina e para o nosso entendimento da vida social.

HERBERT SPENCER
1820-1903

O sociólogo e filósofo britânico Herbert Spencer foi um dos primeiros teóricos evolucionistas. Ele cunhou a frase "sobrevivência do mais apto" e sugeriu que as sociedades seguem os mesmos princípios evolucionários que o corpo humano: elas mudam naturalmente, evoluindo de estados simples para formas altamente complexas, e só as sociedades mais fortes sobrevivem e crescem. Tal visão ficou conhecida como "darwinismo social".
Veja também: Harriet Martineau 26-27 ▪ Karl Marx 28-31

CHARLES H. COOLEY
1864-1929

Charles Horton Cooley, de Michigan, EUA, desenvolveu a "teoria do self-espelho", que alega que nosso senso de identidade se desenvolve principalmente a partir de um senso de como somos percebidos pelos outros, ou seja, através das interações sociais. O conceito formou a base da teoria sociológica da "socialização".
Veja também: G. H. Mead 176-177 ▪ Erving Goffman 190-195

ROBERT E. PARK
1864-1944

Robert E. Park, um sociólogo americano, é amplamente reconhecido por sua obra sobre comportamento coletivo, relações de raça e "ecologia humana" (a ideia de que os humanos atuam de forma similar às plantas e aos animais). Sua abordagem à sociologia urbana — tratando a cidade como um "laboratório de pesquisa" — foi um marco daquilo que ficou conhecido como a Escola de Chicago de sociologia.
Veja também: Georg Simmel 104-105 ▪ G. H. Mead 176-177

SIEGFRIED KRACAUER
1889-1966

Nascido em Frankfurt, Alemanha, Siegfried Kracauer é mais conhecido por suas teorias sobre a cultura moderna e sua ideia de que a tecnologia ameaça desbancar a memória. Kracauer juntou-se a Walter Benjamin e Ernst Bloch no jornal *Frankfurter Zeitung* como editor de cinema e literatura, e começou a analisar os artefatos culturais da sociedade, da propaganda ao cinema. Em 1933, fugiu da ameaça nazista, indo primeiro para Paris e depois para os EUA. Kracauer teve uma grande influência sobre Theodor W. Adorno.
Veja também: Walter Benjamin 334 ▪ Theodor W. Adorno 335

WALTER BENJAMIN
1892-1940

Nascido em Berlim, Walter Benjamin tornou-se um famoso teórico cultural. Fez seu doutorado em literatura na Universidade de Berne, Suíça, em 1919. Voltou à Alemanha, de onde fugiu do nazismo em 1933. Ainda no exílio, escreveu artigos sobre arte e cultura para o Instituto para Pesquisa Social em Frankfurt. Em 1939 foi internado num campo na França e, depois de sua libertação, quis fugir para a Espanha atravessando os Pirineus. Quando lhe foi recusada a entrada, suicidou-se.
Veja também: Jürgen Habermas 286-287 ▪ Siegfried Kracauer 334

DIRETÓRIO **335**

KARL MANNHEIM
1893-1947

Karl Mannheim foi cofundador da sociologia do conhecimento, que se ocupa dos processos envolvidos no "conhecimento" do mundo. Alegou que "vemos" o mundo através das lentes de nossa cultura e ideologia e como uma função de nossa posição na sociedade. A "verdade" é relativa e depende da posição do sujeito. Húngaro de nascimento, Mannheim estudou com Georg Simmel em Berlim, Alemanha. Em 1933 foi para a London School of Economics.

Veja também: Karl Marx 28-31 ▪ Max Weber 38-45 ▪ Georg Simmel 104-105 ▪ Norbert Elias 180-181

BARBARA ADAM WOOTTON
1897-1988

A socióloga Barbara Adam Wootton ficou famosa por sua obra *Crime and the Criminal Law* (1963), que reverteu as visões comumente aceitas sobre a "personalidade criminosa". Estudou economia na Universidade de Cambridge, Reino Unido, em 1919, e terminou seu mestrado em 1920, mas, como as mulheres não eram formalmente aceitas como alunas, não recebeu seus diplomas. Mais tarde ensinou sociologia nas universidades de Londres e Bedford.

Veja também: Sylvia Walby 96-99 ▪ Ann Oakley 318-319

ALFRED SCHÜTZ
1899-1959

Alfred Schütz fez seu doutorado em filosofia do direito na Universidade de Viena, Áustria, e se interessou pela obra de Max Weber e pela do filósofo Edmund Husserl. Em 1938 se mudou para Paris, depois para Nova York. Seguindo a abordagem fenomenológica de Husserl, que examina como o mundo é experimentado na consciência subjetiva de uma pessoa, Schütz estabeleceu a base para o novo campo da sociologia fenomenológica, que foca a natureza da realidade social.

Veja também: Max Weber 38-45 ▪ Peter L. Berger 337

HERBERT BLUMER
1900-1987

Herbert Blumer terminou seu doutorado em sociologia na Universidade de Chicago, EUA, onde lecionou por 27 anos. Em 1952, tornou-se a primeira cátedra em sociologia na Universidade da Califórnia em Berkeley. Em *Symbolic Interactionism* (1969), sua obra mais conhecida, ele sugeriu que as ações individuais e coletivas refletem o sentido que as pessoas colocam nas coisas e que esses sentidos surgem do contexto da vida humana em grupo.

Veja também: G. H. Mead 176-177 ▪ Howard S. Becker 280-285 ▪ Charles H. Cooley 334

GILBERTO FREYRE
1900-1987

Escritor e sociólogo brasileiro, formou-se nos Estados Unidos, onde fez mestrado. Em 1933, já de volta ao Brasil, publicou *Casa-Grande e senzala*, uma das obras de sociologia mais influentes do século XX no país. A polêmica ideia de "democracia racial" no Brasil foi inaugurada no livro, propondo que a escravidão brasileira foi branda devido às relações harmônicas entre raças. Em 1946, foi eleito para a Assembleia Nacional Constituinte.

Veja também: Fernando Henrique Cardoso 337 ▪ W. E. B. Du Bois 68-73, 82.

SÉRGIO BUARQUE DE HOLANDA
1902-1982

Historiador brasileiro, formou-se em direito pela Universidade Federal do Rio de Janeiro. Iniciou a carreira trabalhando como jornalista e depois lecionou na Universidade Estadual do Rio de Janeiro. Seu livro *Raízes do Brasil* (1936) é considerado um dos mais importantes da sociologia brasileira. Em *Visão do Paraíso* (1959), outra obra relevante, analisa o papel do imaginário europeu no continente americano. Lecionou no Chile e nos Estados Unidos. Aposentou-se da Universidade de São Paulo devido à ditadura militar, em 1969.

Veja também: Gilberto Freyre 335 ▪ Max Weber 38-45

THEODOR W. ADORNO
1903-1969

Theodor W. Adorno foi um proponente da "teoria crítica" neomarxista. Nascido em Frankfurt, Alemanha, estudou com Siegfried Kracauer e terminou seu doutorado em filosofia na Universidade de Frankfurt em 1924. Em 1931, foi cofundador do instituto para Pesquisa Social (também conhecido como Escola de Frankfurt) junto com Max Horkheimer, mas com a ascensão do nazismo foi para o Reino Unido, enquanto o instituto se mudou para os EUA. Ele se juntou ao instituto e o ajudou a se transformar numa das principais vozes contra o "ilusório" capitalismo dos prazeres. Em 1949, o instituto e Adorno voltaram para a Alemanha (agora Ocidental). Adorno se

336 DIRETÓRIO

aposentou e mudou para a Suíça.
Veja também: Herbert Marcuse
182-187 ▪ Jürgen Habermas 286-287 ▪
Siegfried Kracauer 334 ▪ Walter
Benjamin 334

CAIO PRADO JR.
1907-1990

Historiador brasileiro, dedicou sua
vida a explicar o desenvolvimento
do Brasil a partir de uma perspectiva
marxista. Formou-se em direito pela
Universidade de São Paulo. Adaptou o
pensamento de Marx à realidade
brasileira, buscando explicar fatos
contemporâneos a partir de uma
perspectiva histórica. Em 1942,
publicou *Formação do Brasil
contemporâneo*, um dos maiores
clássicos da sociologia brasileira.
Como ativista político, participou da
Revolução de 1930 e filiou-se ao Partido
Comunista do Brasil logo em seguida.
Veja também: Karl Marx 28-31 ▪
Raymundo Faoro 336

ANSELM L. STRAUSS
1916-1996

O sociólogo americano Anselm L.
Strauss desenvolveu, junto com
Barney Glasser, um método inovador
de análise qualitativa conhecido como
"teoria fundamentada", que buscava
construir uma teoria a partir
da pesquisa, em vez de encontrar uma
pesquisa que provasse a teoria.
Strauss estudou na Universidade de
Chicago com Herbert Blumer,
escrevendo, mais tarde, *Social
Psychology* (1949) com Alfred R.
Lindesmith. Fez parte da "Segunda
Escola de Chicago", com Howard S.
Becker e Erving Goffman.
Veja também: Erving Goffman
264-269 ▪ Howard S. Becker 280-285 ▪
Herbert Blumer 335

LOUIS ALTHUSSER
1918-1990

O filósofo francês marxista Louis
Althusser foi uma grande figura do
movimento estruturalista dos anos
1960, uma filosofia que analisava a
sociedade através do estudo de signos
(semiótica). Sua reinterpretação de
Marx apontava para o papel dos
"aparatos ideológicos estatais" que
estão por trás e perpetuam ideologias
particulares. Nascido na Argélia,
mudou-se para a França em 1930.
Passou a maior parte da Segunda
Guerra Mundial num campo de
prisioneiros na Alemanha, onde
começou a sofrer de problemas
psicológicos que o afligiriam por toda a
vida. Em 1945, começou a estudar
filosofia na famosa École Normale
Supérieure (ENS), Paris. Foi muito
aclamado por seus ensaios e livros, a
despeito de tê-los escrito nos intervalos
de internações. Em 1980, matou sua
mulher e morreu, aos 72 anos, num
hospital psiquiátrico.
Veja também: Karl Marx 28-31 ▪
Antonio Gramsci 178-179

FLORESTAN FERNANDES
1920-1995

Sociólogo brasileiro, formou-se em
Ciências Sociais na Universidade de
São Paulo, onde lecionou até ser
afastado pela ditadura militar, em
1969. De orientação marxista, foi um
dos fundadores da sociologia com
rigor científico no país. Sua principal
obra é *A revolução burguesa no Brasil*
(1975), na qual dialoga com Max
Weber e Karl Marx em busca de uma
explicação sobre como a oligarquia e
a burguesia brasileira se uniram ao
longo da história do país. Em 1986,
elegeu-se deputado federal pelo
Partido dos Trabalhadores e

participou da Assembleia Nacional
Constituinte.
Veja também: Karl Marx 28-31 ▪
Fernando Henrique Cardoso 337

CELSO FURTADO
1920-2004

Economista brasileiro, explicou o
subdesenvolvimento da economia do
país. Doutorou-se pela Universidade de
Sorbonne, na França. Ao destacar a
importância do papel do Estado na
economia, foi o "pai" intelectual de uma
geração de políticos e pensadores.
Integrou a Comissão Econômica para a
América Latina (Cepal), órgão das Nações
Unidas. Foi o primeiro ministro do
Planejamento do país. Sua obra *Formação
econômica do Brasil* (1958) é um clássico
da historiografia econômica brasileira.
Veja também: Karl Marx 28-31 ▪
Fernando Henrique Cardoso 337

RAYMUNDO FAORO
1925-2003

Jurista brasileiro, foi responsável pela
explicação mais duradoura sobre a
formação e as características do Estado
no país. Em *Os donos do poder* (1958),
aponta a colonização portuguesa como
fator que desvenda a corrupção e a
burocratização do Brasil. Faoro presidiu
a Ordem dos Advogados do Brasil de
1977 a 1979, onde ajudou a denunciar
casos de tortura. Foi membro da
Academia Brasileira de Letras.
Veja também: Max Weber 38-45 ▪
Caio Prado Jr. 336

DOROTHY E. SMITH
1926-

Dorothy E. Smith é de Yorkshire, Reino
Unido. Ela desenvolveu "uma sociologia
para as mulheres" que adaptou um

ponto de vista fenomenológico, usando as experiências de vida subjetivas, cotidianas, em vez das teorias intelectuais do ponto de vista dominante masculino. Smith estudou sociologia na London School of Economics, e em 1955 estudou na Universidade da Califórnia em Berkeley, EUA. Mais tarde lecionou um dos primeiros cursos sobre estudos femininos na University of British Columbia.

Veja também: Karl Marx 28-31 ▪ Alfred Schütz 335

ROBERT N. BELLAH
1927-2013

O americano Robert Neelly Bellah talvez seja o principal sociólogo da religião do século xx. Ficou famoso com seu ensaio "Civil Religion in America", que examinava o uso político do simbolismo religioso. Nascido em Oklahoma, EUA, Bellah se formou em antropologia sociológica na Universidade Harvard, onde continuou até terminar seu doutorado sob a orientação de Talcott Parsons. Depois de passar dois anos lendo estudos islâmicos na McGill University, Montreal, Canadá, voltou a Harvard para lecionar. Em 1967 tornou-se professor de sociologia na Universidade da Califórnia em Berkeley.

Veja também: Bryan Wilson 278-279 ▪ Jürgen Habermas 286-287 ▪ Talcott Parsons 300-301

DAVID LOCKWOOD
1929-2014

O sociólogo britânico David Lockwood foi uma figura influente na teoria da estratificação das classes. Seu pai morreu quando ele tinha dez anos, e sua mãe passou por dificuldades financeiras, o que o forçou a largar a escola cedo para trabalhar. Enquanto servia nas forças armadas, descobriu Marx, e foi estudar sociologia na London School of Economics. Lockwood lecionou nas universidades de Cambridge e Essex. Em 1998, foi honrado por suas contribuições para a sociologia e se tornou Commander of the Order of the British Empire (CBE).

Veja também: Karl Marx 28-31 ▪ Émile Durkheim 34-37

PETER L. BERGER
1929-

Nascido na Áustria, Peter Ludwig Berger ficou famoso por sua ideia de que a "realidade" é construída através de um tipo de consenso social, conforme explicado em seu livro *A construção social da realidade* (1966), escrito com Thomas Luckmann. Berger emigrou para os EUA aos dezessete anos e fez seu mestrado e doutorado em sociologia na New School for Social Research, Nova York. Tornou-se professor de sociologia e teologia na Boston University, e em 1985 foi diretor do Boston's Institute for the Study of Economic Culture, que examina as relações entre desenvolvimento econômico e mudanças socioculturais.

Veja também: Karl Marx 28-31 ▪ Karl Mannheim 335 ▪ Alfred Schütz 335

FERNANDO HENRIQUE CARDOSO
1931-

Em 1986, Fernando Henrique Cardoso tornou-se senador por São Paulo e, em 1995 e 1998, foi eleito presidente do país. É reconhecido por ter trazido estabilidade econômica e reformas sociais ao Brasil. Cardoso estudou sociologia na Universidade de São Paulo, onde passou a lecionar a partir de 1958. Seus artigos esquerdistas o tornaram popular, mas, por ser contrário ao regime militar, foi forçado ao exílio em 1964. Lecionou em universidades na América Latina, na Europa e nos EUA, antes de voltar ao Brasil.

Veja também: Karl Marx 28-31 ▪ Immanuel Wallerstein 144-145

JOHN GOLDTHORPE
1935-

John Goldthorpe nasceu em Yorkshire, Reino Unido, e estudou na London School of Economics. Um especialista em mobilidade social e estratificação de classes, inventou o Goldthorpe Class Scheme, uma estrutura de sete níveis usada atualmente na Europa, Australásia e América do Norte. É um crítico dos conceitos de "capital cultural" e "habitus", especialmente a formulação de Pierre Bourdieu. Foi professor associado da Universidade de Oxford de 1969 a 2002 e é professor visitante na Universidade Cornell, EUA.

Veja também: Max Weber 38-45 ▪ Pierre Bourdieu 76-79

MICHAEL LÖWY
1938-

Michael Löwy é sociólogo e professor franco-brasileiro que cresceu em São Paulo, Brasil, numa família de imigrantes da Áustria. É mais conhecido por ter desenvolvido a ideia de Georg Lukács de "anticapitalismo romântico", que busca acabar com o capitalismo não através do socialismo, mas do retorno a um passado pré-industrial, com sua forma de pensar. Löwy se politizou ao ler a teórica marxista Rosa Luxemburgo, e estudou sociologia na Universidade de São Paulo com

Fernando Henrique Cardoso e Antonio Candido. Fez seu doutorado na Sorbonne, França, focando a teoria marxista.

Veja também: Karl Marx 28-31 ▪ Pierre Bourdieu 76-79 ▪ Walter Benjamin 334

JON ELSTER
1940-

O sociólogo norueguês Jon Elster foca a teoria da escolha racional — a ideia de que as pessoas tomam decisões baseadas em considerações racionais de fato (apesar de sua obra posterior revelar seu desencantamento com o poder da razão). As ideias de Elster influenciaram governos, economistas, sociólogos e psicólogos. Lecionou no Reino Unido, EUA e França. Em 1995 tornou-se o primeiro professor da cátedra Robert K. Merton de ciências sociais da Universidade Columbia, EUA.

Veja também: Karl Marx 28-31 ▪ Max Weber 38-45 ▪ Talcott Parsons 300-301

NANCY CHODOROW
1944-

Nascida em Nova York, EUA, Nancy Chodorow é uma grande teórica do pensamento feminista. Estudou antropologia no Radcliffe College, Massachusetts, sendo depois treinada em psicanálise em San Francisco. Em 1975, terminou seu doutorado em sociologia na Brandeis University, Boston. Usando uma abordagem interdisciplinar, ela formulou uma teoria psicanalítica do feminismo que abriu o campo da psicologia feminista. Leciona na Universidade da Califórnia, em Berkeley.

Veja também: Harriet Martineau 26-27 ▪ Judith Butler 56-61 ▪ Erich Fromm 188

DONNA HARAWAY
1944-

A especialista em "tecnociência" Donna Haraway, do Colorado, EUA, estudou filosofia evolucionária e teologia em Paris, antes de voltar aos EUA para se formar em zoologia, filosofia e literatura. Seu doutorado em biologia em Yale examina o uso da metáfora na formulação de experimentos — ela vê a biologia como parte da política, religião e cultura. Professora emérita do departamento de história da consciência na Universidade da Califórnia em Santa Cruz, Haraway é a principal autoridade em relações não íntimas entre pessoas e tecnologia. Seu ensaio "A Cyborg Manifesto" sugere que as pessoas já são parte humanas, parte máquinas, e que essa mistura permite às mulheres reconstruir a si mesmas, numa era de "cyborgs femininos".

Veja também: Karl Marx 28-31 ▪ Michel Foucault 52-55; 302-303 ▪ Bruno Latour 339

SHULAMITH FIRESTONE
1945-2012

A feminista revolucionária Shulamith Firestone nasceu em Ottawa, Canadá. Estudou arte na Washington University, St. Louis, EUA, e depois no Art Institute of Chicago, onde se tornou parte do Chicago Women's Liberation Union, o primeiro desses grupos nos EUA. Escreveu um livro importante, *A dialética do sexo: um manifesto da revolução feminista* (1970), argumentando que as mulheres são uma classe oprimida e que a desigualdade de gêneros é, em última instância, ditada pela biologia. Ecoando Marx, achava que a resposta era que as mulheres

deveriam tentar controlar os meios de reprodução humana (possível devido às novas formas de concepção). Depois disso, escreveu só mais um livro, mas seu impacto sobre o feminismo é inquestionável.

Veja também: Harriet Martineau 26-27 ▪ Karl Marx 28-31

BRYAN S. TURNER
1945-

Nascido em Birmingham, Reino Unido, Bryan S. Turner é uma autoridade mundial na sociologia da religião. Seu primeiro livro, *Weber and Islam* (1974), é um clássico. Tornou-se professor de sociologia na Universidade de Cambridge em 1998 e já lecionou na Austrália, na Holanda e nos EUA. Seus interesses incluem globalização e religião, autoridade religiosa e informação eletrônica, consumismo religioso e culturas juvenis e direitos humanos e religião. Em *The Body* e *Society* (1984, 2008), ele argumenta que o corpo, não ideias abstratas como classes, deveria ser o foco da análise sociológica.

Veja também: Edward Said 80-81 ▪ Max Weber 220-223

REGINALDO PRANDI
1946-

Sociólogo brasileiro, doutorou-se em sociologia pela Universidade de São Paulo. Especialista em sociologia da religião, preocupou-se em compreender o papel das religiões afro-brasileiras, evangélicas e católica no Brasil. Seus livros ajudam a preservar a memória sobre essas religiões. Foi também um dos fundadores do Instituto Datafolha, braço de pesquisa do jornal *Folha de S.Paulo*.

Veja também: Bryan Wilson 253, 257, 278-279 ▪ Karl Marx 28-31

BRUNO LATOUR
1947-

Bruno Latour nasceu na Borgonha, França, e foi qualificado como filósofo, depois antropólogo. Nos anos 1980, junto com Michel Callon e John Law, desenvolveu a "teoria ator-rede" (ANT) — a ideia de que o conhecimento não depende de uma "verdade" esperando para ser encontrada, mas é ganho ao se analisarem as interações entre atores e redes, em que os "atores" envolvidos na criação do sentido são tanto físicos como simbólicos. Latour é professor no Sciences Po, Paris.

Veja também: Harold Garfinkel 50-51 ▪ Michel Foucault 302-303 ▪ Donna Haraway 338

THEDA SKOCPOL
1947-

A socióloga e cientista política Theda Skocpol é professora da cátedra Victor S. Thomas de governo e sociologia na Universidade Harvard, EUA. Sua pesquisa foca a política social americana, as revoluções sociais e o engajamento cívico na democracia americana. Começou sua carreira estudando as revoluções francesa, russa e chinesa, e nos anos 1970 tornou-se a principal defensora da teoria da autonomia do Estado. Como resultado, recebeu o crédito pela criação de um novo paradigma, no qual as instituições (incluindo o Estado) são vistas como estruturantes da vida política e corporificadoras de ideias, logo abertas a análise causal. Seu livro de 1992, *Protecting Soldiers and Mothers: The Political Origins of Social Policy in the United States*, ganhou cinco grandes prêmios.

Veja também: Max Weber 38-45 ▪ David McCrone 163 ▪ Arjun Appadurai 166-169

ELIZABETH GROSZ
1952-

A teórica feminista e cultural Elizabeth Grosz nasceu em Sidney, Austrália, onde estudou filosofia. Influenciada pelos pensadores pós-modernistas como o filósofo francês Jacques Derrida, sua obra focaliza estudos de gênero (especialmente as diferenças sexuais), a sexualidade feminina e a natureza do tempo segundo uma perspectiva feminista. Ela é professora de estudos femininos na Duke University, Durham, Carolina do Norte, EUA. Sua obra mais conhecida é *Becoming Undone* (2011), na qual esboça uma teoria feminista do darwinismo pós-moderno.

Veja também: Michel Foucault 52-55; 302-303

TARIQ MODOOD
1952-

Tariq Modood nasceu em Karachi, Paquistão, mas foi criado no Reino Unido. Depois de estudar nas universidades de Durham e Swansea, em 1997 tornou-se o diretor fundador do Centre for Study of Ethnicity and Citizenship na Universidade de Bristol, Reino Unido. É professor de sociologia, política e políticas públicas em Bristol, e especialista em racismo, multiculturalismo e secularismo. Ele argumenta que a agressividade muçulmana contemporânea é inspirada por políticas de identidade, e não por demandas teológicas. Modood é editor e cofundador do periódico internacional *Ethnicities*.

Veja também: Stuart Hall 200-201 ▪ Bryan S. Turner 338

HARTMUT ROSA
1965-

O sociólogo alemão Hartmut Rosa ficou famoso por sua teoria da "aceleração social", título de seu livro de 2003. A teoria sugere que a sociedade está acelerando em três caminhos (inovação tecnológica, mudança social e o ritmo da vida), como também tem zonas de desaceleração, nas quais grandes grupos de pessoas podem ser deixados para trás. Ele também alega que o mundo está num ponto de "pausa frenética", onde nada continua como está, ao mesmo tempo que nada essencial realmente muda. Rosa é professor de sociologia geral e teórica na Friedrich Schiller University, Jena, Alemanha.

Veja também: Karl Marx 28-31 ▪ Max Weber 38-45 ▪ Jürgen Habermas 286-287

TOM SHAKESPEARE
1966-

Tom Shakespeare estudou na Universidade de Cambridge antes de passar cinco anos trabalhando na Organização Mundial de Saúde (OMS) em Genebra, Suíça. Sociólogo, médico e deficiente físico, é uma voz importante na sociologia da diferença. Tem interesse por aspectos éticos da genética e estudos sobre deficiências, especialmente nas áreas de políticas sexuais e direitos humanos. Palestrante em sociologia médica na Universidade de East Anglia, Reino Unido, ele alega que as pessoas "são deficientes pela sociedade e por seu corpo".

Veja também: G. H. Mead 176-177 ▪ Erving Goffman 190-195 ▪ Howard S. Becker 280-285

GLOSSÁRIO

Agência Dentro da sociologia, ação individual independente ou livre-arbítrio.

Alienação Conforme identificada por Karl Marx, a condição dos trabalhadores que se sentem distantes de si mesmos ou da sociedade devido a uma falta de poder, controle e satisfação. Marx atribuiu isso à sociedade **capitalista**, onde os **meios de produção** são de propriedade privada. O conceito foi desenvolvido no pós-guerra por vários pensadores, incluindo Robert Blauner.

Anomia Um estado de confusão ou "falta de normas" resultante de rápida transformação social. Quando as **normas** e os valores sociais que governam a conduta diária mudam abruptamente, as pessoas podem se sentir desorientadas e sem propósito, até que a ordem social seja reestabelecida. Ver também **desviante**.

Autoestranhamento O senso de **alienação** de si mesmo, quer seja através de uma visão negativa de si, quer seja um senso de que o trabalho de alguém pertence a outra pessoa ou organização.

Burguesia Na teoria marxista (ver **marxismo**), a **classe social** das pessoas que detêm os **meios de produção** industrial.

Burocracia Definida por Max Weber como um sistema de organização caracterizado por uma hierarquia de autoridades ligadas a regras, que mantém registros detalhados de tudo o que fazem.

Capital Ativos financeiros (como uma máquina) ou o valor de ativos financeiros (dinheiro) usado para produzir uma renda. Um dos ingredientes-chave da atividade econômica, junto com a terra, o trabalho e os negócios.

Capitalismo Um sistema econômico, baseado na posse privada de propriedade e de **meios de produção**, no qual as firmas concorrem para vender bens com um lucro e os trabalhadores vendem seu trabalho por um salário.

Capitalistas A **classe social** de pessoas que detêm os **meios de produção** nas sociedades industriais.

Classe social Uma hierarquia de status dentro de um sistema social, refletindo poder, riqueza, educação e prestígio. Apesar de essas classes variarem por sociedade, os modelos ocidentais geralmente reconhecem três grandes grupos. A classe alta é um pequeno grupo social que tem o maior status e é dono de uma quantidade desproporcional da riqueza da sociedade. O termo "classe média" se refere às pessoas com boa escolaridade que fazem um trabalho não manual, geralmente em escritórios. A classe trabalhadora se refere às pessoas que fazem trabalhos manuais, como nas fábricas ou na agricultura.

Colonialismo Um fenômeno em que um país exerce controle sobre outro, em geral explorando-o economicamente. O termo em geral se refere a conquista, domínio e exploração de partes do mundo pelas potências europeias.

Comunismo Um sistema econômico baseado na posse coletiva da propriedade e dos **meios de produção**.

Conflito de classes A tensão que pode surgir entre diferentes **classes sociais** como resultado de interesses socioeconômicos diversos.

Construção social Um conceito ou percepção criado na sociedade.

Consumidor Um indivíduo que compra bens e serviços para uso pessoal ou consumo.

Consumismo O estado de uma sociedade **capitalista** no qual a compra e a venda de vários bens e serviços define a época. O termo também se refere à percepção de que os indivíduos desejam bens para construir sua identidade.

Consumo conspícuo Um conceito originado por Thorstein Veblen que descreve os membros de uma classe ociosa usando bens de luxo para demonstrar seu status. Ver **cultura material**.

Cultura Línguas, costumes, conhecimentos, crenças, valores e **normas** que se combinam para gerar uma forma de vida em qualquer sociedade. Pode também se referir às artes (como música, teatro, literatura etc.)

Cultura de massa Produtos (livros, shows de TV etc.) criados como entretenimento à venda para o público em geral.

Cultura material A história e a filosofia dos objetos; relações entre pessoas e coisas.

Delinquência Crime menor cometido por um jovem; o termo também pode descrever um comportamento julgado "inaceitável" de acordo com as **normas** da sociedade.

Desviante Um comportamento ou tipo de pessoa considerada "descumpridora

GLOSSÁRIO 341

das regras" em termos das **normas** de uma sociedade em particular ou de um grupo social.

Determinismo A crença de que o comportamento de uma pessoa é determinado por alguma forma de força exterior (como Deus, genética ou o ambiente), de modo que um livre--arbítrio genuíno é impossível. Ver também **determinismo econômico**.

Determinismo econômico Uma visão materialista da história que alega que as forças econômicas causam todos os fenômenos sociais e a evolução da sociedade humana.

Direita No espectro político, as ideias de quem acredita que desigualdades socioeconômicas devem ser reduzidas unicamente através do esforço dos indivíduos.

Discurso Em geral, a comunicação na fala ou na escrita; em termos sociológicos, um arcabouço ou sistema de ideias que oferece uma perspectiva sobre a vida e governa a forma como ela pode ser discutida. O discurso dá sentido aos eventos e varia em diferentes eras, áreas geográficas e grupos sociais.

Elite Um pequeno grupo de pessoas que detêm uma quantidade desproporcional de riqueza e poder numa sociedade.

Escola de Chicago Sem dever ser confundida com a linha teórica econômica de livre mercado, essa escola sociológica de pensamento se desenvolveu nos anos 1920 e 1930. Apesar de seus interesses serem ecléticos, ela é com frequência identificada com a origem da sociologia urbana.

Escola de Frankfurt Uma escola de teoria social interdisciplinar, originalmente conhecida com Instituto para Pesquisa Social, afiliada à Universidade de Frankfurt. A escola impulsionou o pensamento neo**marxista** no século xx.

Esquerda No espectro político, as ideias de quem acredita que cabe ao Estado reduzir desigualdades socioeconômicas.

Essencialismo A crença de que entidades ou pessoas têm características inerentes, propriedades ou "essências" que definem quem ou o que são. Essa ideia leva à visão de que as categorias específicas das pessoas têm traços intrínsecos.

Estado Uma autoridade organizada que tem controle legítimo sobre um território e o monopólio do uso da força dentro dele.

Estereótipo Uma imagem amplamente aceita, mas muito simplificada, de uma pessoa ou grupo social.

Estigma Uma marca de desgraça ou de característica indesejável, física ou social, que desqualifica um indivíduo, fazendo-o não ser plenamente aceito pela sociedade. A **marginalização** dos indivíduos na sociedade, porque eles invocam respostas negativas nos outros, tem sido atribuída ao fato de terem assumido identidades estigmatizadas que são de alguma forma degradantes.

Estrutura social As instituições e relações sociais que formam o arcabouço de uma sociedade.

Estruturalismo A ideia de que devemos entender as coisas — como um texto, a mente humana ou a sociedade — ao examinar seus elementos, ou padrões de relações, sua estrutura.

Etnia A **cultura** compartilhada de um grupo social (como uma língua ou crença religiosa) que dá a seus membros uma identidade comum e os diferencia dos demais.

Etnografia Estudo dos povos e de suas **culturas**.

Etnologia O estudo comparativo das diferenças entre povos e **culturas**.

Evidência empírica Evidência que pode ser observada pelos sentidos e medida de alguma forma.

Família nuclear Um lar de duas gerações de pais e filhos — agente primário da socialização.

Feminismo Um movimento social que defende a igualdade social, política e econômica entre os sexos. O feminismo é reconhecido como tendo várias "ondas", ou eras, cada uma com sua diferente lista de problemas.

Feudalismo Um sistema social histórico dominante no qual uma nobreza guerreira era recompensada com terras para prover serviços militares ao monarca, que domina essas terras, se beneficia do trabalho ou do produto oferecido pelos vassalos, ou camponeses, em troca de proteção.

Funcionalismo Na sociologia, a ideia de que a sociedade é estruturada como um organismo biológico, com funções especializadas. Cada aspecto dessa sociedade é interdependente e contribui para o funcionamento global e a estabilidade.

Gênero As diferenças construídas socialmente, em vez de biologicamente, entre homens e mulheres.

Gentrificação Uma mudança no caráter de uma comunidade urbana decadente, que é observável através do aumento no preço das propriedades e no influxo de indivíduos mais ricos.

Globalização A crescente interconexão e interdependência de sociedades ao redor do mundo, à medida que a mídia e a cultura, os bens de consumo e os interesses econômicos se espalham globalmente.

Glocalização A modificação de formas globais — desde tendências de moda a

342 GLOSSÁRIO

gêneros musicais — através do contato com comunidades locais e indivíduos.

Habitus Partindo da ideia de Tomás de Aquino de que cada um de nós pensa como um certo tipo de pessoa, o conceito de Pierre Bourdieu se refere a um conjunto de disposições adquiridas em que as pessoas de uma **classe social** compartilham valores culturais.

Hegemonia A conquista e manutenção de poder e a formação de grupos sociais durante esse processo. Antonio Gramsci diz que a hegemonia é a forma como a **classe social** dominante mantém sua posição.

Heterossexualidade Uma atração pelas pessoas do sexo oposto.

Hiper-realidade Conforme definida por Baudrillard, a ideia de que não existe mais uma "realidade" separada à qual se referem imagens e símbolos, mas, em vez disso, uma versão simulada da realidade que parece mais real que qualquer coisa que existe no mundo físico.

Homossexualidade Uma atração pelas pessoas do mesmo sexo.

Iatrogenia O perigo que surge de um sistema médico que causa mais danos às pessoas do que as cura.

Identidade A forma como os indivíduos definem a si mesmos e como as outras pessoas os definem.

Identidade de gênero A forma como os indivíduos são vistos, por si mesmos e pelos outros, em termos de seus papéis de gênero e sexo biológico.

Ideologia Um arcabouço de ideias que oferecem um ponto de vista ou conjunto de crenças para um grupo social.

Iluminismo Movimento cultural e intelectual na Europa dos séculos XVII e XVIII, que fundiu ideias sobre Deus, o pensamento racional e a natureza numa visão de mundo que prezava a

lógica e a razão, e não a emoção e a intuição.

Interacionismo simbólico A teoria segundo a qual o eu é uma entidade que surge através das interações sociais.

Interpretativa A abordagem subjetiva ao examinar a sociedade, que contrasta com a abordagem **positivista**, objetiva e científica.

Marginalização O processo pelo qual uma pessoa ou grupo de pessoas são excluídos de um grupo poderoso ou dominante, com a consequente perda de poder, status e influência.

Marxismo Uma teoria estrutural desenvolvida por Karl Marx e Friedrich Engels que alega que a história consiste em épocas e que as mudanças sociais advêm de conflitos entre as **classes sociais** — os donos dos **meios de produção** e as massas trabalhadoras exploradas.

Masculinidade hegemônica Um dado ideal de masculinidade de uma determinada sociedade. Nas nações ocidentais, isso está associado a heterossexualidade, "dureza", riqueza e subordinação das mulheres. A ideia enfatiza que a masculinidade é uma identidade adquirida.

Meios de produção Os principais recursos (como terras, fábricas, matérias-primas e maquinário) necessários para produzir os bens da sociedade.

Mobilidade social O movimento de pessoas ou categorias de pessoas, como as famílias, de uma **classe social** para outra.

Modernidade A condição da sociedade a partir do século XVII, especialmente a mudança social criada pela **Revolução Industrial** e pela **urbanização**.

Modo de produção Um conceito **marxista** a respeito de como a

sociedade é organizada para produzir bens e serviços; inclui os **meios de produção** e as relações na força de trabalho.

Nação Um corpo de pessoas unidas pela **cultura**, pela história ou pela língua, quase sempre compartilhando uma área geográfica específica.

Nacionalismo Um senso compartilhado de identificação que é atribuído a uma **nação** e brota do compromisso com uma **ideologia** ou **cultura** comum.

Neoliberalismo Filosofia política e econômica arraigada na crença de que os livres mercados, o governo limitado e as respostas dos indivíduos oferecem melhores soluções para os problemas que a ação do Estado.

Neotribalismo Grupos de vida curta, flexíveis e fluidos, nos quais as pessoas, num mundo de rápida mudança, buscam dar sentido à sua vida.

Normas Regras sociais que definem qual é o comportamento esperado ("normal") de um indivíduo numa sociedade ou situação em particular.

Orientação sexual A atração de indivíduos por pessoas de um sexo biológico em particular.

Outro, o Um conceito apresentado por Simone de Beauvoir para explicar como um grupo (de homens, por exemplo) vê a si mesmo como a norma e julga qualquer um fora do grupo (mulheres) usando seus próprios padrões e atributos, em vez de ver aquele grupo individualmente, com os atributos que realmente tem.

Papéis de gênero O comportamento social esperado de homens e mulheres.

Papéis Os padrões de comportamento esperados dos indivíduos na sociedade. Ver também **papéis de gênero**.

GLOSSÁRIO 343

Patriarcado Um sistema de estratificação social no qual os homens dominam, exploram e oprimem as mulheres.

Pobreza Seebohm Rowntree definiu a pobreza como um estado no qual os ganhos são insuficientes para prover as necessidades básicas de uma pessoa, que é um nível de pobreza de subsistência. O termo "pobreza absoluta" se refere a um padrão de vida fundado na garantia de necessidades básicas, como comida, moradia, combustível e roupas. Nos países ricos de hoje, a pobreza costuma ser medida em relação ao padrão de vida geralmente aceito naquela época, conhecido como pobreza relativa. Algumas definições de pobreza levam em conta fatores, como habilidades ou saúde, capazes de produzir exclusão social.

Positivismo Na sociologia, a ideia, cujo pioneiro foi Auguste Comte, de que é possível observar a vida social de uma forma mensurável, verificável e científica, e estabelecer verdades sobre a sociedade. Essa crença fez crescer a opinião "positivista" de que a ciência poderia produzir um mundo melhor.

Pós-modernismo Uma perspectiva que nega que possa haver uma "verdade" definidora para qualquer coisa, sugerindo, em vez disso, que um texto, pessoa ou sociedade possam ser desconstruídos, de acordo com diversas perspectivas, em várias e distintas "verdades". Por sua natureza, a teoria social pós-moderna rejeita rótulos e é difícil de ser definida.

Proletariado Na teoria **marxista** (ver **marxismo**), a classe social das pessoas que trabalham em troca de salário.

Racismo Discriminação contra pessoas, geralmente identificadas pela cor da pele, com base em supostas diferenças biológicas, quando, de fato, essas diferenças biológicas foram provadas pela ciência como não existentes.

Redes sociais As ligações entre indivíduos, famílias e grupos com interesses semelhantes.

Revolução Industrial Um estágio de desenvolvimento, originário no Reino Unido no século XVIII, durante o qual a economia foi transformada pelas novas formas de mecanização, de uma economia essencialmente agrícola para uma urbana e industrializada.

Secularização O processo no qual a religião e suas instituições perdem significado social.

Sexismo Preconceito, discriminação ou estereótipo de pessoas por serem do sexo masculino ou feminino.

Simulacros Imagens que não têm base na realidade e ainda assim parecem refletir coisas no mundo físico.

Socialismo Uma doutrina política que visa estabelecer igualdade social e econômica. Os socialistas argumentam que, se a economia estivesse sob o controle da maioria da população, seria criada uma **estrutura social** mais igualitária.

Status A quantidade de prestígio ou importância que uma pessoa tem aos olhos de outros membros da sociedade.

Subcultura Um grupo visto como distinto e separado na sociedade como um todo porque, apesar de seus membros concordarem com a maioria dos valores, das crenças e dos costumes de uma sociedade, eles divergem em outros.

Teoria queer Uma teoria cultural que desafia as noções binárias de sexualidade, sugerindo, em vez disso, que as sexualidades são **construções** culturais influenciadas pelo tempo e pelo lugar.

Trabalho doméstico Trabalho não remunerado, como cozinhar, limpar, cuidar de crianças, doentes e velhos.

Trabalho emocional Conforme definido por Arlie Russell Hochschild, o trabalho pago que exige que um empregado demonstre certas emoções, visando induzir determinadas respostas.

Urbanização O processo de mudança das pessoas de áreas rurais para vilas e cidades, e as mudanças sociais que o acompanham. O mundo é crescentemente urbano.

Valores Ideias ou crenças a respeito do valor de uma coisa, processo ou comportamento. Os valores de uma pessoa governam a forma como ela se comporta; os valores de uma sociedade ditam o que é importante e o que não é, o aceitável e o inaceitável.

ÍNDICE

As páginas principais estão em **negrito**.

Adorno, Theodor W. 59, 139, 247, 287 **335**
Agnew, Robert 262
Alexander, Jeffrey 175, **204-209**
alienação 40-45, 87, 122, 123, 155, 186, 213, 228-230, **232-233**, 236, 239, 242, 259, 293, 297
   do eu **188**
   e marxismo 155, 232, 238, 319
   e religião 256, 257
Althusser, Louis **336**
ambiente
   desperdício e consumo conspícuo 217-218
   e avaliação de risco 160, 161
   e neoliberalismo 277
   mudança climática e o paradoxo de Giddens **148-149**
Anderson, Benedict 175, **202-203**
Anderson, Elijah 65, **82-83**
anomia 29, 30, 31, 34, 37, 188, 252, 253
   e teoria da tensão **262-263**
Appadurai, Arjun 135, **166-169**
aquecimento global **148-149**, 160
   ver também ambiente
asabiyyah (solidariedade) **20**
Atkinson, Will 138
autoidentidade
   alienação da **188**
   autorrespeito e desigualdade de classe 84-86
   desenvolvimento da **176-177**
   e consumismo 142, 143, 201
   e globalização 147
   e institucionalização 267-269
   identidade cultural **200-201**
   self-espelho 334
   símbolos sexuais 330
autointeresse e capitalismo 21, 30-31

B

Barthes, Roland 235
Bates, Inge 293
Baudrillard, Jean 126, 175, 189, **196-199**, 235
Bauman, Zygmunt 105, 134, **136-143**, 155, 222
Beck, Ulrich
   caos do amor 297, **320-323**
   sociedade de risco 134, 135, **156-161**
Beck-Gernsheim, Elisabeth 297, **320-323**
Becker, Howard S. 252, 253, **280-285**
Bell, Daniel 212, 213, **224-225**, 234
Bellah, Robert N. 118, 207, **337**
Benjamin, Walter **334**
Berger, Peter L. 278, **337**
Bernstein, Basil 292
Blauner, Robert 212, 213, **232-233**
Blumer, Herbert **335**
Bourdieu, Pierre 14, 65, **76-79**, 195, 208, 213, 219, 288, 289
Bowles, Samuel 253, **288-289**
Braverman, Harry 212, 213, **226-231**, 243
Bryman, Alan 103, **126-127**
Burawoy, Michael 213, 231, **244-245**
burocracia **40-45**
   e oligarquia política **260**
Butler, Judith 19, 54, **56-61**, 297, 317, 329

C

Calvino, João 222, 223
Campbell, Colin 212, 213, 219, 223, **234-235**

caos do amor **320-323**
capital social **124-125**
   declínio 116
   e habitus de classe 78-79
capitalismo 174-175
   busca do lucro 221-222, 231
casamento como contrato social 316
classe social e desqualificação 230-231
classes industriais e ociosas 216-217, 219
crise de legitimação **286-287**
   e alienação do eu **188**
   e concorrência 33
   e desejo de consumo 235
   e desumanização 42-43
   e emulação pecuniária 218-219
   e gentrificação **128-131**
   e individualismo 21, 43-45, 94, 321-322, 337
   e interesse próprio 21, 30-31
   e justiça cognitiva **150-151**
   e marxismo 18, 107, 134, 145, 221, 307
   e patriarcado 98
   e religião *ver* religião
   ética do trabalho protestante 41-42, **220-223**, 258
hegemonia cultural **178-179**
hierarquia 93
materialismo histórico 29-31
medieval 223
mercadorias e valor 198
modernidade racional **38-45**
monopólio e desqualificação 226-231
neoliberalismo 277
opressão da força de trabalho 47
passado pré-industrial, interrupção pelo retorno ao 337
tecnologia digital **152-155**
teoria do sistema mundial **144-145**
trabalho emocional **236-243**
   ver também consumismo; trabalho e consumismo
Caraway, Teri Lynn 213, **248-249**

ÍNDICE 345

Cardoso, Fernando Henrique **337**
Castells, Manuel 135, **152-155**
Chodorow, Nancy **338**
Cicourel, Aaron 282
ciência social, sociologia 13-14, 18-19
classe ociosa e capitalismo 216-117, 219
classe
   conflito de **28-31**
   consciência de 30, 64
   desigualdade de **84-87**
   e desqualificação 230-231
   e emulação pecuniária 218-219
   e feminismo 95, 338
   e gênero 339
   e hegemonia cultural **178-179**
   e marxismo 28-31, 64, 315, 316
   e teoria queer 331
   estratificação de 336
   estrutura de classe, nível de 186-187
   exploração de 66-67
   habitus **76-79**
   identificação 181
   ociosa e capitalismo 216-217, 219
   reprodução cultural e educação 292-293
   ver também cultura e identidade
Cobb, Jonathan 64, 84, 87
Cohen, Stanley 253, 266, **290**
colonialismo 94, 95
comunidade 12, 13, 20, 21, 108-109, **112-119, 124-125**
comunitarismo **112-119**
   e sociedade **32-33**
   neotribalismo **291**
concorrência e capitalismo 33
e orientalismo **80-81**
   e teoria do sistema mundial **144-145**
companhias transnacionais e cidades globais 165
comunidades imaginadas **202-203**
Comte, Auguste 18, **22-25**, 29, 35, 36
confissão 302-303
conhecimento
   como uma "lei de três estágios" 24
   e poder 55
   sociologia do 335
   teoria ator-rede (ANT) 338
Connell, R. W. 65, **88-89**
consumismo
   consumo conspícuo **214-219**
   crédito ao consumo 143

e autoidentidade 142, 143, 201
e gentrificação 131
e modernidade líquida 141-142
e o setor de propaganda 235
globalização e modernidade 168
ver também capitalismo; trabalho e consumismo
consumo conspícuo **214-219**
Cooley, Charles H. 176, **334**
Cooley, Michael 231
Crenshaw, Kimberlé 92-93
crime **282-285**
crise de legitimação **286-287**
cultura de terapia 303
cultura e identidade
   alienação do eu **188**
   capital cultural e habitus de classe 78, 79
   cultura, natureza independente da 207-208
   cultura e ordem social 174-175
   cultura e realidade, falta de lacuna entre 186-187
   desenvolvimento do eu **176-177**
   estigma **190-195**
   estrutura 44-45, 208-209
   estrutura do sentimento 189
   "falsas necessidades", imposição do governo de 185-186
   globalização e modernidade **166-169**
   hegemonia cultural **178-179**
   identidade cultural **200-201**
   identidade social virtual e real 193
   indústria cultural **182-187**
   integração da classe trabalhadora 184-185
   interacionismo simbólico 192
   nacionalismo e comunidades imaginadas **202-203**
   natureza sagrada da 207
   papéis de gênero em diferentes culturas **298-299**
   performance de gênero **56-61**
   processo civilizador **180-181**
   reprodução cultural e educação **292-293**
   secularização 279
   simulacros **196-199**
   sociologia cultural **204-209**
   trabalho emocional **236-243**
   troca cultural e globalização **170-171**

ver também classe
cultura material **246-247**
cultura urbana multinacional e cidades globais 165
currículo oculto **288-289**

D

Darwin, Charles 35, 217
darwinismo social 334
de Beauvoir, Simone 58, 59, 306, 317
de Sousa Santos, Boaventura 134, **150-151**
Deagan, Mary Jo 192
Declaração da Independência dos EUA 26-27
Delphy, Christine 296, 297, **312-317**, 331
democracia e oligarquia política **260**
desigualdades sociais
   aborto 317
   autorrespeito e desigualdade de classe 84-86
   consciência de classe 64
   consciência dupla dos afro--americanos 71
desigualdade de classe **84-87**
   e gentrificação 130-131
   e modernidade líquida 142-143
   e religião 257-258, 259
   e sociedade de risco 160
   educação das classes trabalhadoras, efeitos da 86-87
   educação e o currículo oculto **288-289**
   espaço público nas cidades, perda de 107
   exploração de classe **66-67**
   feminismo *ver* feminismo
   gueto icônico **82-83**
   habitus de classe **76-79**
   imigração e trabalho desqualificado 85-86
   masculinidade hegemônica **88-89**
   orientalismo **80-81**
   padrões globais de riqueza 145
   patriarcado **96-99**
   patriarcado e igualdade de gênero 65

pobreza relativa **74**
raça e etnia **68-73**
racismo *ver* racismo
desperdício e o consumo conspícuo 217-218
desqualificação 226-231
desvio
   estigma **190-195**
   teoria da tensão/anomia 262-263
   teoria do rótulo 282-283, 284
Devasahayam, Theresa 238
direito à cidade **106-107**
Disney 126-127, 199
Disneyzação **126-127**
divisão do trabalho 13, 19, 33, 35-37, 102, 212, 238, 243, 248, 293, 300, 301
Du Bois, W. E. B. 64, 65, **68-73**, 82
Dunne, Gillian 311
Durkheim, Émile 13, 19, 24, 31, 33, **34-37**, 44, 77, 102, 206, 207, 209, 220, 252, 253, 262

educação
   currículo oculto **288-289**
   desqualificação 229
   e marxismo 293
   e reprodução cultural **292-293**
   escola comunitarista 118
   escolas "separadas mas iguais", 70
   heterossexualidade compulsória 308
   modernidade líquida 141
   padronização da 123
eficiência 31, 40-45, 122-123, 221, 228-231
Elias, Norbert 174, **180-181**
Elster, Jon **33**
empoderamento do trabalhador, processo de trabalho automatizado 232
emulação pecuniária e classe 218-219
Engels, Friedrich 18, 64, **66-67**, 134, 212, 256, 315
epistemologias do Sul **150-151**
Escola de Chicago 102, 104, 105, 128, 164, 334
Escola de Frankfurt 31, 44, 232, 247

escravidão 27, 71-72
espírito cívico 21
Estado de bem-estar social e modernidade líquida 141
estigma **190-195**
ética do trabalho protestante 41-42, **220-223**, 258
ética romântica **234-235**
etiqueta e processo civilizador 181
etnometodologia **50-51**
Etzioni, Amitai 21, 103, **112-119**, 188
EUA
   Congresso Continental 27
   Declaração da Independência **26-27**
   dupla consciência dos afro-americanos 71
   emancipação feminina 26-27, 298
   escolas "separadas mas iguais" 70
   Escritório dos Homens Livres 71-72
   estupro conjugal como crime 306
   guetos negros 82-83
   história da escravidão 27, 71-72
   Lei dos Direitos Civis 64, 70
   macartismo 46
   Nova Esquerda 49
   segregação racial e violência 72-73

família nuclear 300, 301, 311, 320-321
família pós-moderna **310-311**
famílias e intimidades 296-297
   caos do amor **320-323**
   casamento como "saudável" 325
   comunitarismo 117-118, 119
   confissões e verdade 302-303
   construção social da sexualidade **324-325**
   cultura de terapia 303
   e industrialização 300
   família nuclear 300, 301, 311, 320-321
   feminismo materialista **312-317**
   filhos na sociedade contemporânea 323
   heterossexualidade compulsória **304-309**
   homens como provedores e mulheres como cuidadoras 301
   papéis da família 296-297
   papéis de gênero em diferentes culturas **298-299**
   paternidade gay 311
   pós-modernismo 310-311
   relações do mesmo sexo 311, 324
   relações interpessoais 297
   socialização de filhos e estabilização de adultos **300-301**
   taxas de casamento e divórcio 323
   teoria queer **326-331**
   trabalho doméstico como alienação **318-319**
Faoro, Raymundo **336**
Featherstone, Mike 200
feminismo
   e classe 95, 338
   e comunitarismo 119
   e interseccionalidade 90-95
   e justiça social **26-27**
   e magreza e dietas 275
   e marxismo 92, 97-98, 319
   e religião 258
   e teoria queer 329, 331
   feminismo materialista **312-317**
   feminização do trabalho **248-249**
   heterossexualidade compulsória **304-309**
   movimento de libertação das mulheres 299
   "primeira onda" 97-98
   psicologia feminista 337-338, 339
   "segunda onda" 26, 58, 65, 92, 98
   "terceira onda" 98
   trabalho doméstico e alienação **318-319**
   ver também gênero; patriarcado; sexualidade
feminismo materialista **312-317**
Ferguson, Adam 18, **21**
Fernandes, Florestan **336**
Feuerbach, Ludwig 256
Finch, Janet 315
Firestone, Shulamith **338**
Fórum Social Mundial 150, 151
Foucault, Michel
   governamentalidade 252-253, **270-277**
   poder/resistência 15, 19, **52-55**, 267

ÍNDICE 347

sexualidade 19, 302-303
vontade de verdade 58-59, 296, 297, **302-303**
Freyre, Gilberto **335**
Fromm, Erich 174, **188**
funcionalismo **34-37**, 267, 296
fundamentos da sociologia
   ciência da sociedade 24-25, 35-36
   comunidade e sociedade **32-33**
   conflito de classe **28-31**
   espírito cívico **21**
   etnometodologia **50-51**
   feminismo e justiça social **26-27**
   funcionalismo **34-37**, 267
   imaginação sociológica **46-49**
   industrialização e divisão do trabalho 33, 36-37, 293, 300, 301
   modernidade racional **38-45**
   performance de gênero **56-61**
   positivismo **22-25**
   poder/resistência **52-55**
   Revolução Francesa, efeitos da 24-25
   solidariedade social (*asabiyyah*) **20**
   verificabilidade da observação 24
Furedi, Frank 303

G

G-7, formação do 150
Garfinkel, Harold 19, **50-51**
gênero
   desigualdades e trabalho emocional 242-243
   papéis em diferentes culturas **298-299**
   performance 56-61
   reprodução cultural e educação **292-293**
   teoria queer 58, 61, 297, 309, 310, 311, 317, **326-331**
   ver também feminismo; sexualidade
gentrificação e vida urbana **128-131**
Gerth, Hans Heinrich 19, 44
gestão
   consentimento do trabalhador e gestão **244-245**
   empoderamento e produtividade do trabalhador 230

Giddens, Anthony 44, 135, **148-149**, 195, 311, 322
Gilroy, Paul 65, **75**
Gintis, Herbert 253, **288-289**
Glassner, Barry 158, 335
glocalização **146-147**
Goffman, Erving
   estigma 174, **190-195**
   institucionalização 252, 253, **264-269**
Goldthorpe, John **337**
Gouldner, Alvin 285
governamentalidade **270-277**
Gramsci, Antonio 174, 175, **178-179**, 252
Green, Gill 195
Grosz, Elizabeth 330, **339**
gueto, icônico **82-83**

H

Habermas, Jürgen 253, 259, **286-287**
habitus **76-79**
Halberstam, Judith 328, 331
Hall, Stuart 175, **200-201**
Haraway, Donna **338**
Hegel, Georg 29, 111, 246, 256
   visão dialética da história 29
Held, David 135, **170-171**
heterossexualidade compulsória 308
hiper-realidade 199
Hochschild, Arlie Russell 213, **236-243**
hooks, bell 65, 89, **90-95**

I

iatrogenia **261**
Ibn Khaldun 18, **20**
Ichijo, Atsuko 163
Illich, Ivan 253, **261**
Iluminismo 12, 21, 23, 24, 54, 64, 139-140
imaginação sociológica **46-49**
imperialismo *ver* colonialismo

individualismo
   e capitalismo 21, 43-45, 94, 321-322, 337
   e comunitarismo 114, 116, 118-119
   e institucionalização 268-269
   e interação social 239-240
   instituições 253
industrialização 102-103
   automação e alienação **232-233**
   desigualdades *ver* desigualdades sociais
   divisão do trabalho 33, 36-37, 293, 300, 301
   e desqualificação **226-231**
   e famílias e intimidades 300
   e sexualidade 329
   exploração de classe **66-67**
   trabalho feminino não remunerado 315
Inglis, David 150
inovação, tecnologia *ver* inovação tecnológica
inovação tecnológica 15
   comunidades on-line 117
   conflito de classe, desaparecimento do 187
   e alienação **232-233**
   e alienação do eu **188**
   e cidades globais 164
   e desqualificação **226-231**
   e globalização 168
   e memória 334
   e risco 158-159, 160
   excesso de informação 199
   hierarquias de exclusão 151
   mobilidades **162**
   mundos virtuais e simulacros 198-199
   pós-industrialismo **224-225**
   tecnociência 338
instituições 14-15, 37, 252-253
   análise causal 338-339
   anomia/teoria da tensão **262-263**
   crise de legitimação **286-287**
   deveres domésticos femininos 316
   educação e currículo oculto **288-289**
   governamentalidade **270-277**
   iatrogenia **261**
   individualismo e sociedade 253
   institucionalização **264-269**
   neotribalismo **291**
   oligarquia **260**
   religião **254-259**

348 ÍNDICE

reprodução cultural e educação **292-293**
secularização 252-253, **278-279**
teoria do pânico moral **290**
teoria do rótulo **280-285**
vigilância e controle 54
interacionismo simbólico 192, 239, 335
interseccionalidade **90-95**

JKL

Jackson, Philip W. 288
Jacobs, Jane 102, 103, **108-109**
justiça cognitiva **150-151**
Kracauer, Siegfried **334**
Latour, Bruno 247, **339**
Lefebvre, Henri 103, **106-107**
Lemert, Edwin 283
Lemke, Thomas 272
Leonard, Diana 316, 323
Lockwood, David **337**
Löwy, Michael **337**
Luckmann, Thomas 278, 336
Luhmann, Niklas 103, **110-111**
Lutz, Helma 92

M

Maffesoli, Michel 253, **291**
Mannheim, Karl 181, **335**
Marcuse, Herbert 175, **182-187**, 247
Marron, Donncha 143
Martineau, Harriet 18-19, 25, **26-27**, 64-65
Marx, Karl 13, 14, 22, **28-31**, 40, 41, 45, 64, 138, 144, 189, 220, 228, **254-259**, *ver também* marxismo
marxismo
e alienação 155, 232, 238, 319
e capitalismo 18, 44, 107, 134, 145, 184, 221, 307
e classe **28-31**, 64, 66-67, 315, 316
e economia 25, 31, 178, 179, 286
e feminismo 92, 97-98, 319

e religião 252, 253, **254-259**, 279
ver também Escola de Frankfurt; Marx, Karl
masculinidade hegemônica **88-89**
materialismo histórico 29-30
Matza, David 285
McCrone, David 135, **163**
McDonaldização **120-123**
McGrew, Anthony 135
McRobbie, Angela 290
Mead, G. H. 174, **176-177**, 201
Mead, Margaret 13, 58, 296, 297, **298-299**
meritocracia e reprodução cultural 292
Merton, Robert K. 252, 253, **262-263**
Michels, Robert 252, **260**
mídia
ansiedades públicas, alimentando as 160
e conflito de classes 187
e consumismo 235
e globalização 168
teoria do pânico moral **290**
Miller, Daniel 213, **246-247**
mobilidade da força de trabalho 33
mobilidade social e capital cultural 79
mobilidades **162**
modernidade líquida **136-143**
modernidade racional **38-45**
Modood, Tariq **339**
moralidade
e comunitarismo 117, 118, 119
e religião 256-257
empreendedores morais 283-284
Morgan, David 300
movimentos sociais 49, 160
mudança climática **148-149**
mudança social e sociedade desumanizada 47-48
multiculturalismo **200-201**
mundo global 15, 134-135
bem-estar de gênero 249
céticos 171
cidades globais **164-165**
cosmopolitismo e risco 161
downsizing das firmas 141
e cultura *ver* cultura e identidade
e patriarcado 317
epistemologias do Sul **150-151**
feminização do trabalho **248-249**
globalização **170-171**
globalização e modernidade

166-169
glocalização **146-147**
hiperglobalismo 171
justiça cognitiva **150-151**
mobilidades 162
modernidade líquida**136-143**
modernidade líquida, mudança da 138-140
mudança climática e paradoxo de Giddens **148-149**
neonacionalismo 163
pós-industrialismo 153
risco de terrorismo 161
risco financeiro 161
sociedade de risco **156-161**
sociedade em rede **152-155**
tecnologia digital **152-155**
teoria do sistema mundial **144-145**
transformacionalismo 171
ver também vida moderna

N

nacionalismo
e comunidades imaginadas **202-203**
Neale, Bren 320
neoliberalismo 277
neonacionalismo **163**
neotribalismo **291**

OPQ

Oakley, Ann 296, **318-319**
oligarquia **260**
ONU
Declaração Universal dos Direitos Humanos 64
Protocolo de Kyoto 148
orientalismo **80-81**
paradoxo de Giddens **148-149**
Park, Robert E. 102, **334**
Parsons, Talcott 44, 50, 111, 207, 296, **300-301**
Pateman, Carole 316

ÍNDICE 349

patriarcado 96-99
 e feminismo materialista **312-317**
 e igualdade de gênero 65
 e magreza e dieta 275
 e o mundo global 317
 masculinidade hegemônica **88-89**
 político e lesbianismo 308-309
 regras do 94, 95
 violência doméstica 98-99
 ver também feminismo
Perrow, Charles 158
personalidade criminosa 335
Peterson, Richard 219
Pickett, Kate 65
pobreza relativa **74**
poder, político e social, imaginação
 sociológica **46-49**
poder/resistência **52-55**
pós-industrialismo **224-225**
positivismo **22-25**, 36, 40, 44
processo civilizador **180-181**
Putnam, Robert D. 20, 103, 115,
 124-125

R

raça e etnia **68-73**
racionalização 40-45, 228-231
 e controle social 240-241
 e McDonaldização **120-123**
 imaginação sociológica **46-49**
racismo 64-65, **75**, 92-93
 gueto icônico **82-83**
radicalismo e religião 258-259
Raz, Aviad 243
realidade
 construção social da 336
 e simulacros **196-199**
 hiper-realidade 199
Reino Unido
 casamento do mesmo sexo 324
 Consulta Chilcot 260
 industrialismo 66, 67, 144
 Lei do Ar Limpo 148
 pesquisa sobre pobreza e exclusão
  social 74
 relações industriais, consentimento
  dos trabalhadores, gestão **244-245**

religião
 e desigualdades sociais 257-258,
  259
 e identidade política 339
 e marxismo 252, 253, **254-259**, 279
 e secularização 252-253, **278-279**
 ética do trabalho protestante 41-42,
  220-223, 258
 sociologia da 338
 uso político do simbolismo religioso
  336
Revolução Francesa, efeitos da 24-25
Revolução Industrial 12, 13, 15, 66,
 196
Rich, Adrienne 296, **304-309**
Richardson, Diane 306, 331
Ritzer, George 103, **120-123**, 127
Robertson, Roland 134, **146-147**
Rosa, Hartmut **339**
Rose, Nikolas 277
Rousseau, Jean-Jacques 29, 302
Rubin, Gayle 299
Rubio, Fernando Dominguez 247

S

Said, Edward 65, **80-81**
Saint-Simon, Henri de 13, 18, 23, 24
Sassatelli, Roberta 234
Sassen, Saskia 134, **164-165**
satisfação no emprego e "jogos" no
 local de trabalho 245
saúde e medicina, iatrogenia **261**
Savage, Mike 219
Schütz, Alfred **335**
Scull, Andrew T. 266
secularização 252-253, **278-279**
 e ética protestante do trabalho 223
Sedgwick, Eve Kosofsky 309
Seeman, Melvin 188
Seidman, Steven 297, **326-331**
semiótica 235, 335-336
Sennett, Richard 64, **84-87**, 119, 141
setor de serviços e pós-industrialismo
 225
sexualidade
 construção social da **324-325**
 e confissão 302-303

e industrialização 329
e patriarcado 98-99
e poder 55
feminismo e justiça social **26-27**
heterossexualidade compulsória
 304-309
lesbianismo político 308-309
masculinidade e teoria queer 331
masculinidade hegemônica **88-89**
movimento da libertação das
 mulheres 299
papéis de gênero em diferentes
 culturas **298-299**
performance de gênero **56-61**
relações do mesmo sexo 311
símbolos de autoidentificação 330
teoria queer 58, 61, 297, 309, 310,
 311, 317, **326-331**
 ver também feminismo; gênero
Shakespeare, Tom **339**
Siisiäinen, Martti 124
Silva, Elizabeth B. 247
Simmel, Georg 102, **104-105**
simulacros **196-199**
sistemas de comunicação **110-111**,
 152-155 Skocpol, Theda **339**
Smart, Carol 309, 320
Smith, Dorothy E. **336**
soberania e nacionalismo 203
sociedade
 comunitarismo **112-119**
 desenvolvimento e processo
  histórico 29-30
 e modernidade 12-13
 risco **156-161**
sociedade de risco **156-161**
sociedade em rede **152-155**
sociologia da diferença 339
sociologia fenomenológica 335, 336
solidariedade (*asabiyyah*) **20**
solidariedade social 20, 26
Spencer, Herbert 18, 19, 34, 35-36, **334**
Spencer-Brown, George 111
Stacey, Judith 297, **310-311**
Strauss, Anselm L. **333**

T

Taylor, Laurie 266
técnicas de vigilância 273-274, 275
tecnocratas e pós-industrialismo 225
teoria da aceleração social **339**
teoria da escolha racional 337
teoria da estruturação 195
teoria da tensão **262-263**
teoria da tensão/anomia **262-263**
teoria do pânico moral **290**
teoria do rótulo **280-285**
teoria do sistema mundial **144-145**
teoria fundamentada 335
teoria queer 58, 61, 297, 309, 310, 311, 317, **326-331**
terrorismo
    e estruturas sociais 209
    e risco 158, 161
    teoria do pânico moral **290**
Thorpe, Christopher 206
Tomlinson, John 123
Tönnies, Ferdinand 18, **32-33**, 102, 105, 114, 115-116
Townsend, Peter 65, **74**
trabalho doméstico como alienação **318-319**
trabalho e consumismo 212-213
    alienação 40-45, 87, 122, 123, 213 228-230, 232-233, 236, 239, 242
    busca do lucro 221-222
    capitalismo e desejo de consumo 235
    consentimento dos trabalhadores, gestão **244-245**
    consumismo e enganação de massa 235
    consumo conspícuo **214-219**
    cultura material **246-247**
    desqualificação 226-231
    emulação pecuniária 218-219
    ética do trabalho protestante 41-42, **220-223**, 258
    ética romântica e cultura de consumo **234-235**
    feminização do trabalho **248-249**
    fenômeno jeans 247
    gosto e cultura material 247
    "jogos" no local de trabalho 245
    pós-industrialismo **224-225**
    prestígio social e onívoros culturais 219

sindicatos e coletivos de trabalhadores 245
sociedade de consumo 212-213
Sonho Americano 262-263
sucesso secular e salvação 222-223
trabalho emocional **236-243**
ver também capitalismo; consumismo
trabalho emocional **236-243**
turismo e modernidade líquida 142-143
Turner, Bryan S. **338**

urbanização 102-103, 145, 181, 325
    calçadas, importância das 109
    cidades globais **164-165**
    comunidade urbana **108-109**
    desigualdade de classe **84-87**
    direito à cidade **106-107**
    e gênero 329
    espaços públicos e privados 107
    estranho, papel social do 104, 105
    gentrificação e vida urbana **128-131**
    modernidade racional **38-45**
    regeneração urbana 129-130
    vida mental da metrópole **104-105**
    ver também vida moderna
Urry, John 135, **162**
Veblen, Thorstein 212, 213, **214-219**, 246
Vega, Rodrigo Cordero 286
vida mental da metrópole **104-105**
vida moderna 134-135
    calçadas, importância das 109
    capital social **124-125**
    comunitarismo **112-119**
    direito à cidade **106-107**
    Disneyzação **126-127**
    engajamento cívico 125
    gentrificação e vida urbana **128-131**
    globalização e modernidade **166-169**
    McDonaldização **120-123**
    modernidade líquida **136-143**

modernidade racional **38-45**
restrições burocráticas 42-43, 45, 139
sistemas de comunicação **110-111**
trabalho emocional 127
ver também mundo global; urbanização
violência doméstica 98-99
voluntarismo 124-125

Walby, Sylvia 65, **96-99**, 213, 249
Wallerstein, Immanuel 134, **144-145**, 150-151
Warner, Michael 329-330
Weber, Max 13, 14
    conflito de classe 31, 64
    ética protestante do trabalho 19, 102, **220-223**, 234-235, 258
    racionalização 19, 37, 38-45, 47, 122-123, 252
Webster, Frank 155
Weeks, Jeffrey 297, 303, 311, **324-325**, 329, 331
White, Harrison 152
Wichterich, Christa 249
Wilkinson, Richard 65
Williams, Raymond 174, **189**
Willis, Paul 253, **292-293**
Wilson, Bryan 253, 257, **278-279**
Wittig, Monique 309, 317
Woodhead, Linda 258
Woodward, Sophie 247
Wootton, Anthony 195
Wootton, Barbara Adam **335**
Wortham, Anne 74
Wright Mills, Charles 14, 19, 44, **46-49**, 131, 238, 239

YZ

Young, Jock 284-285, 290
Zukin, Sharon 103, **128-131**

AGRADECIMENTOS

A Dorling Kindersley agradece a John McKenzie por sua contribuição no capítulo 3, a Christopher Westhorp por revisar o livro e a Margaret McKormack por fazer o índice.

CRÉDITOS DAS IMAGENS

A editora agradece às pessoas a seguir pela gentileza de concederem permissão para a reprodução de suas fotografias:

(Legenda: a-alto; b-abaixo; c-centro; e-esquerda; d-direita; t-topo)

20 Corbis: Frans Lemmens (bd). **23 Getty Images:** Apic/Contributor (td). **25 Corbis:** Leemage (bd). **27 Corbis:** Bettmann (td). Francis G. Mayer (be). **30 Corbis:** (be). **31 Corbis:** Michael Nicholson (td). **33 Alamy Images:** Mary Evans Picture Library (be). **35 Corbis:** Bettmann (td). **41 Corbis:** Bettmann (bd). **42 Dreamstime.com:** Delstudio (be). **44 Corbis:** Bettmann (be). **45 Corbis:** George Steinmetz (td). **Alamy Images:** Everett Collection Historical (be). **48 Getty Images:** The Washington Post/Contributor (td). **49 Corbis:** Bettmann (tc). **51 Corbis:** Dave & Les Jacobs/Blend Images (bd). **53 Corbis:** Bettmann (td). **55 Getty Images:** Otto Stadler (td). **59 Alamy Images:** epa european pressphoto agency b.v. (td). **Corbis:** Andrew Holbrooke (be). **61 Alamy Images:** Pictorial Press Ltd. (td). **67 Corbis:** Hulton-Deutsch Collection (cd). Michael Nicholson (be). **72 Corbis:** (td). **73 Corbis:** Bettmann (be). **74 Getty Images:** Design Pics/John Short (bc). **77**

Corbis: Karen Kasmauski (bd). **78 Getty Images:** Les e Dave Jacobs (te). **79 Getty Images:** Ulf Andersen/Contributor (td). **81 Getty Images:** Ionas Kaltenbach (td). **Corbis:** Bettmann (be). **83 Alamy Images:** Image Source (te). **85 Alamy Images:** Archive Pics (bd). **87 Corbis:** Colin McPherson (td). **Getty Images:** Alfred Eisenstaedt/Contributor (bc). **89 Corbis:** Jen Rosenstein (be). **93 Getty Images:** Spencer Grant/Contributor (te). **94 Corbis:** Christie's Images (te). **95 Getty Images:** The Washington Post/Contributor (be). **97 Alamy Images:** Pictorial Press Ltd. (bd). **99 Getty Images:** Nikki Bidgood (te). **105 Alamy Images:** INTERFOTO (be). **107 Dreamstime.com:** Özgür Güvenç (te). **109 Alamy Images:** Chris Brown (td). **Topfoto:** The Granger Collection (be). **111 Corbis:** Amy Scaife/Demotix (td). **114 Alamy Images:** Agencja Fotograficzna Caro (be). **115 Corbis:** Fine Art Photographic Library (bd). **116 Alamy Images:** Stuart Black (b). **117 Corbis:** Colleen Cahill/Design Pics (bd). **118 Alamy Images:** dpa picture alliance archive (te). **119 Corbis:** KidStock/Blend Images (be). **121 George Ritzer:** (td). **122 Corbis:** Danny Lehman (te). **123 Alamy Images:** Maurice Crooks (bd). **125 Corbis:** David Muench (te). **127 Alamy Images:** imageBROKER (td). **129 Corbis:** Peter Cook/VIEW (bd). **130 Chris Yuill:** (te). **139 Getty Images:** isifa/Contributor (td). Scott Barbour/Staff (be). **140 Corbis:** Bettmann (be). **141 Dreamstime.com:** Photka (tc). Damiano Poli (td). Ekays (td). Flynt (bd). **142 Corbis:** Juice Images (te). **143 Getty Images:** Brand New

Images (bd). **147 Corbis:** Steven Limentani/ISI (te). **151 Getty Images:** Scott Wallace/Contributor (be). **153 Alamy Images:** paulo fridman (bd). **155 Alamy Images:** epa european pressphoto agency b.v. (td). **159 Dreamstime.com:** Markwaters (be). **161 Corbis:** Jon Feingersh/Blend Images (te). Rainer Hackenberg (bd). **163 Corbis:** HO/Reuters (bd). **164 Dreamstime.com:** Viewapart (bc). **167 Alamy Images:** Alexander Pylyshyn (td). **168 The Kobal Collection:** UGC / STUDIO CANAL+ (bd). **171 Getty Images:** DreamPictures (te). **177 Corbis:** 237/Paul Bradbury/OJO Images RF/Ocean (td). **179 Getty Images:** DEA PICTURE LIBRARY/Contributor (be). **181 Bridgeman Art Library:** Bourne Gallery, Reigate, Surrey, UK (td). **184 Dreamstime.com:** Stephen Troell (td). **185 Dreamstime.com:** Georgerudy (bd). **186 Bridgeman Art Library:** Private Collection (td). **Corbis:** Bettmann (be). **193 Getty Images:** Digital Vision (te). **194 Dreamstime.com:** Erikthered (be). **197 Corbis:** Sergio Gaudenti/Kipa (td). **198 Alamy Images:** Friedrich Stark (te). **199 Alamy Images:** Andre Jenny (bd). **201 Alamy Images:** blickwinkel (te). **203 Getty Images:** Mail Today/Contributor (td). **209 Corbis:** Elio Ciol (td). **akg-images:** (bd). **218 Dreamstime.com:** Americanspirit (t). **221 Alamy Images:** Kathy deWitt (bd). **222 Dreamstime.com:** Llareggub (td). **225 akg-images:** Armin Pongs (td). **Dreamstime.com:** Lyinker (be). **229 Alamy Images:** INTERFOTO (bd). **231 Corbis:** Bettmann (te). **233 Corbis:** George Steinmetz (tc). **235 Alamy Images:**

352 AGRADECIMENTOS

M.Flynn (te). **239 Corbis:** Barry Austin/Moodboard (td). **240 Getty Images:** Flying Colours Ltd. (td). **241 Dreamstime.com:** Robseguin (be). Robseguin (bc). **242 Dreamstime.com:** Monkey Business Images (be). **243 Corbis:** Sven Hagolani (tc). **247 Corbis:** ZenShui (be). **249 Getty Images:** Bloomberg/Contributor (be). **257 Corbis:** Godong/Robert Harding World Imagery (bd). **259 Getty Images:** Egbert van Heemskerk the Elder (bd). **261 Corbis:** Ariel Skelley/Blend Images (cd). **263 Bridgeman Art Library:** Peter Newark American Pictures (te). **267 Corbis:** Cameron Davidson (td). **Getty Images:** Stock Montage/Contributor (be). **269 Alamy Images:** Moviestore Collection Ltd. (td). **Dreamstime.com:** Photographerlondon (be). **273 akg-images:** British Library (td). **274 Corbis:** Fine Art Photographic Library (td). **275 Corbis:** 68/Ocean (be). **277 Dreamstime.com:** Walter Arce (td). **279 Getty Images:** Chung Sung-Jun/Staff (td). **283 Dreamstime.com:** Ayse Ezgi Icmeli (bc). Ayse Ezgi Icmeli (bd). **284 The Kobal Collection:** G&H PRODUCTIONS (te). **285 Corbis:** Sophie Bassouls/Sygma (td). 13/Nick White/Ocean (be). **287 Dreamstime.com:** Markwaters (td). **Getty Images:** Milos Bicanski/Stringer (be). **290 Corbis:** Neville Elder (bd). **293 Getty Images:** Evening Standard/Stringer (td). **299 Corbis:** Mika (td). Bettmann (be). **301 Alamy Images:** ClassicStock (td). **303 Corbis:** Leemage (te). **307 Alamy Images:** Carolco Pictures (td). **Dreamstime.com:** Zakaz (bd). **308 Corbis:** Christopher Felver (be). **309 Alamy Images:** SuperStock (te). **311 Corbis:** Nick Cardillicchio (bd). **315 The Kobal Collection:** WORKING TITLE (te). **Getty Images:** Mel Yates (bd). **317 Alamy Images:** Wavebreak Media ltd. (te). **319 Getty Images:** Heritage Images/Contributor (be). **322 Dreamstime.com:** Rolfgeorg Brenner (td). **325 Corbis:** Bettmann (te). **329 Alamy Images:** epa european pressphoto agency b.v. (be). **331 Alamy Images:** Photos 12 (td). WENN Ltd. (be).

Todas as outras imagens © Dorling Kindersley.

Veja mais informações em: **www.dkimages.com**